윤리적으로 경영하라

5th edition

Andrew W. Ghillyer

길재욱 · 박우성 · 이강성 · 이영면 · 조봉순 옮김

Business Ethics Now

McGraw Hill Education

MEDIA JIPHIL (주)지필미디어

McGraw Hill Education

Business Ethics Now, 5th Edition

1 2 3 4 5 6 7 8 9 10 JP 20 18

Original: Business Ethics Now, 5th Edition © 2017
By Andrew Ghillyer
ISBN 978-1-25-953543-7

This authorized Korean translation edition is jointly published by McGraw-Hill Education Korea, Ltd. and Jiphil Media. This edition is authorized for sale in the Republic of Korea.

This book is exclusively distributed by Jiphil Media.

When ordering this title, please use ISBN 979-11-86674-53-6 (93320)
Printed in Korea

윤리적으로 경영하라 5th edition

발 행 일 2018년 12월 14일
저 자 Andrew Ghillyer
역 자 길재욱, 박우성, 이강성, 이영면, 조봉순
발 행 인 김성남
발 행 처 (주)지필미디어

주 소 경기도 파주시 문발로 132 조에아울렛 402호
전 화 (031) 957-4504
팩 스 (031) 957-4503
이 메 일 book@jiphil.co.kr
홈페이지 www.jiphil.co.kr
등록번호 제 312-1997-000043호 (1997년 7월 16일)

I S B N 979-11-86674-53-6 93320
편 집 디자인 콤마
정 가 24,000원

길재욱

» 현 한양대학교 경상대학 경영학부 교수
» 한국거래소 KOSDAQ 시장위원회 위원장
» 현대글로비스(주) 주주추천 사외이사
» 전 한국증권학회 제31대 회장
» 전 한국증권학회지 편집위원장

박우성

» 현 경희대학교 경영대학 교수
» 한국윤리경영학회 부회장
» 한국인사관리학회 부회장
» 안전행정부 및 고용노동부 역량 평가위원
» 한국 EAP 협회 이사

이강성

» 현 삼육대학교 경영학과 교수
» 한국인사조직학회/사회적기업학회 부회장
» 경제인문사회연구회 연구보고서 연구윤리 평가위원
» 전 중앙노동위원회 공익위원
» 전 청와대 고용노사비서관

이영면

» 현 동국대학교 경영대학장 및 경영전문대학원장, 번역 총괄
» 한국윤리경영학회 윤리경영연구 편집위원장
» 함께하는 시민행동 좋은기업만들기 전문위원
» UN 글로벌 컴팩트 한국기업 경영대상 심사위원
» 한겨레연구소 Asia 30 한국 대표위원

조봉순

» 현 서강대학교 경영학부 교수
» 전 한국윤리경영학회 부회장 및 윤리경영연구 편집위원장
» 고용보험 심사위원
» 안전행정부 고위공무원 역량 평가위원
» 외교부 외교역량 평가위원

역자 서문

지난 10여 년 동안 대학에서 학부생에게 윤리경영을 강의하면서 항상 아쉬움을 가졌다. 사회적으로 윤리적인 기업경영이 중요하다고 이야기한 지는 수십 년이 되었지만, 제대로 된 윤리경영 교재를 찾기가 쉽지 않았기 때문이다. 물론 선배 학자들이 힘들게 지어낸 책자들이 없는 것은 아니지만 내 생각에 딱 맞는 교재를 찾기는 쉽지 않았다.

그런데 몇 년 전 국내 대학에서 영어강의가 대세로 자리잡음에 따라, 본 책자를 접할 기회를 가지게 되었다. 우선 본문의 길이가 길지 않고 실용적으로 표현되어 있어서, 강의를 해야 할 나와 학생들이 흥미를 잃지 않게 해주었다. 또한 다양한 사례와 후반부의 토론을 위한 사례는 윤리경영을 책에 그치지 않도록 만들어 주었다.

영어강의를 해야 하는 나로서는 번역에 대한 필요성을 크게 느끼지는 않았다. 그런데 우연히 평소 가까이 지내던 동료 교수들과 의기투합하게 되었고, 약 6개월여 만에 이 후기를 작성하게 되었다. 내가 대표역자로서 번역후기를 쓰고는 있지만 공역자인 한양대학교 길재욱 교수, 경희대학교 박우성 교수, 삼육대학교 이강성 교수, 그리고 서강대학교 조봉순 교수와의 협력과 상호간의 격려가 없었다면 이 책은 아직도 컴퓨터안의 파일로 존재하고 있을 것이다.

본 책자는 우선 윤리경영을 처음 접하는 대학생들이나 직장인들이 어렵지 않게 접할 수 있는 교재라고 생각된다. 본문은 최소화하고, 사례와 토론이 가능하도록 구성되어 있다. 이론적으로 쉽지 않은 개념이라고 하겠지만, 사실 윤리경영은 아는 것보다는 활용하고 행동하는 것이 훨씬 어렵기 때문이다. 그런 점에서 이 책은 잘 구성되어 있다고 하겠다.

둘째, 물론 영어로 쓰인 책을 번역했기 때문에 미국의 독자를 대상으로 하고 있고 미국이나 서양의 이야기들이 많이 제시되고 있다. 이러한 이유로 불가피하게 원래 포함되어 있던 두 개의 장을 번역본에서는 제외했다. 미국의 윤리관련 법과 행정에 관한 내용들이다. 따라서 이 점은 강의자나 학생의 입장에서 충분히 고려해 추가적으로 포함하거나 공부해야 할 것이다.

셋째, 최근 우리 대학의 추세인 영어강의를 하는 경우 원본을 교재로 사용하고, 본 번역서를 부교재로 사용할 수 있을 것이다.

넷째, 기업에서도 한 학기 강의가 아니라 특정 기간에 집중적으로 교육하는 경우 교재로 사용하기에 충분한 내용을 담고 있다고 생각된다.

다섯째, 이번에는 번역본에 그쳤지만 향후 윤리경영을 고민하는 많은 연구자와 경영자 그리고 학생들에게 우리 옷을 입은 윤리경영교재를 만들어보고 싶다는 뜻을 전하며 후기를 갈음하고자 한다.

마지막으로 번역할 때마다 가족들에 대한 미안함으로 다시는 하지 않겠다고 다짐했지만. 이번에 또 다시 거짓말에 웃음과 기다림으로 답해준 공역자 모든 가족에게 감사함을 전한다.

공역자 길재욱님, 박우성님, 이강성님, 조봉순님과 함께
대표 역자 이영면 적음

간추린 목차

목차

Chapter 2 » 기업윤리 정의하기

Part 2 기업윤리 실무

Chapter 3 » 업무부서별 윤리

Part 3 기업윤리의 미래

Chapter 9 » 윤리와 글로벌화

Chapter 10 » 윤리경영 자리잡기: 경쟁적인 시장에서 올바르게 경영하기

Part 1

기업윤리 정의하기

먼저 우리는 사람들이 "올바른" 혹은 "그릇된" 행동 기준에 따라 그들의 삶을 어떻게 살아가는지를 살펴보면서 논의를 시작하려고 한다. 사람들은 무엇이 옳고 그른가, 또는 좋고 나쁜가를 결정하는 기준을 어디서 찾는가? 사람들이 일련의 도덕적 기준이나 윤리적 원칙을 정하고 나면, 공동체나 지역사회 내에서 동일한 윤리적 원칙을 공유하거나 혹은 공유하지 않는 다른 구성원들과는 어떻게 서로 교감하는가?

우리는 윤리에 대한 기본적인 이해를 바탕으로 기업윤리의 개념을 검토하고자 한다. 종업원들은 자신의 개인적인 도덕적 기준을 자신들이 일하는 회사나 매일 업무 보고를 해야 하는 관리자들의 기준에 맞추는 과정에서 딜레마에 부딪치게 된다. 또한 '비즈니스 세계란 각 개인이 각자의 삶을 살아가기 위해 선택한 규칙을 반드시 적용할 필요가 없는 인위적인 환경으로 볼 것인가' 하는 질문에 대한 답을 검토하고자 한다.

Chapter 1

윤리 이해하기

학습결과

이 장을 공부하면 여러분은 아래의 내용을 할 수 있게 되었다.

1 윤리를 정의할 수 있다.
2 윤리적 의사결정에서 가치의 역할을 설명할 수 있다.
3 대립되는 윤리 이론들과 그 한계들을 이해할 수 있다.
4 윤리적 상대주의를 토의할 수 있다.
5 윤리적 딜레마를 설명하고 이를 해결하기 위한 과정을 적용할 수 있다.

윤리란 올바르게 일하려면 우리가 지불하고자 하는 것보다 더 많은 비용이 요구될 때 어떻게 대처할 것인가에 관한 것이다.

조셉슨 윤리연구소
(The Josephson Institute of Ethics)

올바르게 일하기

메간(Megan)은 옥스퍼드 레이크 아파트 단지를 위해 일하는 부동산 중개사이다. 이 일은 꽤나 지루하지만, 저녁에는 학교에 가려는 그녀에게 공부할 수 있는 조용한 시간이 주어지고, 게다가 아파트 월세를 할인받는 것도 큰 도움이 된다. 다만, 다른 두 아파트 단지가 생기고 난 뒤부터 이 아파트 단지의 영업은 좀 시원찮아지고 공실률도 조금 높아지기 시작했다.

회사는 최근에 새로 지역 관리자를 임명했는데, 이는 해당지역 영업에 새로운 활기와 창의성을 불어넣고 신규 임대계약 성과를 높이기 위한 것이었다. 이 관리자의 이름은 케이트 존스(Kate Johns)인데, 메간은 케이트가 월세만 더 올릴 수 있다면 그녀의 할머니에게라도 임대해 줄 사람이라는 인상을 받았다. 케이트의 첫 행사는 오픈하우스였는데, 무료 핫도그, 콜라, 아이들을 위해 막대풍선으로 동물을 만드는 광대가 준비되었다. 그는 신문과 라디오에 광고를 게재하였고, 많은 사람을 끌어 모았다.

그들의 첫 손님은 마이클 윌슨(Michael Wilson)과 타니아 윌슨(Tania Wilson) 부부였는데, 이들은 어린 아들 타일러(Tyler)를 둔 흑인 커플이었다. 메간은 그들의 신청서를 받았다. 그들은 안정적인 직업경력을 가진 사람들로서 월세를 감당하고도 남을 소득을 올리고 있고, 이전 집주인들로부터도 좋은 평가를 받았다. 메간은 그들에게 표준적인 절차의 하나로 그들의 배경을 조사하겠다고 알리고 그들의 신청서가 아주 좋아 보인다고 귀뜸해 주었다.

그들이 떠난 뒤, 케이트가 임대사무소에 들러서 "그 사람들, 어때 보여요? 신청서에 무슨 문제라도 있나요?" 하고 물었다. 메간은 "전혀요. 그 사람들은 이 동네 수준에 아주 잘 맞는 새 이웃이 될 것 같은데요." 그러자 케이트가 대답했다. "서두르지 마세요. 신청자들을 좀 더 만나 볼 시간이 있어요. 내 경험에 의하면 저런 사람들은 월세계약을 중도에 파기하거나 월세가 밀린 채 마을을 떠나곤 하지요."

질문

1. 여기서 해야 할 올바른 일은 무엇인가? 2.5절에 나오는 "황금률"이 여기서는 어떻게 관련되어 있는가?
2. 당신은 이 윤리적 딜레마를 어떻게 해결하겠는가? 6절에 자세히 나오는 세 단계의 과정을 검토해 보라.
3. 메간은 지금 무엇을 해야 하는가?

1. 윤리란 무엇인가?

윤리(ethics)학은 우리가 "올바른" 혹은 "그릇된" 행동 기준에 따라 우리의 삶을 어떻게 살아야 할 것인가에 관한 학문이며, 이는 우리가 다른 사람들에 대해 생각하고 행동하는 방식과 다른 사람들이 우리에 대해 생각하고 행동하기를 원하는 방식 등 2가지 측면을 모두 포함한다. 어떤 사람들은 일상생활에서 행동 지침을 제공하는 도덕적 기준이나 윤리적 원칙에 따르겠다고 의식적으로 선택한다. 또 어떤 사람들은 이러한 선택이 명확하지 않아서 어떠한 것이 옳고 그른지, 또는 좋고 나쁜지를 행동 기준으로 결정할 때 다른 사람들의 행동을 살핀다. 사람들이 무엇이 옳고 그른지를 정의하는 데에는 성장배경, 종교, 전통, **사회적**(society) 신념 등과 같이 많은 요인들이 영향을 미친다.

윤리 "올바른" 혹은 "그릇된" 행동 기준에 따라 삶을 살아가려고 하는 방식으로, 이는 우리가 다른 사람들에 대해 생각하고 행동하는 방식과 다른 사람들이 우리에 대해 생각하고 행동하기를 원하는 방식 등 2가지 측면을 모두 포함한다.

사회 유사한 전통과 관습으로 묶인 사람들의 구조화된 공동체

문화 개인들로 구성된 집단의 특징을 나타내는 태도, 신념, 관습들의 총체

2. 옳고 그름에 대한 이해

도덕적 기준은 선한 행동과 나쁜 행동을 판단하는 기준이 되는 종교적, **문화적**(culture), 철학적 신념에 기초한 원칙이다. 이러한 신념은 매우 다양한 원천에서 나온다.

- 친구들
- 가족
- 인종적 배경
- 종교
- 학교
- 미디어—텔레비전, 라디오, 신문, 잡지, 인터넷
- 개인적인 역할 모델과 멘토들

개인의 도덕적 집합 즉, 도덕성(morality)은 일생에 걸쳐 쌓여 온 모든 영향들의 총체를 의미한

다. 엄격한 가정 교육이나 종교적 교육은 개인의 도덕 기준에 직접적이고 분명한 영향을 미친다. 이러한 기준은 우리가 살아가면서 어떤 결정을 내려야 할 때 지침을 제공해 주는 도덕적 나침반(개인적 방향성) 역할을 한다.

2.1 나는 어떻게 살아야 하는가?

사람들은 알파벳을 배우는 것과 같은 방법으로 개인적인 도덕 기준을 얻지는 않는다. 윤리적 행동 기준들은 주위 사람들 즉, 부모, 가족 구성원, 친구, 동료, 이웃 등의 사례들을 관찰하면서, 조금씩, 그리고 자연스럽게 받아들여지고 만들어진다. 사람들이 받아들인 그러한 기준들은 결국 각 개인에게 고유한 것이 된다. 예를 들면, 가족의 종교적 신념에 따른 교육에 영향을 받게 되면, 다른 사람에게 윤리적으로 행동하는 것이 종교적 헌신을 실현하는 것이라고 믿게 된다. 그러나 그러한 헌신은 내세에 받을 신의 처벌에 대한 두려움이나, 도덕적 삶에 대한 보상의 기대에 의해서도 쉽게 동기부여될 수 있다.

반대로 종교적인 도덕성을 거부할 수도 있는데, 그런 경우에는 종교적 교리에 의해 정해진 옳고 그름에 대한 추상적인 개념보다, 인간으로서의 경험에 기초를 두고 윤리적 행동을 할 수도 있다.

개인들이 공동체에서 유사한 기준들을 공유할 때, 우리는 **가치**(*value*) 또는 **가치체계**(*value system*)라는 용어를 사용할 수 있다. **도덕** 또는 **가치**라는 용어는 종종 같은 것을 의미하기도 하는데, 이는 사람들이 살아가는 동안 목표로 두는 개인적인 원칙들의 집합을 의미한다. 그러한 원칙들을 행동강령으로 형식화하려고 할 때, 사람들이 **가치체계**를 받아들인다고 말한다.

> **가치체계** 행동강령으로 형식화된 개인적인 원칙들의 집합
>
> **본질적 가치** 그것을 추구함으로써 어떤 결과를 얻든지 못 얻든지와 관계없이 그 가치 자체가 좋은 것일 뿐 아니라, 그 자체를 위해 추구하게 되는 가치

2.2 가치의 가치(The value of a value)

가치라는 단어가 어떠한 물건의 값어치를 나타내듯이, 개인적 가치는 그 특정의 "값어치(worth)"를 가지고 있다. 그 값어치는

2가지 방법으로 설명될 수 있다.

1. **본질적 가치**(intrinsic value)—그것을 추구함으로써 어떤 결과를 얻든지 못 얻든지와 관계없이, 그 가치 자체가 좋은 것일 뿐 아니라 그 자체를 위해 추구하게 되는 가치. 예를 들면, 행복, 건강, 자존감은 모두 본질적 가치라고 말할 수 있다.

도구적 가치 한 가치를 추구하는 것이 다른 가치에 도달하는 데 좋은 수단이 되는 것. 예를 들면 돈은 그 자체보다는 그것으로 살 수 있는 것으로 가치가 매겨짐

2. **도구적 가치**(instrumental value)—한 가치를 추구하는 것이 다른 가치에 도달하는 좋은 수단이 되는 것을 말한다. 예를 들면, 돈은 그 자체보다는 그것으로 살 수 있는 것으로 가치가 매겨진다.

2.3 가치 충돌(Value conflicts)

개인이나 집단의 가치체계가 미치는 영향력이란 사람들이 일상생활에서 이러한 가치들로부터 영향을 받는 정도로 볼 수 있다. 그러나 사람들이 어떤 가치체계를 가지고 있는지는 그러한 가치와 행동 간에 직접적인 충돌이 발생하는 상황에 맞닥뜨릴 때 나타난다. 예를 들면:

1. 거짓말은 나쁘다—그러나 사랑하는 사람의 생명을 보호하기 위하여 거짓말을 하게 된다면?
2. 도둑질은 나쁘다—그러나 당신이 굶어 죽어가는 아이를 위해 음식을 훔치게 된다면?
3. 살인은 나쁘다—그러나 당신이 자신의 생명을 보호하기 위한 자기방어 과정에서 누군가를 죽여야만 한다면?

당신이라면 이러한 충돌을 어떻게 해결하겠는가? 이러한 규칙에 예외가 있을 수 있는가? 특별한 상황임을 이유로 그러한 행동들을 정당화할 수 있는가? 당신의 가치체계에 예외를 분명하게 두어야 할 것인가? 그렇다면, 당신은 모든 가능한 예외들을 정말로 미리 정해놓을 수 있는가?

이러한 회색지대가 윤리 연구를 매우 복잡하게 만드는 것이다. 우리는 옳고 그름에 대해 명확히 규정된 규칙이 있어서 그러한

수퍼맨은 개인의 진실성(personal integrity)에 대해 이상적인 표상이 되었다. 주변에서 이런 인물의 예를 들 수 있는가?

규칙을 준수하면서 살아야 한다고 믿고 싶어 한다. 그러나 그러한 규칙에 예외를 필요로 하는 상황들이 항상 발생하게 마련이다. 사람들의 가치체계를 정의한다는 것은 각 개인이 그러한 상황에 어떻게 대응하고 어떤 구체적인 선택을 하는지에 달려있다.

2.4 올바르게 일하기

당신의 친구들이나 가족들에게 윤리가 무엇을 의미하는지 물어 본다면, 아마도 다음의 4가지 기본 유형으로 요약할 수 있을 것이다.

1. 단순한 진리(simple truth)—옳거나 그름 혹은 좋거나 나쁨
2. 개인적인 성격에 대한 질문—개인의 진실성
3. 개인의 적절한 행동 규칙
4. 공동체나 사회를 위한 적절한 행동 규칙

첫 번째 유형은—**단순한 진리**—단순히 **올바르게 일하는 것**(*doing right things*)으로도 표현될 수 있다. 이는 대부분의 사람들이 이해하고 지지할 수 있는 것이다. 사람들로 하여금 윤리적 행동을 당연한 것으로 받아들이도록 이끄는 것은 바로 이 기본적 단순성이다. 즉, 누구나 올바르게 일하려고 애쓴다고 가정하는 것이다. 그러나 비윤리적인 행동에 노출될 때에야 비로소 모든 사람들이 다 '올바르게 일하기'에 대한 해석을 공유하지는 않으며, 설령 공유한다 하더라도 당신처럼 그렇게 애쓰지도 않는다는 것을 인식하게된다.

두 번째 유형은—다른 사람의 행동에 의해 드러나는 **개인의 진실성**(*personal integrity*)—내부적인 관점에서보다는 외부적인 관점에서 윤리를 바라본다. 거의 모든 만화 주인공 즉, 수퍼맨, 스파이더맨, 배트맨, 원더우먼 등과 같은 인물은 때로는 상당한 희생을 치르는 한이 있더라도, 그들의 도덕기준에 꼭 들어맞는 삶을 통해 매우 이상적인 개인의 도덕성을 보여준다.

개인의 적절한 행동 규칙은 자신을 위해 개발해 온 도덕적 기준들이 매일의 생활 속에서 행동이나 의사결정에 영향을 미친다는 것을 보여주고 있다.

공동체나 사회를 위한 적절한 행동 규칙은 결국 개인적인 가치체계를 우리와 유사하거나 또는 우리와 매우 다른 가치체계를 가진 사람들과 공유하는 세계로 끄집어 와야 한다는 것을 일깨워 준다. 공동체나 사회를 위한 윤리적 이상을 확립하는 것은 그 집단 구성원들에게 그들이 공통된 기준을 공유하고 있다는 확신을 가지고 살아갈 수 있도록 해 준다.

각 유형들은 윤리의 서로 다른 특징을 보여준다. 윤리 연구는 한편으로 사람들이 어떻게 의사결정을 하는지를 이해하려고 한다. 즉, 그들이 어떻게 자신들의 도덕 기준들을 개발하는지,

✓ 이해도 확인 질문

1. 윤리에 대해 정의해 보라.
2. 도덕적 나침반은 무엇이며, 어떻게 적용할 수 있는가?
3. 본질적 가치와 도구적 가치의 차이를 설명해 보라.
4. 윤리의 4가지 기본적인 유형을 정리해 보라.

그 기준들을 따라 어떻게 살아가는지, 그러한 기준들에 입각해서 다른 사람들의 행동을 어떻게 판단하는지에 대해서 이해하려고 한다. 또 다른 한편으로는, 이러한 이해를 바탕으로 윤리적인 개인들로 구성된 집단을 그들이 어떻게 행동해야 하는지에 대해 공통된 이해를 가진 공동체로 엮어주는 일련의 이상과 원칙을 개발하고자 한다.

2.5 황금률(The golden rule)

황금률 다른 사람들에게 대접을 받고자 하는 대로 다른 사람을 대접하라.

어떤 이들에게는 윤리적 삶을 사는 목적은 **황금률**로 표현된다: 다른 사람들이 네게 해주기 바라는 대로 다른 사람에게 해 주라. 또는 다른 사람에게 네가 대접 받고자 하는 대로 다른 사람을 대접하라. 이 간단하고 명확한 법칙은 세계의 많은 종교들이 다 함께 공유하고 있다.

- 불교: "네 자신에게 해롭다고 생각되는 방법으로 다른 사람들을 해하지 마라."—우다나-바르가 5장18절
- 기독교: "그러므로 무엇이든지 남에게 대접을 받고자 하는 대로 너희도 남을 대접하라"—마태복음 7장12절
- 힌두교: "이것은 의무의 집약이다. 너에게 행하면 고통을 야기하는 것을 다른 사람에게 결코 행하지 마라."—마하바라타 5장1517절

물론, 황금률의 위험성은 모든 사람들이 당신과 같이 생각하고 행동하거나, 당신과 같은 원칙들을 믿지 않는다는 데 있다. 따라서 자신의 윤리적 이상을 추구하는 것이 다른 사람들의 윤리적 이상과 어울릴 것이라는 가정 하에 살아가면 자신이 곤경에 처하게 될 수도 있다. 예를 들어, 만약 당신이 자신의 가치체계에서 정직성을 중시하는 유형의 사람이라면, 길거리에서 지갑을 발견한 경우 그것을 진짜 주인에게 돌려주려고 할 것이다. 그러나 당신이 지갑을 잃어버렸다면, 그것을 발견한 사람이 당신에게 돌려주기 위하여 당연히 똑같은 노력을 기울일 것이라고 기대할 수 있는가?

3. 윤리 이론들

윤리학은 그리스 철학자 소크라테스 이래로 2,500년 이상 철학 논쟁의 이슈가 되어왔다. 우리가 어떻게 윤리적인 삶을 살 것인지에 대하여는 오랜 시간에 걸쳐 많은 토론과 여러 학파들의 사상이 발전되어 왔다.

윤리 이론들은 선의 윤리(virtue ethics), 더 많은 선을 위한 윤리(ethics for the greater good), 절대적 윤리(universal ethics) 등 3가지 유형으로 나눌 수 있다.

3.1 선의 윤리(virtue ethics)

그리스 철학자 아리스토텔레스의 개인 성격과 진실성(integrity)에 대한 믿음은 '**내가 어떠한 사람이 될 것인지, 그런 사람이 되기 위하여 어떻게 해야 할지**'에 대한 명확한 이상을 성취하는데 전념하면서 삶을 살아가야 한다는 개념을 확립하게 되었다.

그러나 **선의 윤리**가 가진 문제점은 사회가 서로 다른 선을 각기 다르게 강조한다는 것이다. 예를 들면, 아리스토텔레스 시대의 그리스 사람들은 지혜, 용기, 정의에 가치를 부여했다. 반면에 기독교 사회는 믿음, 희망, 자선을 중시한다. 따라서 당신이 성취하고자 하는 가치가 당신이 속한 사회의 가치를 직접 반영하지 않는다면, 가치 충돌의 위험이 존재하게 된다.

3.2 더 많은 선을 위한 윤리(ethics for the greater good)

말 자체에서 암시하듯이, **더 많은 선을 위한 윤리**는 겉으로 드러난 행동, 선 그 자체보다는 행동의 결과를 더욱 강조하고 있다. 즉, 최대 다수를 위한 최대의 선에 초점을 둔다. 원래 스코틀랜드 철학자 데이비드 흄(David Hume)에 의해 제안된 이 윤리 접근법은 **공리주의(utilitarianism)**라고도 일컬어진다.

이 접근법의 문제점은 결과가 수단을 정당화한다는 것이다. 만약 당신이 중시하는 것이 오직 최대 다수의 사람들을 위해 최대의 선을 행하는 것이라면, 그 결과를 얻기 위한 행동들에 대해서는 누구도 책임지지 않게 된다. 20세기의 역사는 이에 대한 가장 극단적인 예를 보여주는데, 아돌프 히틀러

> **선의 윤리** 내가 어떠한 사람이 될 것인지, 그런 사람이 되기 위하여 어떻게 해야 할지 등과 같은 명확한 이상을 성취하는데 전념하면서 삶을 살아가는 개념
>
> **공리주의** 최대 다수의 사람에게 최대의 선을 제공하는 윤리적 선택

(Adolf Hitler)와 나치당이 아리안족 재건이라는 공리주의를 바탕으로 유대인들과 장애인들을 대량학살한 바 있다.

3.3 절대적 윤리(universal ethics)

원래 독일 철학자 임마뉴엘 칸트(Immanuel Kant)에서 비롯한 **절대적 윤리**는 모든 윤리적 판단에 적용되는 특정한 절대적 원칙들이 있다고 주장한다. 행동은 상황에 따른 필요보다는 순전히 도덕적 이상에 대한 **의무**(*duty*)와 **책임**(*obligation*)에서 비롯되어야 하는데, 왜냐하면 이러한 절대적인 원칙들은 언제나, 어디서나, 누구에게든 적용되어야하기 때문이다.

이러한 접근 방법의 문제점은 더 많은 선을 위한 윤리와 정반대되는 데 있다. 만약, 사람들이 절대적인 원칙을 따르는 데에만 중점을 둔다면, 그러한 원칙을 따르는 과정에서 나타나는 행동 결과에 대해서는 아무도 책임지지 않게 된다. 예를 들면, 파킨슨병의 치료법에 대한 연구에서 줄기세포를 이용하는 것에 대한 최근의 논쟁을 생각해 보자. 만일 당신이 절대적인 윤리적 원칙들에 따라 인간생명의 가치가 다른 어떤 것들에도 우선한다고 생각한다면, 줄기세포를 얻기 위해 인간배아를 사

절대적 윤리 상황에 따른 필요보다는 온전히 도덕적 이상에 대한 의무와 책임에서 비롯되는 행동으로, 이는 절대적인 원칙들은 언제나, 어디서나, 누구에게든 적용되기 때문이다.

실전기술

무엇을 지지할 것인가? 혹은 무엇을 반대할 것인가?

개인의 가치체계는 인생을 살아가면서 겪게 될 개인적이거나 직업적인 문제에 대해 일정한 방향을 제시해 준다. 당신이 얼마나 자주 그러한 가치를 지지할 것인지 또는 그 가치에서 벗어날 것인지는 개인적인 선택의 문제이지만, 그런 선택 과정을 통해 자신의 가치를 지속적으로 개발시켜 나가게 된다. 로렌스 콜버그(Lawrence Kohlberg)의 연구(그림 1.1 참조)가 지적하고 있듯이 경험이 늘어나고 교육 수준이 높아짐에 따라 도덕적인 복잡성과 윤리적 딜레마를 더욱 잘 이해하게 된다. 그러한 까닭에, 어린 시절부터 부모, 친구, 사회, 또는 종교적 양육을 통해 개발해 온 가치체계에 비추어 자신의 선택을 평가하게 된다. 이러한 모든 선택들이 쌓여서 당신의 고유한 가치체계를 이루게 된다. 물론, 당신은 가족이나 친구들과 유사한 가치를 공유하게 되지만, 당신의 가치가 다른 사람들과 다르기 때문에 어떤 선택에 있어서는 그들과 다른 결정을 하게 된다.

어려운 결정에 직면했을 때 의존할 수 있는 그런 지침이 있을 때의 가장 큰 이점은 감정과 상황 압력으로부터 벗어나서 이성적이고 사려 깊은 선택을 할 수 있는 진실성(integrity)을 가진 사람으로서의 자신을 잘 드러내 줄 수 있는 가치체계에 눈을 돌릴 수 있다는 점이다.

✓ 이해도 확인 질문

5 황금률은 무엇인가?
6 세 개의 기본적인 윤리 이론들을 나열해 보라.
7 각 이론의 한계를 설명해 보라.
8 각 이론의 예를 실제 사례로 제시해 보라.

용하는 것을 어떻게 정당화할 수 있는가? 많은 중대질환 즉, 파킨슨병, 암, 심장마비, 신장질환 등을 치료할 수 있는 가능성이 줄기세포 연구를 윤리적으로 정당화할 수 있는가? 그렇지 않다면, 가망 없는 장기이식을 기다리면서 사랑하는 사람을 잃게 될 가족들에게 이것을 어떻게 설명할 수 있는가?

4. 윤리적 상대주의

각 이론들의 한계를 다시 한 번 살펴보면, 하나로 포괄되는 윤리 이론은 없으며 단지 개인적인 가치체계에 근거해서 의사결정이 이루어진다는 것이다. 이런 관점에서 우리가 어떤 삶을 살아야 하는지에 대한 모델을 선택해야 할 때, 왜 많은 사람들이 그 사회의 전통, 개인적인 의견, 당면한 상황 등에 따라 윤리적 원칙들을 정하는 **윤리적 상대주의**(**ethical relativism**) 개념을 선택하는지 쉽게 이해할 수 있다.

Key Point

대안적인 윤리 이론을 검토함에 있어서 왜 책임이슈가 중요한가?

윤리적 상대주의 당신이 속한 사회의 전통, 개인적인 의견, 당면한 상황이 당신의 윤리 원칙들을 규정한다는 개념

상대주의라는 개념은 엄격한 흑백논리에 반해서 어느 정도의 유연성을 의미한다. 상대주의는 또한 집단의 아웃사이더로서 개인적인 신념을 고수하는 것보다, 당신이 속한 사회나 공동체의 윤리적 다수의 한 일원이 됨으로써 위안을 얻게 해 준다. 그러나 요즘 우리 사회에서 집단내의 또래 압력(소위 왕따)(peer pressure)을 이야기 할 때, 우리는 이러한 다수의 기대가 때때로 부정적인 결과를 가져온다는 것을 인정하지 않을 수 없다.

또래 압력(Peer pressure)

윤리적 딜레마

기술이 십대나 청소년들의 삶을 지배하기 이전의 시대에는 또래 압력(peer pressure, 친구들이나 급우들에 의해 가해지는 스트레스)에 대한 관심은 주로 괴롭힘, 범죄 행위, 약물 남용, 성적 비행에 초점이 맞춰졌다. 최근 스마트폰을 활용하여 많은 사람들에게 문자 메시지를 보내고 인터넷에 짧은 동영상을 올리는 것이 가능해지자 학교에서 또래 압력이 새로운 걱정거리로 등장했다. 십대임신예방운동협회(National Campaign to Prevent Teen and Unplanned Pregnancy)의 2008년 조사에 의하면 13세에서 19세까지의 청소년 가운데 20%가 자신의 반라 또는 전라의 사진이나 영상을 온라인상에 올린 적이 있다고 응답했다. 조사 대상 십대 소녀의 약 50%는 성적으로 노골적인 사진이나 메시지를 올린 이유가 남학생들의 압력 때문이라고 답했고, 남학생들은 친구의 압력이라고 대답했다.

"섹스팅(sexting)" 사건이 매우 빠르게 증가함에 따라 지역사회와 사법당국은 이에 미처 대비하지 못했다. 많은 사람들이 이 사건을 일부 십대들이 관여된 비행의 예라고 여기지만, 그러한 자료를 보거나 전송하면 아동포르노의 중범죄로 기소되고 수십 년간 성범죄자 명단에 게시될 수도 있다. 한 예로, 18세 소년 필립 알퍼트(Phillip Alpert)는 그의 16세 된 여자 친구와 다투고 난 후에 은밀한 사진을 유포한 결과 아동포르노 유포죄로 유죄 선고를 받았다. 그는 43세가 될 때까지 성범죄자 명단에 올라가게 된다.

불행하게도 섹스팅 사건의 급격한 증가는 비극적인 결과를 야기했다. 신시내티의 제시 로간(Jessie Logan)은 남자친구에게 보낸 누드사진들이 수백명의 학생들에게 전송되자 자살을 하고 말았다. 단지 다섯 명의 십대들이 사진을 보내는데 관여했을 뿐이지만, 이 사건이 끝날 때까지 네 개의 학군에

소속된 수백 명의 학생들이 인터넷에 무제한적으로 접속해서 이 사진들을 볼 수 있었던 것이다. 이 사례를 쓰고 있을 동안에도 미국내 15개 주에서는 섹스팅을 하는 십대들을 성인 성범죄자로 기소함이 없이 섹스팅을 방지하는 법안을 검토하고 있다.

질문

1. 또래 압력이 어떻게 윤리적 상대주의로 이어지게 되는가?
2. 또래 압력에 대항하기 위해 개인의 가치체계를 어떻게 이용할 수 있는가?
3. 또래 압력에 시달리고 있는 학생들에게 섹스팅의 위험을 어떻게 알릴 수 있을까?
4. 이 문제를 다루는 데 법률 개정이 가장 최선의 방안인가? 그 이유는 무엇인가? 혹은, 그렇지 않은 이유는 무엇인가?

출처: Satta Sarmah, "Sexting' on the Rise among Teens, "http://rye.patch.com, May 21, 2010; "Sexting Bill Introduced at Statehouse, "www.onntv.com, May 13, 2010; and "Sex and Tech; Results from a Survey of Teens and Young Adults, "www.thenationalcampaign.org/sextech/PDF/SexTech_Summary.pdf, October 20, 2010.

5. 윤리적 딜레마

지금까지 '선하고 도덕적인 삶을 살기 위하여 개인으로나 공동체로서 어떻게 행동해야 하는지'와 같은 윤리 이론의 이해에 관심을 기울여 왔다. 그러나 이러한 윤리 이론은 우리가 윤리학이라고 인식하고 있는 철학파 가운데 단지 절반만을 대표할 뿐이다. 어떤 점에서는 이 이론들은 실천으로 이어져야 하는데, 이때 **응용 윤리학**(**applied ethics**)의 영역으로 넘어가게 된다.

윤리이론의 기본 가정은 개인이나 공동체는 각자의 의사결정에 영향을 미치는 요소들을 통제할 수 있어야 한다는 것이다. 하지만 현실에서는 명백하게 옳거나 혹은 그른 결정이 있는 것이 아니라, 둘 다 옳을 수 있는 상황에 직면했을 때 개인의 윤리 원칙은 시험을 받는다. 이러한 상황을 **윤리적 딜레마**(**ethical dilemmas**)라고 일컫는다.

응용 윤리학 윤리이론을 현실에 어떻게 적용할 것인가에 대한 연구

윤리적 딜레마 명백히 옳거나 그른 결정이 있는 것이 아니라, 둘 다 옳을 수 있는 상황

앞에서 검토한 가치체계나 가치갈등에서 본 것과 같이, 이상적인 일련의 원칙이나 기준들도 필연적으로 어떤 도전에 직면하게 마련이다.

윤리 이론에서의 이러한 도전들은 의사결정 과정에서 당신이 아래의 내용을 알고 있음에도 당신에게 올바른 선택을 하도록 요구하는 딜레마의 형태로 나타난다.

- 둘 다 맞는 선택 가운데 하나를 그냥 둔다.
- 선택의 결과로 자신이 피해를 볼 수 있다.
- 그러한 선택이 개인 윤리 원칙과 상충된다.
- 그러한 선택이 자신이 속한 공동체나 사회의 윤리적 가치를 포기하게 된다.

6. 윤리적 딜레마 해결하기

정의에 따르면, 문제해결이란 그 문제에 대해 만족스런 답을 찾는 것을 의미한다고 하면 윤리적 딜레마는 결코 해결될 수 없다. 현실에서 윤리적 딜레마에 대한 "해답"은 두 개의 악한 것 중에서 덜 악한 것이다. 따라서 항상 바람직한 답이 있다고 가정하는 것은 의문의 여지가 있다. 그보다는 오히려 당신이 수용할만한 결과로 인정할 수 있느냐에 대한 문제라고 할 수 있다.

조셉 바다라코 2세(Joseph L. Badaracco Jr.)의 책, "순간들을 정의하기(*defining moments*)"는 "수면-판별 윤리(sleep-test ethics) 또는 수면 테스트"라는 논의를 통해서 위의 수용할만한 결과의 개념을 잘 보여주고 있다.[1]

수면-판별 윤리, 다시 말해 수면 테스트는... 도덕적으로 건전한 결정을 하였는지 여부를 사람들에게 얘기하도록 하는 것이다. 문자 그대로 설명하자면, 올바른 결정을 내린 사람은 숙면을 취할 수 있는 반면, 잘못된 선택을 한 사람은 그럴 수 없다는 것이다. 문자 그대로의 해석에서 벗어나 좀 더 광의로 정의하자면, 수면 테스트는 어려운 문제에 직면했을 때, 사람들은 자기의 직관, 감정, 본능에 의존해야만 한다는 근본적인 신념에 근거하고 있다. 이렇게 정의하면, 수면 테스트는 직관의 윤리이다. 이는 특히 우리 생각이 혼란스러울 때 우리가 마음을 따르도록 충고해 준다. 수면 테스트는 만약 무언가가 계속해서 우리를 불편하게 한다면 그것은 일리가 있는 것이라는 것을 말해주고 있다.

이번 장에서 다룬 윤리 이론들을 재검토해 보면, 윤리적 딜레마를 다루는 데에는 2가지 서로 다른 접근법이 있다. 하나는 개인이 선택한 실제적인 결과에 초점을 맞추는 것이고, 다른 하나는 행동 자체와 그 행동이 올바른 것이었는지에 초점을 두는 것이다. 첫 번째 학파의 생각은 결과가 수단을 정당화 한다는 관점에서 피해가 없다면 잘못이 없다는 것이다. 두 번째 학파의 주장은 어떤 행동들은 단순히 행동 그 자체가 잘못되었다는 것이다.

그렇다면 우리는 무엇을 해야 할까? 윤리적 문제를 해결하기 위한 다음의 세 단계를 생각해 보자:[2]

1단계. **결과를 분석하라.** 당신이 취한 행동에 의해 누가 도움을 얻게 되는가? 누가 피해를 입는가? 우리가 얘기하고 있는 편익과 피해는 어떤 것들인가?(어떤 것은 다른 것에 비해 좀 더 가치가 있거나 혹은 더 나쁠 수 있는데 예를 들면, 좋은 건강 상태, 다른 사람으로부터의 신뢰, 깨끗한 환경 등은 빠르게 작동하는 원격조정장치에 비해 훨씬 가치 있는 편익이다.) 이상의 것들을 단기적 관점과 동시에 장기적 관점에서 볼 때는 어떠한가?

2단계. **행동을 분석하라.** 결과를 생각하지 말고, 다른 관점에서 선택 가능한 모든 대안들을 생각해 보라. 정직, 공평, 평등, 타인의 존엄에 대한 존중, 인권과 같은 도덕적 원칙들에 비추어 그 행동들을 어떻게 평가할 수 있는가?(보편적인 선을 생각해 보라) 그 행동 가운데 위의 기준들과 일치하지 않는 것은 없는가? 만일 원칙 간에 혹은 관련된 사람들의 권리 사이에 충돌이 있다면, 어떤 원칙이 다른 원칙에 비해 더 중요하다고 볼 수 있는가? 어떤 대안이 문제점을 최소화할 수 있는 행동을 가져다 주는가?

✓ 이해도 확인 질문

9 윤리적 상대주의를 정의해 보라.
10 응용 윤리를 정의해 보라.
11 윤리적 딜레마는 무엇인가?
12 윤리적 딜레마를 해결하기 위한 세 단계를 설명해 보라.

3단계. 결정하라. 앞의 두 분석을 고려하여 결정하라. 이러한 전략은 적어도 당신이 따를 수 있는 기본적인 단계를 제공해 준다.

만약 3단계 모형이 너무 간단해 보인다면, 윤리적 딜레마를 해결하기 위해서 고려해야 할 아더 도브린(Arthur Dobrin)이 정의한 8개 질문을 생각해 볼 수 있다.[3]

1. **무엇이 사실인가?** 최대한 사실을 알아내라. 만일 당신이 알고 있는 사실이 틀렸다면, 그릇된 선택을 할 수 밖에 없다.
2. **당신이 모르는 사실에 관하여 무엇을 추측할 수 있는가?** 모든 사실들에 대하여 아는 것은 불가능하니, 빠진 정보들에 대해서는 합리적으로 가정하라.
3. **그 사실은 무엇을 의미하는가?** 사실은 그 자체로는 아무런 의미가 없다. 개인의 중요한 가치에 비추어 그 정보를 해석할 필요가 있다.
4. **관련된 사람들의 눈으로 볼 때, 그 문제는 어떻게 보이는가?** 다른 사람의 입장에서 볼 수 있는 능력은 필수적이다. 다양한 관점에서 문제를 이해할 수 있는 능력은 현명한 선택을 할 가능성을 높여준다.
5. **다른 것들을 제쳐놓고 하나를 선택했을 때 무엇이 일어날 것인가?** 모든 행동은 결과를 낳는다. 특정한 행동을 이어간다면 무엇이 일어날 것인가에 대해 합리적으로 추측해 보라. 행동한 결과, 이것이 더 편익이 될 것인지 혹은 더 피해를 줄 것인지를 판단하라.
6. **당신의 감정은 뭐라고 말하고 있는가? 감정도 또한 사실이다.** 윤리적 쟁점들에 대한 당신의 감정은 의사결정에서 이성적인 사고가 간과할 수 있는 단서를 제공해 줄 수 있다.
7. **어떤 결정을 했을 때, 당신 스스로에 대해 어떻게 생각하는가?** 사람들은 이것을 양심이라고 부른다. 이는 자기평가의 한 형태다. 이는 자기가 되고 싶은 그런 종류의 사람인지의 여부를 선택하는 데 도움을 주는 동시에, 개인이 마음 편히 살 수 있도록 도와준다.
8. **당신의 결정에 대해 다른 사람에게 설명하거나 정당화할 수 있는가?** 기분에 따라 행동해서는

안 된다. 자기중심적이어도 안 된다. 윤리는 당신을 주위 세상에 연관시킨다. 이런 이유로 인해 당신의 도덕적 결정이 합리적인 사람들에게 이성적으로 보이도록 정당화할 수 있어야 한다. 윤리적 이유는 개인적인 이유일 수 없다.

> **Key Point**
>
> 과거에 경험했던 윤리적 딜레마에 대해 도브린의 8가지 질문을 적용해 보라. 이 과정을 적용해봄으로써 당신의 결정이 바뀌었는가? 왜 그런가? 혹은 왜 그렇지 않은가?

이러한 단계들을 적용하는 데에는 핵심 가정들이 있다. 첫째, 그러한 질문이 요구하는 깊은 생각을 할 수 있는 충분한 시간이 있어야 한다. 둘째, 질문에 답하는 데 필요한 충분한 정보가 있어야 한다. 셋째, 딜레마는 당신이 선택할 수 있는 여러 해결대안들을 제시해준다. 대안들이 없다면, 당신의 분석은 가장 적합한 해결책이 아니라 바다라코(Badaracco)의 수면 테스트와 같이 그저 당신이 단순히 만족할 만한 수준의 해결방안을 찾는데 그치고 말 것이다.

6.1 윤리적 추론

윤리적 딜레마를 해결하려고 할 때, 우리는 **윤리적 추론(ethical reasoning)** 과정을 거친다. 우리는 이용 가능한 정보를 살펴보고, 자신의 윤리적 기준들과 관련된 정보를 기초로 해서 결론을 이끌어 낸다. 로렌스 콜버그(Lawrence Kohlberg)는 우리가 살아가는 동안 중요한 영향에 노출되면서 시간의 흐름에 따라 여섯단계(도덕 발달로는 3가지 수준으로 구분)의 추론 과정을 개발해 나가는 것을 보여주는 틀(그림 1-1)을 제시하였다.

> **윤리적 추론** 윤리적 딜레마를 해결하는 데 이용 가능한 정보를 살펴보고, 자신의 윤리적 기준들과 관련된 정보를 기초로 결론을 이끌어 내는 것.

그림 1.1 로렌스 콜버그의 윤리적 추론 단계

수준	단계	사회적 지향
전 관습적	1	복종과 처벌
	2	개인주의, 도구주의, 교환
관습적	3	"착한 아이"
	4	법과 질서
후 관습적	5	사회적 계약
	6	원칙화된 양심

현장에 적용하기

어려운 결정을 하면서 살아가기

미셸(Michelle)은 관리자로서의 자신의 역할을 매우 진지하게 받아들이고 있다. 때때로 관리자들은 저성과자 해고, 경비절감을 위한 해고 등과 같은 어려운 결정을 해야만 한다. 미셸은 힘든 결정을 할 때마다 하는 말이 있다. "내가 밤에 잠을 잘 수 있다면, 나는 그 상황에서 할 수 있는 가장 최선의 결정을 했다는 걸 안다." 그러나 최근 기업윤리 시간에서 다루어 본 과제들이 그녀의 이전 결정들 가운데 일부를 되돌아보게 했다. "내가 진짜 최선의 결정을 한 것인가? 아니면 그냥 그럭저럭 결정한 것인가?" 대부분의 관리자들은 이 질문에 어떻게 답할 것 같은가?

수준 1: 전 관습적(preconventional). 도덕 발달의 가장 낮은 단계인 수준 1에서는 옳고 그름의 지각에 대한 개인의 반응은 처벌이나 보상의 기대와 직접적으로 연결된다.

- **1단계: 복종과 처벌 지향.** 개인은 처벌을 피하려고 하고, 권력과 권위에 복종하려는 데 집중한다. 즉, 어떤 것의 옳고 그름의 결정은 권위를 가진 인물이 어떻게 말하는가에 달려있다.
- **2단계: 개인주의, 도구주의, 교환.** 1단계에 비해 좀 더 조직화되고 진보한 형태로, 개인은 자신의 필요를 충족시키는 데 집중한다. 즉, 어떤 것이 옳고 그름은 그것이 자신이 원하는 것을 가져다 줄 수 있기 때문이다.

수준 2: 관습적(conventional). 이 수준에서는 개인은 가족 외에 좀 더 넓은 영향을 인지하기 시작한다.

- **3단계: 착한 아이 지향.** 이 단계에서는 가족 구성원들의 기대를 충족시키는 데 집중한다. 즉, 어떤 것이 옳고 그름은 그것이 가족 구성원을 기쁘게 해주느냐에 달려있다. 정형화된 행동을 인식하고 그 행동에 동조하는 것이 발달된다.
- **4단계: 법과 질서 지향.** 이 단계에서는 점차 자신이 사회의 구성원이고, 행동 강령이 존재한다는 것을 인식하게 된다. 즉, 어떤 것이 옳고 그름은 법적, 종교적, 사회적 행동의 강령이 그렇게 명령하기 때문이다.

수준 3. 후 관습적(postconventional). 윤리적 추론 가운데 가장 높은 이 단계에서는 단순히 집단의 입장을 반영하기보다는 개인적 가치체계를 반영한 도덕적 가치와 원칙을 정의하기 위해 적극 노력한다.

- **5단계: 사회적 계약과 법률적 지향.** 이 단계에서는 개인의 권리와 함께 비판적인 검증을 토

정원을 초과한 구명보트

1842년, 배 한척이 빙산과 충돌하여 정원이 7명인 구명보트에 30명이 넘는 생존자가 몰렸다. 폭풍이 위협해 오자, 어느 한 사람이라도 살려면 구명보트를 가볍게 해야만 한다는 것이 분명해졌다. 선장은 이런 순간에 해야 할 올바른 일은 어떤 사람들을 강제적으로 보트 밖으로 내보내 익사하도록 해야만 하는 것이라고 생각했다. 그는 보트 밖으로 밀려난 사람들도 어차피 빠져 죽을 수밖에 없기 때문에 그러한 행동이 그들에게도 정당하지 않은 것은 아니라고 추론했다. 그러나 그가 아무런 일도 하지 않는다면, 살려낼 수도 있었을 사람들의 죽음에 대해 책임을 져야만 한다. 어떤 사람들은 선장의 결정에 반대한다. 그들은 만일 아무 일도 하지 않아 결과적으로 모든 사람이 죽게 된다면, 그 죽음에 대해서는 어느 누구도 책임이 없다고 주장한다. 반면에 선장이 몇몇을 구하고자 시도했다면, 그는 다른 사람을 죽임으로써 이를 행할 수 있는데, 이 경우 그 죽음은 선장의 책임이 되는 것이다. 이는 아무것도 행하지 않음으로써 모두가 죽게 되는 것보다 더 나쁘게 될 것이다. 선장은 이러한 추론을 거부했다. 구조되기 위한 유일한 가능성은 매우 힘이 드는 노젓기에 달려 있어서, 선장은 약한 사람들부터 희생되어야 한다고 결정했다. 이런 상황에서 누가 보트 밖으로 내쳐질지 제비뽑기로 결정한다면 매우 어리석은 일이라고 선장은 생각했다. 이런 일이 발생한 후, 여러 날에 걸친 힘든 노 젓기 끝에 생존자들은 구조되었고, 그 선장은 그의 행위로 말미암아 재판에 넘겨졌다.

질문

1. 선장은 올바른 결정을 했는가? 왜 그런가? 혹은 왜 그렇지 않은가?
2. 선장은 어떤 다른 선택을 할 수 있었을까?
3. 만약 당신이 배심원단에 있었다면, 어떻게 평결했겠는가? 왜 그런가?
4. 어떤 윤리 이론들이 여기에 적용될 수 있는가?

출처: www.friesian.com/valley/dilemmas.htm에서 인용함

대로 기준을 개발하는 데 집중한다. 즉, 어떤 것이 옳고 그르다고 하는 것은 그것이 그러한 원칙을 수용한 사회에 의해 철저한 조사를 거쳤기 때문이다.

- **6단계: 절대 윤리 원칙 지향.** 이 단계에서는 포괄적이고도 일관된, 스스로 선택한 윤리 원칙에 집중한다. 즉, 어떤 것이 옳고 그름은 개인적인 가치체계와 자신의 삶 속에서 의식적으로 선택한 것을 반영하고 있기 때문이다. 콜버그는 항상 여섯 단계가 존재한다고 믿었지만, 이 여

섯 단계가 장기간에 걸쳐 안정적임을 입증할만한 충분한 연구 대상을 찾아내지는 못했다.

콜버그의 틀은 윤리적 추론 과정을 분명하게 보여준다. 즉, 어떤 개인이 윤리적 딜레마에 처한 경우, 자신의 삶 속에 누적된 경험에서 비롯된 도덕적 원리들에 근거해서 의사결정을 하게 된다.

또한 콜버그는 한 개인은 이 여섯 단계를 벗어나 다음 단계로 넘어갈 수는 없다고 생각했다. 그는 자신의 경험과 교육수준을 뛰어넘는 수준의 도덕적 쟁점과 딜레마를 이해하는 것은 불가능하다고 주장했다.

✓ 이해도 확인 질문

13 윤리적 딜레마를 해결하는 데 고려해야 하는 8가지의 질문은 무엇인가?
14 딜레마를 해결하는 데 우리는 어떤 가정을 하는가? 만일 당신이 해결하고자 하는 딜레마에 대하여 이 8가지의 질문에 대답할 수 없다면, 어떻게 해야 하는가?
15 콜버그의 도덕 발달 단계에서 3가지 수준은 어떤 것들인가?
16 위의 세 수준에서 여섯 단계들은 어떤 것들인가?

결론

지금까지 개인적인 윤리 원칙에 도달하는 과정을 살펴본 바, 이제 윤리연구를 비즈니스 세계에 적용할 때 어떤 일이 일어나는지 생각해 보자. 감독자나 관리자가 당신에게 기대하는 결정이 당신의 개인적 가치 체계와 상반될 때 무슨 일이 일어날까? 다음과 같은 상황들을 생각해 보자:

- 판매원으로서 당신에게는 매월 매출 할당량이 주어져 있다. 판매원 훈련에서는 일반적인 고객들이 실제 필요로 하지 않는 추가적인 장치나, 보험, 보증 따위를 덧붙이는 등 고객들에게 "필요 이상으로 팔 수 있는" 여러 기법들을 가르쳐준다. 영업부장은 당신이 만일 할당량을 채우지 못하면 해고될 것이라고 아주 분명하게 얘기하고 있다. 만약 당신의 개인적인 가치 체계가 오직 고객들이 필요로 하는 만큼만 판매하는 것을 요구한다면, 할당량에 미치지 못하는 적은 매출을 기록할 용의가 있는가? 아니면, 최고 실적을 거두는 사람만큼 일해서 "미친 듯이 필요 이상으로 팔고", 하나 하나의 판매를 소중하게 여길 것인가?

- 당신은 작은 컴퓨터 소프트웨어 제조업체의 기술지원 전문가다. 당신의 감독자가 소프트웨어 수리하는데 수 주일이나 걸릴 버그가 발견되었다고 알려주었다. 당신은 버그가 있다는 사실을 모른체하고 모든 고객문의에 응대하도록 지시받았다. 고객들의 관심을 고객 부주의나, 하드웨어 문제, 다른 소프트웨어 패키지와의 충돌 등으로 돌리도록 구체적인 예까지 주어졌다. 그 버그는 예정된 업그레이드 버전에서 고쳐질 것이고, 어떠한 경우에도 그런 버그가 있다는 것을 시인해서는 안 된다고 지시를 받았다. 당신은 이 일을 할 수 있겠는가?

조직이 성장하는 과정에서 어떻게 그런 행동이 규범이 되는지, 종업원들이 그러한 환경 속에서 어떻게 일할 방법을 찾을 것인지 하는 것들이 바로 기업윤리의 영역이다.

사례 읽기: 마무리

올바르게 일하기—메간(Megan)의 의사결정

케이트의 말대로 그들이 오픈하우스에서 몇몇 지원자를 더 받은 건 옳았지만, 그 희망자들은 예비 세입자로서 윌슨 가족들보다 더 나아 보이지 않았다. 몇몇은 신용문제가 있었고, 다른 사람들은 가족들하고만 살던 터라 전 집주인이 써준 추천서를 제출하지 못했다. 또 다른 사람들은 직업경력이 얼마 되지 않거나 최근에 이 지역으로 새로 이사 온 사람이었다.

이로 인해 메간은 어려운 결정을 해야만 했다. 윌슨 가족은 최고 적격자였지만, 케이트는 그들에 대해 너무도 분명한 인상을 가지고 있다. 그래서 메간이 선택할 수 있는 대안은 아주 분명했다. 케이트의 지시를 따라 윌슨씨의 지원서를 덮어버리고 다른 부부에게 유리하게 할 것인가, 아니면 그 아파트를 최고 적격자에게 주고 그녀의 새로운 상사와 적이 되는 위험을 감수할 것인가?

메간은 이 상황에 대해 생각하면 할수록 더 화가 났다. 윌슨 가족과 아파트를 계약하지 않으면 차별이고, 만일 윌슨 가족이 이걸 알아차린다면 소송을 걸어올 수도 있는 일이다. 게다가 누가 봐도 이건 잘못된 일이다. 그들의 지원서에는 모범적인 세입자가 아니라는 걸 보여줄 만한 사실이 조금도 나타나 있지 않다. 단지, 케이트에게 과거에 "그런 사람들"은 안 좋은 세입자였다는 경험이 있다는 사실만으로 윌슨 가족을 그런 집단으로 분류할 어떤 이유도 없다.

메간은 전화를 들어 버튼을 누르기 시작했다. "윌슨부인, 안녕하세요? 저는 옥스퍼드레이크 아파트의 메간입니다. 좋은 소식이 있어서 전화 드립니다."

질문

1. 메간은 여기서 올바른 결정을 하였나?
2. 케이트의 반응이 어떨 것이라고 생각하는가?
3. 만일 메간이 윌슨 가족과 아파트를 계약하지 않기로 결정했다면, 어떤 위험이 있을 수 있는가?

복습하기

1. 윤리학에 대해 정의해 보라.

윤리학이란 우리가 옳거나 그릇된 행동 기준에 따라 우리의 삶을 어떻게 살아야 하는지에 관한 학문으로, 그 기준은 우리가 다른 사람에 대해 생각하고 행동하는 방식과 다른 사람이 우리에 대해 생각하고 행동하기를 바라는 방식을 포함한다. 어떤 사람들의 경우, 일상생활을 살아가면서 어떻게 행동해야 하는지에 대한 지침을 제공해 주는 도덕 기준이나 윤리 원칙을 따르는 것이 의도적인 선택에 의해 이루어진다. 그렇지만 또 다른 사람들은 이 선택이 명확하지 않아서 어떠한 것이 옳고 그른지 혹은 좋고 나쁜지를 행동기준으로 결정할 때, 다른 사람의 행동을 살핀다.

2. 윤리적 의사결정에서 가치의 역할을 설명해 보라.

가치란 당신이 삶을 살아가면서 목표로 삼는 개인적 원칙을 의미한다. 그런 원칙은 대체로 가족, 친구, 학교, 종교, 인종적 배경, 미디어, 개인적인 멘토, 역할모델 등으로부터 오랜 기간 동안 영향을 받으면서 개발해 온 종교적, 문화적, 철학적 신념에 기초를 두고 있다. 당신이 이 원칙을 행동강령으로 공식화하는 것은, "올바르게 일하기"의 기준에 부합하는 선택과 행동의 척도가 되는 가치 체계를 수용한 것으로 볼 수 있다.

3. 상반되는 윤리 이론들과 그들의 한계에 대해 이해하라.

윤리 이론은 세 유형으로 나뉜다. 선의 윤리(개인의 성격과 진실성에 초점), 더 많은 선을 위한 윤리(최대 다수의 사람들에게 최대의 선을 제공하는 선택에 초점), 절대적 윤리(결과와는 관계없이 모든 윤리적 판단에 적용되어야 하는 보편적인 원칙에 초점)가 그것이다. 하지만 각 유형을 선택할 때 그에 대한 분명한 책임의식이 없다는 한계가 있다. 이번 장에서 살펴본 바와 같이 개인의 성격과 진실성은 다양한 요인에 영향을 받을 수 있고, 이에 따라 일관된 기준이 되지 못할 가능성이 크다. 공리주의는 행동 그 자체의 선에 대해서는 관심을 두지 않고, 선택의 결과에만 초점을 맞춘다. 그래서 인간의 역사를 보면 "결과가 수단을 정당화한다"라는 미명하에 많은 잔혹행위가 저질러졌던 것이다. 반대편에서 보면, 선택의 결과를 고려하지 않은 채, 도덕적으로 순수한 윤리 원칙에만 집착하는 것도 똑같이 문제가 있다.

4. "윤리적 상대주의"에 대해 논해 보라.

진정한 포괄적인 윤리 이론이나 그에 부합하는 지침을 제공할 모델이나 체크리스트가 없기 때문에 많은 사람들은 사회의 전통, 개인 의견, 그 순간의 주변 상황 등을 반영하는 윤리적 다수파를 따라가는 손쉬운 윤리적 의사결정을 한다. 이러한 상대주의적 접근은 명확한 흑백논리를 추구하는 것보다 좀 더 유연성을 제공한다. 그러나 또래 압력이 있는 상황에서 윤리적 다수파를 따라가는 것은 때때로 부정적인 결과를 낳기도 한다.

5. 윤리적 딜레마를 설명하라. 그리고 이를 해결하는 과정을 적용해 보라.

윤리적 딜레마는 명백히 옳거나 그른 결정이 있는 것이 아니라, 둘 다 옳을 수 있는 상황을 말한다. 그런 경우, 당신은 둘 다 가치가 있는 선택 가운데 하나만을 선택해야 하거나, 또는 개인적으로나 사회적인 윤리적 가치들과 상반되는 선택을 해야만 한다. 문제는 상황에 따라 매우 다양하므로, 윤리적 딜레마를 해소하기 위한 완전한 체크리스트는 없다. 따라서 "올바른 선택"을 위한 최선의 희망은 두 개의 나쁜 대안 가운데 덜 나쁜 것을 선택하거나 수용할만한 결과를 선택하는 것이다. 아더 도브린(Arthur Dobrin)은 여덟 개의 질문을 제시했는데, 이는 당신의 선택과 각 선택에 따른 행동, 그 선택의 결과들에 관한 관련정보를 가능한 많이 확인하도록 하고 있다.(덧붙여 무엇을 모르는지도 분명히 할 것을 요구한다.)

핵심용어

가치체계(Value system)
공리주의(Utilitarianism)
도구적 가치(Instrumental value)
문화(Culture)
본질적 가치(Intrinsic value)
사회(Society)
선의 윤리(Virtue ethics)
윤리(Ethics)
윤리적 딜레마(Ethical dilemma)
윤리적 상대주의(Ethical relativism)
윤리적 추론(Ethical reasoning)
응용윤리(Applied ethics)
절대적 윤리(Universal ethics)
황금률(The golden rule)

복습을 위한 질문

1. 우리는 왜 윤리학을 탐구하는가?
2. 우리는 왜 "올바른 일"을 하는 것에 대해 관심을 가져야만 하는가?
3. 만일 각 개인이 자신의 개인적 가치체계에 영향을 미치는 고유한 요인들과 가치들을 가지고 있다면, 그것이 어떻게 공동체 전체에도 적용될 수 있는가?
4. 다른 사람이 황금률에 따라 살기를 기대하는 것은 비현실적인가?
5. 당신은 과거에 윤리적 딜레마를 어떻게 해결하였는가? 지금이라면 다르게 해결하겠는가?
6. 만일 윤리적 딜레마에 대한 당신의 해결방법이 잘못되었다고 밝혀지고, 상황이 더 악화되었다면 어떻게 할 것인가?

복습을 위한 연습문제

다음의 상황에서 당신은 어떻게 행동할 것인가? 왜 그런가? 당신의 선택에서 개인적인 가치 체계는 어떻게 반영되어 있는가?

1. 당신이 상점에서 막대사탕을 사고 점원에게 5달러짜리 지폐를 주었다. 그런데, 점원의 실수로 20달러짜리 지폐를 거스름돈으로 받았다. 당신은 어떻게 하겠는가?
2. 당신이 택시에 탔는데, 누군가가 떨어드린 것이 분명해 보이는 20달러짜리 지폐를 발견했다. 어떻게 하겠는가?
3. 당신은 미국 중서부의 조그만 시골마을에 살고 있는데 막 서점에서 일자리를 잃었다. 여기서 찾을 수 있는 일자리 중 가장 급여가 높은 것은 육가공업체이지만, 당신은 채식주의자로서 먹기 위해 동물을 죽이는 것이 부당하다는 생각을 굳게 갖고 있다. 어떻게 하겠는가?
4. 당신은 결혼기념일을 축하하기 위해 배우자와 분위기 좋게 저녁식사를 즐기고 있다. 갑자기 근처 테이블에서 한 남자가 같이 식사하던 젊은 여성에게 고함을 지르고 막말을 퍼부어 대는 바람에 그 여자가 울음을 터뜨렸다. 어떻게 하겠는가?
5. 당신은 백화점에서 쇼핑을 하던 중에 한 젊은 남자가 보석매장에 전시된 시계를 슬쩍해서 자신의 주머니에 넣는 것을 보았다. 어떻게 하겠는가?
6. 당신은 비영리 보육원의 관리자이다. 연말에 자동차 판매점 딜러가 당신에게 제안거리를 하나 들고 왔다. 만약 당신이 3만 달러짜리 새 승합차를 기부받은 것으로 세금공제가 되는 기부금 영수증을 하나 만들어 준다면, 그 딜러가 막 새 차를 파느라 인수한 1만 달러짜리 2년 된 중고 승합차 한 대를 당신에게 주겠다고 한다. 당신이 지금 타는 차는 매우 낡았고, 보육원의 아동들은 외부로 견학가는 것을 매우 좋아한다. 당신이라면 그 제안을 받아들일 것인가?

인터넷활용 연습문제

1. www.mycodeofethics.org에 있는 나의 행동강령 계획(My Code Of Ethics Project)을 찾아보시오.
   a. MCOE의 목적은 무엇인가?
   b. 조직의 서약은 무엇인가?
   c. 이 사이트에 제시된 3가지의 다른 강령/서약/맹세를 기록하라.
   d. 당신에게 중요한 주제에 관하여 당신의 서약을 (최소한 두 문단 이상) 써보라.

2. 최근에 의문스러운 윤리 관행이 증가하는 가운데 많은 조직, 공동체, 경영대학이 윤리적 행동 기준의 중요성을 강조하는 수단으로 윤리 서약을 하도록 하고 있다. 인터넷 조사를 통해 그런 서약의 예를 두 개 찾아서 다음의 질문에 답해 보라.
   a. 왜 특정한 이 2가지 예를 선택했는가?
   b. 그 주체는 왜 그런 윤리서약을 선택했는가?
   c. 그 서약들의 유사점과 차이점은 무엇인가?
   d. 당신의 학교나 일자리에서 윤리 서약을 제안 받는다면, 당신은 어떻게 반응할 것 같은가?

팀 연습문제

1. 값싼 좌석으로 데려가기

두 팀으로 나누어, 다음 행동에 대해 찬성과 반대의 입장에서 각각 토론을 준비한다. 우리 아빠는 나를 야구장에 자주 데려 간다. 그리고 항상 제일 싼 좌석 티켓을 산다. 경기가 시작되면, 아빠는 더 비싼 좌석 가운데 빈자리로 나를 데려간다. 우리가 돈을 지불하지 않은 좌석에 앉는 것은 괜찮은가?

2. 우산 바꾸기

두 팀으로 나누어, 다음 행동에 대해 찬성과 반대의 입장에서 각각 토론을 준비한다. 비 내리는 날 저녁에 가게에 들렀다가, 문 옆에 있는 통에 내가 가져온 유명 브랜드 우산을 넣었다. 나올 때 보니 우산이 없어졌다. 그 통에는 우산이 여러 개 들어 있었는데, 나는 그 중 다른 유명 브랜드 우산 하나를 가져가기로 결심했다. 그 우산을 가져가도 될까? 아니면 좀 더 낡은 우산을 가져가야 할까? 그도 아니면 비를 맞으며 그냥 가야 할까?

3. 예상치 못한 선물

두 팀으로 나누어, 다음 행동에 대해 찬성과 반대의 입장에서 각각 토론을 준비한다. 나는 남성복 통신판매 회사의 단골 고객인데, 이 회사는 일 년에 여섯 차례 새 카탈로그를 내게 보내준다. 옷들이 품질이 좋은데다가 현금쿠폰까지 주고, 물건이 잘 맞지 않거나 카탈로그에서처럼 좋아 보이지 않을 때에는 반품절차가 매우 쉬워서 나는 종종 이 회사로 주문을 넣곤 한다. 지난달 나는 셔츠를 두 장 주문했다. 물건이 도착했을 때, 박스 안에는 셔츠가 세 장 들어 있었는데 모두 내게 맞는 사이즈에다 그 셔츠에서 나오는 3가지 색상의 것이었다. 뭔가 적힌 메모나 카드도 없었는데, 영수증에는 내 신용카드로 셔츠 두 장 값만 계산되어 있었다. 내 생각에는 배송 부서에서 일하는 직원이 내가 아주 중요한 고객이라고 여긴 것이 아닌가 싶다. 참 친절하지 않은가? 당신도 그렇게 생각하지 않는가?

4. 드레스 빌리기?

두 팀으로 나누어, 다음 행동에 대해 찬성과 반대의 입장에서 각각 토론을 준비한다. 내 친구는 비영리단체를 위한 모금행사—주로 자선모금이나 경매—를 운영해주는 회사에서 일한다. 이 행사들은 모두 같은 도시에서 개최되기 때문에, 그녀는 종종 한 행사에서 다른 행사로 같은 사람들과 함께 옮겨 다닌다. 이 일은 보수가 그다지 좋지 않은데도 복장은 보통 아주 격식을 차려야 한다. 주머니 사정에도 맞추어야 하고, 모든 행사에서 같은 옷을 입지 말아야 해서, 그녀는 드레스를 사서 한 번 입고는 잘 드라이클리닝한 다음 자기가 가지고 있는 상표부착기로 상표를 다시 붙인다. 그리고는 가게로 다시 돌려주고는 원하던 색상이 아니라거나 잘 맞지 않는다고 주장한다. 그녀는 드라이클리닝 비용이 단지 렌탈 비용과 같다고 주장하고, 현금으로 환불받는 대신, 같은 금액의 상품으로 교환권만 받고 드레스를 가게로 반품한다. 그 옷가게는 매출을 기록한 것이지만 이런 일이 공정한 것인가?

출처: Exercise 1 and 2 adapted from Randy cohen, *The Good, the Bad, and the Difference; How to Tell Right from Wrong in Everyday Situation*(New York : Doubleday, 2002), pp. 194-201

비판적으로 생각하기 1.1

세 잔의 차: 실수인가 혹은 사기인가?

2011년 4월, 존 크라카우어(Jon Krakauer) 기자와 **"식스티 미닛**(*60 Minutes*)" 담당 특파원 스티브 크로프트(Steve Kroft)가 쓴 기사는 의사이자 산악인이자 교육 옹호자인 그레그 모텐슨(Greg Mortenson)의 일에 대한 먹구름을 드리우게 했다. 파키스탄과 아프가니스탄에서 이루어지는 그의 자선 사업은 두 권의 베스트셀러인 **"세 잔의 차**(*Three Cups of Tea*)"와 **"학교에 돌을**(*Stones into schools*)"을 통해 이미 알려져 있었다. "세 잔의 차"의 성공(약 5백만 권이나 팔렸음)은 중앙아시아연구소(Central Asia Institute)라고 야심차게 이름 지은 모텐슨 재단에 엄청난 기부금을 가져다주었다. 이 재단은 원래 1996년 스위스의 물리학자이자 동료 산악가인 진 회르니 박사(Dr. Jean Hoerni)의 1백만 달러 기부에 의해 설립되었다.

공동저자인 데이비드 올리버 레린(David Oliver Relin)이 제 3자적 관점에서 모텐슨의 삶에 대해 쓴 "세 잔의 차"는 모텐슨이 1992년에 죽은 자기 누이동생 크리스타(Christa)를 위령하기 위해 세계에서 두 번째로 높은 K2봉에 오르다 실패하는 이야기로 시작하고 있다. 그는 낯선 환경 속에서 탈진하여 방향 감각을 잃고 그가 에스콜(Askole [파키스탄의 카라코람 산의 외딴 브랄두 계곡에 위치한 작은 마을])이라고 믿었던 한 마을에 우연히 발을 들여놓게 된다. 그 마을은 실제로는 코르페(Korphe)였지만, 그 마을 사람들은 그를 환영하고 (많은 양의 차를 마시게 하며) 잘 보살펴줌으로써 그는 극도의 탈진상태에서 회복하게 된다. 모텐슨은 그들의 관대함에 감명을 받아 다시 이곳으로 돌아와 학교를 지어주겠다고 약속한다.

2011년을 기준으로, 모텐슨 재단 즉 CAI는 2003년 이후 7천2백만 달러가 넘는 기부금을 모았고(이 가운데는 버락 오바마 미국 대통령이 노벨상 상금으로 받은 10만 달러의 기부금이 포함되어 있음 - 아이러니하게도 모텐슨도 그 당시 노벨상 후보였음), 2천 3백만 달러의 준비금을 보유하고 있다. 모텐슨은 지난 4년간 5백 건이 넘는 강의요청을 받은 바 있으며, CAI는 그동안 중앙아시아에 170개가 넘는 학교를 짓고, 또 수십 개 이상의 학교를 적극적으로 후원하고 있다. "세 잔의 차"는 중앙아시아를 담당하는 모든 서방의 군 인사들에게 필독서가 되었다.

크라카우어 기자와 CBS 특파원 스티브 크로프트는 이후 취재보고를 통해 모텐슨에 관한 이야기의 많은 부분은 꾸며지거나 날조된 것이라고 주장했다. 즉, 그는 K2봉에서 하산하면서 길을 잃지 않았으며, 코르페 마을주민에 의해 구조되지도 않았고, 그가 "세 잔의 차"에서 주장한 것처럼 1996년 탈레반(Taliban)에 억류된 적도 없었다고 주장했다. 더욱이 그는 CAI를 엉터리로 관리하고, 이를 마치 개인 사금고처럼 사용했다고 주장했다. 더 구체적인 내용은 이후 법원의 기록에서 공개되었는데 법원 기록은 다음과 같은 혐의를 뒷받침해 주고 있다.

- 2009-2010년에 모텐슨과 그의 가족은 75,276달러에 달하는 개인 물품비용을 CAI에 청구했는데, 여기에는 엘엘 빈(LL Bean) 옷가지, 아이튠즈(iTunes), 호화 숙박시설 이용, 특히 휴가 비용까지 포함되어 있었다.
- CAI는 심지어 그가 행사 주최자로부터 여행비용을 정산받은 경우에도 모텐슨이 강의 약속을 위해 전세기를 사용하는 데 2백만 달러가 넘는 돈을 지출했다.
- 평균 강연료는 2008년에 약 1만5천 달러에서 시작했는데, 이 중 25%는 펭귄 스피커국(Penguin Speakers Bureau)의 몫으로 돌아간다(펭귄은 모텐손의 출판사였다). 다음 해에는 강연료가 약 3만 5천불로 올랐는데, 펭귄 스피커국의 몫은 똑 같이 25%였다. 모텐슨은 모든 강연료의 잔금을 자기가 가졌다.

• 평균적으로 기부금의 약 41%만이 중앙아시아의 CAI 업무를 위해 쓰였으며, 나머지의 대부분은 그의 책을 베스트셀러로 (책의 인세는 모텐슨이 가짐) 올려놓기 위해 소매가격으로 대량 구매 (3백만 달러) 하거나 여행비용, 책 광고비용(5백만 달러) 등에 사용되었다.

모텐슨을 옹호하는 사람들은 "그는 2천만 달러 규모 예산을 가진 자선단체를 운영하는데 필요한 비전을 잘 제시하고 있으며, 그런 능력은 경력 많은 CEO보다 낫다."고 주장했다. 그러나 민사소송에 따른 몬타나주 법무장관의 수사는 모텐슨에 대한 대부분의 혐의를 입증하였다. CAI는 모텐슨이 1백만 달러를 상환하게 하는 데 동의하고, 그를 일상적인 업무에서 제외시키는 동시에 (비록 "비전을 제시하는" 지위는 계속 유지했지만) 많은 수의 새로운 이사들을 임명함으로써 대응 조치를 취했다. 다른 민사소송 건은 계속 진행 중이다.

하지만 모텐슨은 CAI를 둘러싼 혼란과 오보의 많은 부분은 그의 이야기를 다루는 데 있어, 그의 공동 저자의 "예술 상의 파격(artistic license)"과 "시간 압축(time compression)" 때문이라고 비난했다. 펭귄 출판사는 그 책의 초고를 검토하는 데 최소한의 사실 확인만이 이루어졌다는 것을 인정했다.

2011년 Byliner.com에 "세 잔의 사기"라는 기사를 통해 모텐슨에 대한 최초의 의혹을 다룬 크라카우어는 2013년 3월 The Daily Beast에 추가 내용을 폭로했다. CAI는 이런 문제들을 조직이 확대되면서 발생하게 되는 성장통 정도로 생각한 것 같다. 모텐슨은 여전히 자선단체를 대표하는 얼굴로서 약 18만 달러의 연봉을 받았다. 크라카우어가 추가적으로 폭로한 내용은 계속 자금을 잘못 사용하고 있다는 증거 뿐 아니라, 모텐슨이 엄격한 이사회의 감독에도 불구하고 CAI를 자기만의 영지로 만들려고 지속적으로 시도하고 있다는 것을 보여주었다.

2015년 11월, 기부금액이 급감하고 언론 파헤치기가 계속되자, 모텐슨은 CAI의 직원 및 이사회에서 은퇴할 것을 선언했다. 기부액이 2010년 2,280만 달러에서 2014년 220만 달러로 줄어들었음에도 모텐슨의 2014년 연봉은 19.4만 달러이었다. 그는 은퇴선언에서 CAI의 해외프로그램에 대해서는 계속 자문하기로 했다는 사실을 밝혔다. 이에 대해 크라카우어는 "CAI가 모텐슨과의 관계를 단절하지 않으려는 것이 우려된다. 이사회는 모텐슨이 저지른 해악을 여전히 잘 이해하지 못하고 있는 것 같다"고 논평하였다.

질문

1. 이 사례 연구에서 제시된 증거를 기초로 볼 때, CAI에서의 모텐슨의 일은 계획적인 사기인가 혹은 관리 실수인가? 당신의 입장을 변론해 보라.
2. CAI 이사회의 행동은 이 사건과 어떻게 관련되어 있는가?
3. 기업윤리 관점에서 볼 때, CAI 이사회의 행동이 더 나쁜가 혹은 모텐슨의 행동이 더 나쁜가? 그 이유는 무엇인가?
4. 왜 CAI는 모텐슨을 "비전을 제시하는(visionary)" 지위를 유지하기를 원했는가?
5. 만약 모텐슨의 주장이 기부자들을 호도한 것이라면, CAI는 돈을 돌려주어야 하는가?
6. CAI의 명성을 회복하기 위해서는 무엇을 해야만 하는가?

출처: Matt Volz, "Greg Mortenson, 'Three Cups of Tea' Author, Must Repay Charity $1Million: Report, "Associated Press, April 5, 2012; Alex Heard, "The Traits of Greg Mortenson," *Outside Online*, February 12, 2012; Katha Pollitt, "The Bitter Tea of Greg Mortenson," *The Nation*, April 27, 2011; Nicholas D. Kristoff, "Three Cups of Tea, Spilled," *The New York* Times, April 20, 2011; Peter Hessler, "What Mortenson Gor Wrong," *The New Yorker*, April 21, 2011; and Jon Krakauer, "Three Cups of Decit," *Byliner*, April 2011; Jon Krakauer, "Is It Time to Forgive Greg Mortenson?" *The Daily Beast*, April 8, 2013; and Eleanor Goldberg, "Disgraced 'Three Cups of Tea' Author to Retire from Charity He Founded." *The Huffington Post*, November 20, 2015.

비판적으로 생각하기 1.2

세계를 충격에 빠뜨린 남자

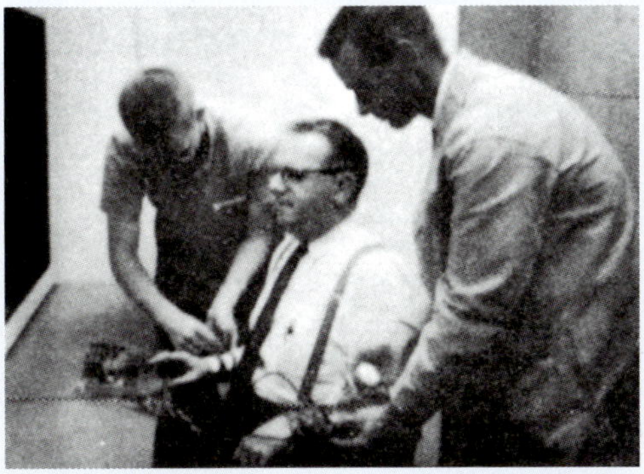

예일대학의 심리학자 스탠리 밀그램 박사(Dr. Stanley Milgram)는 1961년 28살의 나이로 하버드 대학에서 사회심리학 박사학위를 받았다. 그는 서로에게 해를 가하는 능력에 관한 불편한 진실을 밝혀주는 일련의 실험을 시작했다. 실험참가자들은 처벌과 학습에 관해 실험을 한다는 신문광고를 보고 자원한 일반인들이었는데, 실험 결과는 심리학계를 큰 충격에 빠뜨렸다.

실험에서 "교사"(밀그램의 연구원 중 한 사람)는 실험참가자에게 "학습자"가 낱말 맞추기 과제에서 오답을 말할 때마다 그 학습자에게 점점 강도가 더 강해지는 전기 충격을 주도록 지시했다. 이론상으로 15볼트에서 시작되는 전기충격은 매번 15볼트씩 증가해서 결국에는 치명적인 충격을 줄 수 있는 450볼트에 이르도록 되어 있었다. 그 전기 충격기는 실제로는 잘 만들어진 무대받침대였고, 학습자는 매번 전기충격의 정도가 증가할 때마다 신체적 고통을 받는 것처럼 하면서 비명을 지르는 연기자였다. 실험참가자들에게는 실험이 끝난 후에 이것이 가짜였음을 말해 주었지만, 실험 중에는 전압과 고통이 진짜라고 믿도록 했다. 교사는 실험에서 학문적으로 신중한 분위기를 유지하는 것 외에는 어떤 강압이나 강요도 하지 않았다.

실험은 수백 명을 연구 대상으로 해서 20차례 이상 반복되었다. 모든 경우에서 대부분의 실험대상자들은 학습자들에게 충격 가하기를 멈추지 않았는데, 심지어는 그들이 치명적인 전압을 줘서 학습자가 그 고통으로 말미암아 비명조차 지르지 못한다고 생각했는데도 그러했다. 어떤 사람들은 이 실험을 멈추자고 요청했고, 또 다른 사람들은 교사에게 실험이 잘못되어 간다고 항의하기도 했지만, 결국에는 대부분의 사람들이 교사의 지시에 따랐다.

실험 참가자들은 가학적인 행동 전력을 가진 범죄자나 정신이상자들이 아니라는 사실을 상기하는 것이 중요하다. 그들은 길을 가다 광고를 보고 단순히 실험에 참가한 평균적인 미국인이었다. 밀그램의 연구가 우리에게 말하고자 하는 것은 사람들은 자신의 개인적 도덕성을 권위 있는 다른 사람에게 복종시킬 수 있다는 것이다. 심지어 그들이 지시한다면 사람을 죽일 수도 있다는 것이다.

밀그램의 연구는 학계에 큰 충격을 주었고, 윤리적 연구 행위와 그것이 진짜 일어날 수 있다는 것을 믿도록 해서 참여한 연구 참여자들에게 가해지는 해악과 비교한 연구결과의 가치에 관해 열띤 논쟁을 촉발시켰다. 많은 형태의 후속 연구들이 밀그램이 최초로 발견한 것들을 입증하고 있음에도 불구하고 이 논쟁은 지금까지도 계속되고 있다. 거의 50년이 지나서도 평범한 인간이 자신들에게는 어떠한 신체적 위협이 없어도, 파괴적이고 비인간적인 행동을 할 수 있다는 것을 입증하는 연구 데이터를 우리는 접하고 있다. 토마스 바스(Thomas Bass)가 언급한 것처럼 "도덕적 딜레마에 맞닥뜨릴 때 우리는 양심이 시키는 대로 행동할 거라고 믿고 싶어 하지만, 밀그램의 순응실험은 강력한 사회적 제약이 있는 구체적인 상황에서 우리의 도덕 감각은 쉽게 무너질 수 있다는 것을 가르쳐주고 있다."

2015년 매그놀리아 영화사(Magnolia Pictures)는 영화 실험자(Experimenter)를 개봉하였다. 이 영화는 많은 실험참가자들이 주저하면서도 실험이 요구한대로 최고 수준의 전기충격을 가하는 것에 대한 밀그램의 경악과 경고를 보여주었다. 또한 밀그램 실험에 대한 학계의 반대와 우려, 그리고 그 결과 실험이 비윤리적이라는 이유로 그가 하버드 대학에서 종신교수직을 거부당한 내용을 다루었다.

질문

1. 밀그램의 실험을 비판하는 사람들은 실험참가자들과 교사들을 같은 방에 두고, 학습자들은 다른 방에 둠으로써 물리적으로 분리한 것이 실험참가자들로 하여금 충격을 가하는 것을 쉽게 만들었다고 주장해 왔다. 그것이 차이를 가져왔다고 생각하는가? 그 이유는 무엇인가? 혹은 그렇지 않은 이유는 무엇인가?
2. 실험에서 참가자들에 대한 대우는 연구가 가져온 성과만큼이나 많은 비판을 불러일으켰다. 학습자들에게 진짜 고통을 주고 있다고 믿도록 참가자들을 거짓으로 유도한 것은 윤리적이었는가? 그 이유는 무엇인가?
3. 실험참가자들은 학습자들에게 똑같은 참가자, 즉 그들과 같이 자발적으로 지원한 사람들이라고 소개되었다. 이것이 전압을 계속 높이는 결정에 있어서 어떤 차이를 만들었다고 생각하는가? 그 이유는 무엇인가?
4. 밀그램의 연구 결과가 우리의 개인적 윤리 기준에 대하여 말해 준다고 생각하는가?
5. 당신이라면 이 연구에 참여하기로 동의했겠는가? 그 이유는 무엇인가? 혹은 그렇지 않은 이유는 무엇인가?
6. 이 연구가 현재 다시 수행되더라도 같은 결과를 얻을 것이라고 생각하는가? 그 이유는 무엇인가? 혹은 그렇지 않은 이유는 무엇인가?

출처: A. Cohen, "Four Decades after Milgram, We're Still Willing to Infl ict Pain," *The New York Times*, December 29, 2008; and A. Altman, "Why We're OK with Hurting Strangers," www.time.com, December 19, 2008.

비판적으로 생각하기 1.3

삶과 죽음

노인자살인가 혹은 존엄한 생의 마감인가? 오하이오에서 온 편지

나는 80세다. 나는 좋은 삶을 살아 왔다. 굴곡이 좀 있었지만, 대부분 꽤나 행복했다. 내 아내는 7년 전 세상을 떠났다. 내 자녀들은 건강하고 행복하며 아이들, 직업, 친구들로 인해 바쁘게 지낸다. 그렇지만 나는 그들이 나를 염려하는 것을 안다. 그들은 내가 더 이상 혼자 지낼 수 없을 때, 나를 보살펴야 한다는 생각으로 점점 더 부담스러워 한다. 솔직히 말한다면, 내가 스스로를 보살필 수 없는 때가 금방 올 것이다. 나는 자녀들과는 아주 멀리 떨어져 살고 있어서 그들이 나의 주거지를 자기들과 가까운 곳으로 데려가거나, 아니면 요양원에 가서 살아야 할 거다. 이 동네는 내가 성인이 된 이후 대부분을 살아온 고향이고, 여기를 떠나고 싶은 생각이 없다. 다른 한편으로는 나는 낯선 사람들 사이에서 살고 싶지 않고, 최저임금을 받으며 소변에 절은 침대보를 세탁하고 노인들에게 강제로 푸딩이나 떠 넣어주는 사람들의 보살핌을 받고 싶지도 않다.

나는 지금은 비교적 건강하다. 그러나 일이 틀어지고 있다. 나는 내 나이 또래의 다른 사람들과 같이 전립선암을 앓고 있다. 나는 그 전립선암으로 죽을 것 같지는 않다. 하지만 밤마다 자다 깨서 네다섯 번이나 소변을 보고, 무언가 나오길 기다리면서 변기 앞에 오랫동안 서있어야 하고, 이게 사람 잡는다. 내 관절들은 뻣뻣하고, 걸을 때 그다지 좋은 느낌이 아니다. 나는 여기저기에 제거해야 할 피부암도 있다. 이러한 것들은 모두 치료될 만한 것들이거나, 사람들이 그렇다고 그들이 말하는 것이다(먹어야 할 알약이 있고 받아야 할 의료처치가 있다). 그렇지만 내게는 돈 낭비처럼 보인다. 조금 남은 내 저축을 손자들에게 줘서 대학 등록금에라도 보태야하지 않겠나?

나 같은 사람이 이제 그만하자며 수건을 던지는 것에 대해서 왜 사람들이 잘못된 것이라고 생각하는지 정말 이해하지 못하겠다. 때가 되었을 때, 내 자신의 생을 마감할 권리를 내가 가지지 못 한다는 게 말이나 되는가?(그렇지만 난 명백히 그런 권리를 가지지 못했다.)

나는 지쳤고, 삶을 끝낼 때도 됐다. 최근 몇 년간 어렵게 살아온 것보다는 차라리 차고에서 차 시동을 켜놓고 조용히 죽고 싶다(주사 한방이나 센 알약이 더 나을 지도 모른다. 그러나 그것들은 내가 쓸 수 없다).

만약 내가 내 생을 끊는다면, 자살했다고 할 것이다. 내 죽음은 통계에 "노인 자살" 하나로 추가될 것이다. 얼마나 슬픈 일인가?(내가 꼭 말하고 싶은 것은, 그렇게 많은 노인들이 다른 어떤 인종 그룹들보다 더 많이 자살을 시도하고, 실제 자살에 이른다는 사실이 당신에게 무엇인가 말해주지 않느냐 하는

것이다.) 왜 이 사회는 삶을 마감할 준비가 되어있는 우리 같은 사람들을 위해 인간적이고 수용이 가능한 방법들을 받아들일 수 없는가? 왜 우리 노인들은 시청에 가서 우리 자녀들에게 넘길 재정 및 법률 서류, 불필요한 가구나 옷가지를 어떻게 재활용할 지를 쓴 내용, 설명이 적힌 조그만 흰 알약 통(한 번에 10알을 충분한 물과 함께 드십시오. 편안한 곳에 조용히 누워서 눈을 감고 기다리세요.) 등이 들어있는 인생마감패킷(End-of-Life Packet)을 받아오면 안 되나?

내 생의 마지막 시간을 내 스스로 선택하는 것이 바로 가장 존엄한 생의 마감이라고 생각하지 않는가?

—무명의 노인, 2003년 6월

질문

1. 사람들은 그들이 원한다면, 그들의 삶을 마감할 도덕적 권리를 가지고 있어야 하는가?
2. 삶의 거의 마지막에 와 있다는 것이 삶을 끝낸다는 결정을 정당화할 수 있는가?
3. "죽을 권리(right to die)"는 무엇을 의미하는가?
4. 사람들은 죽는 것을 도와달라고 도움을 청할 권리가 있는가?
5. 사람들은 죽는 것을 도와줄 권리가 있는가?
6. 자살을 돕는 것이 가능하다면, 어떤 종류의 제한이 있어야만 하는가?

출처: Jessica Pierce, *Morality Play: Case Studies in Ethics* (New York:McGraw-Hill, 2005).

Chapter 2

기업윤리 정의하기

학습결과

이 장을 공부하면 여러분은 아래의 내용을 할 수 있게 된다.

1 기업윤리를 정의할 수 있다.
2 조직의 이해관계자들을 확인할 수 있다.
3 기업윤리가 모순이라는 입장에 대해 논의할 수 있다.
4 기업윤리의 역사를 요약할 수 있다.
5 자신의 직무 환경에서의 윤리적 딜레마에 대한 해결책을 분별하고 제안할 수 있다.
6 경영진과 종업원이 비윤리적인 행동을 어떻게 정당화하는지 설명할 수 있다.

대기업이 새로운 CEO를 고용하려고 한다. 네 명의 강력한 후보들은 회사 내에서 이미 일을 하고 있는 사람들이라서, 이사회는 각각의 후보자들에게 매우 기본적인 질문을 하기로 결정했다. 첫 번째 후보인 검사관(comptroller)이 들어왔다. "2 더하기 2는 얼마입니까?" "이것은 아마 속임수가 있는 질문인 것 같습니다. 그러나 답은 4예요. 항상 4일거예요." 그들은 두 번째 후보로 엔지니어 출신인 연구개발부장을 데려왔다. "2 더하기 2는 얼마입니까?" "그것은 +2냐 아니면 −2냐에 따라 다릅니다. 답은 4, 0 혹은 −4일 수 있습니다." 그들은 세 번째 후보인 마케팅부장을 데려왔다. "제 생각에 2 더하기 2는 22입니다." 마지막으로 그들은 법률 자문관을 데려왔다. "2 더하기 2는 얼마입니까?" 라고 그들은 질문했다. 법률 자문관은 각각의 이사들을 슬쩍 바라보며 "이사님들은 얼마이기를 원하십니까?"라고 물었다.

탐 셀렉(Tom Selleck), 졸업식 연설문,
페퍼다인(Pepperdine) 대학교, 2000

고객은 언제나 옳다

캐롤(Carol)은 패스트푸드 레스토랑의 팀장이다. 그녀가 거기서 처음 일을 시작한 것은 자신이 운전하던 구형 혼다 시빅(Honda Civic)의 기름 값을 벌기 위해 여름 한 철 아르바이트 할 때부터였다. 그 일은 그녀가 기억하는 것보다 훨씬 오래전 일이며, 최근에는 그 때보다 더 안전하고 좋은 차로 바꿀 수 있게 되었다. 그녀는 이 회사에서 일하는 것을 즐겼다. 이 일은 발에 무리를 가져다주었으나, 아침과 점심, 저녁 식사 때의 혼잡한 시간에는 너무 바빠 보통은 잘 느끼지 못했다.

오늘은 매우 중요한 날이었다. 레스토랑 지배인 데이브(Dave)는 '보다 건강에 좋은' 점심 메뉴를 위한 고객의 요구에 부응하기 위해 회사가 새로 개발한 건강 메뉴—많은 샐러드와 새로운 사이드 선택품목—를 의논하기 위하여 "전 직원 회의"를 소집하였다. 캐롤은 이 일로 그녀의 직원들에게 바뀐 내용을 이해시키는 데 더 많은 노력이 필요할 것이며, 많은 고객들이 새로운 선택품목을 고르는 데 추가적인 시간이 들 것이라고 생각했다. 그러나 그녀는 대체로 새로운 메뉴가 마음에 들었다. 그녀는 저가의 새 메뉴들이 버거나 튀김요리 이상의 무언가를 찾는 더 많은 고객들을 불러 모으게 할 수 있을 것이라고 생각하였다.

회사는 새 메뉴에 대한 자세한 정보가 들어있는 교육교재를 보내왔고 데이브는 자료를 꼼꼼하게 설명했다. 그는 마지막 파워포인트까지 다 보여준 뒤 질문이 있는지 물었다. 캐롤의 팀원들은 회의에 한 시간 이상 참석하고 있었고, 점심때의 바쁜 일정 후, 처리해야 할 일들이 미루어지고 있어 불안하였으므로 아무도 질문을 하지 않았다.

데이브는 마지막으로 "이 새로운 메뉴가 새로운 고객들을 불러오길 희망합니다. 우리가 하고 있는 일에 대해 잊지 맙시다. 우리는 주주들을 위하여 돈을 벌기 위해 여기에 있습니다. 그렇게 하기 위해서는 우리는 이익을 남겨야 합니다. 그래서 우리는 이 새로운 메뉴를 일정 분량으로 한정하여 만들 것입니다. 만약 새 메뉴가 떨어지면 손님들에게 기존 메뉴를 권해 드리세요. 큰 사이즈(up-size) 음식을 시키시도록 권하는 것과 아이스크림을 후식으로 권하는 것을 잊지 마시구요. 이것들이 여전히 우리에게 가장 큰 이익을 가져다 주는 것들입니다. 어느 손님이 이 새로운 건강 샐러드 중 하나를 주문하시면 아이스크림이나 쉐이크를 반드시 함께 주문하도록 해 주세요" 라고 말을 마쳤다.

캐롤은 매우 놀랐다. 회사는 이 새로운 메뉴를 강력하게 밀어붙이며 광고를 위해 엄청난 예산을 투자하고 있는데, 여기 있는 데이브는 이 낮은 가격의 메뉴들이 단순히 자신의 매출이나 보너스에 영향을 미칠까봐 회사의 계획에 방해되는 일을 계획하고 있는 것이다.

질문

1. 〈그림 2.1〉과 〈그림 2.2〉를 보고 어떤 이해관계자들이 데이브의 새 건강 메뉴 방해 계획에 직접적으로 영향을 받겠는지 확인해 보라.
2. 여기서 캐롤이 직면하고 있는 윤리적 딜레마를 설명해 보라.
3. 캐롤은 지금 어떻게 해야 하는가?

1. 기업윤리 정의하기

기업윤리(**business ethics**)는 도덕적 행동의 기준을 기업 상황에 적용하는 것을 말한다. 제1장에서 옳고 그름에 대한 기본 윤리 개념을 복습하면서 보았듯이, 기업윤리를 공부하는 학생들은 그 주제를 서로 다른 2가지 관점에서 접근할 수 있다.

1. **기술적**(*descriptive*) **관점**: 기업 내에서 관찰된 습관, 태도와 규칙들의 요약. 예를 들면, 무슨 일이 일어났는지 단순히 문서화한다.
2. **규범적**(*normative or prescriptive*) **관점**: 관찰된 습관, 태도, 규정 등이 어느 정도 윤리적인지에 대한 평가. 여기서는 어떤 일이 일어나야 하는지 권고하는 데 더 관심을 가진다.

위의 두 경우 모두, 기업윤리는 일반윤리와 다른 별도의 도덕적 기준이나 윤리적 개념이 적용되어서는 안 된다. 윤리적 행동은 기업 내부 상황이든 외부 상황이든 관계없이 모두 같아야 한다. 기업의 도전적 환경을 인식할 때, 우리는 비윤리적인 행동에 영향을 받는 주요 인물 즉, 이해관계자들의 존재를 인정하게 된다. 또한 경영자가 당신에게 기대하는 행동기준과 당신의 개인적 가치가 직접적으로 충돌하는 문제 상황을 확인할 수 있다.

기업윤리 기업 행동에 윤리적 기준을 적용하는 것

이해관계자 기업에 일정한 지분(stake)과 이해관계(interest)를 가지고 있는 사람들

2. 이해관계자들은 누구인가?

〈그림 2.1〉은 어떤 조직과 관련이 있는 **이해관계자**(**stakeholder**)들과 그 조직의 윤리와 관련하여 각 이해관계자들의 관심사항을 보여주고 있다. 모든 이해관계자들이 기업의 모든 상황과 관련이 있는 것은 아니다. 즉, 기업이 그들의 제품이나 서비스를 고객들에게 전달할 때 모든 기업이 도매업자들을 이용하는 것은 아니며, 또한 고객들이 조직과 종업원 사이의 임금 결정에 관여하는 것도 아니다.

더 중요한 것은 조직의 활동에 이러한 이해관계자들이 관련되고, 조직의 비윤리적 행위에 의해 그들이 영향을 받는다는 데 있다. 〈그림 2.2〉에서 볼 수 있듯이 조직의 성장과 시장점유율을 공격적으로 추구하는 과정에서 발생한 막대한 빚과 손실을 숨긴 월드컴(WorldCom)사의 의사결정이 모든 이해관계자들에게 다양한 방법으로 영향을 준 것을 알 수 있다.

그림 2.1 이해관계자들의 관심사

이해관계자	조직의 관심	
주주 또는 출자자	• 회사 주식 가치의 성장	• 배당 수익
종업원	• 공정한 임금과 고용안정	• 안전하고 편안한 근무 환경
고객	• "공정 거래"—대금을 지불한 만큼 용인되는 제품 또는 서비스의 가치와 질 • 안전하고 믿을만한 제품	
공급자/하도급업자	• 배송된 제품에 대한 신속한 결제 • 수용할만한 이윤마진과 정기적인 주문	
도,소매업자	• 적시에 적정한 가격으로 질 높은 제품의 정확한 배달 • 안전하고 믿을만한 제품	
정부	• 세금 징수	• 관련된 모든 법률의 준수
채권자	• 원금과 이자의 지급	• 합의된 일정에 따른 부채의 상환
지역사회	• 지역 주민의 고용 • 지역환경의 보호	• 경제 성장

그림 2.2 비윤리적 행위로 인해 이해관계자가 받는 영향

이해관계자	조직에 대한 관심	
주주 또는 출자자	• 기본투자 결정에 있어서의 잘못된 재무정보 • 주식가치의 손실 • 배당 취소	
종업원	• 일자리 상실 • 퇴직금이나 연금지급 의무에 충분하지 않은 자금	
고객	• 낮은 서비스의 질(예를 들어 월드컴이 인수한 각 회사의 상이한 운영 및 청구서 발송 시스템을 통합하기 위해 어려움을 겪은 것)	
공급자/하도급업자	• 배달된 재화와 서비스의 대금결제 연기 • 회사가 파산 했을 때 지급되지 않은 미수금	
정부	• 세수의 손실	• 관련된 모든 법률 준수의 실패
채권자	• 원금과 이자지급의 손실 • 합의된 일정에 따른 부채 상환 실패	
지역사회	• 지역 주민의 실업	• 경기하락

✓ 이해도 확인 질문

1 **기업윤리** 개념을 설명해 보라.
2 기업윤리에서 기술적 관점과 규범적 관점의 차이점을 설명해 보라.
3 조직의 6가지 이해관계자 그룹을 확인해 보라.
4 비윤리적인 기업행동에 의해 이해관계자들이 어떻게 부정적인 영향을 받을 수 있는지 4가지 예를 들어보라.

3. 윤리적 위기: 기업윤리는 모순인가?

기업환경에서 발생할 수 있는 비윤리적 문제의 유형과 비윤리적인 행동이 조직의 이해 관계자들에게 미치는 영향을 확인하고자 하는 우리의 목적은, 이런 일을 예견하는 능력을 개발해서 궁극적으로는 그런 행동들을 예방하기 위한 적절한 정책이나 절차들을 마련하는데 있다.

안타깝게도 지난 20년간 많은 기업들의 윤리 기록들을 살펴보면 그러한 정책이나 절차들이 제자리를 잡지 못했음을 알 수 있다. 기업의 관리자들이 기업의 이해관계자에 대한 책임과 의무를 다하는 정도를 의미하는 **기업지배구조**(**corporate governance**)의 기준은 기업 역사상 가장 낮은 수준으로 나타나고 있다.

기업지배구조 기업이 관리되고 통제되는 시스템

- 미국의 주요 대기업이었던 엔론(Enron), 월드컴(WorldCom), 리만 브라더즈(Lehman Brothers), 베어스턴즈(Bear Stearns) 등과 같은 기존의 "월스트리트의 총아(Wall Street Darling)"라고 불리던 전도유망한 기업들은 그들의 이해관계자들에게 회사의 불안정한 실제 재정 상태를 숨기고 있었음이 발각되었다.
- 아델피아 케이블(Adelphia Cable), 타이코(Tyco), 메릴 린치(Merrill Lynch) 등은 회사의 간부가 회사 자금을 마치 자신의 개인 은행 계좌처럼 사용한 것이 드러났다.
- 재무 보고서가 배부된 후 나중에 다시 날짜를 수정했다.
- 서둘러서 출시된 제품들은 나중에 안정상의 문제로 반품되어야 했다(토요타).
- 어떤 기관들은 독점관행(마이크로소프트(Microsoft))과 인종 및 성 차별(월마트(Walmart), 텍사코(Texaco), 데니스(Denny's)), 그리고 환경오염(GE) 등으로 소송을 당했다.
- CEO들의 임금인상은 그들이 거느리고 있는 종업원에 비해 훨씬 더 높았다.
- CEO들의 임금은 주주 배당금이 줄어드는 상황에도 불구하고 계속 증가했다. 패스트 컴퍼

니(*Fast Company*) 잡지사는 자기들은 엄청난 보상 패키지를 챙기면서도 주주 배당금을 평균 수준에도 맞추지 못한 CEO들을 타겟으로 "회장님 안녕(CEO See-Ya)"이라는 칼럼을 발간했다.

- CEO들은 회사 주식가격이 시장 평균가(스탠다드앤푸어스(Standard & Poor's) 500지표에서 성과로 제시된 기준)이하로 떨어졌어도 보너스를 계속 받았으며, 수천 명의 종업원들은 해고를 당했다.

그러므로 많은 사람들이 비지니스 세계가 윤리적 행동에 대한 인식이 전혀 없다고 믿는 것은 이해할 만하다. 어떤 사람들은 윤리와 비지니스라는 두 단어는 "정부의 효율(government efficiency)", 중앙정보국(CIA), 혹은 "진정한 재생산(authentic reproduction)" 등과 같은 용어만큼이나 서로 양립할 수 없는 것이라고까지 주장하기도 한다. 그러나 "기업 윤리"는 정말로 **모순**적일까?

모든 기업들의 사업 운영에 대해 근본적으로 비윤리적이라고 낙인을 찍는 것은 부당하다. 이전에 공격적 기업 경영 모델이 되었던 많은 유명한 기업(예를 들어 엔론, 글로벌 크로싱(Global Crossing), 헬스사우스(HealthSouth), 아이앰클론(IMClone), 타이코와 월드컴)들이 그들의 윤리적

당신의 비지니스가 인간의 복지와 밀접하게 연결되어 있을 경우, 윤리에 대한 논의가 어떻게 변하는가? 병원이나 데이케어센터(day care center; 주간 돌봄 센터)에 대한 윤리 기준은 달라야 하는가?

관행에 있어서 근본적으로 결함이 있었음이 나중에 증명된 것은 의심의 여지가 없다. 이는 윤리문제를 대중의 제일 큰 관심사로 부각시키는 결과를 가져왔다.

그러나 이를 통해 윤리적 행동에 대한 제3자의 보증과 경영계의 적극적인 의지(commitment)의 필요성에 대한 인식이 높아지는 긍정적인 결과를 가져오게 되었다. 윤리 및 컴플라이언스 책임사 협회(Ethics and Compliance Officer Association), 윤리자원센터(Ethics Resource Center)와 기업 컴플라이언스 및 윤리 협회(The Society of Corporate Compliance and Ethics) 등과 같은 기관들은 기업들이 윤리적인 사업 관행을 적극적으로 실천할 수 있도록 분명한 지침과 훈련을 제공하고 있다.[1]

모순어법 "귀청이 터질 듯한 침묵"이나 "엄청나게 크게 생긴 작은 새우" 같이 상반되는 2가지 용어들의 결합

윤리강령 관리자들과 종업원들이 매일 당면하는 의사결정과 선택을 돕기 위한 기업의 문서화된 윤리 행동 기준

! Key Point

여러분의 회사는 윤리강령이 있는가? 어디에 기록되어 있는가? 회사는 그것을 얼마나 자주 홍보하고 있는가?

따라서 지금이 기업윤리를 위한 가장 적합한 시기는 아니라 할지라도, 최근의 부정적인 평판은 많은 기업들로 하여금 일상적인 기업운영에 있어서 윤리적 행동 기준 수립에 더 적극성을 띠도록 하는 경종 역할을 한다고 할 수 있다. 이 과정에서 볼 수 있는 중요 지표들 가운데 하나는 조직의 공개 보고서에서 공식적인 **윤리강령(code of ethics)**의 중요성이 높아지고 있다는 점이다. 윤리자원센터(ERC)는 윤리강령을 다음과 같이 정의하고 있다.[2]

> 직장에서의 일상적인 의사결정을 지원하기 위한 중요한 지침이다. 이것은 기관의 사명, 가치, 그리고 원칙과 같은 조직의 토대를 분명하게 한다. 또한 회사의 관리자, 종업원, 이해관계자들로 하여금 그러한 토대가 일상의 의사결정과 행동, 활동 등에 어떻게 적용되는지 이해하도록 도와준다. 어떤 이들은 강령이 개인의 활동을 제한하기 위해 설계되었다고 믿을지 모르지만, 가장 최고의 강령은 사람들을 자유롭게 하고 권한을 부여하여 더 큰 확신을 가지고 더 효과적인 의사 결정을 할 수 있도록 설계된다.

그래서 윤리강령은 2가지 기능을 수행하는 것으로 볼 수 있다. 조직의 이해관계자들에게 보

✓ 이해도 확인 질문

5 **모순어법**(oxymoron)이라는 용어를 정의하고 예를 3가지 들어보라.
6 **기업윤리**라는 용어가 모순인가? 대답해 보라.
7 **기업지배구조**(corporate governance)라는 용어를 정의해 보라.
8 **윤리강령**(code of ethics)이라는 용어를 설명해 보라.

윤리적 딜레마

제품이 생산되기 시작한지 30년 지난 이후에도 포드 핀토(Ford Pinto) 사례는 아직도 화재가 발생했을 때 빠져나갈 곳이 없는 위험한 건물(damagerous firetrap)처럼 기억되고 있다. 1960년대 후반, 베이비 붐 세대가 막 대학에 진학하기 시작할 무렵, 미국 경제의 풍요로움과 함께 적정한 가격의 교통수단에 대한 수요가 증가하기 시작했다. 외국의 자동차 회사들은 폭스바겐 비틀(Volkswagen Beetle)과 토요타 코롤라(Toyota Corolla)와 같은 모델로 미국 자동차 시장의 점유율을 높여갔다. 포드는 이에 경쟁할만한 차량이 필요하게 되었고 리 아이아코카(Lee Iacocca)는 핀토의 생산을 승인하였다. 핀토는 소형차이어야 하고, 가격은 2,000파운드 혹은 2,000달러 이하로 저렴해야 했다. 딜러들의 매장에 1971년식 모델이 진열되도록 생산 일정이 계획되었는데, 이는 설계부터 제작까지 2년 이내에 마쳐야 함을 의미했다. 그 당시에는 원형(prototype) 차량을 먼저 만들고 그 뒤에 생산을 진행하는 것이 일반적이었다. 이에 비해 포드는 첫 모델 설계와 동시에 차량의 외형을 제작하는 기계를 만들었다. 이러한 동시 개발은 제작 시간은 단축하였으나, 수정은 더 어렵게 만들었다.

핀토에 적용된 작고 경제적인 디자인은 소위 새들백(saddlebag) 연료통이라고 불렸는데, 연료통은 뒷바퀴축에 말의 안장가방 모양으로 설치되었다. 시험주행에서 30마일이 넘는 뒷바퀴 충격시 가끔 탱크가 파열되어, 휘발유가 살충제 분무기처럼 승객들의 좌석에까지 뿌려졌다. 캐나다의 규정들은 더 엄격한 안전기준을 요구하고 있어서 수출용 모델들은 완충기(buffer)를 추가로 장착하여 재제작하였다. 그러나 핀토는 당시에 규정된 미연방정부의 모든 안전기준을 충족하고 있었다.

포드사는 핀토의 제조 과정 내내 더 엄격해진 안정성 기준에 맞서 적극적으로 대응하였다. 정부도 수익-비용 분석을 적극적으로 수용했는데, 한층 엄격해진 규정에 저항하는 포드사의 주장은 확인되지 않는 혜택(purported benefits)에 의거한 것이었다. 이러한 압력으로 미국 고속도로 교통안전국은 사람의 생명을 겨우 20만 달러를 조금 넘는 금액으로 제시했다. 포드사는 이러한 수치를 이용하는 한편, 1년에 180명의 자동차 화재 사고로 인한 사망자를 고려해 볼 때, 핀토의 장비를 새로 장착하는 것은 너무 문제가 많다고 주장했다.

다른 한편으로 2백만 대가 넘는 핀토들이 도로에서 주행되고 있었는데, 얼마간의 충돌사고가 발생하는 것은 그리 놀랄만한 일이 아니었다. 그러나 어떤 충돌사고, 특히 후미와 전복 충돌사고에서는 다른 비교 차량들에 비해 핀토에서 더 많은 화재가 발생한 자료들이 제시되기 시작하였다. 마더 존스(Mother Jones)에 실린 극적인 기사는 회사가 안전이슈를 잘못 인식하고 있다는 것을 보여주는 포드사의 내부 메모를 끌어내서 “수백 명의 사람들이 헛되이 불에 타 죽게 하는” 차를 판 것에 대해 회사를 비난했다. 또한 기사에서는 연료탱크와 승객 좌석 사이에 분리대를 설치하는 것은 적은 비용으로도(20달러 이하) 고칠 수 있었다고 주장했다. 1978년 인디아나주 고센(Goshen) 지역에서 일어난 전례 없는 사건으로 3명의 젊은 여성들이 자동차 사고로 사망한 사건에 대하여, 주 정부가 회사를 부주의한 과실치사 혐의로 기소하였으나 회사는 무죄선고를 받았다. 왜냐하면 이는 판사가 그 차가 서 있었던 상태에서 고속으로 달려오는 픽업트럭에 의해 받쳤

포드 핀토(계속)

다는 특정 사실에 증거를 국한시켰기 때문이다. 그럼에도 불구하고 포드사는 수백 건에 달하는 소송을 당해야 했고, 회사의 평판은 크게 땅에 떨어졌다.

정부의 압력과 함께 새로운 기준이 제정되기 직전, 포드사는 1978년에 150만 대의 핀토를 리콜하였고, 1980년에 그 모델은 생산이 중단되었다.

아이아코카는 자신의 회사가 안전하지 못한 차량을 의도적으로 만든 것은 아니고, 그 모델에서 사망 사고율이 비정상적으로 높았던 것은 아니며, 이 논쟁은 기본적으로 법률적·대외관계 이슈라고 말했다.

질문

1. 제조사는 어떤 제품에서 안전에 잠재적 위험이 있다고 느낄 때 정부가 제시하고 있는 기준보다 더 높은 기준을 적용해야 하는가?
2. 일단 안전에 관한 문제가 확실히 드러났을 때, 포드사는 차량을 회수하고 수리 비용을 지불했어야 했는가? 포드사는 차주들을 초청해서 그들이 선택을 한다면 새로운 분리대(barrier) 비용을 지불했었어야 하는가? 만약 차주들 가운데 절반만이 리콜을 원한다면 회사의 책임은 무엇인가?
3. 안전 기능(예를 들면 사이드 에어백)을 향상시키는 것에 대하여 소비자가 의도적인 의사결정을 할 수 있는 것과 가스탱크의 인장 강도 결정을 제조업자에 의존하는 것 간에 소비자에게는 차이가 있는가?
4. 핀토가 한번 평판이 나빠지자, 그들은 자주 할인 판매를 실시했다. 개인 판매자들이 만약 그들이 판매하는 차에 디자인 결함이 있다는 것을 알고 있었다면, 그들은 포드사와 같은 책임이 있는가? 할인 가격이 그 제품에 대한 판매자들의 책임을 면하여 주는가?

출처: K. Gibson, *Business Ethics: People, Profits, and the Planet* (New York: McGraw-Hill, 2006), pp. 630-32.

내는 메시지로서의 강령은 윤리적 행동의 가장 높은 기준으로서 기업의 명확한 의지를 제시해야 한다. 내부 문서로서의 강령은 관리자들과 종업원들이 매일 당면하는 의사결정과 선택에 분명한 지침을 제공해야 한다. 이 책의 사례연구와 연습문제에서 보게 되겠지만, 윤리강령이 어떤 조직에서든 쉽게 회피되거나 무시될 수 있다는 점은 안타까운 일이다.

4. 기업윤리의 역사

〈그림 2.3〉은 기업윤리의 대략적인 역사를 나타내 보여주고 있다. 이는 지난 40여 년 동안 기업환경을 둘러싼 여러 가지 극적인 변화를 설명해 주고 있다.

- 종업원의 발언권이 커지면서 개별 근로자들은 무책임하고 비윤리적인 경영자들의 행동에 대해 공개적으로 발언하는 것이 훨씬 더 자유로워졌다. 그들은 위험한 작업환경, 희롱, 차별과 사생활 침해 등과 같은 문제들에 대해서도 법적 해결책을 구하고자 하는 의지가 더 높아졌다.

✓ 이해도 확인 질문

9 지난 40년 동안 각 십년별로 윤리적 딜레마를 확인해 보라.
10 지난 40년 동안 각 십년별로 기업윤리에 있어 중요한 발전을 확인해 보라.
11 지난 40년 중 어떤 십년의 기간 동안에 기업윤리가 가장 발전하였는가? 그 이유는 무엇인가?
12 지난 40년 중 어떤 십년의 기간 동안에 가장 큰 윤리적 딜레마가 발생했는가? 그 이유는 무엇인가?

- 기업의 사회적 책임 문제는 추상적인 논의로부터 명확한 법적 책임이 부여된 핵심 성과평가 이슈로 발전되었다.
- 기업 윤리 문제는 법무팀이나 인적 자원부서의 영역에서 명확한 권한을 지닌 기업 윤리 담당자를 임명하는 방향으로 조직의 흐름이 변하고 있다.
- 윤리강령은 대외관계를 위한 겉치레 문서에서 많은 조직들이 그들의 모든 이해관계자들과 공유하고자 하는 성과측정 문서로 발전하였다.
- 2002년 살베인스-옥슬리법(Sarbanes-Oxley Act)은 CEO와 이사회가 그들이 대표하는 조직의 재무성과 보고서를 승인하는 데 있어 더 큰 책임을 부여하였다.

5. 윤리적 딜레마 해결하기

그러면 이해관계자들을 매일매일 접하는 조직의 최일선에 있는 개별 종업원들에게 이 모든 것들이 무슨 의미가 있는가? 대부분의 경우, 모든 이해관계자들에게 두드러지게 보이기 위한 (아마도 안심시키기 위한) 윤리강령은 종업원들이 일상 업무를 수행하는 동안 윤리적 갈등에 직면하게 될 때 지침으로서의 역할을 거의 하지 못한다.

그림 2.3 미국의 기업윤리의 대략적인 역사

년도	윤리적 풍토	주요 윤리적 딜레마	기업윤리의 발전
1960년대	사회적 불안, 반전 감정, 종업원들과 관리자들의 대립적 관계, 경영자에 대한 충성심에서 아이디어에 대한 충성심으로의 가치전환. 예전의 가치는 버림	*환경 이슈들 *경영자와 종업원간의 긴장 증가 *시민권의 부각 *정직 *직업 윤리의 변화 *약물남용의 확대	*회사들은 행동 강령과 가치 선언문을 제정하기 시작함 *회사들은 법무팀이나 HR부서를 통해 윤리적인 문제를 강조함

년도	윤리적 풍토	주요 윤리적 딜레마	기업윤리의 발전
1970 년대	방위산업 계약자와 다른 주요 산업이 스캔들로 이미지가 나빠짐. 경제는 경기침체로 어려움을 겪음. 실업이 증가하고 환경에 대한 관심이 높아짐. 윤리 결핍에 대한 기업책임을 크게 요구함	*종업원들의 공격성(종업원 대 경영자라는 사고) *인권 이슈가 부각(강제 노동, 표준이하의 임금, 위험한 관행) *어떤 기업들은 딜레마를 바로잡기 보다 덮어주기로 결정함	*윤리자원센터(ERC)의 설립(1977) *중요한 법률 준수 *연방 부패방지법 통과(1977) *가치 운동이 윤리를 준수하려는 경향에서 "가치 중심"으로 전환
1980 년대	경영자들과 종업원들 간의 사회적 계약이 재정의 됨. 방위산업 계약자에 대한 엄격한 규정들을 요구. 기업은 다운사이징 하고 종업원들의 경영자들에 대한 충성심은 약화됨. 의료서비스윤리(Health Care Ethics)가 강조됨	*뇌물수수와 불법계약 관행 *제3자를 통한 로비 (Influence Peddling) *거짓 광고 *재정 사기(예금과 대출 스캔들) *투명성 이슈의 발생	*ERC가 정부서비스에 있어 윤리강령을 개발함 (1980) *ERC가 제너럴 다이나믹스 (General Dynamics) 내에 최초의 기업윤리사무실을 개설함 (1985) *방위 산업 협회 (Defense Industry Initiative) 설립 *어떤 기업들은 윤리 담당자 역할뿐 아니라 옴부즈맨을 둠 *정부 계약시 허위 클레임법 (False Claims Act)
1990 년대	글로벌화는 새로운 윤리적 도전을 가져다 줌. 아동 노동, 촉진 비용지급(뇌물수수)과 환경 문제가 주요 관심사로 등장. 인터넷 출현이 문화적 국경을 허물게 됨. 금지되었던 것들이 대중화 됨	*제3세계의 위험한 작업관행 *개인들의 피해에 대한 회사의 책임증가(담배회사, 다우케미칼 (Dow Chemical) 등) *재정실수와 사기	*연방양형 가이드라인(1991) *집단소송 *글로벌 설리번(Sullivan) 원칙(1999) **In re Caremark*(Delaware Chancery 법원이 윤리에 대한 이사회 책임에 대해 판결) *IGs의 자발적 공개 요구 *ERC가 국제기업윤리센터를 설립 *로얄 더치 쉘 인터내셔널(Royal Dutch/Shell International)이 윤리적 성과에 대한 연례보고서 발행을 시작
2000 년대		*사이버 범죄 *회사의 의무 증가 *개인정보의 문제(데이타 마이닝) *재정 실수 *국제적인 부패 *사생활 손실-종업원 대 경영자 *지적자산 절도	*기업 규정들이 강력한 윤리적 보호장치를 의무화(연방 정부 기업 양형 가이드라인: 2002년의 사베인-옥슬리법 *부패방지를 위한 노력의 증가성 *기업의 사회적 책임과 진실성 경영(integrity management) 강조로의 전환 *글로벌 기업을 위한 국제 윤리 센터의 설립 *뇌물수수에 대한 OECD 협정 (1997-2000)

출처: Adapted from Ethics Resource Center, "Business Ethics Timeline." Copyright © 2002, Ethics Resource Center에서 인용함

종업원들이 비윤리적 행동을 보게 되거나 (예를 들어 사기, 회사자산의 절도 또는 공급자들이나 하도급 업자들로부터 몰래 돈을 받는 경우), 또는 자신의 가치관과 갈등을 일으키는 어떤 일을 하라고 요구받을 때 (고객들이 필요 없거나 자신이 느끼기에도 그들에게 필요치 않다고 생각되는 제품이나 서비스를 고객들에게 판매하는 것), 그들이 이용 가능한 다음과 같은 지침서는 상투적인 문구에 불과한 것이다:

- 회사의 윤리강령을 살펴보라.
- 조직의 이해관계자들을 위해 옳은 일을 하라.
- 합법적인 일을 하라.
- 당신이 생각하기에 가장 최선의 것을 하라("당신의 최고의 판단력을 사용하라").
- 올바르게 일하라.

윤리적 딜레마 명백하게 옳거나 그른 결정이 있는 것이 아니라 둘 다 옳을 수 있는 상황

그러나 종업원들이 당면하는 시나리오는 대개는 옳고 그름을 확연하게 구분할 수 있는 것들이 아니라, 둘 다 옳은 경우다. 이 시나리오에서 **윤리적 딜레마**(**ethical dilema**)는 종업원이나 조직에게 중요하면서도 상충되는 가치들 사이에서 선택을 해야 하는 상황과 관련이 있다. 예를 들면 다음과 같다:

- 당신은 지난 10년간 가장 친한 친구와 같은 회사에서 일을 하고 있다. 사실 그가 이 회사를 소개했고 또 인터뷰도 하게 해 주었다. 그는 마케팅 부서에서 일하고 있는데, 그가 오랫동안 원해 오던 마케팅 부서장 승진 대상자가 되었다. 당신은 영업을 담당하고 있는데 매주 이루어지는 부서회의에서 회사 외부에서 영입된 새로운 마케팅 부서장이 당신과 자리를 함께 하게 되었다. 당신의 상사는 아직 공식적인 발표가 나지는 않았지만, 회사에서는 새로운 마케팅 부서장을 가능한 빨리 채용하는 것이 중요하다고 느끼고 있다고 설명하였다. 그는 2주 전에 현재 그가 일하고 있는 직장에서 사표 제출을 위한 사전 공지를 끝내고, 2주일 내로 본사로 합류할 예정이다. 당신은 당신의 친구에게 어떤 일이 일어났는지 말해주어야 하는가?
- 당신은 대기업이 소유하고 있는 소규모 맞춤식 금속제작(custom metal fabrication) 회사에 근무하고 있다. 당신의 기업은 "현 시장의 난국"을 언급하며 임금 동결을 포함한 비용절감 계획에 대해 발표했다. 같은 시기에 회사의 사장은 회사의 낡은 비행기를 신형 걸프스트림 제트기로(Gulfstream jet)로 교체하였다. 당신의 직장동료들은 공정하지 못한 처우에 대하여

파업을 계획하고 있다. 이 파업은 양질의 공급자인 당신의 회사에 의지하고 있는 많은 고객들에게 상당한 어려움을 가져다 줄 것이다. 당신은 그들과 함께 파업할 것인가?

- 모든 직원들이 함께 간 회사주관 야유회에서 당신의 친구인 팀장이 조금 과하게 취한 것을 알게 되었다. 야유회가 마친 후 집을 향해 걸어가고 있는데 팀장인 그녀는 자신의 차를 멈추고 당신에게 집에 태워다 주기를 원하느냐고 물었다. 당신은 그녀의 제안을 거절하여 친구 관계를 위태롭게 할 수도 있고, 또는 집까지 안전하게 갈 수 없을 지도 모르는 위험을 택할 수도 있다

5.1 해결

윤리적 딜레마의 해결은 먼저 당신이 당면하고 있는 갈등의 유형을 인식함으로써 이루어질 수 있다.

- 진실 대 충성(*Truth versus loyalty*). 당신은 진실을 말할 것인가? 아니면 진실을 밝히지 말라고 요구하는 개인이나 조직에 충성할 것인가?
- 단기 대 장기(*Short term versus long term*). 당신의 의사결정은 단기적인 결과를 가져오는가 아니면 장기적인 결과를 가져오는가?
- 정의 대 자비(*Justice versus mercy*). 당신은 이 문제를 정의를 행하는 문제로 인식하는가 아니면 자비인가? (당신은 둘 중 어느 것을 받아들이는 것이 더 편안한가?)
- 개인 대 지역사회(*Individual versus community*). 당신의 선택이 한 개인에게 영향을 미치는 것인가 아니면 더 큰 집단이나 지역사회에게 영향을 줄 것인가?

위에서 언급한 예들은 어느 범위까지는 양쪽 다 옳다. 그러나 당신이 두 행동을 동시에 취할 수 없기 때문에 당신의 개인적인 해결 과정을 기초로 더 옳고 더 나은 해결책을 선택하도록 요구받는다. 앞의 첫 번째 딜레마 예에서 당신이 취할 수 있는 두 개의 옳은 해결책은 다음과 같다:

- 한편으로는, 당신의 친구가 승진하지 못하게 되었다는 진실을 친구에게 이야기 하는 것이

옳다. 당신은 진실을 알고 있으며, 만약 사람들이 진실을 존중하지 않으면 이 세상이 어떻게 되겠는가? 아마도 당신의 친구는 당신으로부터 이 진실을 듣는 것을 더 원할 것이고, 생각을 정리할 시간을 갖게 된 데 대해 고맙게 생각할 것이다.

- 다른 한편으로는, 당신에게 이 이야기를 처음 한 사람이 비밀로 해 달라고 부탁했고 당신도 약속을 지켜야 하기 때문에 당신의 친구에게 아무 이야기를 하지 않는 것도 옳다. 그리고 당신의 친구는 이 소식을 자신의 상사에게 듣고 싶어 할 수도 있고, 당신이 이야기를 했을 때 기분이 좋지 않을 수도 있다.

이 예에서 당신은 진실과 충성의 갈등에 직면하게 된다. 당신의 친구에게 진실을 말할 것인가? 아니면 당신에게 비밀로 해 달라고 부탁한 사람에게 의리를 지킬 것인가?

일단 당신이 직면하고 있는 갈등의 유형에 따라 의사결정을 하게 되면, 당신은 3가지 해결 원칙을 이용할 수 있다.

- **결과에 기초한(*Ends-based*) 원칙.** 어떤 결정이 최대 다수의 사람들에게 최대의 선을 가져다 줄 것인가?
- **규칙에 기초한(*Rules-based*) 원칙.** 만약 모든 사람이 당신과 같은 결정을 한다면 어떤 일이 일어날 것인가?
- **황금률(*The Golden Rule*).** 다른 사람에게 대접을 받고자 하는 대로 다른 사람을 대접하라.

이 시나리오에 연관되어 있는 다른 사람들의 행동을 예측할 수 없기 때문에, 위의 어떠한 원칙들도 그 문제에 대하여 완벽한 해결방안이나 방책을 제시할 수는 없다. 그러나 적어도 해결 과정은 "당신의 직감에 따르거나", "옳은 일을 행하는 것"보다는 더 의미 있는 어떤 것을 제공한다.

✓ 이해도 확인 질문

13 종업원이 윤리적 딜레마를 경험할 때 자주 듣게 되는 상투적인 예를 4가지 들어보라.
14 윤리적 갈등의 4가지 유형을 제시해 보라.
15 윤리적 딜레마를 해결하는데 당신에게 유용한 원칙을 3가지 제시해 보라.
16 당신이 직장생활에서 경험한 기업의 윤리적 딜레마의 예를 들어보라. 그리고 당신이 경험한 갈등의 유형과 자신이 활용한 해결 원칙을 제시하고, 윤리적 딜레마를 어떻게 해결했는지 설명해 보라.

실전기술

어려운 결정내리기

당신의 개인적인 가치들이 당신의 고용주의 가치와 직접적으로 충돌한다면 어떻게 할 것인가? 당신에게는 3가지 대안이 있을 수 있다: (1) 말처럼 쉽지는 않겠지만 현 직장을 떠나서 다른 일을 찾는 방법; (2) 머리를 숙이고 지금까지 하라고 요구받은 일을 하며 직장에서의 자리를 지키는 방법; 그리고 (3) 직장에 있는 누군가에게 이 상황이 당신을 얼마나 불편하게 하는지에 대하여 이야기하고, 당신이 그것을 바꿀 수 있는지 알아보는 방법 등이다. 위의 3가지 대안 모두 당신이 언젠가는 직장생활에서 직면하게 될 어려운 선택이 될 것이다. 선택을 하는 데 당신이 고려해야 할 요소들은 직장생활을 해 나가면서 변하게 될 것이다. 윤리적 원칙을 기초로 직장을 옮기는 것은 책임이 적은 미혼자가, 가족이 있어서 경제적 책임이 더 큰 중간관리자보다 훨씬 부담이 적을 것이다.

여기서 기억해야 할 중요한 사항은 윤리적 딜레마가 현 시점에서 당신을 어려운 상황에 처하게 할 수 있는 반면, 당신이 선택한 결과는 먼 미래에까지 영향을 미칠 수도 있다는 것이다. 따라서 가능한 한 객관적이고 냉정하게 선택해야 한다. 이 책에서 당신에게 제시한 체크리스트와 다른 도구들을 활용하여 문제의 본질을 정확하게 파악하고 감당할 수 있을만한 방법으로 해결하라.

6. 비윤리적 행위의 정당화

그렇다면 아마도 지적이고 경험이 많을 것으로 생각되는 경영층과 종업원들이 어떻게 그들의 회사와 동료, 고객들과 하도급업자들에게 피해를 가져다주는 행동을 할 수 있을까? 사울 겔러만(Saul Gellerman)은 "위법행위로 이어지는 4가지 일반적인 합리화"를 다음과 같이 제시하였다.[4]

1. 그 행동이 합리적인 윤리적·법적 범위 내에 있기 때문에 "실제로" 불법이거나 비도덕적이지 않다고 믿는 믿음. 앤드류 영(Andrew Young)은 "만약 백 명의 사업가들이 하기로 결정한 것이라면 불법인 것이 하나도 없다"라고 말했다고 한다. 무엇이든 구체적으로 잘못이라고 표시되지 않은 것은 "괜찮다(OK)"라는 개념이 윤리적 도전을 받고 있는 경영자와 종업원에게 명분을 준다. 특히 만약 거기에 새로이 확장된 윤리적 한계 내에서 창의력을 발휘하는데 대한 분명한 보상이 주어진다면 더욱 그러하다. 엔론(Enron)의 젊고 열정적인 직원들이 주로 선택하는 차량인 포르쉐(Porsche)와 제규어(Jaguar)는 회사의 창의적인 활동에 대한 그들의 시각을 조정하기 위하여, 신규 채용된 직원들에게 필요한 보상이었다.
2. 그 행동이 개인이나 기업의 최상의 이익이기 때문에 누군가가 어떻게든 그것을 하리라 기대하

는 믿음. 단기적 목표 하에서 일하는 고도의 경쟁적인 환경에서는 어떠한 행동도 "회사의 최고의 이익"이 되는 것으로 정당화하기 쉽다. 만약 대량판매나 최신 제품 업그레이드로 매출을 올려서 당신의 경쟁자보다 시장을 빨리 장악할 수 있다면, 당신의 승진이나 두둑한 보너스는 물론이고, 막대한 이익, 강력한 대외 관계, 튼튼한 주가, 그리고 수천 명은 아니더라도 수백 명의 종업원들의 고용안정을 보장할 수 있게 될 경우, 무슨 수를 써서라도 이것을 해내는 문제는 훨씬 더 복잡하고 윤리적으로도 더 애매해지게 된다.

3. **그 행동은 고전적인 죄와 벌의 문제처럼 결코 적발되거나 알려지지 않을 것이므로 안전하다는 믿음.** 발각되지 않은 모든 비윤리적 행동은 이러한 믿음을 강화하고 있다. 회계감사와 불시점검을 통해 억제하려는 기업들은 비윤리적 행동을 못하게 하는 데 (또는 적어도 사람들로 하여금 그것에 대해 다시 한번 생각하게) 어느 정도 성과를 거둔다. 겔러만은 "발각된 위반행위는 조심스럽게 다루어서는 안된다. 관리자들은 위법 행위를 알리고, 거기에 연루된 개인이 어떻게 처벌받았는지 공표해야 한다. 불법과 비윤리적인 행동의 주된 억지력은 적발 가능성에 대한 인식에 달려있기 때문에 관리자들은 적발된 사람들을 본보기로 삼아야만 한다"라고 주장하였다.

4. **이 행동이 회사를 돕는 일이기 때문에 회사는 그 일을 눈감아 줄 것이며, 이 일에 연루된 사람들까지 보호해 줄 것이라는 믿음.** 이 믿음은 여기서 보여주는 충성심에 대하여 다소의 혼란을 가져다준다. 의도적이든 아니든 비

현장에 적용하기

모두가 다 하는데...

제인(Jane)은 인적자원담당자(Human Resource Generalist)로서 그녀의 직무를 즐기며 잘 일하고 있다. 그녀는 새로운 종업원을 모집·채용하고 그들이 회사에서 성공할 수 있도록 도와주는 일에 매우 큰 보람을 느끼고 있다. 때로는 직무수행이 기대에 못 미치는 종업원들에게는 회사를 떠나도록 권유하기도 한다. 오늘이 바로 그 날이었다. 스티브(Steve)가 자신의 월 할당량을 채우기 위해 영업보고서를 위조한 것이 발각되어 제인은 스티브의 팀장이 그 소식을 가지고 스티브를 만나는 자리에 동석하도록 부탁을 받았다. 제인을 놀라게 한 것은 스티브의 반응이었다. "모든 사람이 어떤 형태로든 다들 그렇게 하는데요. 이 회사가 관심이 있는 것은 '우리가 지난 분기에 얼마나 영업을 잘 했느냐'뿐이거든요. 그래서 그러한 기대를 충족하기 위해서는 가끔은 규정을 조금씩 어겨야만 해요." 스티브의 대답은 적절한 방어인가? 왜 그런가? 아니면 왜 그렇지 않은가?

당신은 "세 장의 카드 속임수(find the Lady)" 혹은 "쓰리카드 몬테(Three Card Monte)"라고 알려진 전형적인 사기로 "당신의 행운을 점쳐보라"고 독려하는 노점상을 본 적이 있는가? 퀸 카드를 보여준 다음 카드 세 장을 빠른 속도로 섞는다. 그런 다음 노점상이 멈추면 그 퀸 카드가 있다고 생각하는 곳에 내기를 건다. 처음에는 당신이 이기지만 그러나 그 다음에는...

마이크로소프트, 애플, 휴렛 팩커드(HP), 구글 같은 IT회사들은 최근 그러한 노점상과 같은 수완으로 그들의 수입을 전 세계로 이동시키는 것에 대해 집중적인 조사를 받고 있다. 그러한 자금을 이동시키는 이유는 무엇인가? 비판자들은 그것을 의도적인 조세회피라고 부르고, 지지자들은 이익 극대화라고 부른다. 예를 들어, 마이크로소프트사는 미국에서 개발한 소프트웨어에 대한 지적재산권을 푸에토리코, 아일랜드, 싱가포르로 이전하기로 했다. 그 결과, 그러한 지적재산권에서 얻는 수입은 35%의 미국 세율보다는 훨씬 낮은 세율로 세금을 납부한다. 이는 마이크로소프트사의 전체 세금 부담률을 4%로 낮추는데 크게 기여한다. 구글은 수입 가운데 98억 달러를 버뮤다(법인 소득세가 없음)에 있는 명의뿐인 회사(shell company)로 이전함으로써, 2011년에 약 20억 달러에 달하는 소득세를 피할 수 있었다. 하지만 2016년 1월 구글은 2005년부터 2015년까지 영국에서의 매출 인식과 관련한 영국정부의 소송을 1억3천만 파운드, 미화 약 2억 달러에 합의하였다.

조세정의를 위한 시민모임(Citizens for Tax Justice)에 따르면, 본국으로 송금되지 않은 해외에서의 이익이 2015년에 2.4조 달러 정도이며, 기업들은 6,950억 달러 정도의 세금을 피할 수 있다고 한다. 이들 가운데 어느 한 기업이라도 해외에 보유하고 있는 자금이 필요한 적이 있는가? 그들은 기금을 본국으로 "송금하는" (그래서 세금을 내는) 대신 자회사로부터 단기자금 대여를 받는다(그래서 세금을 내지 않는다). HP는 벨기에와 케이만 제도(Cayman Islands)에 있는 자회사로부터 자금을 빌리는 전략을 활용해 왔다.

질문

1. 이러한 조세 전략에 대한 비판자들과 지지자들의 입장을 요약해 보라.
2. 이러한 조세 전략에 대한 비판자들과 지지자들은 기업들이 현 세법 하에서 이용 가능한 법적·재정적 대안을 활용하고 있다는데 동의한다. 그러나 이것이 윤리적 사업행동과 같다고 할 수 있는가?
3. 루이뷔통(Louis Vuitton)의 프랑스인 회장이자 CEO인 베르나르 아르노(Bernard Arnault)는 최근 새로 제정된 75%에 달하는 고소득세율을 피하기 위해 프랑스를 떠나 벨기에로 가겠다고 발표했다. 이는 일반 기업들이 하고 있는 행동과 별반 다를 바가 있는가? 왜 그런가? 아니면 왜 그렇지 않은가?

4. 법인세 납부에 대한 더 윤리적인 사업 접근방법을 보여주는 다른 잠재적 해결책이 있는가? 당신의 대답을 설명해 보라.

출처: "Corporate Tax Avoidance: The Price Isn't Right," *The Economist*, September 21, 2012; Geoff Lye, "Tax Avoidance: It May Be Legal but Is It Responsible?" *Sustainability*, Octorber 16, 2012; and Jesse Drucker, "Google Revenues Sheltered in No-Tax Bermuda Soar to $10 Billion," *Blooming*, December 10, 2012; "Google Coughs up £130 Million Back Taxes," *The Register*, January 23, 2016; and Renae Merle, "How U.S. Companies Are Avoiding $695 Billion in Taxes," *The Washington Post*, March 4, 2016.

Key Point

당신은 비윤리적 행위의 4가지 합리화 가운데 어느 것이 가장 자주 이용된다고 생각하는가? 그 이유는 무엇인가?

윤리적 행동과 연관이 있는 회사들은 관련된 개인들을 보호할 수도 있겠지만, 이는 그렇게 하는 것이 회사에 가장 이익이 될 때만 가능하다. 이 범죄가 대중에게 알려지고 규제기관이 관여하기 시작하면, 상황은 신속하게 바뀌어서 대부분은 모든 사람들이 각자 알아서 일하는 것처럼 된다. 우리가 엔론의 사건에서 보았듯이 부정행위가 대중에게 알려지게 되면 이와 관련된 모든 사람들은 갑자기 그 활동과 관련된 핵심 인물로부터 거리를 두려고 노력한다.

결론

지난 십년 간 언론에서 비윤리적인 기업의 행동들에 대해 보도할 내용이 많았던 것은 안타까운 일이다. **기업 윤리**라는 용어가 그 어느 때보다 더 모순되게 보일 정도로 비윤리적 CEO들이 널리 알려지게 되었다. 이러한 부정적인 환경에서는, 기업들이 윤리적인 방식으로 사업을 운영할 수 있고 또 하고 있다는 것과, 대부분의 근로자들이 그들의 근무 시간에 옳은 일을 하기 위해 진정으로 헌신하고 있다는 것을 잊어버리기 쉽다. 하지만 이러한 근본적인 신념을 기초로 윤리적인 문화를 구축한 조직들은 높은 수익과 이윤, 시장점유율을 제고하고 있는 그들의 더 "창의적인" 경쟁자들과 마찬가지로 성공할 수 있다는 것을 보여준다. 다음 장들에서 그들이 어떻게 그런 것들을 시도하고 있는지 알아보고자 한다.

그러나 우리가 다음 장들에서 보게 되겠지만, 윤리적인 회사를 설립하고 운영하는 데 따르는 도전은 단순히 옳은 일을 행하는 것 이상의 훨씬 더 많은 것들을 요구한다. 그 조직은 영감과 동기부여를 잘 조합하여 다양한 시나리오로 덧씌운 전통적이고 일반적인 진부한 이야기와는 반대로 "견인 지침"을 제공하는 구체적인 윤리강령을 개발하는 데 시간을 바쳐야만 한다.

가장 큰 관심을 두어야 할 것은 윤리적인 딜레마에 직면한 종업원들에게 지원을 제공하는 것이다. 이는 기업 윤리 업무 담당자를 임명하고 그가 일하는 데 필요한 적절한 정책과 절차를 만드는 것뿐 아니라 "신뢰"할 수 있는 기업문화를 창조하고 이를 지속적으로 유지하는 것을 의미한다.

사례 읽기: 마무리

고객은 항상 옳다—캐롤의 의사결정

캐롤의 팀원들 중에 가장 영리한 한 사람인 레이첼(Rachel)은 데이브가 꾸미려고 하는 문제를 즉시 알아차렸다. "새로운 고객들을 끌어들이기 위한 새로운 메뉴가 있지만, 건강품목을 조금만 만드는 것은 이익이 많이 남는 품목을 팔기 위해서라는 말씀이시죠? 맞나요?" "그런 것 같아요"라고 캐롤이 대답했다.

"어... 저는 새 메뉴가 떨어지기 시작하면 자동차 주문 창구(drive-thru window)에서는 일하지 않았으면 좋겠어요." 레이첼이 말했다. "그건 미끼상술이잖아요."

다행스럽게도 새로운 메뉴는 다음 주까지는 시판되지 않을 예정이었다. 그래서 캐롤은 이 잠재적 걱정거리에 대해 준비할 시간이 있었다. 그녀는 데이브가 이렇게까지 근시안적인 것을 믿을 수가 없었다. 그녀는 그가 매출에 대해 걱정하는 것을 이해했다. 그러나 건강메뉴 품목은 신규고객을 유치하려는 것이지 기존고객에 대한 매출을 감소시키려는 것은 아니라고 생각했다. 물론, 어떤 사람들은 점보 버거를 샐러드로 바꾸기도 하겠지만, 신규매출은 그것을 만회하고도 남을 것이다. 뿐만 아니라 새로운 메뉴에 대해 광고를 하고도 고의로 그 메뉴가 바닥나게 하는 것은 옳지 않은 일이었다. 그녀는 특정 메뉴에 주문이 몰리거나 데이브가 물품 주문 순서를 엉망으로 했을 때 메뉴가 모자란 적은 있었지만, 이익이 더 남는 메뉴를 고객들에게 강요하기 위해 고의로 그런 메뉴를 만들지 않은 적은 한 번도 없었다. 그리고 지금도 그 일을 할 생각이 없다.

새로운 메뉴가 등장한 첫 주, 캐롤은 그 어느 때보다 더 열심히 일했다. 그녀는 아침, 점심, 저녁의 혼잡한 식사 시간에 자동차 주문창구를 맡아 일했으며, 데이브가 은행에 잔돈을 바꾸러 가거나 주문을 빠뜨린 것 때문에 물품 공급자들에게 갔을 때, 주방으로 달려가 새 메뉴의 여분을 만들어 절대로 음식이 떨어지지 않도록 했다. 그녀가 주문을 받는 동안 한두 번 정도 메뉴가 떨어질 뻔 하였으나 고객들이 계속 기다리는 일은 한 번도 발생하지 않았다.

첫 주가 끝나갈 무렵, 그녀는 필요한 모든 정보를 가지게 되었다. 판매량은 아주 큰 폭으로 증가하였고 새로운 메뉴는 대성공이었다. 그녀는 기존의 메뉴 판매에 영향을 미치지 않고 그녀가 만든 모든 것을 다 팔 수 있었다. 이제 그녀가 해야 하는 일은 데이브에게 고백하는 일만 남았다.

질문

1. 여기서 캐롤은 올바른 선택을 하였는가?
2. 당신은 데이브의 반응이 어떠하리라고 생각하는가?
3. 만약 이 식당이 데이브의 계획처럼 고의로 새 메뉴를 부족하게 하였다면 식당에는 어떤 위험이 있었겠는가?

복습하기

1. 기업윤리를 정의해 보라.

기업윤리는 도덕적 행동의 기준을 기업 상황에 적용하는 것을 말한다. 이러한 주제는 기술적(descriptive) 관점(무슨 일이 일어나고 있는지 문서화하는 것)이나 또는 규범적(prescriptive) 관점(무슨 일이 일어나야 하는지 제시해 주는 것)에서 접근할 수 있다. 두 경우 모두 기대하는 것은 기업윤리가 일반적 윤리 기준으로부터 분리되어서는 안 된다는 것이다. 하지만, 윤리적 행동이 기업 내부 상황이든 외부 상황이든 상관없이 모두 같아야 하느냐에 대한 논쟁이 일고 있다.

2. 기업의 이해관계자들을 설명해 보라.

기업의 이해관계자들이란 그 조직의 효율적이고 윤리적인 운영과 관련이 있거나 기득권을 가진 어떤 기업이나 기관 혹은 개인을 말한다. 조직이 사업을 수행하는 데 있어 시장이나 산업에 의존한다는 점에서, 이러한 이해관계자에는 주주, 종업원, 고객, 공급자, 도매업자, 채권자, 지역사회 조직과 정부 등이 포함된다.

3. 기업윤리가 모순이라는 입장에 대해 토론해 보라.

사업 거래에 있어서 모든 조직이 근본적으로 비윤리적이라고 낙인을 찍는 것은 부당하다. 이전에 공격적인 기업경영의 모델로 인정받았던 여러 유명한 기업들(엔론, 글로벌 크로싱, 헬스사우스, IM클론, 타이코, 월드컴)도 나중에는 그들의 윤리적 관행에 근본적으로 결함이 있었음이 입증되었다는 사실은 의심의 여지가 없다. 이러한 사건은 윤리문제에 대한 대중의 인식을 높이는 데 기여하게 되었다. 그러나 이로 인한 긍정적인 결과는 윤리적 행동에 대한 제 3자의 보증과 경영계의 적극적인 헌신이 필요하다는 인식을 증대시켰다는 점이다.

4. 기업윤리의 역사를 요약하라.

지난 40여 년 동안 기업 환경에 몇 가지 극적인 변화가 일어났다.

- 근로자의 발언권이 커지면서 개별 근로자들은 무책임하고 비윤리적인 경영자의 행동에 대해 공개적으로 발언하는 것이 훨씬 자유로워졌다. 그들은 위험한 작업 조건, 희롱, 차별과 사생

활 침해 등과 같은 문제에 대하여도 법적 해결책을 찾으려는 의지가 더 높아졌다.

- 기업의 사회적 책임 문제는 추상적인 논의로부터 명확한 법적 책임이 부여된 핵심 성과평가 이슈로 발전되었다. 기업의 윤리는 법무팀과 HR부서의 영역에서 명확한 권한을 가진 기업 윤리담당자를 임명하는 방향으로 조직의 흐름이 변하고 있다.
- 윤리강령은 대외관계를 위한 겉치레 문서에서 많은 조직들이 그들의 모든 이해관계자들과 공유하고자 하는 성과평가문서로 발전하였다.
- 2002년 살베인스-옥슬리법(Sarbanes-Oxley Act)은 CEO와 이사회가 자신들이 대표하고 있는 조직의 재무성과 보고서를 승인하는 데 있어 더 큰 책임을 부여하였다.

5. 당신의 작업환경 내의 윤리적 딜레마를 확인하고 그 해결방안을 제시해 보라.

윤리적 딜레마의 해결방안은 두 단계로 접근할 수 있다. 먼저 자신이 겪고 있는 갈등의 유형을 인식하고, 그 다음으로 그 갈등 유형을 기초로 한 해결 원칙을 선택한다. 갈등의 유형은 4가지 범주로 분류할 수 있다.

- 진실 대 충성(*Truth versus loyalty*): 당신은 진실을 말할 것인가 아니면 그 진실을 밝히지 말라고 요구하는 개인이나 조직에 충성할 것인가?
- 단기 대 장기(*Short term versus long term*): 당신의 결정은 단기적인 결과를 가져오는가 아니면 장기적인 결과를 가져오는가?
- 정의 대 자비(*Justice versus mercy*): 당신은 이 문제를 정의를 행하는 문제로 인식하는가 아니면 자비인가?(당신은 둘 중 어느 것을 받아들이는 것이 더 편안한가?)
- 개인 대 지역사회(*Individual versus community*): 당신의 선택은 한 개인에게 영향을 미칠 것인가 아니면 더 큰 집단이나 지역사회에게 영향을 줄 것인가?

3가지 해결 원칙들은 다음과 같다.

- 결과에 기초한(*Ends-based*) 원칙: 어떤 결정이 최대 다수의 사람들에게 최대의 선을 가져다 줄 것인가?
- 규칙에 기초한(*Rules-based*) 원칙: 만약 모든 사람이 당신의 결정과 같은 결정을 한다면 어떤 일이 일어날 것인가?
- 황금률(*The Golden Rule*): 다른 사람에게 대접을 받고자 하는 대로 다른 사람을 대접하라.

6. 경영자와 종업원이 어떻게 비윤리적인 행동을 정당화하려고 하는지 설명해 보라.

그들의 행동이나 의사결정이 비윤리적이라는 의문이 제기될 때, 대부분의 경영자나 종업원들은 4가지 공통적인 정당화 방식(justification)으로 자신들의 행동을 합리화하려고 노력한다.

- 그 행동이 합리적인 윤리적·법적 범위 내에 있기 때문에, "실제로" 불법이거나 비도덕적인 것이 아니라는 믿음.

- 그 행동이 개인이나 기업의 최상의 이익이기 때문에 누군가가 어떻게든 그것을 하리라 기대하는 믿음.
- 그 행동은 고전적인 죄와 벌의 문제처럼 결코 발각되거나 알려지지 않을 것이므로 안전하다는 믿음.
- 이 행동이 회사를 돕는 일이기 때문에 회사는 그 일을 눈감아 줄 것이며 이 일에 연루된 사람들까지 보호해 줄 것이라는 믿음.

핵심용어

기업지배구조(Corporate Governance)
기업윤리(Business Ethics)
모순어법(Oxymoron)
윤리강령(Code of Ethics)
윤리적 딜레마(Ethical Dilemma)
이해관계자(Stakeholder)

복습을 위한 질문

1. 본 장에서 복습한 기업윤리의 역사를 기초로 볼 때, 당신은 비지니스 세계가 더 윤리적으로 되고 있다고 생각하는가 아니면 덜 윤리적으로 되고 있다고 생각하는가? 당신의 대답을 얘기해 보라.
2. 당신은 황금률을 이용한 윤리적 딜레마의 해결방법을 어떻게 제안하겠는가?
3. 윤리적 딜레마를 해결하는 데 단기적 혹은 장기적 결과가 왜 차이가 있는가?
4. 사울 겔러만(Saul Gellerman)이 제안한 비윤리적 행동 4가지의 공통적인 정당화방식 중에 당신은 어느 것이 가장 자주 이용된다고 생각하는가? 그 이유는 무엇인가?
5. 비윤리적 행동을 정당화하는 것을 수용할 수 있는가? 그렇다면 그 이유는 무엇이며 혹은 그렇지 않은 이유는 무엇인가?
6. "기업환경 속에서 올바른 일을 행하는" 것이 당신에게 주는 의미는 무엇인지 설명하라.

복습을 위한 연습문제

당신은 출장에서 돌아오는 중이다. 비행기를 타기 위해 출발 라운지에서 탑승을 기다리는 동안 입구에 있던 직원이 당신이 타야 할 비행기가 상당히 많이 초과 예약됐기 때문에 다음 비행기를 타는 승객에게 인센티브를 주겠다고 광고한다. 몇 분이 지난 후, 미국 내 어디든 갈 수 있는 무료 왕복 항공 티켓과 다음 비행기를 기다리는 동안 먹을 수 있는 저녁 식권을 제공하겠다고 했다. 그 제안을 심각하게 고려한 후, 당신은 계획했던 것보다 집에 몇 시간 더 늦게 도착한다 할지라도 당신이 겪을 불편이 그리 크지 않다고 생각하고, 좌석을 포기한 후 무료 티켓과 식권을 받았다.

1. 당신이 회사의 공식 출장 시간 중에 얻게 된 이 무료 티켓은 당신에게 속한 것인가 아니면 회사의 것인가? 당신의 선택을 변호해 보라.
2. 다음 비행기가 실제로 그 다음 날에 있어서(그리고 항공사는 식권과 함께 숙박권을 제공했다면) 다음날 늦게 출근할 수밖에 없다면, 당신은 같은 선택을 했을 것인가?
3. 만약 항공사의 제안이 다른 티켓에 대해 100달러 할인 쿠폰 정도였다면 당신은 그래도 그 선택을 했겠는가? 만약 그랬다면 그 할인 쿠폰이 자신에게 속한 것인지 회사의 것인지에 대해 같은 의견을 가질 것인가?
4. 당신의 회사는 이 문제에 대해 명확한 규정을 제시해야 하는가 아니면 "올바른 일을 할 거라고" 종업원들을 신뢰할 것인가? 당신의 의견은?

인터넷활용 연습문제

1. 윤리 및 컴플라이언스 책임사 협회(Ethics and Compliance Officer Association, ECOA)의 홈페이지를 찾아보라. ECOA는 3가지 핵심 가치를 위한 공공 의무를 만들었다. 그것들은 무엇인가? ECOA의 사명은 ERC의 사명과 어떻게 다른가?
2. 기업윤리센터(Center for Business Ethics, CBE)의 홈페이지를 찾아보라. 연구물 출판 페이지를 찾아 CBE가 가장 최근에 출간한 연구보고서를 확인해 보라. 보고서에서 논의된 윤리 문제들을 간단히 요약해 보라. 보고서에서 내린 결론들에 대해 당신은 동의하는가 혹은 그렇지 않은가? 당신의 대답을 얘기해 보라.

팀 연습문제

1. 훈련에 대한 감사!

두 팀으로 나누어, 다음의 행동들에 대해 찬성과 반대의 입장에서 각각 토론을 준비한다. 당신은 국제적 대기업의 IT부서에서 일하고 있다. 당신의 연례성과평가에서 내년에 당신의 목표와 목적은 무엇이냐는 질문을 받았다. 당신은 마이크로소프트 공인 시스템 엔지니어(Microsoft Certified Systems Engineer, MCSE)가 되고 싶다고 했다. 급여가 많이 인상되지 않았지만 (또 하나의 비용절감의 차원에서) 당신의 상사는 MCSE 과정을 위한 훈련경비 예산이 있다고 말해 주었다. 당신은 다음 주에 훈련에 참석하게 된다. 그러나 임금 인상이 매우 소액인 것을 알게 된 후, 당신은 이력서를 다시 세련되게 작성한 뒤 다른 직장에 지원하였다. 당신은 다른 회사로부터 더 높은 봉급과 함께 매우 마음에 드는 자리를 제안받았다. 그리고 마지막 단계의 인터뷰에서 미래의 상사가 MCSE 수료증을 가지고 있지 않아 안타깝다며 그것이 있다면 더 많은 임금을 받을 수 있을 것이라고 말했다. 새 직장은 최소한 2년 동안 당신에게 MCSE 훈련을 시킬 훈련 예산이 없다. 당신은 인터뷰를 하는 면접관에게 높은 임금 수준에 걸맞은 자격을 갖추기 위해 일을 시작하기 전에 MCSE 훈련을 완수하겠다고 말했다. 당신은 당신의 훈련비를 누가 지급할 것인지에 대해서는 어떤 정보도 얘기하지 않기로 했다. 당신은 성공적으로 MCSE 수료증을 획득하고 사표를 제출하기 위한 2주 전 사전 공지를 한다. 그리고 더 높은 임금을 받는 새로운 직장에서 일을 시작한다. 이것은 윤리적인가?

2. 쉬는 시간(free time)에 무엇을 하는가?

두 팀으로 나누어, 다음의 행동들에 찬성과 반대의 입장에서 토론을 준비한다. 당신은 지방의 한 리조트에서 팀 수련회에 참석하고 있다. 어떤 바쁜 안건을 의논하던 중 잠시 쉬는 시간에, 동료 한 사람이 다른 부서의 한 젊은 여직원과 열정적인 포옹을 하는 것을 보았다. 당신이 인사부서(HR)에서 일을 하고 있어 그 두 사람의 채용 서류를 담당했었기 때문에 그 두 사람 모두 미혼인 것을 알고 있다. 회사의 복리후생제도는 "동거인(life partners)"을 위한 혜택을 제공하고 있으며 두 사람 모두 동거인을 위한 건강보험 혜택을 구매했다. 당신은 이런 드러난 사실을 더 깊이 생각하게 되면서, 비록 이들이 각기 자신의 이전 파트너와의 관계를 끝냈다 할지라도 회사의 규정은 사내에서 직원들 간의 데이트를 확실하게 금지하고 있다는 것이 생각났다. 당신과 그 동료는 높은 임금 인상이 이루어질 승진 자리에 동시에 지원한 상태이다. 여기서 당신의 의무는 무엇인가? 당신은 당신의 상사에게 이 일에 대해 보고해야 하는가?

3. 치료인가 예방인가?

두 팀으로 나누어, 다음과 같은 상황에서 치료(A그룹)와 예방(B그룹)에 대한 토의를 준비한다. 당신은 매우 경쟁적인 지원금 시장 상황 하에서 기부금 모금을 위해 고군분투하는 지방의 한 비영리 기관에서 일하고 있다. 당신의 도시에 있는 많은 비영리기관들은 노숙자, 암에 대한 각성과 치료, 고아 등을 위한 각각의 사명을 완수하기 위하여 지원 기금, 기부금, 자원봉사 시간 등을 많이 필요로 하고 있다. 당신의 조직의 사명은 지역사회의 에이즈(HIV/AIDS) 환자들을 위해 일하는 것인데, 위험 수준에 있는 사람들에게 그들의 상황에 대해 각성하게 하고, 이미 진단을 받은 환자들에게는 치료 기회를 제공하고 있다. 안타깝게도, 이렇게 어려운 재정 상황 때문에 이 비영리기관의 이사회는 보다 구체적인 사명이 필요하다고 결정했다. 조직의 목표를 예방과 치료 2가지 모두에 집중하는 대신 오직 1가지 목표에만 집중하기로 했다. 모든 직원들과 자원 봉사자들까지 참석한 마지막 이사회의 토론은 열기가 매우 뜨거웠다. 많은 사람들은 치료 프로그램이야말로 필요한 사람들에게 즉각적인 고통 완화를 제공할 수 있으므로, 이에 집중하는 것이 기금을 가장 유용하게 사용하는 것이라고 생각했다. 다른 사람들은 예방 프로그램이 효과적이려면 훨씬 더 많은 시간이 필요하며, 기금도 위험에 처할 가능성이 있는 훨씬 더 많은 사람들을 위해 쓰여질 수 있다고 생각했다. 결론은 내려져야 했다. 당신은 어떻게 생각하는가?

4. 가격을 인상할 시간...

두 그룹으로 나누어, 다음 행동에 찬성과 반대의 입장에서 토론을 준비한다. 당신은 알츠하이머 치료를 위한 신약실험에서 FDA의 승인을 받는데 실패한 후 재정난을 겪고 있는 제약회사의 임원이다. 실험 자료를 검토한 후, FDA 조사자들은 추가적인 실험이 필요하다고 결정하였다. 당신의 회사는 이미 심각한 재정적 어려움에 빠져있다. 이 약은 알츠하이머의 치료에 대변혁을 가져올 가능성은 있으나, 실험의 지연은 회사의 문을 닫게 할 수도 있다. 회사의 경영진은 비공개 회의를 열고, 신약이 출시될 때까지 회사 채무를 더 늘리지 않는 유일한 방법은 현 제품들의 가격을 인상하는 방법 밖에 없다고 결정하였다. 그러나 현재 회사가 당면하고 있는 재정적인 어려움 하에서는 어떤 제품들의 가격은 열 배 이상 인상될 수도 있다. 인상범위에 대해 여러 가지 문제가 제기될 때, CEO는 다음과 같은 반응으로 이를 옹호했다. "보십시오. 우리의 약은 이렇게 높은 가격에도 불구하고 아직도 수술하는 것보다는 저렴합니다. 보험회사들이 비용을 지불할 수 있을 것입니다. 최악의 경우, 그들은 몇몇 보험료를 올려 가격인상을 충당할 것입니다. 우리에게 어떤 선택들이 있습니까? 만약 우리가 이 제약 산업에서 살아남으려고 한다면, 반드시 이 신약을 출시해야 합니다."

비판적으로 생각하기 2.1

매리엇: 와이파이는 서비스인가 아니면 수익창출원인가?

2014년 10월, 호텔 체인인 매리엇(Marriott)은 투숙객의 이동용 와이파이(Wi-Fi)와 개인 핫스팟에 의도적으로 방해전파를 발사하여(jamming) 비즈니스 투숙객으로 하여금 호텔 와이파이를 사용하도록 했다는 사실을 인정했다. 투숙객에 부과된 가격은 일반가격 일일 14.95 달러부터 호텔 회의장소에서는 일일 기계 한대당 1천 달러에 달했다.

연방통신위원회(Federal Communications Commission, FCC)의 고발에 대해 60만 달러로 합의가 이루어졌으나, 회사는 '불법 로그(rogue) 무선핫스팟'으로부터 고객을 보호할 것이며 이 문제에 대한 FCC의 공식 입장을 요구할 것이라는 공격적인 보도자료를 통해 회사의 입장을 분명하게 보여주었다.

매리엇만이 반칙을 자행하는 것은 아니다. FCC가 공식웹사이트에서 분명히 밝히고 있듯이 와이파이 방해전파사용은 불법이지만, 다른 호텔과 회의장소들도 FCC가 분류한 네 가지 유형의 반칙을 사용하고 있다.

- 2015년 8월, 무역박람회 및 컨벤션 통신서비스 회사인 스마트시티(Smart City Holdings LLC)는 고객 와이파이를 차단하고 일 80 달러의 요금을 부과한 것에 대해 75만 달러의 벌금을 부과받았다.
- 2015년 11월, FCC는 힐튼(Hilton Worldwide Holdings)이 고객 와이파이 차단여부에 대한 조사

를 명백히 방해한 혐의로 2만5천 달러의 벌금을 부과했다. 이 사례에서는 디즈니랜드 근처의 힐튼 애너하임(Hilton Anaheim)이 컨벤션 참가자에게 호텔 와이파이 사용요금으로 500달러를 부과한 것을 예로 제시하였다.

- 동일한 공지문에서 FCC는 시스템통합회사인 엠씨딘(M.C.Dean)에 볼티모어 컨벤션센터(Baltimore Convention Center)의 핫스팟을 차단한 혐의로 75만 달러의 벌금을 부과하였다.

FCC 검사국의 입장은 분명하지만, 와이파이 전문가들의 견해는 좀 복잡하다. 투숙객의 안전을 이용해 부가적인 수익을 창출하는 것이 관광산업에서는 새로울 것이 없는 방법이지만, 특히 소규모 사업장에서는, 부가수익은 해마다 흑자와 적자의 차이를 만드는 기준이 된다. 호텔 IT 전문가들은 개인 와이파이 핫스팟은 보안 위험뿐 아니라 시스템 용량을 초과하는 다중접속으로 인해 네트워크 성능을 저하시킨다고 주장한다.

와이파이 관리자들은 또 다른 문제점을 제시하면서, 매리엇 결정은 판도라의 상자 뚜껑을 연 것이라고 비판한다. 투숙객으로부터 더 많은 수익을 짜내려고 하는 시도에 대해 공권력을 행사하려는 의지를 강력하게 보여주려는 것은 타당하나, 관광산업 이외의 영역에서는 와이파이 신호에 방해전파를 발사하는 능력이 안전과 효율성 측면에서 필요하다. 예를 들면 병원에서 방문객의 개인 핫스팟 사용으로 인해 무선 의료기기에 지장이 생긴다면 무슨 일이 벌어지겠는가? 경기장에서 열리는 미디어 행사에서 수백만 달러짜리 와이파이 시스템을 작동 못하게 할 만큼 많은 기자들이 있다면 어떻게 되겠는가? 시스템 수리는 경기장 측이 해야 할까? FCC는 어떤 종류의 방해전파사용도 금지한다는 입장이기에 이런 일이 발생할 수도 있다.

하지만 와이파이 관리자들은 관광산업에서 투숙객 보안을 위해서라는 주장은 논리가 약하다는 입장이다. 높은 등급의 시스템 하드웨어를 설치하면 투숙객들은 전체시스템 용량에 영향을 미치지 않으면서도 개인 핫스팟을 사용할 수 있다고 한다. 당연한 말이겠지만, 더 많은 수익을 추구하는 기업 입장에서 수익성 높은 와이파이 서비스를 포기하면서 자금을 더 투자하는 것을 받아들이기는 쉽지 않을 것이다.

질문

1. 와이파이 방해전파사용에 대한 FCC의 입장은 무엇인가?
2. 호텔과 컨벤션센터의 입장은 어떠한가?
3. 타협의 여지가 있어 보이는가? 부과요금을 낮추면 분노가 줄어들까?

4. 회사들은 주주의 이익을 추구해야 하는 의무와 고객에게 질 높은 서비스를 제공해야 하는 의무 사이에서 어떻게 균형을 유지할 수 있을까?
5. FCC의 입장이 너무 극단적이라고 생각하는가?
6. 이 문제에 대한 공정한 해결책이 있을까?

출처: Mariella Moon, " Marriott Is No Longer Fighting for Permission to Block Wi-Fi Hotspots," *Engadget*, January 31, 2015; Lee Badman, "FCC-Marriott WiFi Blocking Fine Opens Pandora's Box," *Network Computing*, October 7, 2014; Christopher Elliott, "The FCC Is Cracking Down on Hotels' Wi-Fi Blocking," *Fortune*, November 4, 2015; "Hotel Wi-Fi: Knock Your Block Off," *Economist*, October 10, 2014; and Larry Loeb, "FCC Fines Hilton, Others in Wi-Fi Blocking Crackdown," *InformationWeek*, November 5, 2015.

비판적으로 생각하기 2.2

기업윤리에 대한 분명한 헌신?

사업이 성공적인 동시에 윤리적일 수 있다는 것에 회의론이 증가하는 시점에, 모두 합쳐 약 10억 달러가 넘는 글로벌 매출을 올리고 있는 일련의 기업들이 기업 윤리 리더십 연맹(Business Ethics Leadership Alliance, BELA)의 창립 멤버로 한 자리에 모였다. 2008년 12월에 설립된 이 조직의 창립 회원은 소매업, 항공, 금융기관, 컴퓨터 등을 포함한 다양한 산업에 속한 17개 회사로 구성되었다. 모든 회사 이름은 당신에게도 친숙한 것이다.

- 엑센추어(Accenture)
- 아바야(Avaya)
- CACI international
- 크로포드(Crawford)
- 델(Dell)
- 던앤브레드스트리트(Dun & Bradstreet)
- 에코랩(Ecolab)
- 플루오(Fluor)
- 제너럴 일렉트릭(General Electric)
- 존스 랑(Jones Lang)
- 라살르(Lasalle)
- 엔와이케이 라인(NYK Line)
- 펩시코(PapsiCo)
- 셈프라 에너지(Sempra Energy)
- 서던 컴퍼니(Southern Company)
- 더 하트포드(The Hartford)
- 유나이티드 에어라인스(United Airlines)
- 월마트(Walmart)

국제적 싱크 탱크로서 "기업 윤리, 기업의 사회적 책임, 반부패, 지속가능성 등에 있어 창조와 전진, 최선의 관행을 공유"하는데 전념하고 있는 에시스피어 연구소(Ethisphere Institute)와 함께 일하고 있는 BELA는 매우 확고한 입지를 차지하고 있으며, 공기업과 사기업들로 하여금 4가지의 핵심 가치에 대해 명시적으로 약속하도록 유도하고 있다. 즉, (1) 법률 준수, (2) 투명성, (3) 이해 상충의 확인, (4) 책임성 등이다.

"언론보도의 불협화음, 정치적인 비난, 사람들을 화나게 하는 탐욕스러운 보도, 직원들에게 고생을 강요하는 이야기들, 글로벌 경제를 망치게 할 수 있는 썩은 사과들이 가득 든 통으로 특징되는 기업 공동체" 등이 있는 상황에 대응하기 위해서, 연맹 회원들은 "기업윤리에 대한 확고한 헌신을 위하여 세상에서 가장 잘 알려진 회사들로 구성된 성장하는 단체"로 자신들을 대변하고 있다. 이에 더하여 그들은 "윤리를 일상적인 기업 관행의 토대로 재정립하는 것"을 자신들의 의무라고 생각하고 있다.

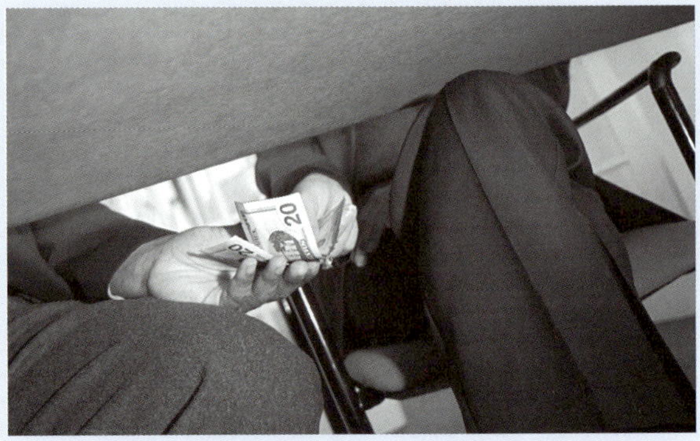

하지만 새로운 연맹에 대한 반응은 엇갈렸다. 낙관론자들은 이러한 새로운 조직은 옳은 방향으로 한 단계 더 나아간 것으로 본다. 이들은 "미국 기업들의 윤리 결핍에 아주 심한 피해를 본 대중들은 앞으로 상당기간 매우 냉소적일 것이다. 그러나 BELA가 이러한 상황들을 되돌리려는 노력에 대해서는 박수를 보내야 할 것이다"라고 주장하고 있다. 여기에는 월마트, GE, 델, 펩시 등과 같은 대기업들이 참여하고 있다. 이들은 엔론, 월드컴, 타이코 등과 같은 기업들에서 나타난 많은 윤리적 문제와 직접 관련된 기업관행에 구체적인 변화를 일으키기 위해 헌신하고 있다.

그러나 많은 비판자들은 이러한 행동을 과거 자신들의 사업 관행에 문제가 제기됨에 따라 이제 기업들이 새로운 윤리 철학에 헌신함으로써 구제받으려고 하는 홍보 활동으로 보고 있다. 예를 들어 월마트는 2005년에 청소 하도급업자가 불법 이민자를 고용한 사건을 해결하기 위하여 법무부에 1천 1백만 달러를 지급하였다. 이 세계 최대 소매 회사를 대상으로 여러 다른 집단 소송들도 진행 중이다. 2006년에 셈프라 에너지(Sempra Energy) 회사는 2001년 캘리포니아에서 에너지 위기가 발생했을 때 천연가스 가격 조작 혐의로 3억 7천 7백만 달러가 넘는 금액을 지불하는 데 동의했다.

창립 이래 BELA를 대표하는 얼굴은 급격히 변화했다. 비록 몇몇 유망한 지회가 떠나기는 했으나 회원수는 증가했으며, 다음과 같은 핵심 결과물에 집중하는 형태로 변화하고 있다.

- 윤리지수: 에시스피어 특허 방법론에 근거하여 125개 이상의 설문항목으로 이루어져 있으며 회원사 간 프로그램과 정책을 벤치마킹할 수 있음.
- 세계 최고의 윤리적 기업(The World's Most Ethical Companies) 시상: 내부적으로 윤리적 사업기준과 관행을 장려하는가, 관리자 및 근로자로 하여금 선한 선택을 가능하도록 하는가, 미래의 베스트 프랙티스를 도입하여 산업내 표준을 형성하는가라는 세 가지 영역에 대해 시상함.
- 컴플라이언스 자격증 프로그램: 현재의 프로그램과 노력에 대한 독립적인 인증을 제공함.

질문

1. BELA 홈페이지(www.ethisphere.com/bela)를 방문하라. 4가지의 핵심 가치들을 자세하게 정의하고 당신 생각에 어떤 것이 회원으로서 가장 지키기 어려운 것인지 설명하고, 그 이유도 설명하라.
2. 과거에 널리 알려졌던 윤리관련 범죄전력이 있는 창립회원들을 환영하는 것이 옳은 일이라고 생각하는가? 왜 그런가? 아니면 왜 그렇지 않은가?

3. BELA는 현재 미국에 기반을 두고 시작한 기관이다. BELA가 시간이 지남에 따라 국제적으로 더 널리 수용될 것이라고 생각하는가? 왜 그런가? 아니면 왜 그렇지 않은가?
4. 4가지 핵심 가치 즉, 법률 준수, 투명성, 이해 상충의 확인, 책임성 등이 윤리적인 회사라고 신뢰할 수 있는 평판을 얻는 데 충분한가? 어떤 다른 가치들이 더해질 수 있겠으며 그 이유는 무엇인가?
5. 냉소자들은 이것은 단순히 과거에 비윤리적인 사업관행을 유지해온 기업들을 위한 홍보 활동이라고 주장할 것이다. 낙관자들은 적어도 전체 기업의 윤리적 평판을 회복시키는 올바른 방향으로 한 걸음 더 나아간 것이라고 주장할 수 있다. 당신은 어떻게 생각하는가?
6. BELA의 규정에 의하면 회원들은 그들이 BELA 기준을 잘 준수하고 있는지, 매 2년마다 감사를 받고, 만약 감사에서 규정을 준수하지 못한 것으로 밝혀지면 연맹에서 제명당하게 된다. 당신은 연맹으로부터의 제명 위협이 회원들로 하여금 법을 잘 지키게 할 수 있을 것이라고 생각하는가? 왜 그런가? 아니면 왜 그렇지 않은가?

출처: F. Guerrera and J. Birchall, "U.S. Groups in Ethical Standards Push," *Financial Times*, December 8, 2008; P. Faur, "17 U.S. Companies Form Business Ethics Leadership Alliance," www.communitelligence.com, December 10, 2008; "Business Ethics Leadership Alliance Forms to Affirm Core Business Ethics Principles, Supply and Demand Chain Executive," www.sdcexec.com /online, December 12, 2008; and C. Macdonald, "Business Ethics Leadership Alliance: What's in a Promise?" http://businessethicsblog.com/2008/12/12/business-ethics-leadership-alliance-whats-in-a-promise/; and www.ethisphere.com/bela/.

비판적으로 생각하기 2.3

교육인가 혹은 판매인가?

이해 충돌을 염려하는 제약업자들은 의료보수교육의 후원에 대한 접근방식을 수정한다.

의사-교육과정 후원(그리고 의사들의 처방과 시술에 대해 부당하게 영향을 미치려는 의도)에 대한 불만이 증가함에 따라 화이자(Pfizer) 제약회사는, 2008년 7월에 마케팅 커뮤니케이션 회사들이 주선하는 의사들이 면허를 유지하기 위하여 반드시 받아야 할 의료보수교육(CME) 과정에 대해 더 이상 지원하지 않겠다고 발표했다. 화이자는 병원이나 전문 의료협회에서 주관하는 의료교육만 지원하겠다고 했다. 인공 고관절(hip), 무릎, 팔꿈치 등을 만드는 의료기기 제조회사인 짐머 홀딩스(Zimmer Holdings)도 모든 의료보수교육 활동에 대한 지원을 중단하였다. 이 회사는 앞으로는 전문 교육 프로그램을 기획하는 전문가 협회와 같은 독립적인 제3의 기관을 구분함으로써 지원 방법을 제한하겠다고 말했다.

"의료보수교육(CME)에 있어서 외관상 이해 충돌이라 해도 갈등이 발생하는 것은 우리에게도 손해라는 것을

알기 때문에, 회사는 환자들과 의사들이 가장 관심 있는 분야에 대해 조치를 취하기로 결정했습니다."라고 화이자의 수석 의료부장 조셉 페츠코(Joseph M. Feczko) 박사는 언론에 발표하였다.

의료보수교육 제공자들을 인증해 주는 시카고 소재 의료보수교육 인증위원회(Accreditation Council for Continuing Medical Education, ACCME)에 따르면, 의료보수교육에 대한 기업의 지원은 1998년 이후 4배로 늘어 1년에 약 12억 달러에 달한다. 이 금액 가운데 절반 이상은 마케팅 담당자들에게 집중되고, 나머지는 병원과 의료협의회, 기타 비영리기관에게로 흘러 들어간다.

보수교육을 위한 산업체의 비용이 급증하면서, 많은 과정들이 적어도 부분적으로는 제품을 선전하는 데 목표를 두고 있어 우려를 자아내고 있다. 기업들과 외부마케팅 담당자들 모두 이 교육 과정에 상업적인 영향은 전혀 없다고 말하고 있다. 그러나 어떤 의료전문가는 제약회사와 기기 회사에 신세를 진 광고회사 직원들이 교육을 진행할 때, 자신들은 의식하지 못한다고 할지라도 보수교육을 제공하는 그들의 스폰서들에게 호의적으로 기울어진다고 주장했다. 미국의과대학협의회(Association of American Medical Colleges, AAMC) 부회장인 데이브 데이비스(Dave Davis)는 "이는 단순히 편견이 아니라 현실입니다"라고 말했다.

2010년 1월, 화이자는 스탠포드 대학이 의료보수교육 과정을 개발하는 데 3백만 달러의 보조금을 지급하기로 했다고 발표함으로써 2008년의 입장을 수정하였다. 또한 회사는 "아무 조건이 없으며 회사가 커리큘럼 개발에 전혀 관여하지 않을 것"이라는 단서도 붙였다. 그럼에도 불구하고 비판자들은 커리큘럼이 적어도 화이자의 2가지 주요 제품라인인 금연과 심장병 분야에 집중되어 있다고 주장했다.

질문

1. 이 의료보수교육(CME) 관계에서 이해의 충돌은 어디에 있는가?
2. 당신은 의사들이 그러한 광고 전술에 영향을 받으리라고 생각하는가? 왜 그런가? 아니면 왜 그렇지 않은가?
3. 만약 제약회사가 행사 비용을 지급한다면, 행사 기간 동안 그 회사의 제품들을 선전할 권리가 있지 않는가? 왜 그런가? 아니면 왜 그렇지 않은가?
4. 화이자가 2008년에 병원이나 전문 의료협회에 의해 진행되는 보수교육만을 지원한다고 말했다면, 스탠포드대학 보조금은 어떻게 정당화될 수 있는가?
5. 화이자는 단순히 하나의 이해 충돌을 다른 것으로 교체하였는가? 그 이유는 무엇이며 혹은 그렇지 않은 이유는 무엇인가?
6. 의료보수교육이 이해의 충돌없이 실시될 수 있는 대안적 방법을 제시해 보라.

출처: Arlene Weintraub, "Teaching Doctors or Selling to Them," *BusinessWeek*, July 31, 2008; Duff Wilson, "Using a Pfizer Grant, Courses Aim to Avoid Bias," *The New York Times*, January 11, 2010; and Jacob Goldstein, "Stanford's Continuing Medical Ed., Brought to you by Pfizer," *The Wall Street Journal*, January 11, 2010.

Part 2

기업 윤리 실무

이제 우리는 기업 윤리에 관한 이슈들 및 관련 핵심 당사자들에 대해 보다 명확하게 이해하게 되었으므로, 여기서는 기업 윤리 실무가 조직에 어떤 영향을 주는지 살펴본다.

3장은 조직 내의 기능별 부서들이 윤리적 문화 수립 및 유지라는 과제를 어떻게 관리하는지 살펴본다.

4장은 기업의 사회적 책임(CSR)이라는 주제를 살펴 보는데, 여기에서는 조직 내부의 관점에서 외부의 관점으로 시선을 돌려서 조직이 이해 관계자들과 어떻게 윤리적인 방식으로 상호작용해야 하는지를 고찰한다.

5장은 조직내 윤리적 문화를 유지하는 어려움에 대해 살펴본다. 회사가 윤리적으로 행동한다는 것을 확신시키기 위해 어떤 규정과 절차를 운영해야 하며, 비윤리적 활동을 하고 있다는 증거가 발견될 때 어떻게 해야 하는가?

6장은 조직의 시각을 넘어서 조직의 윤리적 행동을 강제하기 위해 제정한 법안들을 살펴본다.

7장은 자신의 회사에서 비윤리적인 행동의 증거를 발견한 종업원들이 어떻게 이 정보를 회사의 상위 경영진이나 적절한 감독 당국에 전달하는지를 살펴본다.

8장은 종업원 감시에 대한 윤리적 논쟁을 살펴보고, 기술이 어느 정도로 비윤리적인 행동 예방을 촉진하는지, 그리고 개별 종업원들의 권리를 위험에 빠뜨리는지를 살펴본다.

Chapter 3

업무부서별 윤리

학습결과

이 장을 공부하면 여러분은 아래의 내용을 할 수 있게 된다.

1. 업무부서별 윤리에 대해 정의할 수 있다.
2. 조직의 기능별 부서에서 당면하고 있는 윤리적 도전과제를 설명할 수 있다.
3. 인적자원부서가 모든 기업윤리강령의 중심에 서야 한다는 주장에 대해 토론할 수 있다.
4. 일반적으로 인정된 회계원칙(**GAAP: generally accepted accounting principles**)에서 제시하는 잠재적인 윤리적 도전과제를 설명할 수 있다.
5. 조직내 기능별 이해관계가 상충될 수 있는 경우에 대해 정리할 수 있다.

엔론사의 임원이 어느 날 아침 나를 찾아와서는 "오늘 말이죠. 주주들을 속일 수 있는 탈법적인 방법들을 만들어 보십시다."라고 말해서 깜짝 놀랐다. 그들은 애초에 회사의 목표를 매우 높게 설정했다. 한 동안은 그 목표를 초과하기도 했다. 그 결과 그들은 명성을 쌓아갔고, 투자자들은 높은 기대감을 갖게 되었다. 그러나 이러한 결과는 오래 갈 수 없었다. 임원들은 거의 매일 제기되는 회계 기준 적용 의사결정에 대해, 현실을 외면하고자 기존의 회계원칙에 대해 매우 비정상적인 해석을 하게 되었다. 결국 정신을 차리고 보니 스키점프대에서 바닥으로 추락해 있었다.

노만 R. 오거스틴, 전 록히드마틴사 의장,
2004년 윤리자원센터(Ethics Resource Center)의
스탠리 페이스 리더십상 수상 소감 중에서.

그냥 서류에 서명만 하세요!

트랜스월드(TransWorld Industries, TWI)의 신입사원인 매트(Matt)는 오리엔테이션 첫날 일찍 출근했다. 그는 상당히 흥분하고 있었다. 그 이유는 여러 회사에 지원하기는 했지만 트랜스월드가 간절히 원했던 회사였기 때문이었다. 친구들이 이미 이 회사에 다니고 있었고, 그 친구들은 회사가 새로운 제품을 지속적으로 생산하기 때문에 가파른 성장세가 확실하다고 했었다. 매트에게 성장이란 새로운 기회였다. 그래서 90일 동안의 수습기간을 마치는 대로 관리자 양성 프로그램에 지원할 생각이었다.

공장에 도착하자 매트의 새로운 상사인 스코트가 기다리고 있었다. 스코트는 시계를 보면서 "안녕. 매트. 아주 시간을 잘 지키는군. 내가 아주 좋아하는 스타일이야."라고 말했다. "잘 들어봐. 새로 온 친구. 인사담당자가 내가 오늘 확인해야 할 내용들을 전달해 주었어. 급여서류 작성, 훈련비디오, 주차증, 그리고 기타 등등이야. 그렇지만 우리는 여기서 좀 다른 일을 할 수 있어. 네가 할 일은 시간이 많이 남는 일이거든. 그래서 네가 바로 처리해야 할 일들을 좀 남겨두었어. 후후."

"우리는 모톤6000(Morton 6000)에 대해 너의 도움을 받아야해. 너는 전에 그 일을 한 적이 있지? 맞지?" 하지만 매트는 어떻게 대답해야 할 지를 잘 몰라서 고개를 갸우뚱했다. "매트, 잘 생각해 봐. 내가 보기에 여기 있는 비디오 테이프들은 네가 공장 내에 있는 어떤 아이들도 희롱해서는 안 된다는 내용이고(여기 어느 누구도 어리거나 아이들이 아니니까. 어려울 게 없지), 어떤 인종도 무시해서는 안 되고, 비윤리적인 행동을 해서는 안 된다는 내용이야. 어차피 그런 행동들이야 하지 않겠지?" 하지만 매트는 여전히 확실하지 않아서 고개를 갸우뚱했다.

"그래서 말이야. 내 생각에는 교육용 TV 시청보다는 것보다 모톤6000의 밀린 일을 처리하는 게 더 나을 거야. 배달관련 기록을 정리하고 오래 기다리는 고객들을 잘 대접하는 것이 더 중요해. 그러면 너의 첫날은 훌륭해질 거야. 안 그래?"

하지만 매트는 "비디오 테이프를 어떻게 하지요?"라고 물었다. "응, 걱정하지 마. 여기 사무실에 두면 돼. 우선 내가 부탁하는 일들을 처리한 다음에 비디오 테이프를 시청했다는 서명을 한 서류를 인사부에 가져다주면 된다고, 알았지?"

질문

1. 인사부서는 이유가 있어서 비디오를 시청하라고 한 것이다. 스코트는 어떤 잘못을 하고 있는가? 왜 인사부서가 윤리강령에 대해 직접적으로 개입해야 하는지 4가지 이유를 설명해 보라.
2. 스코트가 훈련용 비디오를 보지 않아도 된다는 주장을 정당화할 수 있는가?
3. 매트는 지금 어떻게 행동해야 하는가?

1. 윤리에 대해 정의하기

우리는 제2장에서 기업윤리란 다음의 2가지 이유 때문에 일반적인 윤리에 대한 정의와는 구분된다고 했다.

1. 다른 집단(즉 이해관계자들)은 조직의 윤리적 성과에 대해 확립된 이해관계가 있다.
2. 일을 하는 상황하에서 특정한 개인의 가치체계가 해당 조직의 구체적인 문화 속에서 제시되는 윤리적 기준과 충돌할 수 있다.

조직문화(organizational culture)는 한 조직의 종업원들이 공유하는 가치, 신념, 그리고 규범이라고 정의할 수 있다. 문화는 한 조직에서 공통적으로 공유하는 정책이나 과정만이 아니라, 각 부서에서 가지고 있는 공식적 또는 비공식적 정책이나 과정들을 모두 포함한다. 이 제3장에서는 조직 내의 각 부서들을 구분하고, 그 부서의 구성원들이 부딪치는 일상적인 윤리적 딜레마를 살펴보려고 한다. 다만 조금 단순화하기 위해 한 조직을 가치사슬 내의 기능

조직문화 한 조직의 종업원들이 공유하는 가치, 신념, 그리고 규범들

가치사슬 조직이 원재료를 완성된 제품이나 서비스로 전환하는 과정에서 제공하는 핵심적인 기능적 투입물

그림 3-1 기업의 전형적인 가치사슬

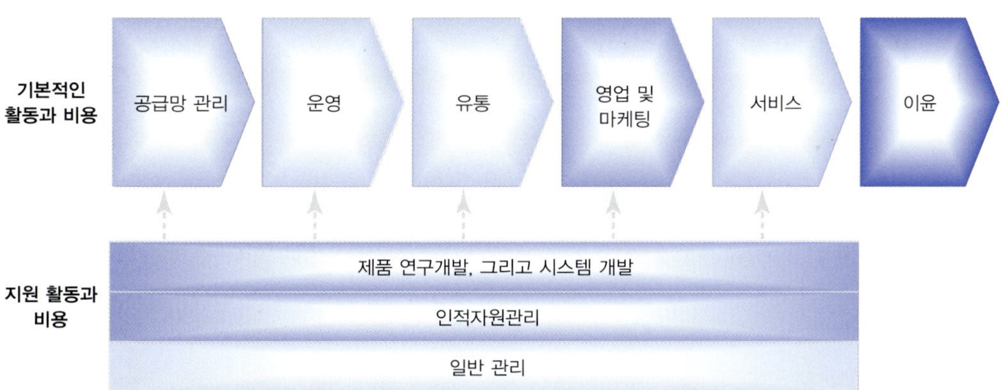

출처: Simon& Schuster Adult Publishing Group의 한 부분인 Free Press의 허락을 받아 *Competetitve Advantage: Creating and Sustaining Superior Performance*, Michael Porter저. 저작권 ©1995, 1998 Michael E. Porter에서 인용함. 또한 A.A. Thompson Jr. and A. I. Strickland III. *Crafting & Executing Strategy: The Quest for Cometitive Advantage: Concepts and Cases*. 14판 [New York: IrwinMcGraw-Hill, 2005), 99쪽에서 인용함

> **Key Point**
>
> 당신이 일하는 기업의 문화를 어떻게 설명하겠는가? 당신의 종업원들이 공유하는 "가치, 신념, 그리고 규범들"은 어떤 것들인가?

적 영역으로 제한하여 살펴보기로 한다.

가치사슬(value chain)이란 한 조직이 원재료를 최종적인 제품이나 서비스로 전환하는 과정에서 제공하는 핵심적인 기능적 투입물로 구성되어 있다.

- 신제품설계를 개발하고 창조해내는 연구개발(R&D) 부서
- 부품들을 확보해서 제품을 만들어내는 생산부서
- 마케팅(그리고 광고)
- 영업
- 고객센터

  이상의 기능적 분야를 지원하는 것을 라인기능이라고 한다.

- 인적자원관리, 이 기능은 조직 내 모든 분야의 인력을 채용·훈련·개발하는 기능이다.
- 재무관리, 이 기능은 내부회계전문가, 외부회계전문가, 그리고 기업 재무보고서의 정확성을 책임지는 외부감사인력을 포함한다.
- 정보시스템(IS 또는 IT), 이 기능은 조직 내 기술을 책임지는데 자료 전달과 안전의 확보, 이메일 소통, 내 외부 웹사이트 관리 등을 포함하며, 조직과 사업영역에 따른 개인의 소프트웨어와 하드웨어도 관리한다.
- 관리, 모든 운영기능에 대한 총괄적인 감독기능이다.

이상의 모든 기능적 라인 분야는 사람, 금전, 그리고 기술과 같은 자원에 대한 상당한 투입을 의미한다. 윤리적 관점에서 보면, 각 분야의 종업원들은 윤리적 도전과 딜레마에 직면하며, 이는 각 부서별 책임에 따라 서로 차이가 있을 수도 있고, 조직 전체 차원에서 공통적일 수도 있다.

영업, 고객서비스, 정보기술, 그리고 관리 등과 같은 기능적 분야는 조직의 전반적인 문화를 반영하는 규정들을 가지고 있다. 이 부분은 이 책의 후반부에 자세히 설명될 것이다. 본 장

✓ 이해도 확인 질문

1 조직 문화를 설명해 보라.
2 가치사슬을 정의해 보라.
3 조직 내 5가지 핵심적인 기능 분야를 적어 보라.
4 기본적인 4가지 라인 기능을 열거해 보라.

에서는 5가지 영역에 초점을 맞추고자 한다: 이는 연구개발, 생산, 마케팅(광고 포함), 인적자원, 그리고 재무(회계와 감사를 포함) 등이다.

윤리적 딜레마

기업의 생산일정

XYZ사의 마케팅담당 부사장인 스코트 켈리(Scott Kelly)는 회사의 연구개발연구소의 신제품개발 책임자인 톰 에버스(Tom Evers)에게 전화하면서 다음과 같이 소리를 질렀다: “우리 회사는 딜러들에게 신형제품을 전달하기 바로 전에, 신형 제품 잠재 고객을 대상으로 대규모 캠페인을 전개할 예정이야. 그래서 신제품의 생산 일정에 차질이 없어야 해. 지난번처럼 잘못되면 절대로 안 돼.” 가쁜 숨을 몰아쉰 스코트는 말을 이어갔다: “연구개발부서 사람들은 말이야, 마케팅 쪽에 별로 신뢰감을 주지 못하고 있어. 무슨 일이 생기면 우리에게 너무 늦게 이야기하기 때문에 우리는 의견도 제시할 수 없고, 소통은 더욱 어렵지. 나는 아직도 우리 부서가 원치 않았던 정수기 비용을 확실히 기억하고 있어. 더욱이 우리가 그 프로젝트를 포기하라고 말했는데도, 그 프로젝트를 유지하려고 했었지. 그래서 믿기 어렵단 말이야.”

톰은 켈리에게 생산개시 일정에는 문제가 없다고 확신을 시켰다. “우리는 수명실험을 포함한 광범위한 실험을 실시했습니다. 모든 실험결과는 ‘진행’ 결정으로 이어졌습니다. 앞으로 시험 생산을 해서, 그 제품들을 직원들이 집에서 사용해 볼 예정입니다. 이는 일상적인 재확인 과정입니다. 그래서 생산일정에는 차질이 없다고 말씀드릴 수 있습니다. 광고는 예정대로 진행하십시오. 이번에는 확실합니다.”

그러나 톰의 말은 사실이 아니었다. 양산일정 바로 전의 시험생산과정에서 문제가 발생하였다. 마케팅부서가 제외된 채로 급하게 소집된 엔지니어 회의에서는 제품설계 변경이 결정되었다. 새로운 시범생산이 진행되었고, 시제품은 종업원의 집에서 테스트를 거쳤다. 한두 달 또는 그 이상의 양산과정 지

연이 예상되었다. 이러한 변경을 결정하고서야, 톰은 마케팅 부서를 포함하는 회의를 개최하고 문제점과 새로운 생산일정을 공지하였다.

톰이 양산일정 지연을 이야기하자, 스코트는 바로 폭발하고 말았다. “당신은 지난번에 생산일정을 확신했어. 그래서 우리는 대규모 광고를 진행하고 있는데, 이 타이밍은 정말 중요해. 딜러들은 결국 신모델 제품을 원하는 고객들에게 제품을 제공할 수 없게 되고 말았어. 고객들은 우리를 우습게 볼 것이고, 딜러들도 화를 낼 것은 불 보듯 뻔하단 말이야.”

톰은 “잠깐만요.” 하면서 끼어들었다. “제가 생산일정을 100% 확신한다고 하지는 않았습니다. 그 때 분명히 시범생산에서 문제가 발생할 수 있으며, 광고계획에 그 가능성을 포함하라고 제안드린 바 있습니다. 제가 말씀드렸던 대로 우리는 일정을 맞추기 위해 최선을 다하지만 새로운 제품에는 항상 문제가 있을 가능성이 있습니다. 딜러들이 고객에게 큰 문제가 있는 제품을 공급하기보다는 새로운 모형을 찾는 고객을 상대하는 것이 더 낫습니다.”

질문

1. 톰은 분명 마지막 실험단계에서 지나치게 과신한 점이 있다. 그러나 그의 행동을 비윤리적이라고 할 수 있는가?
2. 스코트가 연구개발 부서를 잘 믿지 못한다는 점을 전제한다면, 톰이 이야기했던 양산일정을 그대로 믿지 말아야 하는 것 아닌가?
3. 사실, 스코트는 톰의 양산일정을 믿지 못했기 때문에, 톰과의 대화내용을 몰래 녹음했고 톰이 확실한 양산일정을 말하지 않았다고 주장했을 때 그 녹음내용을 공개했다. 톰은 "나에게 말도 하지 않고 대화를 녹음했군요. 이는 비윤리적인 사항입니다." 그런가?
4. 스코트의 행동은 향후 마케팅과 연구개발부서의 관계에 피해를 줄까? 어떤 방식으로 피해를 줄까? 어떻게 하면 이런 경우를 피할 수 있을까?

출처: W. Gale Cutler, "When R&D Talks, Marketing Listens – on Tape," *Research Technology Management 37*, no. 4 (July-August 1995), p. 56.에서 인용함

2. 조직내 업무부서별 윤리적 도전

2.1 연구개발부서의 윤리

연구개발부서의 전문가들은 조직의 미래 성장동력에 대한 책임을 지고 있다. 팔아야 할 신제품이 없다면, 조직은 더 좋고, 더 빠르고, 더 싼 제품을 찾는 고객들을 경쟁사에 빼앗길 수밖에 없다. 그래서 연구개발팀은 시장조사를 통해 고객들의 의견을 청취하고, 경쟁사에 대한 밀착감시를 통해 정보를 획득하며, 신제품 개발에 있어서 조직의 고위경영진으로부터 전략적인 정보를 확보한다. 이러한 과정들이 조직으로 하여금 시장에서 리더의 위치를 확보하고 유지할 수 있는 동력이 된다.

이러한 책임은 한편으로는 고객에 대한 진정한 노력 즉 최고의 품질, 안전, 그리고 신뢰성을 제공하는 제품의 공급을 의미한다. 반면, 완전하지 못한 제품은 고객들을 위험에 빠뜨릴 뿐만 아니라, 언론에 부정적인 기사가 나오게 하고(조직의 명성에 해를 끼치고), 조직을 파산에 빠뜨릴 수 있는 금전적 부담을 가져오는 대형 법률소송의 발단이 되기도 한다.

그러나 이러한 양쪽의 입장을 보면 윤리적 딜레마의 가능성이 크다. 과학, 엔지니어링, 디자인, 연구개발팀 등의 부서별 전문가들은 제품설계에 있어서 복잡한 위험평가와 기술적 판단에서 복잡한 상황을 필요로 하는 과업을 수행한다. 그래서 제품설계가 제조비용과 맞아떨어지지 않으면, 수익성을 담보하기 어렵게 되고, 결국은 중대한 결정을 내려야하는 경우도 발생한다.

만약 "더 좋고, 더 싸고, 더 빠른" 것이 이상적이라면 목표로 하는 원가수준을 맞추기 위해 각 기능별로 타협점이 도출되어야 한다. 만약 너무 많은 내용들이 빠지면, 마케팅과 광고 부서는

광고할 내용이 없게 되고, 영업사원들은 심각한 경쟁시장에서 제품판매에 어려움을 겪게 될 것이다. 하지만 만약 별다른 변화가 만들어지지 못하면, 적절한 수준의 수익을 창출하지 못하고, 주주들이 원하는 효율성을 달성하지 못하게 되어 결국 중장기적인 성장을 담보하기 어렵게 된다.

연구개발팀에게 가장 어려운 윤리적 딜레마는, 제품의 품질에 대한 의사결정을 내릴 때 발생한다. 비용절감을 위해서 최고 품질 원재료나 아니면 2급 품질의 원재료 중에서 어떤 쪽을 사용해야 하는가? 필요한 모든 테스트를 다 해보는가 아니면 컴퓨터 시뮬레이션을 하더라도 필요한 모든 정보는 확보할 수 있다고 스스로 확신하고 있는 것은 아닌가?

2.2 생산에서의 윤리

연구개발부서와 생산부서의 관계는 대부분 대립적이다. 관리자들은 설계에 대한 불만을 생산부서에 자주 하는데, 이는 제품설계는 필요한 요건을 다 갖추었지만 생산부서가 제대로 제조를 못해서 문제가 발생한다고 생각하기 때문이다.

생산부서에서 부딪치는 윤리적 딜레마는 연구개발부서의 딜레마와 유사하다. "빨리 만들고 싶은가 아니면 제대로 만들고 싶은가?" 조직수준에서는 당연히 양쪽 다 원한다. 특히 가장 걱정되는 경쟁자가 신제품을 출시할 예정이라는 정보를 가지고 있는 경우는 더욱 그러하다(예를 들어 경쟁사가 먼저 신제품을 출시한다면, 현재의 예상 매출이 사라져 버리는 경우).

여기서 다시 한 번 윤리적 이슈에 대해서 타협해야 하는 딜레마에 부딪친다. 즉 어느 쪽을 얼마나 깎아야 하는지가 문제인 것이다. 요건을 정확하게 충족하는 제품을 생산하고 싶지만, 부품 공급에 문제가 발생하면 어떡해야 하는가? 유통을 중단하고 기다려야 하는가? 아니면 (신뢰는 좀 덜하지만) 가능한 다른 부품업자를 활용해야 하는가? 그 부품업자가 제공하는 부품에 대한 품질을 확신할 수 있는가?

2.3 마케팅에서의 윤리

생산부서에서 생산이 완료된 제품은 팔려야 한다. 광고, 홍보, 영업을 포함하는 마케팅부서는 제품을 받아든 고객이 만족하게 만들어야 할 책임이 있다. 마케팅부서에서 시장을 제대로 조사하고 그 결과를 연구개발부서에 제대로 넘긴 이후, 완성된 제품이 원래의 설계요건을 충족하고, 경쟁자들이 신제품으로 시장을 뺏아가지 않았다면 문제는 없을 것이다. 하지만 이러한 조건이 충족되더라도 잘못될 수 있다.

마케팅 프로세스에 대한 의견은 얼마나 그 프로세스에 충실하느냐에 따라 상당 부분 달라질 수 있다. 마케팅 담당자들은 자신들이 이미 특정 제품이 필요하다고 생각하고 구매할 욕구를 가지고 있는 소비자들에게 제품이나 서비스를 제공한다고 생각한다. 이러한 관점에서 보면 마케팅 담당자들은 단순히 제품의 기능에 대해 설명하고 언제 배송받을 수 있는지에 대한 정보만을 제공한다. 추가적으로는 제품을 사용한 고객들의 의견을 다시 전달해 주면 된다.

그러나 마케팅에 대한 비판은 꼭 필요하지도 않고 없어도 별 불편이 없는 제품에 대해서 매우 다양한 방식을—잡지, 라디오, TV, 인터넷 등—활용하여 소비자들이 그 제품을 구매하도록 하는 조작적 프로세스라는 점이다.

윤리적 관점에서 보면 이 두 상반되는 주장은 서로 다른 윤리 이론에 근거한다. 마케팅 담당자들은 고객서비스를 강조하면서, 고객들이 만족했기 때문에 그 과정에서 비록 전달되는 메시지가 잘못되었거나 불필요한 제품이 판매되었다고 하더라도 별 문제가 없다고 주장한다. 즉 결과가 좋으면 과정을 합리화할 수 있다는 것이다. 이런 주장은 제1장에서 언급된 **공리주의**에 근거한다. 하지만 비판적인 관점에서는 비록 결과가 좋다고 하더라도 과정을 정당화할 수 없다. 처음에는 전혀 관심이 없던 소비자가 부러움, 부족함, 불공평함 등에 대한 광고 때문에 결국은

마케팅은 스타벅스에서 산 커피가 집에서 만든 커피보다 좋다라는 인식에 어떤 영향을 미쳤는가?

불필요한 제품을 구매했다면 이는 잘못된 것이다. 이러한 주장은 **절대적 윤리**(universal ethics)에 근거한 주장이다.

이러한 대립적인 관점은 기업이 주주들에게 이익을 남겨주어야 한다는 기업의 책임을 생각하게 되면 더욱 복잡해진다. 장기적인 이익은 매출증대에서 오는 것이고, 매출증대를 위해서는 기존제품의 매출확대나 신제품의 출시가 지속되어야 한다. 이를 위해서는 기존의 고객들에게 더 많이 팔아야 하고, 이상적으로는 신규고객을 추가로 확보해야 한다. 만약에 당신 회사의 제품을 반드시 필요로 하는 개발도상국에서 당신 회사의 제품을 팔지 않는한, 언젠가는 소비자들이 그 제품 없이도 생활하게 될 수도 있다. 따라서 마케팅 부서는 기존 고객이나 잠재 고객들에게 제품이나 서비스에 대한 정보 제공을 하던 수준에서 벗어나, 이러한 제품이나 서비스를 통해 그들의 삶이 더욱 풍요로와지며, 더 중요한 것은, 당신 회사의 제품이나 서비스를 통해 그들의 삶이 더 풍요로진다고 설득하거나 영향을 주는 쪽으로 옮겨가게 된다.

공리주의 가장 많은 사람들에게 가장 많은 이익이나 선을 제공할 수 있는 윤리적인 대안

절대적 윤리 순수한 도덕적 이상을 실현하기 위해 의무와 책임에서 출발한 행동이며, 이는 상황적 필요성에 근거하지 않는데, 그 이유는 절대적 원칙이란 언제 어디서나 모두에게 적용되는 원칙이기 때문임

미국마케팅협회가 제공하는 마케팅 전문가들의 윤리강령이 있다. 이 강령은 그럴듯하게 '마케팅 교환시스템은 소비자에게 해를 끼치지 않으며, 신뢰를 강화하고 고객의 믿음을 제고한다'고 설명하고 있으며, 정직·책임·공정·존경·투명함·시민의식 등의 명확한 윤리적 가치를 확립한다고 설명하고 있다. 이러한 내용은 모든 전문가들에게 적용되는 바람직한 기준이다. 그러나 꼭 필요하지 않은 제품을 구매하도록 하는

현장에 적용하기

"무엇에 대해 말하는가" 아니면 "누구에게 말하는가"

마이크는 대학에서 마케팅 과목을 처음으로 이수한 후, 마케팅 담당자는 소비자에게 제품의 특징과 장점들을 명확하게 설명해주는 책임이 있다고 믿어왔다. 그는 만약 제품의 특징이나 장점이 고객의 욕구를 총족시키지 못한다면, 그런 문제 해결을 위해서 필요한 정보가 제품 설계자들에게 전달되어야 한다고 생각하였다. 하지만 입사하고 1년이 지난 후 마이크의 생각은 180도 바뀌었다. 마케팅부서의 할 일은 영업팀을 지원하는 것이고, 이는 소비자들이 우리 제품을 사는 것이 바른 결정이라는 확신을 갖도록 정보를 전달하거나 홍보물을 주고 광고를 하는 것으로 생각하게 되었다. 과연 제품 구매가 바른 결정이었는지 아니면 그 제품이 진짜로 필요했는지 등은 전혀 고민대상이 아니었다. 무엇이 잘못된 것인가?

것이 진정으로 윤리적인 과정인가 하는 의문은 여전히 남는다.

필립 코틀러(Philip Kotler)는 이러한 논쟁에 대해 유명한 그의 논문인 "마케팅 윤리란 모순어법과 같이 공존하기 어려운 두 단어인가?"에서 다음과 구체적으로 언급했다. 그는 소비를 촉진하는 압력(앞에서 이야기한 지속적인 성장)과 함께, 그렇게 증가하는 소비의 부작용도 동시에 줄여야 하는 필요성에 대해 인식함으로써 문제가 더 복잡해진다고 주장했다. 몸에 나쁜 담배, 술, 불량식품뿐만 아니라 재활용이 안 되는 포장재, 그리고 전자제품이나 축전지 등과 같이 새어나온 화학물이 땅을 오염시키는 제품 등의 경우에는 문제가 더욱 심각하다.

이러한 주장에 대해 코틀러는 다음과 같이 설명하였다.

> 마케팅 전문가들은 기업이 제품과 서비스를 더 많이 판매하기 위해 고용되었다. 연구결과를 활용하면 우리는 어떤 소비자들이 소비를 늘리기 쉬운지 알 수 있다. 이를 바탕으로 30초짜리 TV 광고, 광고 인쇄물, 그리고 판매 인센티브 등을 잘 섞어서 소비자들에게 더 많은 만족감을 줄 수 있다. 가격할인을 통해서 적절한 수준이나 안전한 수준보다 더 많이 소비하게 만들 수도 있다. 그러나 마케팅 전문가들은 양면적 가치를 잊어서는 안된다. 핵폭탄을 제조하는 과정에 참여하는 핵물리학자나 비행기에서 작물에 DDT를 뿌리는 조종사들과 마찬가지의 양면적 가치 감각을 가져야 한다. 사실 우리들 중 일부는 소비자들은 우리의 관심사가 아니니까 비록 해롭더라도 더 많이 팔면 그만이라고 생각하기도 한다. 또 우리는 회사로 하여금 더 건강하고 안전한 대체 제품을 만들어 내도록 신사업을 구축에 도움줄 수 있다고 할 수도 있다. 그러나 기존의 기업들이 더 건강하고 안전한 제품을 개발하는 사업을 시작한다고 하더라도, 당장 현금이 들어오는 제품을 모두 포기하지는 않을 것이다. 따라서 마케팅 담당자들은 그러한 기업을 위해 일을 할 것인지 아닌지, 그들의 새로운 제품개발을 도울 것인지, 이러한 기업을 무시하고 떠날 것인지, 아니면 그러한 기업들과 투쟁할 것인지를 결정해야 할 것이다.

✓ 이해도 확인 질문

5 마케팅 프로세스의 3가지 기능적 요소를 정리해 보라.

6 마케팅 담당자들이 왜 제품과 서비스의 생산과 유통에 참여하는 것이 윤리적인 것이라고 생각하는지 설명해 보라.

7 마케팅이란 비윤리적인 과정이라는 주장에 대해 반론을 제기해 보라.

8 어떤 주장을 지지하는가? 주장을 지지하는 예를 들어 보라.

3. 인적자원관리에서의 윤리

조직에서 다음과 같은 인적자원관리기능은 고용계약을 통해 종업원과 회사간의 관계를 직접 연결시킨다.

- 각 직무에 대한 직무기술서의 작성
- 해당 직무에 대한 적절한 후보자의 모집과 선발
- 신입사원에 대한 오리엔테이션
- (희망하는 바) 행복하고 생산적인 종업원에 대한 효율적인 급여 및 복리후생 관리
- 정기적 성과평가의 기록 및 관리
- 필요한 경우 징계기록 관리 및 시정 훈련 기록 관리
- 종업원에 대한 경력개발 프로그램의 운영

마지막으로 만약에 종업원이 퇴사할 인사부서는 최종적인 서류 작업을 해야 하는데 이직급여 정리, 이직면담을 통한 회사의 미래 발전 전략에 대한 의견 수렴 기록 등이 필요하다.

종업원이 회사에서 일하는 기간 내내 윤리적 위반이 발생할 가능성이 있다. 대부분의 인사관리 전문가들은 종업원과 회사간의 고용계약에 직접 참여하는 것이 기업의 양심을 대변한다고 생각한다. 만약에 적절한 종업원이 입사한 이후 바로 적절한 업무를 수행한다면 많은 잠재적 문제들을 피해갈 수 있다. 그러나 기업이 빈자리와 승진 등에 대해 미리 충분히 준비하지 못한 경우에 채용에 대한 부담으로 인해 윤리강령을 엄격하게 지키지 못하는 경우가 발생할 수 있다.[2]

- 건설 프로젝트 수행 일정이 지연되고 있는 상황에서 당신의 상사는 일정을 당기기 위해 불법이민자 채용을 결정한다. 불법이민자들은 현금으로 "직접" 임금을 지급해야 하고, 상사는 이번에 딱 한번만이라며 합리화해 버린다. 그 외에도 그 상사가 이민국(INS)은 더 큰 사건에 관심을 가지며, 건설현장에서 일하는 몇몇 불법이민자들에 대해서는 별관심이 없다고 이야기한다. 만약 걸리게 되면 벌금을 내면 된다고 하면서, 일정을 못맞추는 것보다는 벌금을 내는 게 낫다고 한다.
- 회사는 새롭게 지역 담당 부사장을 채용하였다. 당신은 그 지역의 인사전문가로서 신임 부사장의 임금과 복리후생 서류를 정리하도록 요청받았다. 당신의 상사는 1년을 근무해야 한다는 복리후생 자격요건을 무시하고, 부사장을 위한 퇴직 프로그램과 사원 보너스 프로그램에 바로 가입하도록 요구하였다. 이는 불법이나 상사는 신임 부사장이 사장과 매우 가까운 친구이며, 쫓겨나지 않으려면, "묻지 말고 바로 처리해"라고 말했다.

인사담당자로서 종업원의 사적인 기록이나 전문가 기록에 대해 접근할 수 있는 경우, 어떠한 윤리적 문제가 발생할 수 있는가?

- 인사담당 전문가로 처음 출근하는 날, 당신은 상사에게 종업원 핸드북의 재고가 바닥났고, 최저임금과 산업안전 포스터가 직원휴게실에 붙여져 있어야 한다고 말했다. 상사는 웃으면서 말하기를 "몇년 동안 그렇게 해왔네. 나를 믿어. 언제나 그런 행정적인 일보다는 더 중요한 일이 많이 있으니까."

이상의 상황을 보면 윤리적 위반에 대한 책임은 결국 인사부서에 있는데 그 이유는 인사부서가 그런 일이 발생하지 않도록 법적인 책임을 지고 있기 때문이다.

이런 이유로 윤리적인 경영활동을 강조하는 사람들은 인사부서가 모든 기업의 윤리강령의 중심에 있어야 한다고 주장한다. 윤리강령은 조직 전체를 대표하는 문서이기 때문에 인사부서 혼자서 윤리 강영을 만들어 낼 것이 아니라, 중요한 모든 영역들이 다루어지도록 조정하는 중심적인 역할을 해야 한다는 것이다.[3]

1. **인사전문가들은 윤리가 조직의 최우선 요소로 인식되도록 노력해야 한다.** 최근의 경영스캔들을 보면 단순히 윤리관련 모니터링만으로 비윤리적 사건을 예방하지 못함을 보여준다. 인사부서는 조직에서 윤리에 관한 챔피언이 되어야 하고, 필요하다면 공식적으로 윤리전문가를 채용해야 한다.
2. **인사부서는 리더의 선발이나 개발과정에서 반드시 윤리적 내용들이 포함되도록 해야 한다.** 생선이 머리부터 썩는다는 말이 여기에 적용된다. 인사부서는 리더를 채용하는 경우에 기업을 위험으로부터 보호할 수 있도록 윤리기준을 지지할 뿐만 아니라, 윤리기준을 만들어 낼 수 있는 리더를 채용하여야 한다. 여기서 가장 중요한 점은 경영진으로 하여금 종업원들이 윤리교육을 받는다고 끝나는 것이 아니라는 점을 인식시키는 것이다.
3. **인사부서는 바른 프로그램과 정책이 제대로 작동하도록 하는 책임을 진다.** 이 책의 후반부에서 배우게 되겠지만, 비윤리적 행동에 대한 벌금은 바로 비윤리적 행동에 대한 적극적인 예방 노력의 증거와 직접적으로 연결된다. 적절한 정책이나 훈련 프로그램이 없는 경우에 비윤리적 행동에 대한 벌금을 증가하게 만든다.

✓ 이해도 확인 질문

9 왜 인사담당자들이 스스로를 조직의 양심으로 생각해야 하는지 설명해 보라.

10 인사부서에서 언급되는 윤리적 위반사항을 하나 선택하고, 조직의 구성원으로서 어떻게 대응할 것인지를 문서로 정리해 보라.

11 인사부서가 회사의 리더를 선발하는 과정에 참여하는 것이 왜 윤리적 경영활동에 매우 중요한가?

12 왜 갑자기 윤리 정책이나 윤리 교육이 매우 중요하게 되었나?

4. 인사부서는 반드시 윤리적 이슈들을 잘 챙기고 있어야 한다. (특히 법령의 변화나 개정, 그리고 비윤리적 행동에 대한 처분 판정 등) 최근 기업의 스캔들에 대한 반응은 매우 신속하게 진행되며, 실망스럽게도 관료적이다. 조직은 이제 스스로 자율적인 규제를 통해서는 신뢰받기 어렵게 되어서, 조직의 윤리적 행동을 규제하기 위해 필요한 엄청난 규모의 서류작업을 요구받고 있다.

4. 재무관련 윤리

조직에서 재무기능은 3가지로 구분될 수 있다: 재무거래, 회계, 그리고 감사.

1. 재무거래는 조직에서 금전흐름이 관리되는 프로세스로, 고객으로부터 수금을 하고 그 돈으로 종업원, 원재료 공급업자 및 다른 채권자(세금이나 기타 등등) 에게 비용을 지급하는 내용을 포함한다. 비용을 지불한 이후에도 금전이 남아서 수익이 발생하기를 희망하고, 그 수익을 재투자하거나 주주들에게 배당하기도 한다. 이러한 기능은 전문회사인 페이첵스(Paychex)나 ADP에 위탁해서 수행하기도 한다.
2. **회계기능**은 모든 금전거래를 추적하여 들어오는 돈과 나가는 돈을 기록하며, 일정 기간(일, 주, 월, 분기, 연)마다 계정을 정리한다. 회계기능은 회계 전문가가 수행하는데, 회사에서 채용해서 활용하기도 하고 외부의 회계법인과 계약을 해서 수행하기도 하며, 양쪽을 다 활용하기도 한다.
3. 조직의 재무제표나 장부를 정리한 이후에는 여러 이해관계자들에게 보고되어야 한다. 소규모인 경우에는 정부가 가장 중요한 고객이다. 경영을 하고 나서 수익이 발생한 경우 (미국에서는) 주소득세나 영업세, 그리고 연방세금은 미국국세청(IRS)에 납부한다. 또한 기업에 대출을 해준 기관이나 채권자들도 재무제표를 확인해보고자 하며, 이때 재무제표

감사기능 기업의 재무제표나 회계장부에 대해 객관적인 제3의 전문가가 인증해 주는 것이다. 규모가 큰 기업은 내부적으로 감사를 두기도 하고, 외부의 전문가를 활용하기도 하는데, 대부분은 공인된 전문회계사이거나 감사 전문가들이다.

는 객관적인 제3의 전문가가 공인해야 한다. **감사기능(auditing function)**은 바로 이 공인기능인데, 공인회계사나 감사전문가가 공인해 주는 역할을 수행한다.

기업이 성장하면 궁극적으로는 주식시장에 상장되어, 주식이 증권거래소에서 공식적으로 거래된다. 이런 경우는 공인된 재무제표 서류의 필요성이 더 커진다. 기존의 또는 잠재 투자자들은 그런 공인된 재무제표에 제시된 정보를 보고, 그 회사의 주식에 대한 투자를 결정한다. 특히 손익계산서와 대차대조표가 중요하다. 투자자들은 그런 서류를 보고 재무적 안정성, 운영의 효율성, 그리고 미래 성장가능성 등을 판단한다. 많은 기업들은 재무기능의 정확성을 모니터링하기 위해 내부적으로 감사인들을 두어 관리를 한다.

4.1 일상적인 일: 내부감사인의 역할

내부감사협회에 따르면:[4]

> 내부 감사인들은 전문가정신, 진실성, 그리고 효율성에 근거하고 있다. 그들은 운영에 대해 객관적인 평가를 하고, 모범 사례에 대해서는 의견을 공유한다. 통제방식이나 프로세스, 성과 및 위험관리 등을 개선하는 제언을 하며, 비용절감, 매출증대, 이익향상 등에 대한 방안을 제시한다. 그리고 유능한 컨설팅, 어슈어런스나 촉진 서비스 등을 제공한다.

내부 감사들인은 자신의 전문성을 잘 통제하여 사용하며 전문가 윤리강령에 서명한다. 그들은 매우 다양하고 혁신적이다. 그들은 자신들의 기술을 개발하고 향상시키기 위해 노력한다. 그들은 끊임없이 새롭게 나타나는 위험을 파악하고, 추세를 관찰하며, 많은 생각을 한다. 내부

서로 다른 관점

당신은 모기지 서비스회사에 다니는데 모기지 납입금이 정확하게 이루어져서 모기지 소유자에게 자금이 지급되는 일에 대한 책임을 진다. 최근 들어서 모기지 납입만큼이나 많은 모기지 압류가 발생해서 시장이 새로운 방향으로 흘러가게 되었다. 몇 년 전에 구입한 비용보다 집값이 30-40퍼센트 떨어진 상황이 전개되자, 소비자들은 향후에 지속적으로 납입하는 것이 현명한 것인지에 대한 의문을 품기 시작하였다. 소위 깡통집이 되는 것이다. 비록 납입금 지불이 어려운 것은 아니지만 집값이 구입

서로 다른 관점(계속)

가격 밑으로 하락한 상황이 되자, 그들은 많은 돈을 낭비한 후에 다시 돈을 허비하고 있다고 생각하게 되었다.

이런 상황에 대해 회사는 높은 관심을 보이고, 이를 전 사원 회의의 주제로 삼았다. 경영진은 모기지란 법적인 계약이며, 집소유주는 그들이 동의한 납입금 지불이 법적인 의무라고 모든 사원들에게 강조하였다. 그러나 회의가 끝난 후, 당신의 몇몇 동료들은 현재 상황과 유사한 과거 사례들을 공유하였다. 이런 사례와 관련하여 다음과 같은 이슈들이 제기되었다.

- 은행들을 살리기 위한 수백 억 달러 규모의 구제금융으로 인해, 많은 사람들은 스스로가 약탈적인 대출관행의 희생자라고 생각했다. 은행들은 구제금융 자금에 따른 개인 주택소유주에 대한 지원을 고려하지 않기 때문이었다.
- 언론에서는 모기지 조건 변경 프로그램에 대해 은행들이 도와줄 생각이 없거나 도와줄 형편이 안된다고 보도하였다. 그렇다고 노력도 하지 않는 것은 문제가 아닌가?
- 모기지의 집합체는 다시 분리되어서 매우 복잡한 파생상품으로 만들어졌기 때문에 어느 누구도 누가 모기지 소유주인지 확인하기 어려운 상황이 되었다.
- 압류과정은 대부분 시에서 보증하는데 심지어 2년까지 소요된다. 그 동안은 납입금을 내지 않아도 되어서 무료로 살 수 있고, 이사를 갈 때까지는 오히려 저축이 가능하게 된다. 그리고 많은 압류가 진행되고 있어서 임차주택을 구하는 게 오히려 저렴해졌다.

당신은 아마도 대학의 경영윤리 강의중에 비지니스에서의 신뢰나 고객의 믿음의 기초는 서로가 자기편에서의 거래를 이행하기 위해 금전적 거래의 경우 적법해야 할 뿐만 아니라 윤리적이어야 한다고 배운 기억이 있을 것이다. 하지만 최근의 공격적인 대출관행으로 인해 사람들은 이를 윤리적인 의무를 무시할 수 있는 여건을 마련해 주었다고 느끼기 시작한 것이다.

질문

1. 어떤 윤리이론이 여기서 적용되고 있는가?
2. 주택소유주들이 잘못된 재무적 결정을 내렸다고 해서 — 예를 들어 주택구입에 과도한 대출을 받았거나 잘못된 시점에 구입을 했다면 — 약탈적으로 대출을 시도했던 은행과 모기지 회사는 모기지 계약에 대해 나 몰라라 하는 것을 정당화할 수 있는가?
3. 주택소유주들이 주택가격보다 더 많은 모기지 납입금을 지불하게 된다면 이는 진정으로 "이미 낭비한 돈에다 다시 돈을 허비"하는 것인가?
4. 이런 상황이라면 당신은 모기지를 무시해서 손해를 보지 않고 벗어날 건인가? 어떻게 그러한 결정을 정당화할 것인가?

출처: Roger Lowenstein, "Walk Away from Your Mortgage," *The New York Times*, January 10, 2010; Glennn Setzer, "Stop Paying Your Mortgage and Walk Away?" www.mortgagenewsdaily.com, March 11, 2008; and David Streitfeld, "Owners Stop Paying Mortgages, and Stop Fretting," *The New York Times*, May 31, 2010.

감사인이 자신에게 주어진 역할을 제대로 수행하기 위해서는 주의해서 듣고, 효과적으로 말하며, 명확하게 글을 쓰는 등 훌륭한 의사소통능력을 가져야 한다.

요즘의 내부 감사인들은 경영진의 바로 옆에 앉아서 기업의 모든 영역에 대해 컨설팅하기 때문에 항상 모든 사항에 대해 준비되어 있어야 한다. 그들은 코치이기도 하고, 내부와 외부의 이해관계자들의 이익을 대변하기도 하며, 위험관리자, 통제전문가, 효율성 전문가, 그리고 문제 해결을 위한 파트너이기도 하다. 그들은 기업의 안전망이라고 할 수 있다.

하지만 쉽지 않은 일이다. 그러나 숙련되고 유능한 전문가들에게는 단지 일상적인 일이기도 하다.

5. 윤리적 도전

재무, 회계, 그리고 감사부서에서 일하는 직원들의 윤리적 의무가, 다른 부서에서 일하는 직원들의 윤리적 의무와 다른 것은 아니다. 따라서 그들도 조직의 명성을 유지하도록 노력해야 하며, 윤리강령을 준수해야 한다. 이는 구체적인 업무수행과정에서 허위서류작성, 조직의 자금횡령, 조직의 재무관리과정에 사기 등에 대한 금지를 의미한다.

그러나 회사를 위해서 일하기로 계약한 외부의 전문가가 포함되면 윤리적인 이슈나 딜레마가 발생할 가능성이 매우 높아진다.

5.1 일반적으로 인정된 회계원칙(GAAP)

미국의 경우 회계전문가는 법률이나 법원의 판례에 의해 규제된 것이 아니라, **일반적으로 인정된 회계원칙**(Generally Accepted Accounting Principles, **GAAP**)에 의해 규제받는다. 이 원칙들은 특정 산업 단위 수준에서 표준화된 운영절차를 받아들여지고 있지만, 다른 운영표준과 마찬가지로 이 원칙들도 해석이 다를 수도 있고 남용될 소지도 있다. 발생한 이익에 대한 세금납부비율, 즉 세율과 같은 경우는 비교적 단순하게 결정되지만, 발생한 이익의 규모를 정하는 과정은 투명하지 않기 때문에, 이 문제를 담당하는 회계전문가들은 의뢰한 고객의 기대에 맞추기 위해 상당한 압력에 처해진다.

일반적으로 인정된 회계원칙 회계전문가들을 규제하는 일반적으로 인정된 회계원칙으로 법률이나 판례와 같은 내용이 아니라 전문가들 사이에서 받아들여지는 표준적인 운영 규정이다.

5.2 창의적인 장부기장 기술

기업들은 안정적인 성장률을 유지하면서 사업을 확장하고자 한다. 만약 기업이 너무 느리게 또는 매년 매우 다른 수준으로 성장하게 되면, 투자자들은 해당 기업이 불안정하거나 경쟁자에게 뒤쳐질 가능성이 있다고 판단하게 된다. 만약 너무 빠르게 성장하면 투자자들은 향후 성장률에 대해 비현실적으로 높은 수준의 기대를 하게 된다. 과도한 장밋빛 전망은 한 분기만이라도 기대수준에 못 미치는 경우 해당기업의 주가에 매우 부정적인 영향을 미칠 수 있다. 투자자들은 나쁜 소식에 대해 과도하게 반응하는 성향을 보이며 주식을 팔아버리는 경우가 발생한다.

미국의 경우 세금관리를 위해 특정 분기에서 다음 분기로 대금영수를 이연하는 것은 법률적으로 문제가 없다. 그러나 회계사들은 회사에서의 요구수준이 법적인 테두리를 벗어나는 경우에 윤리적 도전에 부딪치게 된다. 회계조작, 수익규모 축소, 과도한 자산평가, 애매한 감가상각 등이 그 예이다.

이러한 압력은 회계법인들 간에 고객사 유치를 위한 경쟁이 심할 경우 더 세어진다. 비현실적인 납기일 준수, 수임료 할인, 고객사가 원하는 숫자를 제공할 경우에만 지급되는 인센티브 계약 등은 일부 예에 불과하다.

정확한 재무제표는 회사가 재무적으로 안정적이며, 효율적으로 운영되고 있고, 향후 안정적인 성장이 가능하다는 정보를 제공하고, 조직의 명성과 영업권 제고에 중요한 역할을 수행한다. 이러한 재무제표가 객관적인 제3자에 의해 "문제가 없다고" 공적으로 인정되는 경우, 추가적인 검증역할을 하게 된다. 그러나 그러한 공인은 회사보다는 일반 공중에 대한 이익을 의미한다. 바로 이 점이 회계사들을 매우 분명하게 윤리적으로 곤경에 빠뜨린다. 회계법인이나 감사기관은 바로 기업으로부터 비용을 받기 때문이다. 편파적이지 않고 객관적인 검토결과를 바라는 공중에 대해 서비스를 제공하고 비용은 기업에 대해 청구한다는 점이 문제다.

회계법인이 고객사에 대해 컨설팅서비스를 제공하는 경우 문제는 더욱 복잡해진다. 과거 아더앤더슨(Arthur Anderson) 회계법인과 엔론(Enron)사의 경우가 바로 이 경우이다. 앤더슨 회계법인은 엔론사로부터 수백만 달러 규모의 컨설팅서비스를 제공하고 있었다. 그런데 만약 감사담당부서에서 엔론사의 분식회계 요구에 대해 곤란하다고 하면, 앤더슨사는 감사업무에 대한 수백만 달러 규모의 수임료뿐 아니라 더 나아가 수백만 달러 규모의 컨설팅서비스 수입도 위기

✓ 이해도 확인 질문

13 조직의 재무기능에서 가장 기본적인 3가지를 정리해 보라.
14 회계전문가들이 어떻게 GAAP에 의해 통제되는지 설명해 보라.
15 왜 감사를 받은 거래는 "문제가 없는 것"으로 인정되는지 설명해 보라.
16 아더앤더슨 회계법인이 문을 닫게 된 가장 중요한 결정은 무엇이었는가?

실전기술

윤리적으로 책임을 진다는 것

그림 3.1에 제시된 기업의 가치사슬을 살펴보라. 그리고 당신이 현재 일하고 있는 회사와 향후에 일하고 싶은 회사를 하나 생각해 보라. 당신이 지금 일하고 있는 부서는 가치사슬에서 특정한 기능을 수행하고 있으며, 당신이 전문성을 가지고, 그리고 윤리적으로 가치사슬상의 다른 부서와 얼마나 상호작용하는가에 따라 조직의 장기적인 성장과 성공에 상당한 영향을 미친다.

물론, 말하기는 쉽지만 행동으로 옮기기는 쉽지 않다. 회사의 전반적인 성과 목표와 당신이 책임지고 있는 부서의 목적과 목표에 대해 균형감을 가진다는 것은 상당한 도전이며, 특히 가용자원이 제한되고, 시장상황이 경쟁적일 때는 더욱 어려운 도전이 된다. 그러한 상황에서 조직의 윤리적 행동에 대한 의지는, 결국 거래의 성사와 매출목표 달성으로 확인될 수 있다. 의사결정을 내린 이후에 다른 부서에 부정적인 결과가 발생할 때 윤리적 딜레마가 발생하게 된다. 또한 개인적으로 책임지고 수행해야 하는 일이, 스스로가 가진 가치체계와 충돌할 때 개인차원에서 윤리적 딜레마가 발생하게 된다.

이런 상황에서 더 큰 그림을 그려보고, 의사결정과 관련된 이해관계자들에게 미칠 영향들을 생각해 보아야 한다. 같이 일하는 동료, 가족, 그리고 친구들은 일부 예에 불과하다. 당신은 의사결정을 내리지만, 그 의사결정의 결과는 다른 사람들과 공유하게 된다.

에 봉착하게 된다. 이미 알려졌듯이 엔론사를 담당하는 앤더슨사의 임원은 엔론사의 요구를 수용했고, 결과적으로 앤더슨사는 문을 닫게 되었다.

회계전문가들이 짊어져야 하는 부담과 운영기준의 남용가능성 등에 대한 최후의 윤리관련 가이드는 미국공인회계사협회(AICPA)에서 발간한 행동강령이 있다.

이해충돌 특정한 관계나 책임으로 인해 기존의 관계나 책임과 직접적으로 갈등이 발생하는 상황

! Key Point

당신의 회사에서 발생할 수 있는 이해충돌에는 어떠한 것들이 있는가?

6. 이해관계의 충돌

수임료를 받고 피감사회사를 감사하는 법인들이 객관적으로 피감사회사의 재무 안정성을 평가하고, 이를 이해관계자나 잠재적 투자자에게 제공하면서 짊어져야 할 책임은 이해충돌의 가능성이 높다. 본 장의 앞부분에서 살펴본 가치사슬에서 보여준 바와 같이, 조직 내에서 발생할 수 있는 **이해충돌**(**conflict of interest**)은 비단 재무부서만의 경우만은 아니다.

- 아주 기본적인 내용으로는 회사의 이해관계자들의 요구를 충족하려고 할 때 발생하는 이해충돌이다. 수익률 제고를 위해 주주들에게 가장 좋은 사항이 종업원이나 지역사회에는 가장 좋은 사항이 아닐 수 있기 때문이다. 예를 들어 수익률 제고를 위해서는 공장 문을 닫고 해외로 이전하는 사항을 생각해 볼 수 있다.
- 고객들에게 해로울 가능성이 있는 제품을 파는 것도 이해충돌의 가능성이 있다. 패스트푸드의 편리함은 하루에 필요한 열량보다 훨씬 많은 열량을 제공해서 부정적인 결과를 가져올 수 있다. 예를 들어 맥도날드는 샐러드를 포함하도록 메뉴를 다양화했고, 감자튀김이나 소다에 대신하는 메뉴를 만들었으나 여전히 빅맥이 가장 많이 팔리는 메뉴이다.
- 환경에 해로울 가능성을 가진 제품을 파는 것도 이해충돌의 이슈이다. 미국의 컴퓨터 제조업체인 델이나 휴렛패커드는 구형 컴퓨터를 그대로 버리는 것보다 재활용할 수 있는 방안을 제시하고 있다. 맥도날드 같은 패스트푸드식당에서도 햄버거 포장용기로 뚜껑이 달린 포장용기를 더 이상 사용하지 않고 있다. 네슬레 같은 음료회사도 음료용기 생산과정에서 환경오염을 줄이기 위해 플라스틱 사용을 최소화하고 있다.

이해충돌이 대기업에서만 일어나는 것은 아니다. 만약에 사진에서 보는 것처럼 종업원이 자기 친구에게 다음 주에 30% 할인판매 계획이 있다고 알려주지만 다른 고객에게 알려주지 않는다면 어떠한 잠재적 갈등이 발생할 수 있는가?

이해충돌과 관련된 이러한 논의는 공통점이 하나 있다. 회사내부의 전략적 의사결정에 따른 것이든 아니면 소비자나 특정단체의 적극적인 캠페인에 따른 것이든 의사결정은 회사의 최상층부에서 이루어져야 한다. 기업이 경영하는 방식을 변경하는 것은 회사의 최전선으로부터 지지를 받아 시작할 수도 있지만 (종업원들이 고객과 소통하는 장소에서), 기업의 정책이나 (필요한 경우) 예산 지출과 관련된 최종적인 의사결정은 결국 조직의 최고경영층에서 이루어진다. 다만 최고경영층의 권한위임이 있는 경우에는 중요한 의사결정도 조직전체 차원이 아닌 부서수준에서 이루어질 수 있다.

결론

미국의 비영리기관인 윤리자원센터(Ethics Resource Center, ERC)는 조직의 윤리수준 향상을 위해 운영되고 있는데 2005년 국가경영윤리조사에서 3천 명이 넘는 미국인 근로자들을 조사한 바 있다. 절반 이상의 근로자들은 지난 1년 동안에 작업장에서 비윤리적인 행위들을 목격했다고 응답했으며, 36%는 두 번 이상 목격했다고 응답했다. 이 결과는 2003년에 비해 약간 증가한 수준이다. 같은 기간 동안에 목격한 비윤리적 행위들에 대해 보고하고자 하는 의지는 55%로 하락하였다. 2003년보다 10%가 하락한 것이다. 근로자들이 가장 많이 목격한 비윤리적 행위는 다음과 같다.

- 종업원에 대한 모욕적인 또는 위협적인 행위 (21%)
- 종업원, 고객, 협력업체 또는 대중들에 대한 거짓말 (19%)
- 회사의 이익보다 개인의 이익을 더 우선시하는 상황 (18%)
- 안전수칙 위반 (16%)
- 실제근무시간 보고 위반 (16%)

위에서 제시한 윤리자원센터의 조사결과는 기업의 다른 어떤 발표나 매뉴얼보다 더욱 현실적인 결과이다. 종업원들은 모든 일터환경에서 "게임의 규칙"을 신속하게 배우며, "대세를 따르는" 선택을 하게 된다. 만약 개인의 가치체계상 그런 규칙을 받아들일 수 없다면 다른 직장을 찾을 것이다.

조직이 더욱 중요하게 생각해야 할 점은 모든 비윤리적 행위들은 오랜 기간 동안 존재할 수 있다는 사실이다. 그런 행위에 대한 변명은 (또는 그런 행위를 보고하지 못한 이유는) 매우 다양하다.

- "이 업계에서는 일반적인 관행이다."
- "시장은 험악하다. 때로는 규정에 유연성을 줄 필요가 있다."
- "우리 부서에서 일어난 일이 아니다."
- "다른 사람들의 일거수일투족을 모두 살펴볼 수는 없다—본부에서는 나에게 너무 많은 일을 주기 때문에 부서원들을 자세히 살펴볼 수 없다."
- "만약에 내가 그 사람을 규정위반으로 해고하면, 노동조합 대표가 바로 나를 찾아올 것이다."

- "내가 규정위반으로 해고하면, 나도 곧 해고될 것이다. 당신은 내가 새로운 사원을 충원하고 교육훈련시키는데 얼마나 오랜 시간이 필요한지 알기나 하는가?"
- "내 상사는 이미 다 알고 있다. 상사도 묵인하고 지나가는데 내가 왜 들추어내야 하는가?"
- "회사에서는 내가 스파이나 하고 있으라고 월급주는 게 아니다. 나는 내가 할 일이 따로 있다."

회사 내에서 규정을 신축적으로 적용하고, 진실을 왜곡하고, 규정을 위반하고, 그리고 용감하게 거짓말하는 일들이 자주 발생하게 된다면, 어디로부터 목표달성에 대한 부담이 생겨나서 이런 비윤리적 행위들이 발생하는가지 확인할 필요가 있다. 답은 간단하다. 바로 이익이다.

그렇다고 해서 비영리 기관들이 비윤리적 행위들이 없는 것은 아니며, 영리(이익)추구가 비윤리적이라는 것은 아니다. 여기서 강조하는 내용은 기업의 소유주나 주주들에게 수익을 안겨주어야 하는 의무 때문에 "잘못했다는 부담감에서 손쉽게 벗어날 수 있는" 상황을 만들어갈 수 있다는 점이다. 한 개인으로서는 이러한 행동을 하지 않겠지만, 납기일이나 판매목표를 맞추어야 하는 경우에, 상사에게 사정을 이야기해 봐야 설득이 어려울 것으로 판단된다면, 이번 한번만이라고 하면서 비윤리적인 행위를 할 것이다. 불행하게도 이런 상황은 엔론사에서도 시작되었으며, 당신도 이런 상황에 처해 비윤리적인 행위를 시작할 수 있을 것이다. 엔론사는 한 분기 정도 숫자를 얼버무릴 수 있었지만, 그 이후 투자자들의 기대감이 올라가 있어서 결국에는 자신들이 호랑이 등에 올라 타 있는 것을 발견한 것이다.

다음 장에서 보겠지만 조직이 윤리적인 기준을 설정하지 않으면 종업원들은 회사에서 자신의 고용을 좌지우지하는 상사의 윤리적 기준에 따라 행동할 수밖에 없다. 기업들이 얼마나 잘 윤리적 기준을 설정했는가는 이후에 그런 기준들이 윤리적 행위들을 규제하는 법적 규제로 강제화되었는가를 보면 알 수 있다.

사례 읽기: 마무리

그냥 서류에 서명만 하세요—매트는 결정을 내린다.

매트는 그 일자리를 진정으로 원하고 있기 때문에 스코트에게 좋은 첫인상을 남기고 싶었다. 더욱이 스코트가 틀린 게 아니었다. 그가 인종을 이유로 누구를 희롱하거나 모욕하려고 한 것도 아니고, 비윤리적인 행동으로 그의 관리 훈련 프로그램 참여 기회를 뺏으려고 한 것도 아니었다. 만약 인사부서에서 담당자가 와서 그가 훈련프로그램 비디오를 시청하지 않았다는 점을 알게 되면, 그는 Morton6000에 대한 밀린 주문을 해결하는 것이 회사에 이로운 일이라고 설명할 수 있었다. 그리고 스코트는 그 상황에서 매트를 도와줄 것으로 생각했다.

매트는 서명을 하고 일을 했다. 3개월 후 매트는 수습기간을 마치고 인사책임자와 그의 성과에 대한 회의를 했고, 매트는 관리자훈련 프로그램에 지원하는 것을 논의하고 싶어했다. 인사책임자는 매우 친절하게 지난 3개월간 매트의 성과에 대해 칭찬을 했다. 그러나 그는 매트에게 물었다: "Morton6000에 대한 생산기록을 보니 출근 첫날 밀린 주문이 크게 줄었던데, 그날은 신입사원 오리엔테이션을 위해 3시간 동안 훈련 비디오를 시청하고 어떻게 그 많은 일처리가 가능했죠?"

질문

1. 매트는 인사책임자에게 어떻게 이야기해야 하는가?
2. 인사책임자의 반응은 어떨 것으로 생각하는가?
3. 이제 매트가 관리자훈련 프로그램에 참여할 가능성은 얼마나 된다고 생각하는가?

복습하기

1. *조직의 윤리*에 대해 정의해 보라.

조직윤리란 다음의 2가지로 인해 일반적인 윤리 개념과는 다른 영역에 대한 연구라고 할 수 있다:

- (이해관계자인) 다른 당사자들에게 조직의 윤리적 성과에 대해 확립된 이해관계가 있다.
- 일을 하는 상황하에서 내 개인의 가치체계가 조직의 현장 문화(조직의 종업원들 모두가 공유하는 가치, 신념, 규범들)에서 작용하는 윤리적 기준과 충돌할 수 있다.

2. 조직의 기능별 부서가 당면하는 윤리적 문제들을 설명해 보라.

조직의 기능별 부서들은—연구개발, 생산, 마케팅, 인사, 재무—운영과 예산 등에 대한 압력으로 인해 회사가 지시한 내용과는 다르게 업무를 처리해야 하는 상황에서 윤리적인 문제들에 부딪치게 된다.

복습하기

- 연구개발부서는 시장에서 경쟁자보다 우위에 설 수 있는 더 좋고, 빠르고, 싼 제품이나 서비스를 개발해야 하는 부담을 가진다. 그러나 시장으로부터의 압력으로 인해 경영진은 비용을 절감하고 마감일을 당기도록 지시하기 때문에, 설계담당자나 엔지니어들이 필요하다고 생각하는 모든 품질테스트를 어렵게 만든다.
- 생산부서도 마찬가지다. 우리는 가장 좋은 품질의 제품을 만들어 적절한 가격으로 판매하는가? 아니면 경쟁사 제품보다 낮은 가격을 유지하기 위해 저품질의 재료를 사용하는 제품을 만드는가? 라는 질문을 던진다.
- 마케팅부서는 더 직접적으로 절대적 윤리와 공리주의 윤리의 논쟁에 빠지게 된다. 소비자들이 정말로 필요하기 때문에 소비자들의 필요를 충족시키는 제품에 대한 정보를 제공하는 데(절대적 윤리) 초점을 두는지, 아니면 적절한 이익을 내고 동료들에게 안정적인 직장을 제공하는 제품이기에 꼭 필요한 것은 아니지만 소비자들이 그 제품을 구매하도록 돕는 정보를 제공해야 하는가 (공리주의 접근) 하는 질문이다.
- 인사부서에 대해서는 종업원의 회사와의 계약관계에서 단계마다 윤리적 딜레마 가능성을 가지고 있다. 인사부서는 모집과 채용에서부터 (자발적이든 아니면 비자발적이든) 회사를 떠나는 단계까지 회사의 고용관련 법률준수에 대한 책임을 진다. 차별, 희롱, 부당한 근로조건의 제공, 그리고 고용형평성 유지의 실패 등은 회사를 심각한 위험에 빠뜨릴 수 있다. 따라서 인사부서는 회사가 전체적으로 규정을 준수하도록 하기 위해, 각 부서의 책임자가 부서의 목표달성을 위해 규정에서 벗어나려는 경우를 엄정히 관리해야 한다.
- 부당한 재무거래, 잘못된 회계 관행 또는 불충분한 감사절차, 미흡한 재무관리 등은 지난 50여년간 미국의 재무관련 스캔들의 공통점이었다. 투자자들은 회사를 믿고 자본을 맡긴 것이며 현명한 경영을 토대로 적절한 수익을 창출하기를 기대한다. GAAP(일반적으로 인정된 회계원칙)에 따라 견제와 균형이 이루어져서, 기업의 자금이 정확하게 관리되고 있어야 하지만 엔론사의 경우에서 보는 것처럼 견제와 균형이 수정되거나, 무효화되기도 하고, 심지어는 완전히 무시되기도 한다.

3. 인사담당부서가 기업 윤리강령의 중심에 위치해야 한다는 주장에 대해 입장을 정리해 보라.

대부분의 인사전문가들은 자신들이 종업원과 회사의 모든 관계에 대해 직접적으로 개입하는 것에 대해 여러 면에서 자신들이 조직의 양심으로서 행동한다고 생각한다. 만약 회사가 처음에 제대로 필요한 인원을 채용한다면 다른 많은 문제들을 피해갈 수 있다. 그러나 회사가 승진이나 이직 등으로 인한 인원감소에 대해 미리 계획을 세워 두지 못해서, 급하게 채용을 진행한다면 그 사람이 나중에 명확하게 정해진 윤리규정을 지키지 못하는 경우도 발생할 수 있다.

4. GAAP(일반적으로 인정된 회계원칙)와 관련된 윤리적 이슈에 대해 설명해 보라.

회계전문가들은 법률이나 정리가 된 법적인 선례를 따르는 것이 아니라 일반적으로 인정된 회계규칙, 즉 GAAP를 따른다. 이 규칙은 산업 내에서 표준화된 운영규정으로 받아들여지고 있으나, 다른 규정들과 마찬가지로 해석의 차이나 남용의 가능성을 가지고 있다. 이익에 대해 미국국세청이 제시하는 세율은 매우 명확하지만, 어떻게 그 이익이 결정되는지에 대한 프로세스는 투명하지 않으며, 회계사들은 고객사의 기대수준을 맞추기 위해 상당한 압력을 느낀다.

5. 조직의 기능 내 잠재적인 이해충돌을 정리해 보라.

어떤 관계나 의무이행이 기존의 관계나 의무이행과 대립될 때 이해충돌의 상황이 발생한다. 소비자의 요구를 충족시키는 제품을 판매하기보다는 가장 많은 이익을 남기는 제품을 판매하는 것이 한 예이다. 맥도날드에서 몸에 안 좋지만 가장 많이 팔리는 기존 제품을 계속 판매하면서, 몸에 좋은 신제품에 대해 판촉활동을 하는 것도 이해충돌의 예이다. 지금 당장 최저기준을 통과한 지원자를 채용하는 것과 더 나은 자격을 가진 지원자를 다음 달까지 기다려야 하는 것도 이해충돌의 예이다.

핵심용어

가치사슬(Value Chain)
감사기능(Auditing Function)
공리주의(Utilitarinism)
이해충돌(Conflict of Interest)
일반적으로 인정된 회계원칙(GAAP)
절대적 윤리(Universal Ethics)
조직문화(Organizational Culture)
회계기능(Accounting Function)

복습을 위한 질문

1. 본 장에서 살펴본 기능별 부서를 생각해 보라. 어느 부서가 가장 많은 윤리적 도전에 직면에 있다고 생각하는가? 그 이유는 무엇인가?
2. 일하고 있는 회사에서 (또는 과거에 일했던 회사에서) 목격한 비윤리적인 행위 3가지만 제시해 보라. 그런 행위에 대한 결과는 어떠했는가?
3. 필립 코틀러[유명한 경영학자]는 마케팅 전문가들에게 "핵폭탄을 만드는 핵물리학자들과 마찬가지로 양면성을 가져야 한다."라고 말한다. 의미있는 주장인가? 왜 그런가? 아니면 왜 그렇지 않은가?
4. 인사부서는 조직의 윤리관련 챔피언이어야 하는가? 왜 그런가? 아니면 왜 그렇지 않은가?

5. “창의적인 장부 기장 기술”이란 무엇인가? 3가지 예를 들어보라.
6. 당신은 만약 회사에서 비윤리적인 행위의 증거를 보았다면 그 회사를 떠날것인가? 왜 그런가? 아니면 왜 그렇지 않은가? 그 결정을 내리는 데 어떤 요소들을 고려하는가?

복습을 위한 연습문제

매복 마케팅(*Ambush Marketing*)광고의 경계가 약해지면서 빌보드, 라디오광고, 광고인쇄물, 30초 또는 60초 TV광고들이 힘을 잃어가고 있지만, 대형 광고회사들은 일반 대중들이 광고에 더 많이 노출되는 환경에서 제품과 서비스의 이름을 기억하도록 하기 위해 매우 창의적인 수단들을 사용하고 있다.

다음의 예를 살펴보자:

- 당신이 워싱턴 기념관에 있는데 한 젊은 커플이 다가와서 사진을 찍어달라고 부탁하는 상황을 상상해 보자. 그들이 좋은 사람들로 보여서, 사진을 찍어주겠다고 했다. 사진을 찍으려고 하는데 그 젊은 남자가 그 카메라가 최신 모델인데 400달러밖에 안한다고 설명을 한다. 이런 저런 설명도 들었다. 사진을 찍고 카메라를 돌려주고, 그 자리를 떠났다. 남을 돕는 것은 좋은 일이다.
- 뉴욕의 식당은 사람들로 붐빈다. 세 줄로 서서 기다리는데, 당신 차례가 다가와 종업원에게 주문을 하려는 상황에서 옆의 손님이 말을 걸어 온다. “여보세요. 음료를 주문하려고 하는 것 같은데. 10달러를 줄테니 피치로얄(Peach Royal) 주문 좀 해줄래요?” 이 요청은 특별히 문제가 있는 것 같지는 않다. 왜 안하겠는가?
- 유명한 컴퓨터회사 로고가 찍혀있고 화려하게 포장된 상자가 당신의 빌딩 로비에 며칠씩이나 놓여 있다. 상표가 유명상표이고, 거주자들은 누군가 물건을 구입한 것으로 생각하는 것 같다. 그래서 이 컴퓨터 회사는 특정 고객들의 마음에 잘 자리잡게 된다.

위의 사례들은 모두 그럴 듯하고, 문제가 없는 일상적인 일로 보인다. 그러나 만약 워싱턴 기념관의 젊은 커플은 연기자들로서 특정한 지역에서 의심하지 않는 대중들에게 디지털 카메라의 장점을 의도적으로 설명하고 있는 것이라면 어떻게 되는 것인가. 식당에서 평범한 이웃으로 생각되는 사람은 돈을 받고 피치로얄을 선전하는 사람이라면 어떠한가. 그리고 당신의 빌딩 로비에 며칠씩 놓여있던 컴퓨터 포장상자는 경비실에 약간의 “돈”을 지불하고 의도적으로 놓아둔 것이라면 어떠한가.

이렇게 되면 상황은 복잡해진다. 당신은 영화 속에서의 광고, 즉 시간을 끄는 장면을 통해 특정한 제품을 보여주는 것을 들은 적이 있을 것이다. (연기자들은 항상 코카콜라를 마시거나 하이네켄 맥주를 마신다; 다이 어나더 데이(Die Another Day)라는 제임스 본드의 영화에서 할리 베리(Halle Berry)가 운전하는 분홍색 포드 썬더버드(Thurnderbird)가 멋있지 않았는가? 실제로 그와 똑같은 색의 썬더버드를 살 수 있다는 사실을 아는가?) 그러나 만약 출근시간 지하철에서 일련의 통근자들이 의도적으로 그 자리에 가서 새로 나온 영화나 TV 쇼, 또는 책에 대해 이야기한다면 어떤가? 만약 놀이터에서 귀엽게 생긴 여섯 살짜리와 함께 있는 친절하게 보이는 여성이 자기 아들이 새로 나온 비디오게임을 좋아한다고 말하는데 그 여인이 연기자라면 어떠한가.

이런 기법들은 아주 새로운 형태의 표적 마케팅(target marketing)이다. 광고주들은 인구통계학적으로 바람직한 집단을 대상으로 평범하게 보이는 사람들을 보내서, 신제품이나 새로운 서비스에 대해 칭찬하게 만들지만, 그들은 돈을 받고 그 일을 한다고는 밝히지 않으며, 이러한 광고에 출현하기 전에는 그런 제품이나 서비스에 대해 들어본 적도 없을 수 있다.

1. 이는 비윤리적인 마케팅인가? 왜 그런지 또 왜 그렇지 않는지 설명해 보라.
2. 비판자들은 그런 활동이 "소비 지상주의와 속임수 기술의 경계를 애매하게 만든다."라고 주장한다. 이는 공정한 평가인가? 왜 그런가? 아니면 왜 그렇지 않은가?
3. 만약 당신이 그런 상황에 처했다면 기분이 어떠했을까?
4. 만약에 다수의 소비자들이 이미 노출되었던 광고들에 대해 회의적이라면, 일반 대중들은 그런 마케팅 활동에 대해 어떻게 느낄 것으로 생각하는가?
5. 이러한 활동을 지지하는 사람들은 우리 경제가 소비 지상주의에 근거하고 있으며, 고객에 다가갈 수 있는 더 효과적인 방법을 찾아내지 못하면, 경제전체가 어려움을 겪을 것이라고 주장한다. 이런 주장은 앞의 활동을 지지하는가? 이러한 활동은 저녁식사 때의 선전광고와 같이 귀찮지만 피하기 어려운 일인가?
6. 만약에 광고주들이 더 확실하게 언급한다면 당신의 의견이 바뀔 수 있는가? 예를 들면 각각의 연극이 끝난 후에, 해당 상품에 대해 광적인 팬들은 모두 연기자들이었다고 말한다면 말이다.

출처: First and second items are adapted from Neil McOstrich, "Crossing the Line," *Marketing Magazine* 107, no. 45 (November 11, 2002), p 24; and the Third from Brain Steinberg, "Undercover Marketing Is Gaining Ground – Some Promoters Are Doing It – Others Question Its Ethics," *The Wall Street Journal* (eastern edition), December 18, 2000, p. B17D.

인터넷활용 연습문제

1. 미국 정부의 웹사이트인 www.recalls.gov를 방문해서 [한국의 경우는 한국소비자원 소비자안전센터 소비자 위해 감시시스템인 www.ciss.or.kr을 방문해서] 지난 3년 동안에 리콜이 있었던 제품 하나를 선택하고 다음 질문에 답하라.
   a. 제품에 대한 리콜에서 어떤 정보가 비윤리적 내용에 대한 증거라고 생각하는가?
   b. 회사는 제품에 대한 리콜 외에 해당 상황에 대해 어떤 추가적인 행동을 취했는가?
   c. 회사의 명성을 회복하기 위해서 당신은 회사에 어떤 노력을 기울였어야 했다고 제안하겠는가?

d. 미국마케팅협회(AMA)와 미국공인회계사협회(AICPA)의 웹사이트를 방문하라. “전문가의 행동강령”과 “윤리헌장”을 검토하고 서로 간에 차이 있는지 확인해보라. 왜 그런가 또는 왜 그렇지 않은가?
e. 각각에 대한 요소들을 비교하고 차이를 확인해 보라.
f. 미국마케팅협회는 “공인마케팅전문가” 자격증을 발급하는데, 이 협회가 미국공인회계사협회처럼 전문가행동강령을 증진하는 것이 도움이 되겠는가? 왜 그런가 또는 왜 그렇지 않는가?

팀 연습문제

1. 매복 마케팅은 윤리적인가?

두 팀으로 나누어, 한 팀은 복습을 위한 연습에서 설명된 매복 마케팅의 활용에 대해 지지하는 내용을 준비한다. 다른 한 팀은 매복마케팅에서 발생하는 윤리적 딜레마에 대한 내용을 준비한다.

2. 윤리부서를 찾아서

셋 또는 네 팀으로 나누어, 각 팀은 본 장에서 제시된 영역별 부서(인사, 연구개발, 영업, 그리고 재무) 중에 하나를 선택하고, 그 부서의 잠재적인 비윤리적 행위에 대해 정리한다. 특정한 윤리적 딜레마에 대해 발표할 준비를 하고 그에 대한 해결책도 함께 제시한다.

3. 개별적인 우연한 사건인가?

두 팀으로 나누어, 다음 행위에 대한 찬반 주장을 준비한다. 당신은 타이어 회사의 지역 생산 담당관리자인데, 회사는 수백만 달러를 투자하여 새로운 생산방식을 도입하였고, 이 방식을 통해 중고 타이어를 매입해서 접지면(tread)을 교체한 후 매우 싼 가격으로 다시 판매할 수 있게 되었다 (이는 회사에는 상당한 수익을 가져다주었다). 초기 생산제품에 대한 실험은 성공적이었고, 이 새로운 프로젝트에 대한 기대감은 매우 높았다. 또한 이 새로운 프로젝트를 담당하는 관리자들의 승진기대감도 높았다. 회사는 새로운 타이어에 대해 “소프트” 전략을 선택하여 우선 말레이시아 시장에 마케팅이나 광고를 많이 하지 않고 시장에 진입하기로 하였다. 수요와 공급에 대해서 충분히 검증한 후에 전 세계 시장에 대대적인 광고를 시행할 계획이었다. 최근까지 저렴한 가격으로 매출도 꽤 좋았다. 그러나 오늘 아침 말레이시아의 지역 담당자가 버스사고로 학생 두 명이 사망했다는 기사를 보내왔다. 사고원인은 버스의 앞쪽의 왼쪽 타이어였는데 고속으로 달리는 과정에서 접지면이 분리되고 결국 버스가 전복되었다는 것이다. 다음 경과 보고회까지 3일 남았고, 전 세계 시장에 대대적인 광고까지는 2주일이 남아 있었다. 당신은 이 사건을 우연한 사고로 처리하기로 하고, 원래 계획대로 전 세계 시장을 상대로 할인된 재생타이어를 도입하기로 결정한다.

4. 혼자 남은 원재료 공급업체

두 팀으로 나누어, 다음 행위에 대한 찬반 주장을 준비한다. 1970년대에는 심장박동 조율기가 트랜지스터에 의존하고 있었는데, 이후 기술발전으로 실리콘 컴퓨터 칩으로 교체되어 오늘에 이르고 있다. 당신의 회사는 현재 시장에서 트랜지스터를 이용한 심장박동 조율기에 사용되는 트랜지스터를 생산하는 유일한 회사이다. 경쟁회사들은 사업을 다 정리했는데 그 이유는 조율기의 오작동으로 인해 소송을 당할 위험이 너무 크다는 것이었다. 당신 회사의 경영진도 같은 결정에 이르게 되었다. 최고경영자는 다른 제조업체에 부품을 제공하는 입장에서, 트랜지스터가 어떻게 사용되는지에 대한 발언권이 없는데, 왜 트랜지스터가 생명을 구하는 장비에 사용된다는 사실이 의사 결정에 고려 되어야 하느냐고 주장하며 그 결정을 옹호했다. 당신의 책임은 주주들의 이해관계 보호에 있는 것이지 심장박동 조율기를 사용하는 환자들의 이해관계 보호에 있는 것은 아니다. 당신은 다른 제조 회사들이 이 사업에 철수하는 데 대해 당신이 책임이 있는 것은 아니다.

비판적으로 생각하기 3.1

이력서 부풀리기

"거의 모든 사람들은 자신의 이력서를 작성할 때 때때로 조금씩은 부풀리기를 한다. 그렇지 않은가?" 이런 질문은 이력서를 작성할 때 스스로에게 자문하는 질문인데 이런 질문을 하면서 직급을 조정하거나 6개월 실직을 프로젝트 수행기간이라고 고치기도 한다. 하지만 요즘 같은 엄격한 시기에는 이력서 부풀리기는 비윤리적이며, 특히나 지원서를 작성하면서 거짓말을 하게 되면 이는 불법을 저지르는 것이 된다. 상당한 고위직급에서 (그리고 고임금을 받는 직급에서) 일어난 다음의 경우를 생각해 보기 바란다.

전 노트르담의 풋볼 코치 조지 오리리 (George O'Leary)

- 마릴리 존스(Marilee Jones)는 MIT의 입학담당학장인데 렌슬러 대학(RPI)과 알바니 의과대학에서 생물학 학위를 가지고 있으며 박사학위도 있다고 주장했다. 그녀는 2007년 4월 MIT대학에서 진실을 밝혀내자 사임했다.
- 조지 오리리(George O'Leary)는 2001년 노트르담의 풋볼 코치로 임명되었는데 (그가 이력서에서 주장한 내용과 달리) 뉴욕대학-스토니브룩에서 (실제로는 없는 대학) 교육학 석사학위를 취득하지도 않았으며, 뉴햄프셔 대학에서 세 번이나 풋볼 선수로 활약했다고 거짓 주장한 것이 밝혀진 뒤 임명된 지 5일 만에 해임되었다.
- 페이팔(PayPal)의 전임 회장인 스콧 톰슨(Scott Thompson)은 2012년 1월 야후(Yahoo)의 CEO로

취임하였다. 행동주의 투자자 다니엘 로엡(Daniel Loeb)은 톰슨이 스톤힐대학(Stonehill College)의 회계 및 컴퓨터공학 학위를 가졌다는 주장은 거짓이며 실제로는 회계학 학위만을 가지고 있다고 야후 이사회에 2012년 5월 알렸다. 야후는 처음에는 톰슨의 편을 들어주었다. 하지만 추가 조사 결과 페이팔과 페이팔의 모회사인 이베이(eBay)의 공식 문서에도 동일한 내용이 있음이 밝혀지자, 톰슨은 이를 서치펌의 잘못이라고 주장하였다. 결국 2주후에 톰슨은 야후를 사임하고 온라인 쇼핑서비스 회사인 샵러너(ShopRunner)의 CEO로 자리를 옮겼다.

- 안과제품 회사인 바슈앤롬(Bausch & Lomb)의 전 CEO인 로날드 자렐라(Ronald Zarrella)는 자신이 뉴욕대학교 스턴 경영대학원에서 석사학위를 취득하지 않았는데 취득했다고 이력서에 주장했던 내용이 거짓말로 드러나게 되어 보너스 165만 달러 중에서 110만 달러를 포기해야 했다. 또한 스탠다드앤푸어스(Standard & Poor's)에서 훌륭한 지배구조의 모범 사례로 인정했던 바슈앤롬의 이사회는 자렐라를 해고하지 않았는데 그 이유는 그가 회사와 주주들에게 해고하기에는 너무 많은 가치를 제공하고 있다는 것이었다.

그런데 왜 사람들은 위험이 큰데도 불구하고, 정확하게 자신의 기술과 경험을 서술해야 할 이력서를 부풀리는가? 바로 압력이다. 취업을 한다는 것은 경쟁이 심한 프로세스이고, 특정한 자리에 대해 심사를 하는 인사담당자의 관심을 끌어내기 위해 열심히 자신을 꾸며야 하기 때문이다 (최소한 해당 자리와 관련된 핵심용어들을 사용해서 이력서를 스크린하는 소프트웨어 프로그램을 통과해야 하기 때문이다). 그렇게 경쟁압력이 심한 상황에서는 다른 사람들도 그렇게 할 것이라는 생각으로 자신의 이력서 부풀리기에 대해 합리화하기 시작한다. 그래서 일자, 직책, 책임, 인증, 그리고 학위 등을 바꾸는 것을 소위 "선한 거짓말"로 간주한다. 그러나 위의 예들에서 본 대로, 그러한 선한 거짓말로 인해 오랫동안 어려움에 처하게 된다.

질문

1. 치열한 경쟁상황에서 취업을 하기 위해서는 이력서 부풀리기가 합리화될 수 있는가? 그 이유는 무엇인가?
2. 바슈앤롬회사의 이사회가 자렐라를 해고하지 않기로 한 결정이 바른 결정이라고 생각하는가? 왜 그런가? 아니면 왜 그렇지 않은가?
3. 회사는 잘못된 채용이 발생하지 않도록 채용과정에서 어떠한 절차를 밟아야 하는가?
4. 당신은 선한 거짓말을 하지 않고 이력서를 더 잘 보이게 작성할 수 있는가? 어떻게 할 것인지 예를 들어 보라.
5. 당신의 친구가 2년 동안 실직상태에 있었다. 그녀는 취업을 해야 하겠다는 생각에 그 2년 동안을 컨설턴트로 활동했다고 이력서에 적었다. 그녀는 자기 친구도 실업상태인 6개월을 똑같이 컨설턴트 활동으로 적었다고 말했다. 더 긴 실업기간을 겪었다면 상대적으로 덜 비윤리적인가? 왜 그런가? 아니면 왜 그렇지 않은가?
6. 직장에서 같이 일하는 당신의 친구가 이력서에 거짓말을 적었다는 사실을 알게 되었다면, 당신은 어떻게 할 것인가?

출처: R. Weiss, "By George It's Blarney," *New York Daily News*, December 15, 2001; Tom Fornelli, "UCF's George O'Leary Resigns as Coach," www.cbssports.com, October 25, 2015; Steve Berkowitz, "UCF Will Pay George O'Leary $200,000 a Year through 2020," *USA Today*, October 26, 2015; and James B. Stewart, "In the Undoing of a CEO, a Puzzle," *The New York Times*, May 18, 2012.

비판적으로 생각하기 3.2

프라이버시 침해

2011년 7월 10일 영국의 타블로이드 뉴스신문인 뉴스오브월드(The News of World)가 1843년 이후 계속되어온 정기 발행신문의 마지막 판을 발행했다. 신문의 모회사인 루퍼트 머독(Rupert Murdoch)의 뉴스코퍼레이션(News Corporation)이 급증하는 신문폐간 압력에 굴복한 결과였다. 이러한 압력은 전화 해킹 스캔들 때문이었는데, 신문사가 개인 탐정의 도움을 받아 유명인사, 영국 왕실 가족의 이동전화 음성 메일 계정에 접속하였고 특종을 찾기 위해 경찰에게 뇌물을 주었기 때문이었다.

추가적인 조사에서 음성메모에 대한 불법적인 접근이 확인되었고, 2003년에는 심지어 경찰관에게 뇌물을 준 사실도 확인되었다. 그러나 이 전화해킹 스캔들은 2009년까지는 외부에 알려지지 않았지만, 2009년에 뉴스그룹 뉴스페이퍼(뉴스오브월드를 발간하는 뉴스코포레이션의 한 본부)가 2003년부터 2007년까지의 전화해킹 사건에 연루된 기자문제를 해결하려고 하면서 1백만 파운드 이상을 배상했다는 사실이 밝혀졌다. 당시 신문의 편집인이었던 앤디 쿨슨(Andy Coulson)은 의회의 문화미디어 스포츠 위원회에서 "일이 아주 잘못 진행되었다"고 인정했음에도 불구하고 전화 해킹에 대해서는 알지 못했다고 주장했다.

쿨슨이 뉴스오브월드를 떠난 이후에도 뉴스코퍼레이션에서는 문제가 계속되었다–특히 보수당의 의사소통 담당책임자였던 그가 2010년 5월 데이비드 카메론(David Cameron)의 총리 선거에서 정부의 미디어담당 책임자로 임명된 것이 족히 문제가 되었다. 전화해킹 스캔들에 대한 식지 않은 시민들의 분노로 인해 쿨슨은 2011년 1월에 사임할 수밖에 없었다.

시민들의 분노는 2002년 9월에 시신이 발견된 13세 소녀 밀리 도울러(Milly Dowler)의 핸드폰이 해킹당한 사실이 밝혀지면서 극에 달했다. 2011년 7월 도울러 가족의 변호사는 밀리의 음성 메일 해킹당했다고 적힌 경찰서보고서를 공개했다. 이 해킹은 경찰이 그녀를 찾고 있을 동안에 뉴스오브월드를 위해 일하는 한 사립탐정에 의해 이루어진 것이었다. 변호사는 그녀의 메일함에 공간을 만들기 위해 개인적인 메시지가 삭제되었는데, 이로 인해 경찰과 가족들은 그 어린 소녀가 아직 살아있을 것으로 잘못 믿게 되었다고 주장했다.

2011년 7월에 의회 위원회에 나온 루퍼트 머독은 "오늘은 제 일생에서 가장 부끄러운 날입니다." 라고 말했다. 그러면서 그는 이 신문은 뉴스코퍼레이션 지주 자산의 1% 미만을 차지하며, 전 세계의 5만 명을 관리하는 입장에서 모든 회사의 모든 상황을 다 알 수는 없다고 설명했다. 이 증언은 위원회에서 증언한 고위임원들의 기본적인 입장을 대변하는 것이었다. (2000년부터 2003년까지 뉴스오브월드의 편집장이었고 이후에 뉴스 인터내셔널의 CEO, 그리고 선(Sun), 타임즈(Times) 및 선데이 타임즈(Sunday Times) 등 머독의 모든 영국 신문사 운영자였던) 레베카 브룩스(Rebekah Brooks)와 (루퍼트 머독의 장남이고 뉴스코퍼레이션의 부회장이었던) 제임스 머독(James Murdoch), 그리고 여러 명의 전직 고위 편집인들은 모두 기자들의 행위들을 직접적으로 알지 못했다고 주장하였다. 하지만 배우 휴 그란트(Hugh Grant) 가 수집한 영상증거가 제시되었는데, 이 영상증거는 전직 기자가 어떻게 전화해킹이 이루어지는지, 그리고 어떻게 편집진에서 그런 행위를 "기대했거나" 또는 "묵인했는지"에 대한 내용을 설명한 것이었다.

2012년 9월에 80명 이상이 뉴스코퍼레이션 관련 사건으로 체포되었으며, 회사는 변호사 비용, 다수의 화해 비용(일부는 60만달러에 이름), 그리고 뉴스오브월드의 폐업 비용 등으로 3억1천5백만 달러를 지불하였다. 2012년 2월 26일 머독은 뉴스오브월드를 대신하여 더선온선데이(The Sun on Sunday)를 출범시켰다.

쿨슨은 전화해킹 모의가 유죄로 인정되어 18개월 징역형을 선고받았다. 2015년 6월 더 심각한 위증죄에 대해서는 무죄로 선고받으면서 전화해킹 스캔들과 관련된 법적인 문제를 모두 종결하였다. 한편 레베카 브룩스는 모든 혐의에서 벗어났으며, 2011년 1천5백만 달러의 퇴직금과 함께 뉴스코퍼레이션을 퇴직하였으나, 2015년 9월 뉴스코퍼레이션 그룹인 뉴스 UK(News UK)의 최고경영자로 복귀하면서 연봉 500만 달러를 받는 것으로 알려졌다.

질문

1. 신문기자는 "특종(긴급 속보)"을 위해 왜 그런 방법들을 사용하는가?
2. 전화해킹과 뇌물사건은 2003년까지 거슬러 올라가는데, 어떻게 2009년에야 알려지게 되었는가?
3. 앤디 쿨슨은 왜 정부의 미디어운영의 책임자로 임명된지 8개월만에 사임하게 되었는가?
4. 뉴스 오브월드의 폐간은 이 스캔들의 적절한 사후조치라고 생각하는가?왜 그런가? 아니면 왜 그렇지 않은가?
5. 만약 전화해킹이 유명 인사의 이동전화에서만 있었다면, 시민들의 분노가 그렇게 컸을까? 왜 그런가? 아니면 왜 그렇지 않은가?
6. 루퍼트 머독은 여기서 어떻게 다르게 행동할 수 있었는가?

출처: Indu Chandrasekhar, Murray Wardrop, and Andy Trotman, "Phone Hacking: Timeline of the Scandal," *The Telegraph*, July 23, 2013; Erik Larson, "News Corp. Seeks to Limit Damages in Phone-Hacking Trial," *BusinessWeek*, September 25, 2012; and *The Economist*, "News Corporation: Have I Got News for You," September 29, 2012, and "A Report on Phone Hacking: Dial M for Muddle," May 5, 2012; Martin Evans, "Andy Coulson: The Rise and Fall of Essex Boy Who Sent from Downing Street to Belmarsh Prison," *The Telegraph*, June 3 2015; and Mark Sweeney and Roy Greenslade, "Rebekah Brooks' Return Confirmed," *The Guardian*, September 2, 2015.

비판적으로 생각하기

3.3

존슨앤존슨(Johnson & Johnson)과 타이레놀(Tylenol) 독극물사건

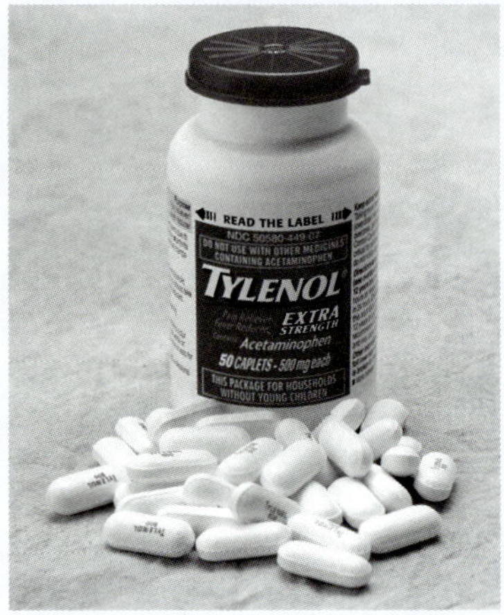

미국에서 타이레놀은 모든 가정의 약장에 안전하고 믿을만한 진통제로 자리 잡고 있다. 그러나 1982년 가을, 아직도 해결되지 않은 제품 변조사건 하나로 인해 전체 제품판매가 거의 중단될 뻔했었고, 그로 인해 존슨앤존슨도 문을 닫을 뻔했다. 1982년 9월 29일 시카고 인근에서 7명이 청산가리가 들어간 타이레놀 캡슐을 먹고 사망하는 사건이 발생하였다. 사건조사단은 이 타이레놀 약통이 7-8개 약국과 수퍼마켓에서 판매되거나 훔쳐졌고, 이후 캡슐 안에 있던 아세트아미노펜이란 원래의 진통제가 제거되고 청산가리로 채워진 다음, 다시 매장 진열대에 놓인 것으로 확인하였다.

살해 의도는 밝혀지지 않았지만, 존슨앤존슨사나 아니면 타이레놀을 판매하는 소매상에 대한 원한으로 추측되었다. 제임스 루이스라는 사람은 이 사건을 이용해서 존슨앤존슨에 협박편지를 보내 이익을 취하려고 했는데, 존슨앤존슨이 내건 범인에 대한 사례금 10만 달러가 이유였던 것으로 보였고, 경찰은 그를 중요한 용의자로 보지는 않았다. 그는 이후 협박죄로 13년 동안 복역했으나 살인혐의를 받지는 않았다.

가장 많은 수익을 보였던 제품이 사라지는 위험에 대한 존슨앤존슨의 대응책은 이후 모범적인 사례로 알려지고 있으며, 여전히 전 세계의 모든 대학교에서 위기관리의 대표적인 사례로 가르쳐지고 있다. 회사의 회장인 제임스 버크(James E. Burke)와 고위경영진은 원래 사망사고가 발생한 시카고 지역을 포함하는 중서부지역의 약통만 회수할 것을 제안받았다. 그러나 경영진은 전국에 있는 3100만 개의 타이레놀 약통 전부를 수거해서 처리하도록 했는데, 그 비용은 약 1억 달러에 달했다. 당시 타이레놀은 진통제 시장의 35%를 차지하고 있었다. 이로 인해 시장점유율은 7%이하로 떨어졌다.

회사는 왜 비용이 덜 들어가고 수용도가 높은 방법이 있었음에도 불구하고 그렇게 많은 비용이 들어가는 의사결정을 내렸는가? 이 질문에 답을 하기 위해서, 우리는 회사의 신조를 살펴볼 필요가 있다. 신조는 회사의 경영철학으로 창업자인 로버트 우드 존슨 장군이 1943년 처음 작성하였다.

신조의 도입부분을 보면 회사가 왜 타이레놀로 인한 사망사고에 그렇게 많은 비용이 들어가는 결정을 내렸는가를 잘 설명하고 있다: "우리는 우리의 첫 번째 책임이 의사·간호사와 환자, 어머니와 아버지, 그리고 우리의 제품과 서비스를 이용하는 모든 사람들이라고 믿는다." 그러한 책임의식으로 회사의 첫 번째 브랜드 제품에 대해 쉽게 변경할 수 없는 약통개발에 수백만 달러를 투자하였고, 고객들의 신뢰를 확보하기 위해 1억 달러 이상을 투자한 것이다.

이러한 의사결정은 보상을 받은 듯하다. 타이레놀의 시장점유율은 28%까지 상승하였다. 이러한 회복이 수완좋은 마케팅의 결과인지 아니면 고객을 위해 옳은 일을 하려는 회사 임원들의 이타적인 반응이었는지는 30여 년이 지난 지금에도 토론주제로 남아있다.

질문

1. 존슨앤존슨은 그런 의사결정의 결과, 단기적으로는 엄청난 손실을 기록했지만 회사의 재정적인 여력으로 버틸 수 있었다. 만약 회사의 생존이 어려운 상황이었다면 똑같은 방식으로 대응했을까?
2. 제임스 버크는 자신이 다른 결정을 내릴 수 없었다고 반복적으로 말했다. 당신은 이에 동의하는가? 예를 들어 만약에 그가 중서부 지역에 있는 타이레놀만을 수거하기로 결정할 수는 없었을까? 모든 타이레놀을 수거하는 것에 윤리적 불가피성이 있었는가?
3. 이 상황에서 회사에게 요구되는 최소한의 윤리는 무엇이었는가? 이로 인해 특정 이해관계자들이 더 도움을 받았는가? 당신은 어떻게 다른 이해관계자들보다 일부 이해관계자들의 이해관계보호를 지지할 것인가?
4. 제3세계의 자원봉사자들이 회수된 제품을 가져간다고 상상해보라 대표자들은 모든 알약은 눈으로 확인하고 유통 전에 무작위로 표본을 검사한다고 보장했다. 이런 상황에서 그것이 적절한 대응이겠는가? 회사는 이와 관련한 리스크를 예상하고 이에 관해 뭔가 조치를 취해야 했는가?
5. 피해자들의 어느 가족도 존슨앤존슨을 상대로 소송을 제기하지 않았다. 만약 소송을 제기했다면 이는 윤리적 이슈인가? 회사는 미리 그런 위험을 파악하고 사전에 조치를 취했는가?
6. 일반적인 회사의 신조가 얼마나 회사의 행동을 잘 가이드하는가? 예를 들어 당신은 전형적인 회사의 사명 선언문을 선호하는지 아니면 일련의 명확한 정책을 선호하는가? 아니면 일련의 명확한 정책을 선호하는가? 당신은 존슨앤존슨의 신조를 수정하거나 개정할 수 있는 방안을 가지고 있는가?

출처: S. Tifft and L. Griggs, Poison Madness in the Midwest," www.Time.com, October 11, 1982; I. Molotsky, "Tylenol Maker Hopeful on Solving Poisoning Case," The New York Times, February 20, 1986; B. Rudolph, "Coping with Catastrophe," www.Times.com, February 24, 1986; and Johnson & Johnson Credo, www.jnj.com/connect/about-jnj/jnj-credo/.

Chapter 4

기업의 사회적 책임

학습결과

이 장을 공부하면 여러분은 아래의 내용을 할 수 있게 된다.

1 기업의 사회적 책임(*CSR*)을 서술하고 설명할 수 있다.
2 기업의 사회적 책임에 대한 도구적 접근법과 사회계약적 접근법을 구분할 수 있다.
3 "바르게 하는 것이 잘 하는 것이다"라는 주장을 설명할 수 있다.
4 기업의 사회적 책임을 촉진하는 5가지 동력을 요약할 수 있다.
5 기업의 성과측정에 대해 *3중 바텀 라인*(*triple bottom line*) 접근법을 설명할 수 있다.
6 탄소상쇄 크레딧(carbon-offset credit)의 상대적 장점을 논의할 수 있다.

수년 전, 윌리암 제닝스 브라이언(William Jennings Bryan)은 "대기업이란 '단지 조직화된 욕구(appetites)의 집합체'에 지나지 않는다"고 말한 적이 있다.

대니얼 패트릭 모니한, 1986

명성 되살리기

클레어(Claire)는 석유판매회사에서 최근 신설한 CSR 매니저 직위로 승진하였다. 얼마전에 회사의 유류저장탱크 중 하나에서 약간의 유출사고가 발생하여 회사에 대한 언론의 부정적인 보도가 방영되었다. 다행히도 기름 유출이 상수도원에는 미치지 않았으나, 환경보호국(EPA)은 혹시 누출된 기름이 지하수층에 도달하지 않았는지 토양조사를 계속 진행하고 있다.

회사 소유자인 존스 씨(Mr. Jones)는 마케팅 부서에 근무하던 클레어를 승진시켜 회사가 환경친화적이라는 메시지를 통해 브랜드 이미지를 개선하고자 하였다.

클레어는 스스로를 환경보호론자로 생각한다. 가능한 모든 것을 재활용하고, 전기차를 사용하며, 지역의 청소활동에 참여하며, CSR 명성이 높은 회사 제품만 구매하는 사람이다.

존스 사장과의 첫 미팅에서 클레어는 매우 분명한 지시사항을 전달받았다. "상황이 설상가상입니다. 기름 누출 청소에 엄청난 비용이 듭니다. 게다가 기름 누출 사건으로 인해 유가가 역사적으로 낮은 수준임에도 고객이 줄어들고 있어요. 돈 들이지 않으면서 회사의 명성을 되살릴수 있는 빠른 아이디어가 지금 필요해요, 아니 어제 있었어야 해요."

질문

1. 존스 씨는 어떤 CSR 활동을 도입하려고 하는가?
2. 존스 씨의 지시사항을 볼 때 회사는 CSR에 대해 진지하게 노력하고 있는 것으로 보이는가?
3. 클레어는 지금 무엇을 해야 하나? 지역 석유회사의 CSR 활동들을 조사해 보시오.

1. 기업의 사회적 책임

어린 시절에 해보았던 레모네이드 장사를 생각해 보자. 기업의 사회적 책임관점에서 보면, 요즘의 목마른 소비자들은 25센트에 더 많고 더 좋은 시원한 음료를 원하고 있다. 레모네이드는 레몬을 바로 짜서 만들어야 하고, 살충제를 뿌린 레몬을 사용해서는 안 되고, 이를 준비하는 근로자들도 위험에 노출되어서는 안 된다고 주장한다. 레모네이드는 분해되는 종이컵에 제공되어야 하며, 근로자에게 공정하고 생활이 가능한 임금이 제공될 수 있는 가격에 팔아야 한다고 주장한다. 이러한 내용을 이해하기에는 너무 어린 레모네이드 장수는 아마도 놀이터로 가야할 것이다.[1]

기업의 사회적 책임 조직이 단순한 주주의 이익극대화 목표를 넘어서서, 모든 법적인 책임을 준수하며, 사회적 이익을 목표로 하는 행동. 기업시민정신이나 기업양심라고도 함

기업의 사회적 책임(CSR)은—기업시민정신(*corporate citizenship*)이나 기업양심(*corporate conscience*)라고도 함—조직이 단순한 주주의 이익극대화 목표를 넘어서서, 모든 법적인 책임을 준수하며, 사회적 이익을 목표로 하는 행동이라고 정의할 수 있다.

이런 정의는 기업이 경쟁적인 시장에서 운영되며, 기업의 관리자는 모든 법률을 준수하면서도 적극적인 성장 전략을 추구한다는 점을 전제하고 있다. 법률 준수에는 이익이 발생하는 경우 모든 세금의 납부, 종업원에 대한 임금 지급, 종업원에 대한 안전한 일터 제공과 소비자에 대한 안전한 제품의 제공 등을 위한 모든 법적인 기준 준수 등을 포함한다.

그러나 이러한 정의는 복잡하고 찾아내기 어려운 이슈들의 표면만을 다룬 수준이며, 일반인들은 여러 조직의 확인되지 않은 탐욕을 보여주는 기업 스캔들의 여파에 대해 많은 관심을 보인다. 기업의 사회적 책임에 대한 중요성이 증가하고 있지만 이러한 중요성은 과거에는 전통적인 전략계획으로 고민하지 않았던 불매운동이나 언론의 관심에 직면하고 난 다음에 깨달은 것들이다. 포터와 크래머(Porter and Kramer)는 다음과 같이 지적한다:[2]

> 많은 기업들이 과거에는 자신들의 관리책임이 아니라고 생각했던 사항들에 대해, 대중의 높은 관심을 경험하고서야 기업의 사회적 책임에 대해 인식하게 된다. 예를 들어 나이키(Nike)는 뉴욕 타임즈와 다른 언론에서 1990년대 초반 인도네시아 협력업체에서 발생한 폭력적인 노동관행이 보도된 이후 소비자들의 엄청난 불매운동에 부딪치게 된다. 쉘오일(Shell Oil)은 1995년 북해에 노후한 석유

✓ 이해도 확인 질문

1. 기업의 사회적 책임을 정의해 보라.
2. 사회를 인식하는 기업의 행위에 대해 다른 2가지 개념을 적어보라.
3. 기업의 법적인 의무 4가지 예를 들어보라.
4. 투자자들은 항상 수익을 기록하는 회사에 투자를 하는가?

굴착장치를 가라앉히기로 결정한 뒤에, 그린피스(Green Peace)의 항의에 부딪치고 국제적인 뉴스가 되었다. 제약회사들은 비록 자신들의 제품이나 시장과는 거리가 멀지만 아프리카의 후천성 면역결핍증 유행병에 대해 무언가를 해야 한다는 기대가 있다는 점을 파악하였다.

기업들이 감당해야 하는 대중의 압력을 가져오는 모든 유형의 활동가들은 더 적극적이 되었고 더 효과적이 되었다. 활동가들은 이슈에 대한 관심을 유도하기 위해 가장 잘 알려져 있고 가장 성공적인 기업들을 대상으로 하는데, 사실 이러한 기업들이 해당 문제에 대해 별로 영향을 주지 않을 때도 있다. 예를 들어 세계 최대의 생수제공회사인 네슬레(Nestle)는 담수 접근성에 대한 글로벌 논쟁의 핵심대상이었지만, 실제로 네슬레가 제공하는 생수는 전 세계 담수 공급량의 0.008%에 불과했다. 전 세계 물 공급의 70%를 차지하고 있는 농업 용수의 비효율성이 더 중요한 이슈지만, 이를 목표로 하기에는 글로벌 대기업보다 훨씬 어렵기 때문이다.

조직이 기업의 사회적 책임에 대한 중요성을 파악하는 것은 의도적이기도 하고 예상하지 못했던 언론의 관심에 대한 결과이기도 하지만, 일단 기업이 사회적 책임이 전략적 계획의 하나가 되면, 어떻게 회사가 이 새로운 이슈를 회사경영에 반영해야 하는가 하는 선택만이 남는다.

2. "양심"이 없는 경영

많은 경우 기업들은 기업의 사회적 책임에 대해 **도구적 관점(instrumental approach)**을 취하면서, 기업의 유일한 의무는 소비자들이 필요한 제품과 서비스를 제공하여 주주들에게 수익을 만들어주는 것이라고 주장한다. 이러한 "고전적" 모형의 대표적인 지지자는 노벨 경제학상 수상자인 밀턴 프리드만(Milton Friedman)인데 그는 다음과 같이 주장한다.:[3]

도구적 관점 기업의 유일한 의무는 소비자들이 필요한 제품과 서비스를 제공하여 주주들에게 수익을 극대화하는 것이라는 관점

> 대다수 기업경영자들이 받아들이는 관점은 사회적 책임이란 주주들의 이해관계를 보호하는 것을 넘어선다는 것이다.... 이러한 관점은 근본적으로 자유시장경제의 핵심과 특성을 잘못 이해하는 데서 나온다.... 자유시장경제에서 기업은 단 하나의 사회적 책임만이 있

다—이익을 증대시키기 위해 자원을 사용하고 행동하되, 다만 게임의 규칙 내에서 하면 된다. 공개된 자유 경쟁, 속임과 사기의 배제 등이 규칙이다.... 어느 누구도 자유로운 사회의 기본적인 가정을 침해할 수 없으며, 그 가정은 바로 기업경영자는 가능한 한 최대한으로 주주들에게 많은 수익을 가져다주는 것만이 사회적 책임이라는 점이다.

윤리적 관점에서 보면, 프리드만은 회사가 자사의 주식을 매입한 투자자들이 맡긴 자금을 운용해서 수익을 만들어 내는 것 이외의 활동은 비윤리적이라고 주장한다. 그는 또한 이익은 "속임수나 사기를 통해서" 만들어져서는 안 된다고 주장한다. 더 나아가 프리드만은 경영자는 회사의 종업원으로서 그의 사용자의 기대를 충족시킬 수 있도록 역할을 수행하는 윤리적 의무를 가진다고 주장한다.[4]

맥도날드는 동네 버거 가게보다 더 많이 팔기 때문에 어린이 비만에 대해 더 많은 책임을 지는가? 동네 식당들도 비슷한 기준을 가져야 하는가?

자유기업, 사유재산제도하에서 회사의 경영진은 기업소유주의 종업원이다. 경영진은 고용주에게 직접적인 책임을 진다. 그 책임이란 고용주의 요구에 따라 경영하는 것이며, 일반적으로는 사회의 기본적인 규칙을 준수하면서 가장 많은 돈을 버는 것이다. 이는 법적인 의무이기도 하고 윤리적인 의무이기도 하다. 여기서 핵심은 회사의 경영진이란 회사 소유주의 대리인이고, 경영진의 가장 중요한 책임은 소유주에 대한 것이라는 점이다.

프리드만의 기업관은 자신이 투자해서(정직하게 번다는 가정하에) 돈을 버는 개인들의 권리를 지지한다. 그리고 투명한 고용계약의 적법성도 인정한다. 경영진으로서 소유주인 나를 위해(또는 주주들인 우리를 위해) 일을 하며, 소유주가 투자한 자금이 성공적으로 운영되어 가능한 최대의 이익을 내도록 노력해야 한다. 그렇다고 해서 이러한 관점이 어느 정도의 사회적 양심(예를 들면 지역 사회단체에 기부하거나 어린이 운동 팀을 지원하는 것 등이다)을 부정하는 것은 아니다.그러나 그러한 자선활동은 소유주들의 결정에(재무상태가 좋은 경우에) 따른 것이어야 하며, 기업이나 경영진의 공식적인 의무이행이어서는 안 된다.

이런 단순모형은 기업의 내부세계에 초점을 맞추고, 기업이나 경영진의 활동이 외부에 미치

사회적 계약 관점 회사는 주주들의 기대 수준을 넘어서, 그리고 그 이상으로 사회에 대한 책임이 있다는 관점.

> **! Key Point**
>
> 당신이 일하는 회사는 기업의 사회적 책임에 대해 어떻게 접근하고 있는가? 도구적 관점인가 아니면 사회적 계약 관점인가? 답에 맞는 예를 들어보라.

는 영향이 없다고 전제한다. 그러나 우리가 기업의 활동에 영향을 받는 외부세계가 있다는 점을 인정하게 되면 기업경영에 대한 **사회적 계약 관점**(**social contract approach**)을 고려할 수 있게 된다.

최근에 기업과 사회 사이에 사회적 계약이 있다는 관점이 강조되고 있다. 원래 사회적 계약은 경제적 측면에 초점이 있었고, 지속적인 경제성장은 공평한 삶의 질 급속하게 성장한 가져올 것이라는 가정이었다. 그러나 미국내에서 기업이 1960년대부터 1980년대까지 지속적으로 규모와 힘에서 급속하게 성장한 이후 초점이 바뀌었다. 비용이 증가하는 성장, 인플레이션보다 낮은 임금 상승, 비용관리를 위한 상당한 수준의 정리해고 증가 등은 기존의 사회적 계약이 더 이상 작동하지 않는다는 증거로 제시되었다.

기업의 행위가 수천 수만의 시민에 영향을 미칠 수 있다는 인식이 확대됨에 따라 의견의 변화가 생겨났다. 환경운동가나 소비자운동 활동가를 포함하는 이해관계자 집단에 힘입어 소비자들은 기업의 기본적인 가정에 의문을 품게 되었다. 우리가 진정으로 200여 가지의 아침용 시리얼이 필요하고, 50여 가지의 빨래용 세제가 필요해서 투자자들은 높은 수익률을 얻고 있는가? 이런 지속적으로 높은 수익률은 우리에게 어떤 비용을 부담하게 만드는가?

새로운 현대적 사회적 계약 관점에서는 기업은 생존과 지속적인 성장을 위해 사회에 의존하고 있기 때문에, 단순히 특정 소비자의 요구보다는 사회의 요구를 충족시켜야 하는 책임이 있다고 주장한다. 따라서 기업은 경제적 기업이기도 하지만 동시에 사회적 제도라는 점도 인식되어야 한다. 기업은 소비자, 종업원, 주주, 협력업체, 그리고 지역사회 등 모든 이해관계들을 인식해야 하며, 단순한 분기별 수익보다는 장기적인 관점을 가져야 한다.

✓ 이해도 확인 질문

5 기업경영에 대해 도구적 관점이란 무슨 의미인가?
6 기업경영에 대해 사회적 계약 관점이란 무슨 의미인가?
7 프리드만의 논문을 읽어 보라. (4장의 참고문헌 #3) – 그의 주장은 어떤 가정을 하고 있는가?
8 사회적 계약 관점에 동의하는가? 아니면 동의하지 않는가? 그 이유는 무엇인가?

3. "양심"을 가진 경영

기업이란 독립된 환경에서 운영되지 않는다. 오래 전인 1969년에 헨리 포드 2세는 그 사실을 인식하고 있었다.[5]

> 기업과 사회간에 체결된 계약의 내용은 변한다.... 이제 우리는 인간의 가치에 대해 더 넓은 차원으로 대응하도록 기대되고 있으며, 상업적인 거래가 없는 일반 대중에 대한 의무도 인정해야 한다.

기업의 활동은 소비자, 종업원, 협력업체, 그리고 기업이 생산 활동을 하고 제품과 서비스를 제공하는 지역사회에 영향을 미친다. 기업이 어떠한 행동을 취하느냐에 따라 특정 집단은 긍정적인 영향을 받지만, 다른 집단은 부정적인 영향을 받는다. 예를 들어, 어떤 회사가 매우 경쟁적인 시장상황에서 수익을 내지 못하고 있는 경우에 제품의 가격을 올리기는 어렵다. 따라서 비용을 낮추기 위해 종업원들을 정리해고하는 것이 논리적인 방식이 된다. 해고예정 통지서를 배부하면 곧바로 인건비를 절감할 수 있기 때문이다.

이러한 결정으로 해고된 근로자들은 큰 타격을 받지만, 궁극적으로는 다른 결과를 가져오기도 한다. 해고된 근로자들이 거주하는 지역에서는 소비가 위축되고, 해고된 근로자들은 다른 일자리를 찾기 전까지는 지출을 줄일 것이다. 하지만 만약에 회사가 공장 전체를 문을 닫기로 한다면 그 지역은 공장에서 납부하던 재산세 수입을 상실하게 되고, 그 세금으로 운영되던 학교, 도로, 경찰 등과 같은 공공서비스 제공이 어려워질 것이다. 더욱이, 공장에 납품하던 협력업체들도 운영

현장에 적용하기

"특별히 주문하지 않는다면"

테레사(Theresa)는 차를 탄 채로 이용이 가능한 패스트푸드식당에서 일한다. 최근에 회사는 감자튀김과 초콜렛 대신에 사과조각을 넣고 청량음료 대신에 우유를 포함한 "건강한" 어린이 메뉴를 적극 홍보하고 있다. 처음 2주 동안 테레사는 고객 각각에 대해 튀김과 사과조각, 그리고 청량음료와 우유 중에 어떤 것을 원하는지 확인하도록 교육받았다. 그러나 이러한 추가적인 질문으로 주문시간이 길어지고 차량대기시간이 길어지자, 상사는 고객이 특별히 주문하지 않는 경우에는 그냥 일반적인 주문(튀김과 청량음료)으로 처리하라고 지시했다. 이 상황에서 패스트푸드식당은 고객에게 어떤 기업의 사회적 책임을 지고 있는가? 만약 당신이 테레사라면 어떻게 하겠는가?

이 어려워지고, 결국 중대한 결정을 내려야할 지도 모른다.

회사의 고객과 주주들은 어떻게 될까? 회사는 인원감축으로 제품가격을 낮추어 경쟁력을 유지할 수 있을 것이고, 고객들은 낮은 가격으로 제품구매가 가능해지며, 원가절감 경영은 회사의 수익성을 높일 것이다. 이상과 같이 최소한 이론적으로는 도움을 받는 집단도 있고, 손해 보는 집단도 있다.

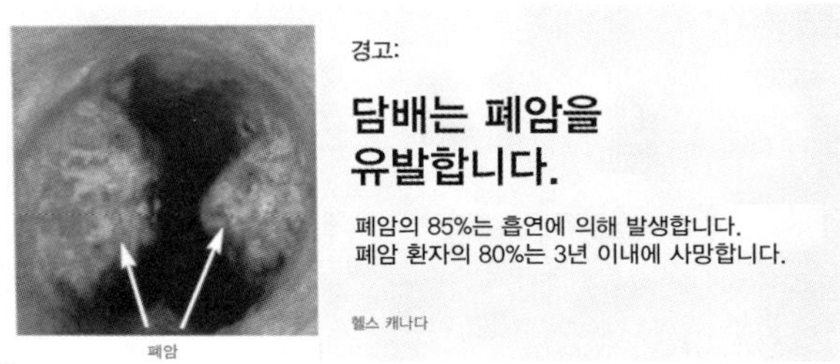

캐나다에서는 담배포장지에 반드시 그림을 이용해 흡연으로 인한 건강위험에 대해 자세히 설명하도록 하고 있다. 미국의 경우도 유사한 방식이 사용될 예정이다. 이러한 미국 정부의 결정에 대해 미국인 소비자들은 어떻게 생각할까?

이렇게 모든 집단이 서로 연결되어 있음을 인식하게 되면, 조직은 단순한 수익창출 이상의 그 무엇, 즉 "양심"이 있음을 알게 된다. 한카메르(Hankamer) 경영대학원의 짐 로버트(Jim Roberts)는 다음과 같이 지적했다.:[6]

> 나는 기업의 사회적 책임이란 바르게 함으로써 잘 하는 것이라고 생각하고 싶다. 고객에 대해 장기적으로 가장 잘하는 것이 궁극적으로 회사에 대해 가장 잘 하는 것이다. 고객에게 잘 하는 것이 바로 좋은 경영이다.

담배산업을 보자. 고객의 단기적인 욕구를 충족시키다보니 정부의 개입이 있게 되고 결국 기업체들이 흡연의 결과를 부정하였기 때문에 수백억 달러의 피해보상 소송이 있었다. 다른 한편으로 알코올 제조업체들은 고객들의 안녕에 대해 최소한의 관심("음주운전하지 마세요," "절제하면서 드세요," "대리기사를 미리 정하세요.")을 표현했기 때문에 담배회사들에 대한 분노와 같은 경우는 피할 수 있었다. 장기적 관점을 취하면 보상이 따른다.

"바르게 함으로써 잘 한다"라는 것은 그 자체로는 어렵지 않아 보이고, 많은 기업들은 사회단체에 기부하고, 지역사회의 프로젝트나 행사를 후원하며, 친환경 포장재 사용이나 재활용이 가능한 재료 사용에 대해 특별한 이해관계집단과 생산적인 대화를 진행하고 있다. 그러나 고객인 지역사회 시민들 중에는 이에 대해 불신하고 의심하는 경우도 있다. 여전히 많은 사람들은 이러한 기업의 활동은 홍보적 차원이며, 기업경영의 핵심철학에 변화가 있다는 증거는 없다고 생각한다.

4. 기업의 사회적 책임을 촉진하는 요인

뉴서클(NewCircle) 커뮤니케이션의 조셉 키프(Joseph F. Keefe)는 기업의 사회적 책임을 촉진하는 5가지 트렌드가 있다고 주장한다.[7]

1. **투명성**(*Transparency*): 우리는 경영이 급격하게 투명해지는 정보화 사회에서 살고 있다. 기업들은 더 이상 자신이 한 일을 숨길 수 없으며 좋든 나쁘든 어떤 일을 해도 거의 실시간으로 전 세계에 알려지게 된다.
2. **지식**(*Knowledge*): 정보화 사회로의 전환은 소비자와 투자자들이 다른 어떤 시대보다 더 많은 정보를 가지고 있다는 점을 의미한다. 그들은 더 높은 분별력을 가지고, 더 많은 영향력을 행사할 수 있다. 옷가게를 방문하는 소비자들은 회사의 환경관련 기록이나 해외의 생산공장 노동이슈에 대한 정보를 바탕으로 제품을 선택할 수 있게 되었다.
3. **지속가능성**(*Sustainability*): 지구의 자연자원은 심각한 속도로 줄어들고 있는데, 인구는 급증하고 있다. 지난 30년 동안에만 지구의 "자연 보물"인 자원의 1/3이 소모되었다. 이미 지속가능한 재생수준 이하로 되어버린 여러 자원들이 있는데(민물, 대양수산, 산림, 방목장 등) 이들은 인구증가율에 맞추지 못할 것으로 예상되고 있다.... 결과적으로 기업들은 다양한 이해관계자들로부터 환경적으로 적절하며, 지속가능한 개발에 기여하는 경영계획과 전략을 수립하도록 요구받고 있다.
4. **글로벌화**(*Globalization*): 미국역사에서 개혁이 가장 활발했던 시기에 아동노동법, 최저임금, 일 8시간 근무, 산재보험법, 실업보험, 반독점 및 주식시장 규제, 사회보장, 의료보험, 지역사회개발법, 청정공기법, 환경보호청 등이 만들어졌다. 이러한 개혁 모두는 정부가 개입하여 시장자본주의의 지나침을 제한하려는 노력이었다. 글로벌화는 새로운 자본주의적 개발을 의미한다. 개별기업 이익과 전반적인 사회의 이익에 대한 균형을 통해 사회를 보호하려는 공공제도가 필요하다.
5. **공공부문의 실패**(*The Failure of the Public Sector*): 대다수는 아니지만 상당수의 개발도상국은 불행하게도 조직화되지 못한 정부나 잔인하고 부패한 정부들이 지배하고 있다. 제대로 기능하지 못하는 공공부문으로 인해 고통을 받는 것은 개발도상국만이 아니다. 미국과 다른 선진국들에서 시민들은 과거에 비해 더 작은 정부를 비난하며, 사회적 문제를 해결하기 위한 적절한 대응책으로서의 공공부문에 대한 신뢰를 잃어버리고 있다고 비판하고 있다.

존 베네트(Jon Bennett)는 할아버지가 텍사스에 땅을 사셨지만 떼돈을 벌 수 있는 유전이 포함되지 않은 것에 대해 후회하고 있었다. 땅은 넓었지만 기본적으로 별 가치가 없는 덤불들만 있었기 때문에 작은 소들만 겨우 방목할 수 있었고, 그는 먹고 살기 위해 마을에서 유일한 주유소에서 자동차 정비공으로 두 번째 직업을 가질 수밖에 없었다. 그러나 이제는 글로벌 리소스사(Global Resources)의 촌스러운 엔지니어가 믿었던 대로 모든 것이 변하게 되었다.

베네트는 콜로라도와 와이오밍주의 목장 주인들이 자기들 땅에 천연가스 시추권(drilling rights)을 주고 엄청난 거액을 챙겼다는 이야기를 들어왔다. 할아버지가 물려주신 땅에 석유는 없었지만, 미국에서 가장 큰 천연가스생산자의 관심을 끌만한 혈암(shale)[1]을 가지고 있었다. 베네트와 이웃 주민들은 마을회관에서서 그럴듯한 발표에 참여했는데, 글로벌사의 엔지니어들은 셰일가스의 매장량과 생산가능량에 대해 설명했다. 그들은 또 영상물을 통해 글로벌이 얼마나 "사회적 책임을 다하는" 기업인지 설명했고, (완전히 "정보를 공개하는") 투명한 기업이며, 유전지역의 지역사회와 환경을 얼마나 적극적으로 보호하는지도 강조했다. 한 엔지니어는 "우리는 이 지역에 수십 년 동안 추출할 수 있는 양의 셰일가스가 매장되어 있다고 생각합니다. 그러나 추출작업이 끝난 후에는 바로 우리가 처음 발견했던 당시 그대로 다시 원상복구해 드리겠습니다.ㅡ당신들은 우리가 작업을 했는지 조차 모를 것입니다."라고 강조했다.

마을은 지역 내 여러 목장의 중심에 위치했기 때문에, 글로벌사는 지역의 기간인프라 구축에 많은 비용을 투자하겠다고 약속했다. 베네트는 정확하게 이해하지는 못했지만, 더 많은 길, 더 많은 일자리, 새로운 창고시설, 더 큰 학교 등에 대해서는 확실하게 들었다.

이 마을회의는 목장소유주들만을 대상으로 개최되었다. 그런데 베네트는 회의장 밖에서 사람들이 시위를 하는 것을 보고 놀랐다. "셰일가스 추출기술인 프랙킹(fracking)은 유해하다!," "글로벌사는 거짓말쟁이"라는 피켓을 들고 있었으며, "돈에 넘어가지 마라," "그들을 믿지 마라," "셰일가스 추출로 우리 마을은 망할 것이다"라고 외치고 있었다.

베네트는 셰일가스 추출기술인 프랙킹은 처음 들어본 말이었다. 그러나 노트북을 켜고 인터넷에서 그 단어를 찾아보면서 걱정이 생겼다. 셰일바위에서 천연가스를 얻기 위해서는 압력을 받은 액체(물과 다른 화학물질)를 주입해야 하는데 이 과정은 전혀 문제가 없다는 주장과 매우 위험하다는 서로 상반된 주장이 있었다. 비판자들은 여기에 사용되는 화학물질은 아주 새로운 물질이어서, 지역의 물이나 땅에 미치는 영향에 대해서 분석이 되지 않은

1. 역주: 셰일(shale)은 원래 조개껍데기를 뜻하는 독일어 Schale에서 유래되었다. 셰일은 한국어식 영어 발음이며, 혈암이라고 번역하는데 이는 엽암을 잘못 이해한 것이라고 하겠다. 일본어와 중국어는 頁岩(엽암)이라고 하는데 여기서 頁는 머리 혈 또는 책장 엽으로 '책의 면(쪽)과 같이 여러 면이 겹쳐 있는 암석'을 뜻한다. 최근에 이 셰일에 갇혀 있는 가스를 높은 열과 압력을 가해 천연가스를 추출할 수 있게 되어 새로운 자원의 대안으로 제시되고 있다.

글로벌 자원(계속)

상태라고 했다. 그러나 지지자들은 이 작업은 유전에 진흙을 집어넣는 것과 다르지 않으며, 마치 석유를 추출한 땅에 다시 오일을 넣는 것과 같다고 주장했다. 베네트에게는 별다른 문제가 없어 보였으나, 그는 펜실바니아주에 사는 한 남자가 그의 부엌 싱크대에서 성냥에 불을 붙여서, 수도꼭지에서 나오는 물에 불붙이는 동영상을 보고 나서는 당황했다.

베네트는 글로벌사의 엔지니어가 목장에 온 이후 더 혼란스러웠다. 그는 "베네트씨, 귀하의 목장 크기를 조사한 결과, 저희는 시추권에 대한 보상을 위한 착수금으로 50만 달러를 제안하고, 향후 십년간 매년 최소 25만 달러를 드리겠습니다." 라고 말했다.

질문

1. 글로벌사가 만약에 시추권에 대해 공정한 시장 가격을 지불한다면, 다른 윤리적 문제는 없는가? 왜 그런가? 아니면 왜 그렇지 않은가?
2. 글로벌사의 엔지니어는 그들이 주장하는 대로 "완전히 정보를 공개"하는 것인가?
3. 글로벌사는 사회적인 책임을 다하고 있는가? 아니면 지역사회에 대한 단지 "겉치레"만 하는 건가?
4. 당신이 만약에 베네트라면 어떻게 할 것인가? 왜 그렇게 할 것인가?

기업의 사회적 책임을 유도하는 이상의 여러 추세에도 불구하고, 많은 기업들은 사회에 대한 책임을 이론적 개념에서 구체적인 운영정책으로 전환하는 것이 어렵다고 생각한다. 아이러니하게도, 윤리적 결정 그 자체가 문제를 만들지는 않는다. 문제는 어떻게 이해관계자들에 대한 행동들을 새로운 기업의 양심의 증거로 만드는가 하는 점이다. 잘못하면 그런 행동이 고객들의 입맛에 맞추어 그저 좋은 이미지를 만들려고 하는 정책으로 간주되고, 형식적으로 언론보도를 유도하기 위해 조작되거나 계획되었다고 보이기 쉽기 때문이다.

또한, 많은 기업의 사회적 책임 활동은 당장 조직에 경제적인 이익을 가져다주지 않는다. 냉소적인 소비자들은 기업의 사회적 책임 활동이 진정으로 실질적인 프로젝트이며, 경쟁이 심한 시장에서 단순히 고객을 확보하기 위한 전략이 아닌지를 확인하기 위해 소비를 유보하기도 한다. 이렇게 지연된 반응은 조직의 의지를 확인하는 과정이 될 수도 있지만, 상황이 어려운 경우 실험적인 경우로 끝나기도 한다.

기업의 사회적 책임에 대해 진정성 없이 실험적으로 시도하는 기업들은 부정적인 반작용결과가 발생할 위험이 있으며, 시작할 때보다 더 안 좋은 상황으로 끝나게 되기도 한다.

- 종업원들은 조직의 진정성이 부족하고, 조직이 자신들은 돌봐주지 않는다고 생각한다.
- 일반 대중은 지역사회보다는 홍보를 위한 형식적인 활동으로 인식한다.
- 조직은 기업의 사회적 책임으로부터 별다른 이익을 보지 못하고, 그 개념을 더 개발해야 할 필요성을 느끼지 못한다.

✓ 이해도 확인 질문

9 기업의 사회적 책임을 촉진하는 5가지 요인을 정리해 보라.
10 어떤 것이 가장 중요하다고 생각하는가? 그 이유는 무엇인가?
11 왜 조직이 기업의 사회적 책임 이슈를 도입하기 어려운가?
12 왜 고객들은 기업의 사회적 책임 이슈에 대해 비판적인가?

실체에 대한 비난

1999년 노동과 경제적 평등을 위한 학생조직(Student Organization for Labor and Economic Equality, SOLE)의 시위 이후 미시간대학교는 공급업자 행동강령을 제정하였는데, 그 안에는 대학 교내 모든 공급업자의 핵심성과기준을 구체화했다.

일반원칙

미시간대학교는 오랫동안 적절하고, 윤리적이며, 사회적으로 책임 있는 행동을 하기 위해 노력하였다. 교내 구매활동을 학교의 핵심가치 및 관행과 연계시키기 위해, 우리 대학은 기본적인 인권, 구성원에 대한 적절한 근로기준, 종업원과 일반인에 대해 안전하고, 건강하며 지속가능한 환경을 제공하기 위해 노력한다.... 또한, 우리 대학은 이 행동강령에 제시된 기준을 충족하는 공급업자와만 계약을 체결하기 위해 모든 가능한 노력을 기울인다.

필수적인 기준

- 차별금지
- 적극적인 차별해소 노력
- 결사의 자유와 단체교섭의 자유
- 노동기준: 임금, 근로시간, 휴가, 그리고 아동노동
- 건강과 안전
- 강제노동 금지
- 희롱이나 남용 금지

선호하는 기준

- 생활임금
- 국제적인 인권

- 환경보호
- 외국법

준수절차

대학과 공급업자의 파트너십. 대학과 공급업자와의 이상적인 관계는 파트너십으로, 서로 간에 인정할 수 있는 중요한 목표를 찾는 것이다. 서로간의 상호의존성을 인정하고, 공급업자가 행동강령을 준수하는지에 대해 문제가 제기되는 경우 해결방안을 찾는 것이 대학에서 원하는 가장 중요한 사항이다.

2004년 11월 30일 SOLE는 공급업체인 코카콜라사를 상대로 공식적으로 불만을 접수하였다. 코카콜라사는 2004년 회계연도에 학교와 12개의 직간접 계약을 체결하고 있었고, 그 금액은 130만 달러 규모였다. 코카콜라에 대한 불만은 다음과 같았다:

- 인도에서의 하수쓰레기 처리. 카드뮴과 다른 오염

물질이 포함된 병 공장의 하수쓰레기를 지역 농민들에게 비료로 나누어 주었다.

- 인도에서 지하수사용. 코카콜라는 심층우물을 사용함으로써 지하수면과 대수층을 낮추었다. 수질이 나빠졌고 지역 농민들이 사용하던 저층우물이 메마르게 되었다. 충분한 농업용수 공급부족으로 보틀링공장 주변의 작물수확이 나빠졌다.
- 인도에서 생산된 제품에 살충제 검출. 연구결과를 보면 인도에서 생산된 코카콜라 제품 안에 국내 및 국제적 기준을 초과하는 수준의 살충제가 발견되었다고 했다.
- 콜롬비아에서의 노동관행. 시알트라니날(SIAL-TRANIAL)이라는 콜롬비아 보틀링(bottler) 노동조합의 조합원수가 (지난 10년 동안 2,300명에서 650명으로) 줄어들었는데; SOLE는 준군사집단이 노조 간부들과 조합원들에 대해 반복적으로 협박과 해꼬지를 해 왔으며, 납치와 살인도 있었다고 주장했다. SOLE는 보틀링공장의 근로조건에 대해서도 의문을 제기했다.

2005년 6월 파트너십행동강령 분쟁조정위원회가 개최되었고, 이상의 문제제기에 대해 코카콜라는 2005년 9월 30일까지 외부의 제3자가 감사하는 데 서면으로 동의하도록 제안받았다. 이후 양자가 동의하는 독립적인 감사단체를 12월 31일까지 선정하고, 2006년 3월까지는 감사를 마무리하며, 4월 30일까지는 대학교에 감사결과를 제출하고, 5월 31일까지는 코카콜라가 필요한 조치를 하도록 하였다. 2005년 6월 30일에 12개 계약 중에 하나의 계약이 만료되고 나머지 7개의 계약도 7월과 11월 사이에 만료되기 때문에 SOLE의 주장에 대한 추가조사 계속 여부를 조건으로 코카콜라사는 2006년 8월까지 결정을 유보하기로 하였다. 위원회는 추가적으로 이 기간 동안에는 새로운 계약을 체결하지 않으며, 기간이 만료되는 계약에 대해서도 재계약을 체결하지 않도록 하였다. 다만 앞에서 정해진 일정에 맞추어서 공급업자 행동강령에 따른 적절한 조치를 취한 경우에만 단기적으로 계약을 연장하기로 하였다.

하지만 상황은 코카콜라사에 더욱 불리하게 흘러갔다. 2005년 12월까지 전 세계적으로 십여 개 이상의 기관에서 아시아와 남아메리카에서의 인권침해를 이유로 코카콜라와의 계약을 파기했다. 뉴욕대학교는 사전에 정해진 날짜까지 코카콜라사가 독립적인 감사결과를 제시하지 않자, 캠퍼스에서 모든 코카콜라제품을 내보내기 시작했다.

2005년 12월 30일 미시간대학교는 2006년 1월 1일부터 3개 캠퍼스에서 코카콜라 제품판매를 금지시켰고, 그 결과 자판기, 기숙사, 카페테리아 및 식당에서 판매가 금지되었다. 코카콜라의 대변인인 카리 보르허스(Kari Bjorhus)는 디트로이트 신문에 "미시간 대학은 중요한 학교이며 나는 이 사건에 대해 학교가 우리에게 취한 결정을 존중한다. 이러한 사건들에 대해 지속적으로 학교와 함께 해결책을 마련해 나갈 것이며, 그들이 우리의 경영에 대해 신뢰할 수 있도록 노력하겠다."고 밝혔다.

질문

1. 여기에서는 어떤 윤리적 기준을 어긴 것인가?
2. 대학이 공급업체행동강령에 따라 높은 기준을 요구하는 것은 비합리적인 것인가?
3. 만약에 SOLE의 적극적인 캠페인이 없었다면 대학이 공급업자 행동강령을 추진했을 것으로 생각하는가?
4. 미시간대학교와의 계약을 유지하기 위해서, 코카콜라는 어떻게 해야 하는가?

출처: University of Michigan, www.umich.edu; Associate Press, December 30, 2005; The Michigan Daily, September 29, 2005; and University of Michigan News Service, June 17, 2005.

5. 3중 바텀 라인

조직은 바텀 라인(bottom line)에 대해 자세하고 철저한 관리를 통해 운영상의 효율성을 추구하는데, 회사 제품과 서비스 판매로 발생한 매출에 대해 모든 비용을 제한 후 얼마나 수익이 남았는가 하는 것이다. 많은 기업들은 얼마나 신중하게 CSR을 관리했는가 보여주기 위해 연차보고서에 3중 바텀 라인(triple bottom line): 이후 '3BL'에 대해 보고를 하는데, 여기에는 가장 핵심적인 재무성과 외에 사회 및 환경성과가 포함된다. 이 3BL이란 개념은 1998년에 서스테이너빌리티(SustainAbility)라는 경영컨설팅사를 공동으로 창업한 존 엘킹톤(John Elkington)이 그의 책 포크를 잡은 식인종: 21세기 경영의 3BL(*Canniblas with Forks: The Triple Bottom Line of 21st Century Business*)에서 처음 사용하였다. 이 개념이 경영계에서 주요한 단어로 사용된 또 다른 이유는, 3BL이란 단어가 이런 새로운 경향의 최첨단에 서있다는 것을 보여주는 단어이기 때문이기도 하다.

3BL은 어떻게 보면 "황제의 새 옷"이란 제목의 동화 같기도 하다. 기업이 재무 목표 외에 사회 목표와 환경 목표를 함께 추구하는 것이 그다지 어려워 보이지는 않지만, 그에 대한 성과를 어떻게 측정해야 한다는 확실한 증거는 없으며 동화에서 황제에게 발가벗었다고 말할 소년과 같은 역할을 수행할 사람도 아직은 없다. 만약에 당신이 "측정할 수 없으면, 관리할 수 없다"라는 오랜 경영 숙어를 인정한다면 3BL 목표를 설정하고 이를 달성하는 데 따르는 어려움을 더 쉽게 인정할 수 있을 것이다. 웨인과 맥도날드는 다음의 시나리오를 제시한다.[8]

다음과 같은 회사의 보고서를 생각해 보라:

(a) 임원의 20%는 여성이다.

(b) 고위 경영진의 7%는 소위 "가시적인(visible)" 사회적 약자이다.

(c) 회사는 이익의 1.2%를 복지원 등에 기부한다.

(d) 시간제 근로자 중에 매년 4%가 이직한다.

(e) 금년에 회사는 유해가스 배출로 두 번 벌금을 냈다.

이제 이러한 정보만을 가지고 (예를 들면 회사가 얼마가 큰지, 어디서 운영되고 있는지, 산업평균이 어느 정도 되는지에 대한 정보가 없다면), 얼마나 좋은지 또는 나쁜지를 판단하기 어렵다. 물론 우리는 각각의 지표에 대해 사회적/윤리적 성과라는 관점에서 높은 숫자가 좋은지 낮은 숫자가 좋은지에 대한 감각을 가지고 있기는 하다. 그러나 여기서 중요한 개념적 문제는 이러한 정보가 손익 계산서와 같은 계산을 통해 최종 결과를 알 수 있는 것과는 상당히 다른 종류의 정보라는 점이다.

그래서 만약에 이를 측정할 수 없다면, 진정으로 이에 대한 "바텀 라인"에 도달할 수 있는가? 그래서 많은 기업들은 일관성 있는 방법론 없이 특정한 개념을 사용하는 기회주의적인 시도를 많이 하는 것으로 보인다. 3BL과 관련된 느낌이 좋은 개념을 사용하는 것이, 과거에 대한 잘못을 수정하기 위한 노력으로 더 신뢰감을 주는가? 다음에 제시된 2004년 코카콜라 시민보고서(Citizenship Report)를 생각해 보자.[9]

> 우리 회사는 항상 책임지는 경영, 그리고 윤리적인 경영을 위해 노력한다. 우리는 오랫동안 작업장을 잘 관리하고자 했고, 환경을 유지하고 보호하고자 했으며, 우리 회사가 위치한 지역사회를 강화하고자 하였다. 이러한 목표들은 언제나 높은 품질의 음료를 통해서 시장을 기운차리게 만드는 우리의 기본 목표와 일관성을 유지하고 있다.

만약에 우리가 이 약속을 앞에서 '윤리적 딜레마: 실체에 대한 비난' 사례로 제시된 미시간대학교 학생들의 주장과 비교해 보면, CSR이 얼마나 어려운 일인지 알게 된다. CSR에 대해 대외적으로 공표하는 것은 쉬운 일이지만, 이러한 내용에 대해 고객이 만족하도록 하는 것은 매우 어려운 일이다.

5.1 CSR 추세에 편승하기

3가지 핵심기준과 마찬가지로, 기업들은 스스로의 목표에 따라—윤리적, 이타적, 전략적—3가지 서로 다른 유형으로 CSR 추세에 편승하였다.

윤리적(Ethical) CSR은 가장 순수한 또는 합법적인 CSR 유형으로 주주에 대한 재무적 책임에 대해, 지역사회와 사회에 대한 법적인 책임에 대해, 그리고 모든 이해관계자들에 대해 바르게 행동해야 하는 윤리적인 책임을 지기 위해 구체적으로 정의된 사회적 양심 개념을 따른다.

> **윤리적** 가장 순수한 또는 합법적인 CSR 유형으로 주주에 대한 재무적 책임에 대해, 지역사회와 사회에 대한 법적인 책임에 대해, 그리고 모든 이해관계자들에 대해 바르게 행동해야 하는 윤리적인 책임을 지기 위해 구체적으로 정의된 사회적 양심 개념을 따름

이러한 유형의 기업들은 자신의 신념을 회사 운영철학에 반영하고 있다. 바디샵(The Body Shop), 벤과 제리(Ben & Jerry)

의 수제 아이스크림, 탐스오브메인(Tom's of Maine)과 같은 회사들은 회사와 소비자가 적대적인 관계가 아니라는 신념을 가지고 있으며, 회사를 운영하고 서비스를 제공하는 시민들이 속한 지역사회와의 사회적 계약을 중시한다.

이타적 박애주의적 접근이며, 회사가 위치한 지역사회나 특정한 국내 또는 국제 프로그램에 사회환원을 동의하고 시행함

이타적(Atltruistic) CSR은 박애주의적 접근이며, 회사가 위치한 지역사회나 특정한 국내 또는 국제 프로그램에 사회환원을 동의하고 시행한다. 윤리적으로 보면 이 사회 환원은 주주들에게 속한 자금이라고 할 수 있다(그러나 예를 들어 맥도날드의 주주들이 다음 전체 주주총회에서 로날드 맥도날드 하우스를 지원하기 위해 사용한 자금을 돌려달라고 할 것 같지는 않다).

중요한 관심사는 사회단체의 선택은 회사의 결정에 달려있다는 점인데, 개인 주주로서는 지원하고 싶지 않은—예를 들어 낙태반대나 총기규제 운동 등—단체를 지원하는 어색한 경우가 생길 수도 있다는 점이다. 비판자들은 윤리적 관점에서, 이러한 유형의 CSR은 비윤리적이라고 주장하는데, 이는 기업의 사회적 책임이라는 이름으로 사업을 하면서 주주들에게 찬반투표를 할 수 있는 기회를 주지 않았기 때문이라고 주장한다.

하지만 이타적 CSR의 합법성은 박애주의적 활동은 기업의 수익성에 대한 관련 없이 그 정당성을 인정할 수 있다는 주장에 기인한다. **공리주의적** 주장은 기업이란 최대 다수의 최대 행복을 위해 일하는 것이다.

이타주의적 CSR은 급박하게 도움이 필요한 위기에서 그 예를 볼 수 있다. 다음을 생각해보자.

- 사우스웨스트 항공(Southwest Airlines)은 로날드 맥도날드 하우스를 금전적으로, 그리고 종업원들의 봉사활동을 통해 지원하였다. 회사는 사명을 실천하고 있는 그 지역사회에 다시 되돌려주는 환원활동을 한 것이다.
- 쉘오일(Shell Oil)회사는 2004년 12월 아시아의 쓰나미 피해에 대해 구호팀과 식수공급 운반에 필요한 연료비를 기부하였으며, 그 외에 구호기금으로 수백만 달러를 기부하였다. 쉘의 종업원들도 회사의 기부활동에 동참하였다.
- 2005년 9월 주택 개선 관련 제품과 서비스를 제공하는 홈 디포(Home Depot)는 카트리나 태풍으로 피해를 입은 지역의 구호와 재건을 위해 150만 달러를 기부했다. 추가적으로, 회사는 기부의 달을 선포하고 미국 내 전체에 30만 봉사시간을 기부했고, 지역사회의 90개 가게의 복구를 위해 20만 달러에 달하는 물품도 기부했다.

- 1974년부터 제록스(Xerox)는 회사의 지역사회몰입 프로그램(Community Involvement Program)을 통해 여러 사회적 책임활동을 지원하고 있다. 2013년에는 13,000명의 종업원이 지역사회에 초점을 맞춘 조직에 참여하는 것을 장려하기 위해 130만 달러 이상을 배정하였다.

회사정책에 따른 봉사활동은 대기업에만 있는 것은 아니다. 기업들이 참여할 수 있는 좀 작은 규모의 이타주의적 노력에는 어떤 것들이 있는가?

전략적(**Strategic**) **CSR**은 회사가 자기잇속만 차리는 행위로 오해받을 위험이 있다. 이런 박애주의적 행위는 회사의 긍정적 이미지와 호의를 만들어 내는 프로그램에 초점을 둔다. 이런 프로그램을 지원함으로써, 회사는 양쪽의 2가지를 다 달성할 수 있다: 회사는 바른 일을 했다고 주장할 수 있으며 다른 한편으로는 호의적인 이미지를 통해 매출을 확대할 수 있다는 가정 하에 주주들에 대한 금전적 의무도 충족시킬 수 있다.

이타주의적 CSR에 대해 비윤리적이라는 주장과 달리, 비판자들은 전략적 CSR이 칭찬받을 만한데, 그 이유는 그런 프로그램을 통해 이해관계자도 만족시키고, 동시에 주주들에게 금전적인 이익도 가져오기 때문이다. 그러나 상생(相生)할 수 없다면 그러한 CSR 활동이 실현될 수 있는가하는 질문은 남는다.

따라서 기업의 행동이 어떻게 인식되는가에 위험이 있을 수 있다. 포드 자동차의 2가지 경우를 예를 들어 생각해 보자:

전략적 CSR에 대한 박애주의적 접근 방식으로, 회사의 긍정적 이미지와 호의를 만들어는 프로그램에 초점을 두는데, 잘못하면 회사에 대해 자기잇속만 챙기는 행동을 한다는 평가를 받을 위험도 있음

- 포드(Ford)는 몸무게가 40파운드 이하이고 키가 4피트 9인치 이하인 어린이들에 대해 (대부분 4세에서 8세인 경우임) 어린이용 보조의자(카시트)의 필요성을 강조하는 광고를 위해 매년 수백만 달러를 사용하고 이런 캠페인에 백만 개에 달하는 보조의자도 나누어주고 있다.
- 포드의 익스플로러(Ford Explorer) 자동차의 전복사고 원인으로 파이어스톤(Firestone)의 타이어가 제시되는 광고전쟁 속에서 당시 포드의 회장인 제크 나서(Jacques Nasser)는 포드 익스플로러 자동차에 장착된 타이어 1300만개를 무상

Key Point

기업이 CSR을 받아들이는데 기회주의적이라면 문제가 되는가? 긍정적인 결과가 있다면 궁극적으로 모두가 도움을 받는 게 아닌가? 왜 그런가? 아니면 왜 그렇지 않은가?

으로 교체하겠다고 발표했는데 그 비용은 30억 달러에 달했다. 그 이유는 "고객들이 감당하기에는 너무 큰 위험"이라고 생각했기 때문이었다.

각각 캠페인의 배경을 생각해 보면 보조의자 캠페인은 포드가 운전자뿐만 아니라 동승자의 안전까지도 고려하는 자동차 제조업체라는 이미지를 강조하는 것이었다. 타이어 교환도 마찬가지지만, 파이어스톤에서 주장하는 것처럼 포드 익스플로러 자동차의 설계상 결함에 대한 관심을 분산시키기 위한 전술적인 접근은 아니었을까?

가장 최근에 CSR 쪽에서 의문시되고 있는 사항은 바로 "탄소 중립(carbon neutral)"인데 이는 회사의 가스배출로 환경을 파괴한 만큼 "탄소 포지티브(carbon positive)" 프로젝트로부터 크레딧(credits)를 구매해서 이를 중립화한다는 것이다. 이 개념은 처음에(항공이나 자동차 등과 같이) 탄소배출 축소에 어려움을 겪고 있는 산업을 위해 그 해결책으로 개발되었으나, 이후 탄소 중립성 달성에 도움을 줄 수 있는 다양한 판매회사들이 생겨났고, 배출 크레딧을 사고 파는 시장도 형성되었다.

✓ 이해도 확인 질문

13 **3중 바텀라인**(*triple bottom line*)을 설명해 보라.
14 **윤리적** CSR을 설명해 보라.
15 **이타적** CSR을 설명해 보라.
16 **전략적** CSR을 설명해 보라.

실전기술

사회적 책임을 진다는 것

기업의 사회적 책임과 지속가능성에 대한 믿음이 당신의 일상생활에서 얼마나 중요한지 생각해 보라. 당신은 어렵게 번 돈을 환경보호를 강조하고 "녹색" 자본주의를 강조하는 가게에서 사용하는가? 아니면 생활비 압박으로 가장 싼 가격을 찾게 되고, 이런 낮은 가격으로 인해 발생하는 부정적인 결과는 생각하지 않는가?

그런 믿음들이 향후 당신의 삶을 선택하는 데 얼마나 영향을 미칠까? 당신은 좋은 CSR 기록이 있는 회사를 중심으로 일자리를 찾을 것인가? 아니면 각종 생활비를 충당하기 위해 가능한 높은 임금을 주는 회사를 찾을 것인가? 급여명세서는 당신과 당신 회사의 가치 사이에 발생하는 갈등이나 문화적 부적합 정도를 보여주지도 않는다는 점을 기억해야 한다. 그저 그런 많은 회사들 중에 처음 채용되는 회사를 선택할 것이 아니라, 조금 힘들더라도 당신이 자랑스럽게 일하는 회사를 찾은 것이 더 바람직하다.

6. 돈으로 확보하는 CSR

당신의 탄소 발자국이 어느 정도인지 아는가? www.carbonfootprint.com/calaulator.aspx에 가면 당신의 집, 자동차, 항공여행에 따른 이산화탄소 배출량을 계산할 수 있고, 이를 근거로 연간 배출하는 총배출량을 계산할 수 있다. 그 결과가 당신의 "탄소 발자국"이다. 그리고 그런 배출에 상응하는 크레딧을 구입하면 당신은 스스로를 "탄소 중립"이라고 주장할 수 있다. 만약 당신이 여유가 있다면 중립에 필요한 크레딧보다 더 많은 크레딧을 구입할 수 있고, 그렇게 되면 당신은 당신이 만들어 내는 이산화탄소보다 이를 더 많이 제거하게 되고, 결과적으로 선망의 대상이 되는 "탄소 포지티브(carbon-positive)" 집단에 포함된다. 물론 그렇다고 해서 당신이 운전을 덜 하거나 하이브리드 차를 운전하는 것은 아니며, 집의 냉난방에서 에너지 소비를 더 고민하는 것도 아니다. 당신은 단지 지구상 어딘가에서 이루어지고 있는 사업에 대한 크레딧을 사는 것이고, 여기에는 원시 밀림에 나무심기, 풍력 발전 지역, 아프리카 농부들에게 열효율이 높은 스토브 지급, 그리고 당신의 부정적인 배출을 상쇄시켜주는 긍정적인 배출을 사용하는 것들이 포함된다. 델 컴퓨터(Dell Computer), 브리티시 항공(British Airlines), 익스피디아 트래블(Expedia Travel), 그리고 비피(BP) 등은 고객들이 자기 회사의 제품 제조나 서비스 산출을 위해 사용된 배출에 대해 이를 상쇄하기 위한 비용을 지불할 것인가에 대해 실험을 진행하였다.

만약 이런 내용이 좀 생소하게 들린다면, 이러한 상쇄 이슈가 교토의정서에서 인준될 정도의 중요한 이슈라는 점을 기억해 보기 바란다. 이 의정서는 (비록 미국이 아직 인준하지는 않았지만) 전 세계 160여개 국가의 협정이고 2005년부터 시행되고 있다. 이 의정서는 선진국들의 경우 온실가스배출을 줄이기 위해 국내 산업(예를 들면 석탄, 철강, 자동차 등)의 구조를 개편해야 하고 또한 탄소 크레딧을 제공하는 개발도상국에 대해 재정적인 원조를 해야 한다. 이러한 크레딧 거래가 이루어질 수 있도록 하는 인프라구축은 시간이 오래 걸리지 않았고, 많은 양의 배출을 해야 하는 조직들(따라서 많은 상쇄 크레딧이 필요함)은 대부분의 개별 프로젝트가 제공할 수 있는 수준보다 더 많은 크레딧이 필요하게 되었다. 유엔은 2006년 9월까지만 약 220억 달러의 탄소가 거래된 것으로 예측하였다.

이런 유형의 시장이 형성되기는 했으나 아직 초기단계이기 때문에 의문점이 많다. 비윤리적 내용은 다음과 같다:

- 크레딧에 대한 시장가격 인플레이션—톤당 이산화탄소의 가격은 3.50달러에서 27달러까지 차이가 나서 일부 거래상은 50%의 수익을 챙길 수 있었다.
- 존재하지도 않은 프로젝트를 통해 크레딧을 판매함

- 외딴 지역에 위치해서 프로젝트의 효과성을 확인할 수 없는 한 프로젝트에 대해 여러 구매자들에게 반복적으로 크레딧을 판매함
- 그 자체적으로 수익성이 있는 프로젝트에 대해 탄소 상쇄 크레딧을 주장함

이렇게 의문시되는 프로젝트들이 언론의 관심을 받게 되자, 이런 신산업에 큰 손들—제이피 모간 체이스(JP Morgan Chase), 도이치뱅크 등은 크레딧 거래분야에 수십억 달러를 투자했다—은 시장을 깨끗하게 하고 자신의 크레딧을 거래하는 고객들에게 더 많은 인센티브를 제공하기 위해서 공통적으로 수용되는 행동강령이 수립되어야 한다고 주장했다. 2006년 11월 도이치뱅크는 10여개가 넘는 투자은행과 유럽의 5개 탄소거래 조직들과 함께 유럽 탄소투자 및 서비스 협회를 창설하여, 글로벌 수준에서 진행되는 탄소거래의 표준화를 추진했다. 2003년 13개 지부를 가지고 출범했던 시카고 기후 거래소(Chiacago Climate Exchange, CCX)는 현재 모든 6가지 온실가스 (이산화탄소, 메탄, 아산화질소, 수소불화탄소, 과불화탄소, 그리고 육플루오린화물)를 거래하는 유일한 기관이다. 2005년 시카고 기후거래소는 유럽 기후거래소와 시카고 기후 선물거래소를 출범시켰고, 이 시카고 기후 선물거래소는 배출 크레딧에 대한 선물옵션 계약을 제공한다. 시카고 기후거래소에는 약 300개 회원이 가입하고 있다.

결론

"바르게 하는 것이 잘하는 것"이라는 주장이 윤리적으로 문제가 없다면 왜 모두 그렇게 하지 않는가? 여기서의 핵심은 바로 고객의 인식이다. 조직이 CSR을 주도적으로 추진해 나가려면, 단기적인 실험이 아니라 장기적인 의지가 있어야 한다. 고객의 단기적인 기억에 대해서는 도박을 할 수 있지만, 대다수는 실질적으로 의지를 가지고 있으며, 그러한 활동에 대해 많은 사람들에게 알리는 보고서를 기대할 것이다.

그런데 여기서 좀 더 잘 알려진 CSR 기업들을 생각해 보자. 벤과 제리(Ben & Jerry)의 수제 아이스크림이나 바디샵(The Body Shop)을 생각해 보면, 이 기업들은 CSR이 경영상의 이슈로 제기되기 훨씬 전에 이미 기업의 사회적 양심을 회사의 핵심철학으로 운영하고 있었다. 그러한 의지는 대단한 수준의 호의를 얻어낼 수 있었다: 투자자들은 그들의 재무적 성과에 대해 존경심을 표했고, 고객들은 거기서 물건을 사면서 좋은 느낌을 가졌다. 그러나 제품의 품질이 고객의 기대수준에 미치지 못했다면 장기적으로 살아남았을까? 고

객들이 좋아하지 않는 제품을 계속 샀을까? “바르게 하는 것이 잘하는 것”이라는 주장은 여기까지이다.

따라서, CSR에 대해 의지를 가진 기업이, 이해관계자들에 대한 도덕적 의무를 저버릴 때 비판하는 것은 불공평할 수 있다. 열심히 노력해서 최대한 홍보를 한다고 해도, 결국 고객은 현관까지만 온다. 제품이나 서비스가 고객의 기대에 미치지 못하면, 다시 방문하지 않는다. 기업이 기부를 많이 한다고 해서, 저품질의 제품이나 서비스를 구매하지는 않는다. 따라서 당신의 제품이나 서비스는 최소한 고객의 기대수준에 맞아야 하며, 그 이상이 되면 더 좋다. 그리고 지속적으로 그리한다면 (그리고 최소한의 역량을 가진 경영진이 있다면) 당신의 이해관계자들의 욕구는 충분히 충족될 것이다.

하지만 아직도 우리는 3BL이 얼마나 폭넓게, 얼마나 구체적으로, 그리고 얼마나 신속하게 표준적인 경영관행의 일부가 되는지 확인할 필요가 있으며, 소비자와 투자자들이 기업의 사회적인 책임을 정확하게 평가할 수 있는 일반적인 개념이 되는가를 확인할 필요가 있다. 연차보고서가 단지 회사의 좋은 행위들을 제시하는 사진들로 채운다면, 모든 이해관계자는 회사의 핵심 경영철학에 어떤 변화가 있었는지, 아니면 기회주의적인 마케팅 전술인지 알 수 없을 것이다.

확실히 재무적 인센티브는 (물론 보기에 따라서는 위협이 될 수도 있지만) 아주 현실적인 접근이며, 조직의 재무측면의 미래에 큰 영향을 미칠 수 있다. 아래 두 가지 예를 살펴보자:

- 2003년 4월 150만 전 현직 공무원을 위해 7억5천만 달러를 관리하는 캘리포니아 공무원퇴직시스템(CALPERS)은 공식적으로 글락소스미스클라인(GlaxoSmithKline)제약회사가 개발도상국에 판매하는 에이즈 약품 가격을 재검토하라고 요구했다. 2008년 3월, CAPLERS는 한 걸음 더 나아가 5개의 미국회사를 2008년 중점관심대상으로 언급하였는데 이는 연금기금이 그 회사의 주가, 재무성과, 그리고 지배구조에 대한 관심을 표명하는 것이었다. 대상회사는 치즈케이크 팩토리(Cheesecake Factory), 힐브 로갈 앤 홉스(Hilb Rogal & Hobbs, 보험중개회사), 아이바케어(Ivacare, 건강관련제품판매사), 레이지보이(La-Z Boy), 그리고 스탠다드 퍼시픽(Standard Pacific, 주택건설회사) 등이었다.
- 2006년 6월 노르웨이 정부는 석유판매를 통해 얻은 2000억 달러를 국민들의 연기금으로 운영하는데 월마트(Walmart)와 프리포트(Freeport, 미국의 광산회사)에 대해 투자를 중단하기로 했다. 그 이유는 이 회사들이 경영관행에서 환경파괴와 인권침해에 대

해 제대로 책임지는 경영을 하지 못했다는 것이었다.

이제 이러한 재무적 영향력이 CSR 이슈보다 순위가 밀린다는 점을 볼 때, 사회적 책임은 수용이나 거부의 선택사항이 아니라, 언제 수용하느냐만 남아 있는 이슈가 되었다.

사례 읽기: 마무리

명성 되살리기-클레어의 결정

기름 누출 사건과 관련된 언론의 부정적인 기사를 모두 검토한 후, 클레어는 크게 비용을 지출할 수 없는 상황에서 그녀가 단기간에 할 수 있는 최선은 회사가 지역사회를 진정으로 생각하고 있다는 점을 강조하는 것이라고 판단했다.

기름 누출은 우연한 사고였다. EPA 조사에서도 회사가 나쁜 관행을 가지고 있다는 증거는 발견되지 않았다. 하지만 지역사회는 직접적인 영향을 받았다. 길거리에서 분노한 주민들을 마주치면서 지역에 거주하는 종업원들은 매우 당황스러웠다. 회사 직원임을 매우 자랑스럽게 생각했기에, 고객이 이탈하는 것을 매우 심각하게 생각했다. 매출감소는 또한 일자리를 줄어들게 하고, 이는 직원사기를 저하시켰다.

회사 명성을 되살리기 위해 클레어는 2단계 전략을 제시하였다.

1. 투명한 의사소통을 위한 노력. 존스 씨가 누출과 관련한 실수를 인정하고, EPA 조사에 성실히 임하겠으며 EPA가 요구하는 어떠한 권고사항에 대해서도 수용하겠다는 성명서를 언론에 공개하기. 또한 존스 씨는 직원들에게 상황을 설명하고 지역사회 및 일자리에 대한 직원의 걱정에 대한 메일을 보내기.
2. 3개월 후에 예정되어 있는 주주총회에서 존스 씨가 자본투자를 포함하는 적극적인 CSR 전략을 제시하기. 초기에는 본사 근처 고속도로 청소 후원, 직원의 월 1회 지역사회 자원봉사 지원, 그리고 지역사회 행사 지원 등 작은 규모 프로젝트 시행. 이후 영업용 차량을 하이브리드나 전기차로 교체, 사무실 태양광 설치 등 대규모 프로젝트 진행.

질문

1. 클레어는 올바른 일을 했는가?
2. 과연 고객들은 믿을까?
3. 존스 씨는 어떻게 반응할까?

복습하기

1. 기업의 사회적 책임(CSR)에 대해 설명해 보라.

기업의 사회적 책임이란—"기업시민의식" 또는 "기업의 양심"이라고도 하는데—조직의 행동으로서, 주주들의 이익극대화보다 사회적 이익을 더 우선시하는 행동이며 모든 법적 의무를 지키는 행동으로 정의할 수 있다. 이 "이익"은 일반적으로 환경이슈를 의미하는데, 예를 들면 오염수준을 낮추거나 쓰레기를 매립하는 대신에 재활용하는 것을 목표로 한다. 글로벌 조직의 경우, CSR은 지역사회나 원주민에 대한 보호와 관심도 해당된다.

2. 도구적 관점의 CSR과 사회계약적 관점의 CSR을 구분해 보라.

CSR에 대한 도구적 관점은 기업의 유일한 책임이 고객의 욕구를 충족하는 제품과 서비스를 제공해서 주주들에게 수익을 가져다주는 것이라는 관점이다. 기업들은 세금을 납부함으로써 사회적 책임을 다하는 것이며, 그 이상을 기업에 기대해서는 안 된다고 주장한다.

도구적 관점에 대한 비판은 도구적 관점이 기업이 따로 떨어져서 기업이나 경영진의 행동들이 아무런 외부적인 결과를 가져오지 않으며, 단지 내부적으로 활동한다는 단순한 접근이라는 내용이다. 사회계약적 관점은 기업의 활동에 의해 영향을 받는 외부세계가 존재한다는 점을 인정한다. 그리고 기업은 생존과 성장을 사회에 의존하고 있으므로, 기업이 단지 특정 고객의 수요만을 충족시키는 것이 아니라 사회의 요구도 충족시켜야 하는 책임이 있다는 점을 인정한다.

3. "바르게 하는 것이 잘하는 것이다"라는 주장을 설명해 보라.

이제 많은 조직들은 미디어나 고객들에게 밀려서 더 좋은 CSR 관행을 행사하게 되도록 기다리기보다는, 단순히 주주들의 이해관계보다 모든 이해관계자(고객, 종업원, 주주, 협력업체, 그리고 지역사회 파트너 등)의 이해관계를 고려하는 것이 더 긍정적인 언론 이미지를 형성하며, 매출을 증대시키고, 수익률을 높인다고 인식하고 있다. "바르게 함으로써 잘한다"라는 것은 그 자체로는 어렵지 않아 보이며, 많은 기업들은 사회단체에 기부하고, 지역사회의 프로젝트나 행사를 후원하며, 친환경 포장재 사용이나 재활용 가능한 재료 사용에 대해 특별한 이해관계집단과 생산적인 대화를 진행하고 있다.

4. CSR을 촉진하는 5가지 요인을 요약해 보라.

뉴서클(NewCircle) 커뮤니케이션의 조셉 키프(Joseph F. Keefe)는 기업의 사회적 책임을 촉진하는 5가지 트랜드가 있다고 주장한다. 각각은 웹사이트나 블로그, 그리고 트위터 같은 사회적 네트워크 기술에 의해 더 많은 정보들과 연결되어 있다:

- **투명성:** 기업들은 더 이상 자신이 한 일을 숨길 수 없으며—(좋든 나쁘든) 어떤 일을 해도 거의 실시간으로 전 세계에 알려지게 된다.

- 지식: 정보화 사회로의 전환은 소비자와 투자자들이 다른 어떤 시대보다 더 많은 정보를 가지고 있다는 점을 의미한다. 그들은 더 높은 분별력을 가지고, 더 많은 영향력을 행사할 수 있다. 옷가게를 방문하는 소비자들은 회사의 환경관련 기록이나 해외의 생산공장 노동이슈에 대한 정보를 바탕으로 제품을 선택할 수 있게 되었다.
- 지속가능성: 지구의 자연자원은 심각한 속도로 줄어들고 있는데, 인구는 급증하고 있다. 지난 30년 동안에만 지구의 "자연 보물"인 자원의 1/3이 소모되었다. 이미 지속가능한 재생수준이하로 되어버린 여러 자원들(이산화탄소, 메탄, 아산화질소, 수소불화탄소, 과불화탄소, 그리고 육플루오린화물)이 자원들은 인구증가율에 맞추지 못할 것으로 예상되고 있다... 결과적으로 기업들은 다양한 이해관계자들로부터 환경적으로 적절하며, 지속가능한 개발에 기여하는 경영계획과 전략을 수립하도록 요구받고 있다.
- 글로벌화: 글로벌화는 새로운 자본주의적 개발을 의미한다. 개별기업이 이익과 전반적인 사회의 이익에 대한 균형을 통해 사회를 보호하려는 공공제도가 필요하다.
- 공공부문의 실패: 미국과 다른 선진국들에서 시민들은 과거에 비해 더 작은 정부를 비난하며, 사회적 문제를 해결하기 위한 적절한 대응책으로서의 공공부문에 대한 신뢰를 잃어버리고 있다고 비판하고 있다. 이러한 상황은 결국 기업들이 공공부문에 대해 기대하기보다는 직접 사회적으로 영향력 있는 행동을 해야 할 책임이 있다는 압력을 증가시키고 있다.

5. 기업성과측정에 있어서 3중 바텀 라인(triple bottom line, 3BL)을 설명해 보라.

3BL 방식을 통해 기업의 성과를 기록하는 것은 전통적인 재무적 성과 외에 사회적 성과와 환경적 성과를 기록하는 것이다. 기업들이 CSR 활동을 강조해야 하는 상황을 이해하게 됨에 따라 연차보고서에는 지역사회투자 프로젝트, 재활용 계획, 환경오염감소 노력 등이 제시되기 시작했다. 그러나 재무보고서는 일반적으로 인정되는 회계기준(GAAP)이라는 표준이 있지만 사회적 성과와 환경적 성과에 대해서는 그와 같은 표준이 제공되지 못하고 있다.

6. 탄소상쇄 거래의 상대적 장점에 대해 논해보라.

교토의정서는—(비록 미국이 아직 인준하지는 않았지만) 전 세계 160여개 국가의 협정이고 2005년부터 시행되고 있는데, 선진국들의 경우 온실가스배출을 줄이기 위해 국내 산업의 구조를 개편해야 하고 또한 "탄소 크레딧"을 제공하는 개발도상국에 대해 재정적인 원조를 해야 한다. 이러한 상황은 현금으로 크레딧을 거래하기 위해 새로운 (현재까지 규제가 없는) 비즈니즈를 만들어 냈다. 한편으로 이 자금들은 가난한 지역의 기간 인프라 구축에 사용될 수 있지만, 이런 상쇄 크레딧이 실제로 생산과정을 변화하기보다는 단지 법규준수의 수단으로 이용된다고 비판을 받고 있다.

핵심용어

기업의 사회적 책임(Corporate Social Responsibility, CSR)
도구적 접근(Instrumental Approach)
사회적 계약 접근(Social Contract Approach)
윤리적(Ethical) CSR
이타적(Altruistic) CSR
전략적(Strategic) CSR

복습을 위한 질문

1. 고객과 정부가 CSR을 강제하지 않는다면, 조직들은 진정으로 CSR에 관심을 가질까? 왜 그런가? 아니면 왜 그렇지 않은가?
2. 조직의 CSR 정책은 당신이 그 조직의 제품이나 서비스를 이용하는 의사결정에 영향을 미치는가? 왜 그런가? 아니면 왜 그렇지 않은가?
3. 어느 것이 더 윤리적인가: 이타주의적 CSR 또는 전략적 CSR? 당신의 답을 설명할 수 있는 예를 들어보라.
4. 당신의 탄소발자국을 어떻게 측정할 것인가?
5. 카본상쇄 프로젝트가 이미 수익이 발생한다면, 거기에 크레딧을 부여하는 것이 윤리적인가? 왜 그런가? 아니면 왜 그렇지 않은가?
6. 당신이 지금 일하거나 (아니면 전에 일했던) 회사를 생각해 보라. 이 회사는 사회적 책임을 더욱 강화하기 위해 어떤 일을 할 수 있는가? 그런 변화를 어떻게 제안할 것인가?

복습을 위한 연습문제

파야타스 전기(*Payatas Power*). 2000년 7월 1일 필리핀의 퀘손(Quezon)시 외곽의 파야타스(Payatas) 쓰레기 매립지에서 쓰레기 산이 무너져, 근처의 빈민가를 덮쳐 약 300명이 사망했고 쓰레기 더미를 뒤지며 살아가는 사람들이 거주하는 수백채의 집도 파괴해 버렸다. 2007년 이탈리아 유틸리티 회사의 자회사인 판기아 그린 에너지 필리핀(Pangea Green Energy Philippines Inc., PGEP)은 쓰레기 더미의 바닥에서 발생하는 메탄가스를 수집할 수 있는 33개의 가스정을 설치하겠다는 의욕적인 계획을 발표했다. 사업초기에 400만 달러를 투자해서 200kw급 발전소를 설치하고 수집된 메탄가스를 원료로 사용할 계획이었다. 생산된 전력은 쓰레기 매립지에서 사용하고 남는 전력은 시 전력회사에 판매할 예정이었다.

그러나 실제적인 이익은 탄소상쇄 크레딧에서 발생했다. 메탄가스는 온실가스인 이산화탄소보다 21배나 더 환경을 오염시킨다. 메탄가스를 수집해서 태우면 이산화탄소를 배출하게 되는데, 이를 통해 가스 배출 영향이 21분의 1로 줄어드는 것이다. PGEP는 그 탄소 크레딧을 거래하여 퀘손시에 약 30만 달러를 기부하기로 했다. 이 기부금은 파야타스 지역 내 기간인프라 구축에 사용되며, 학교와 병원도 짓게 될 것이다. 쓰레기매립지는 이후 "퀘손시 폐기물처리장"으로 이름이 바뀌었다.

질문

1. PEGP-파타야스 프로젝트는 관련된 모든 이해관계자들이 만족하는 프로젝트로 알려지고 있다. 이는 정확한 평가인가? 왜 그런가? 아니면 왜 그렇지 않은가?
2. 파타야스 프로젝트는 연간 약 10만 탄소 크레딧을 만들어 낸다. 크레딧은 단위당 평균 약 30달러의 가치를 가지는데 (크레딧은 출처에 따라 가격이 다르다), PEGP는 프로젝트를 통해 300만 달러를 받을 것으로 보인다. 파야타스 지역에 30만 달러만 기부하는 것이 공정한 것인가?
3. 퀘손시의 공무원은 어떻게 더 공정한 부의 재분배 방법을 확보할 수 있을까?

출처: Melody M Aguiba, "Payatas: From Waste to Energy," www.newsbreak.com, September 24, 2007; and www.quezoncity.gov.ph.

인터넷활용 연습문제

1. 포춘 100대 기업에서 한 기업을 선택해 CSR 정책을 검토해 보라. 그 정책이 윤리적, 이타주의적, 전략적 또는 이상의 3가지를 모두 포함하는 CSR이라고 구분할 수 있는가? 당신의 답을 지지하는 예를 제공해 보라.
2. 포춘 100대 기업에서 한 기업을 선택해 연차보고서를 검토해 보라. 보고서에서 3BL을 보고하는 증거를 찾을 수 있는가? 당신의 답을 지지하는 예를 제시해 보라.

팀 연습문제

1. 도구적인가 아니면 사회적 계약인가?

두 팀으로 나누어, 한 팀은 경영관리의 도구적 모형을 지지하는 발표를 준비해야 한다. 다른 한 팀은 경영관리의 사회적 계약 모형을 지지하는 발표를 준비해야 한다.

2. 윤리적, 이타주의적 아니면 전략적?

세 팀으로 나누어, 각 그룹은 CSR에 대해 다음의 세 유형 중에 하나를 선택해야 한다. 윤리적 CSR, 이타적 CSR, 아니면 전략적 CSR. 각각의 접근법에 대해 장점을 설명하는 발표를 준비한다. 그리고 회사가 그 접근법을 선택하도록 하는 방안들을 제시한다.

3. 개별적인 우연한 사건인가?

두 팀으로 나누어, 다음 행동에 대해 찬성과 반대의 입장에서 각각 토론을 준비한다. 당신이 일하는 회사는 경쟁이 심한 컴퓨터부품 시장환경 하에서도 괜찮은 수익률을 기록하고 있다. 최근에 생산시설을 해외로 옮길 수 있는 기회가 찾아왔다. 이 이전이 성사되면 세금에 대한 인센티브와 인건비 감소로 제조단가는 상당한 수준으로 낮아질 것이며, 그 결과 회사의 수익률은 15% 정도 향상될 것으로 기대하고 있다. 그러나 본국에 위치한 공장이 문을 닫는다면 폐쇄 관련 비용으로 인해 최소 3년간은 수익증가를 기대할 수 없다. 당신 회사는 주변 지역에서 가장 많은 종업원을 가진 회사이며, 만약에 공장이 문을 닫는다면 약 8백 명의 종업원이 일터를 잃게 될 것이다. 이러한 대량해고가 지역사회의 경제를 파탄에 빠뜨릴 것은 명약관화하다.

4. 제한적인 캠페인

두 팀으로 나누어, 다음 행동에 대해 찬성과 반대의 입장에서 각각 토론을 준비한다. 당신은 유제품을 생산하는 큰 회사의 마케팅부서에서 일한다. 회사는 건강한 소화를 촉진하는 성분을 가진 "혁명적인" 요구르트를 출시하였다. 회사는 신제품을 출시하는 프로모션의 하나로, 회사로 돌아오는 요구르트 통의 마감재 한 개마다 10센트를 미국심장협회(AHA)에 기부하기로 하였다. 이러한 캠페인을 지원하기 위해, 회사는 수백만 달러에 달하는 비용을 제품포장 및 텔레비전, 라디오, 인터넷, 그리고 인쇄물에 쏟아 부었다. 다만 포장재와 광고에는 아주 작은 글씨로 최대 기부금은 1만 달러라고 적어 놓았다. 그런데 마케팅부서의 분석가는 이 제품의 첫해 판매량이 1천만 개에 달할 것으로 예측하였고, 약 2백만 개의 마감재가 회사로 돌아올 것으로 예측하였다 (1만 달러의 제한이 없었다면 약 20만 달러는 기부해야 했다). 신제품에 대해 테스트되었던 포커스 그룹은 마감재의 기부에 참여하게 되면 심장협회에 기부하는 것 외에도 제품에 대한 긍정적인 이미지를 가질 것이라고 했다.

비판적으로 생각하기 4.1

지속가능한 자본주의

"사람, 지구, 이익"이라는 표현에 동의하던지 아니면 더 친밀한 재무·환경·사회에 대한 성과를 의미하는 "3BL(triple bottom line)"에 동의하던지에 상관없이, CSR에 대한 비판론자들은 이 개념들이 처음의 취지는 달성했으나 더 이상 환경과 사회에 대한 이슈들을 충분히 제기하지 못하고 있다고 주장한다. 잘 인쇄된 연차보고서나 그럴듯한 사진으로 구성된 웹사이트는 지구상의 여러 비영리기관을 지원하는 훌륭한 업적을 보여주고 있지만, 수익을 추구하는 것보다 양심 있는 자본주의에 대한 증거를 찾으려는

이해관계자들을 안심시키기에는 부족하다. 오히려 그런 프로젝트 중심의 지원결과 "겉치레" 전략이 시행되고, 이 겉치레 전략에서는 잘 보이는 홍보 친화적인 프로젝트가 활용되어 기업경영에서 좀 더 근본적인 변화를 어렵게 만들었다고 주장한다.

2004년 전 미국 부통령인 앨 고어와 전 골드만삭스의 파트너인 데이비드 블러드(David Blood)가 창립했던 헤지펀지 회사인 제너레이션투자관리회사(GenerationIM)는 2012년 2월 기업의 "지속가능한 자본주의"에 대한 행동개시 성명서를 발표하였다. 앨 고어가 오랫동안 주장했던 기후변화와 자원부족에 대한 관심과 연계해서, 제너레이션IM은 다음과 같은 투자원칙을 강조했다: 경제·환경·사회, 그리고 지배구조에 대한 기준을 포함하는 지속가능요소들이 장기적으로 회사의 수익을 가져올 것이다. 기존의 분석방식에 더해 이런 지속가능성 요소를 통합함으로써, 우리는 훌륭한 수익률을 만들어낼 수 있을 것이다.

이 선언문은 현재 작동하는(제너레이션IM이 보기에는 작동하지 않는) 자본주의 시스템에 대해 2020년까지 지속가능한 자본주의를 이룩하기 위해 구체적인 행동이 요구되는 몇 가지 변화를 제안한다. 다섯 가지의 행동 중 첫 번째는 "좌초된(stranded) 자산"에 대한 위험을 파악하고 준비하는 것이다. 이를 위해 회사는 탄소배출, 물 사용, 그리고 지역 노동비용 등에 대해 보다 정확하게 가치를 평가하고, (시장이나 법적인 규제로 인해 발생하는) 가격의 변화가 수익률에 어떤 영향을 미칠지 예측하는 것이다. 선언문에 따르면, 이러한 행동 결과, 지금의 재무보고서가 제시하는 재무상태와는 달리 재무적으로 매우 위험한 수준에 있는 기업들을 알아낼 수 있을 것이다.

두 번째 행동은 필수적인 재무 성과와 함께 환경, 사회, 및 지배구조(Environmental, Social, and Governance, ESG)에 대한 성과를 포함하는 "통합 보고"를 시행하는 것이다. 이 제안은 여러 대기업으로부터 상당한 저항을 불러일으켰는데, 그 이유는 ESG에 대한 정보자체가 아직 정착되지 못했다는 것이다. 하지만 남아프리카공화국에서는 기업들이 그런 통합 보고서를 제출하든지 아니면 그렇게 하지 못하는 이유를 서술하도록 요구했다.

세 번째 행동은 "분기별 수익 안내에 대한 관행"을 중단하는 것이다. 이는 새로운 제안이라기보다는 신중하게 재검토하라는 의지를 보여주는 것이다. 2009년 유니레버 큐팁(Q-Tips)과 벤과 제리(Ben & Jerry)의 수제 아이스크림을 만드는 영국과 네덜란드의 합작회사)의 최고경영자인 폴 폴만(Poul Polman)은 분기별 수익보고서 발간을 중단했다. 가치투자자인 워렌 버핏도 버크셔 헤서웨이(Berkshire Hathaway)의 분기별 보고서 작성을 거절하였다. 그러나 이러한 변화가 일반화되려면 월스트리트 애널리스트들에게 근본적인 변화가 일어나야 하는데, 그 이유는 그들이 자신들의 분기별 사전예측 정보제공을 강조하기 때문이다.

네 번째와 다섯 번째 행동은 장기적으로 지속가능한 가치창출 대신에 단기적인 경영의 문제점을 강조한다. 만약 회사가 "보상구조를 장기적인 지속가능한 성과와 연계"할 수 있다면 회사의 가치보다 주가

만을 고려한 의사결정에 더 많은 책임을 물을 수 있을 것으로 주장한다. 만약 한 고위 경영진의 보상패키지에 스톡옵션이 포함되어 있다면 장기적으로 주가에 도움이 되는 전략적 의사결정보다는 해당 주식의 주가에 더 많은 관심을 가질 것이다. 선언문에서는 재무적 보상은 그 결과가 실현되는 기간 전체에 걸쳐 이루어져야 한다고 강조한다. 이러한 주장은 상당히 인정받았지만, 한편으로는 앨 고어의 개인적인 이해관계와는 상충되기도 했다. 2013년 1월에 앨 고어는 애플사의 디렉터로서 5만9천 주에 대한 스톡옵션을 주당 4.475 달러(전체로는 441,025 달러)에 행사했는데 그 가치는 2천9백만 달러에 이르렀다.

다섯째 행동은 "충성심 있는 주식으로 장기투자를 격려하라"는 것이었다. 뉴욕주식거래소에서 투자자들이 주식을 소유하는 기간이 1960년대 8년에서 2010년에는 4개월로 줄어들었다. 이러한 "단기결정주의"는 지속가능한 자본주의의 중요한 장애요인으로 언급되는데, 주가를 안정적으로 유지하기 위해서는 단기적인 성과를 고려해야 하고, 결과적으로 연구개발이나 자본투자를 포기하게 되기 때문이다. 그러나 이 다섯 번째 행동을 지지하는 결과는 확실하다. 화장품회사인 로레알(L'Oreal)과 에어리퀴드(Air Liquide)는 특정한 기간 이상 주식을 보유하는 주주들에게는 보너스를 지급한다. 진가(Zynga), 링크트인(LinkedIn), 그리고 구글(Google)같은 회사는 좀 다른 접근법을 취했는데 차등의결권주식제도를[3] 통해서 회사 창업자들이 단기적인 결과에 대한 부담 없이 경영할 수 있도록 했다.

하지만 비판론자들은 이상의 선언문 내용들이 정치적으로 올바르고 효율적인 자본시장에 대한 부담만을 가중시킨다고 주장한다. 제너레이션IM이 기존의 "그린" 또는 "윤리적" 투자기금모델 보다 많은 것을 시도했다는 점이나 투자결정기준에 새로운 요소들을 포함해야 한다고 주장한 점 등을 생각해 보면, 이는 우리가 지속가능한 자본주의가 약속하는 더 큰 수익을 보게 되기까지는 오랜 시간을 기다려야 할 것으로 보인다.

질문

1. CSR에 대해서 "사람, 지구, 이익"이 왜 3BL보다 더 언론에 친근한 표현인가?
2. 어떤 근거로 기업의 CSR활동이 단기 "겉치레"로 해석되는가?
3. 여기에 제시된 내용과 제너레이션IM의 선언문을 살펴보면, 그 선언문의 제안내용과 현재의 CSR 내용과 연계성을 찾아볼 수 있는가?
4. 전 세계적으로 지속가능한 자본주의가 받아들여지기 위해서는 어떤 장애요인들을 예상할 수 있는가?
5. 당신이 일하는 회사에 어떤 방식으로 지속가능한 자본주의를 도입할 수 있는가?

3. 역주: 차등의결권주식(dual-class voting share)이란 투표권이 있는 주식과 투표권이 없는 우선주, 혹은 투표권이 있는 주식이라고 하더라도 어떤 주식은 한주당 1표, 다른 어떤 주식은 한주당 10표 등과 같이 차별적인 의결권한을 부여하는 주식제도이다. 구글의 경우는 창업주가 5분의 3에 대한 의사결정권을 가지고 있다. 하지만 소수의 기업총수 일가가 거대기업을 소량의 주식으로 좌지우지할 수 있는 기회를 제공해주기도 한다(http://cafe.naver.com/economist365/908 참조).

출처: *The Economist*, "Blood, Gore and Capitalism," February 16, 2012, and "Taking the Long View," November 24, 2012; General Investment Management, LLP, "Sustainable Capitalism," www.generationim.com/sustainability/report/, February 15, 2012; and *Environmental Leader*, "On Sustainable Capitalism," January 9, 2013.

비판적으로 생각하기 4.2

기업의 사회적 무책임

적극적인 홍보활동에도 불구하고 기업의 자선사업은 25년 전으로 거슬러 올라간다. 레오 힌드리 주니어와 커트 위든은 진정으로, 기업의 세전이익 1%는 기부해야 한다고 말한다. 기업들이 소위 사회적 책임을 포기하거나 기업의 시민정신에 대해 의도적으로 이를 조작한다면, 결과는 민간기업과 시민사회가 균형을 상실하는 결과가 초래된다.

요즘은 기업들이 사회에 대해 어떻게 책임을 다하는 지를 보여주기 위해 자체적으로 생산한 정보들이 너무 많다. 기업들이 어떻게 지구온난화에 대처하고 있는지를 알려주는 배너광고, 건강관리비용 절감, 그리고 공공교육 개선 등에 대한 광고 등은 결국 문제가 있는 추이(심각한 수준의 기업의 자선단체 기부금 감소)에 대한 속임 광고일 수 있다.

무기력한 너그러움

미국기부재단(Giving USA Foundation)과 인디애나대학의 자선센터에 따르면 25년전 기업들은 평균적으로 세전 수익 2% 정도를 선물이나 기금으로 사용했다. 오늘날 기업들은 관대함 수준이 이전의 1/3에 지나지 않는다. 정확한 정보를 제공하는 미 국세청의 세금보고 분석결과에 따르면 기업의 자선단체 기부에 따른 면세규모는 세전 이익의 0.7%에 불과했다. (여기에는 종업원들의 봉사시간은 포함되지 않았는데, 그 이유는 유급이라 해도 봉사시간에 대한 공제를 인정하지 않기 때문이다.)

물론 기업의 전반적인 책임측정은 기업의 자선단체 기부금분석에 극한되지 않는다. 종업원에 대한 공정한 대우, 안전한 제품의 생산과 판매, 납세, 환경기준의 준수 등도 사회적 책임을 다하기 위해 지켜야할 사항들이다. 이러한 내용들도 중요하지만 기업이 세전수익의 일부를 종업원, 지역사회, 국가, 그리고 지구에 영향을 미치는 이슈들에 대해 사용한다고 하는 전사차원의 의지보다 중요하지는 않을 것이다.

기업이 자선단체 기부에 대한 예산확보에 대해 자발적인 의지를 표현하는 것이 매우 필요하다. 기업들이 스스로를 기업시민이라고 부르고 싶다면 최소한 세전이익의 1%는 자선단체에 기부해야 한다.

비재무적인 수익

기업의 전반적인 수익성을 예측하기 어려운 상황에서 경영층에 대해 기업의 자선단체 기부금을 줄이는 것이 아니라 늘리라고 설득하는 것은 불가능한 일은 아니라고 하더라도, 어려운 일이다. 그러나 효과적으로 관리되는 기부 프로그램은 회사에 상당한 수익을 창출할 것이라고 이해하게 된다면, 세전 수익 1%는 단순한 기부가 아니라 투자로 이해될 수 있다.

기부는 스스로 납부하는 세금이 아니라 강력한 경영기법으로 관리될 수 있다. 다만 그 경우는 기부활동이 회사의 종업원이나 지역사회 또는 경영목적과 연계된 비영리단체에 대해 이루어질 경우이다. 또한 회사의 기부활동은 단순히 회사가 회사의 이해관계를 추구하기 위한 활동이어서는 안된다. 따라서 기부활동이 제대로 이루어지기 위해서는, 경영진이나 이사들이 키우는 애완견에 대한 지원프로그램이서는 안되고, 의도에 있어서도 이기적이어서는 안 된다. 그것은 좋은 기업시민이라는 개념에 어울리는 활동이 되어야 한다.

이러한 기부활동은 기업의 시민정신이라는 사다리의 맨 밑 가로대여야 한다. 기업의 자선사업 영역에서 최고가 되려면 앞에서 이야기한 세전이익 1%보다는 더 높은 수준을 유지해야 한다. 일부 기업들은 이미 제한선을 없애버렸다. 예를 들어 미국 미니아폴리스-세인트폴(Minneapois-St. Paul) 지역에서 타겟(Target)이나 제너럴 밀스(General Mills)같은 대기업을 포함해서 150개가 넘는 기업들이 매년 최소한 세전이익 5% 이상을 기부하고 있다. (1998년에 내가 CEO였던 텔레-커뮤니케이션(Tele-Communications, TCI)이 AT&T에 인수되기 이전에 TCI는 영업 활동에 의한 현금흐름의 1% 보다 조금 많은 수준을 자선단체에 기부했다. 같은 업종의 경쟁사들과 마찬가지로, TCI도 감가상각과 할부상환 등으로 상당한 사전손실을 기록하고 있었다.)

기업의 기부활동에 대한 위축을 되돌리기 위해서는 이러한 방향을 이끌어갈 수 있는 일련의 CEO 그룹이 필요하다. 우리는 남성이든 여성이든, 말한 대로 행동해서 기업의 기부활동과 지역사회와의 원활한 관계를 이끌어가야 하며, 감동적인 광고나 홍보활동보다는 충분한 자원과 시간을 기부할 수 있어야 한다.

질문

1. 왜 기업들은 자신들의 기업시민정신에 대한 이미지를 부풀리려고 하는가?
2. 기업의 기부를 "기업의 종업원이나 지역사회, 그리고 기업의 목표 등과 연결되는 비영리기관"들로 유도하는 것이 윤리적인가?
3. 경영진이나 이사회 이사들이 키우는 애완견에 대한 프로젝트를 지원하는데 기업이 기부하도록 유도하는 것이 윤리적인가? 왜 그런가? 아니면 왜 그렇지 않은가?
4. 왜 세전수익의 일정비율을 자선단체기부금으로 예산을 정해놓는 것이, 단순히 여러 프로젝트에 대해 지원하는 것보다 CSR에 대해 더 진지하게 보이는가?
5. 이 글의 저자는 "효과적으로 관리되는 기부프로그램은 기업에 대해 상당한 수익을 가져다 줄 수 있다고"고 주장한다. 그런 수익이란 무슨 수익을 말하는가?

6. 타겟이나 제너럴밀즈가 최소 1%보다 다섯 배 많은 기부를 한다는 사실은 그들이 다섯 배 더 사회적 책임을 다한다고 할 수 있는가? 왜 그런가? 아니면 왜 그렇지 않은가?

출처: Leo Hindery Jr. and Curt Weeden, "Corporate Social Irresponsibility," BusinessWeek Viewpoint, July 8, 2008. Hindery is a Contributor to the *BusinessWeek* column Outside Shot. He is a managing partner of InterMedia Partners, former CEO of Tele-Communications Inc., its successor AT&T Broadband, and the YES Network. Curt Weeden is president of Business & Nonprofit Strategies, Inc., and former CEO of the Association of Corporate Contributions Professionals. He is the author of *Corporate Social Investing* (Berrett-Koehler, 1998).

비판적으로 생각하기 4.3

몬산토의 수수께끼 밀

2013년 5월 오레곤(Oregon)주의 한 농부는 다음 경작시기를 위해 휴경을 계획하고 있는 125에이커의 땅에 잡초를 제거하고자 했다. 제거하려는 잡초중에는 전통적인 백맥(soft white wheat)처럼 보이는 밀도 포함되어 있었다. 하지만 미주리주 크리브코어(Creve Coeur)에 본사를 둔 매출 140억 달러의 농업기업 몬산토(Monsanto)사가 생산한 제초제 라운드업(Roundup)을 분사한 후에도 밀이삭들이 죽지 않았다.

오레곤 주립대학에 표본 일부를 보내어 검사한 결과 그 품종은 "라운드업 내성작물"로도 불리는 MON71800로 밝혀졌다. 이 품종 또한 몬산토 제품이다. 이 품종이 라운드업 내성작물로 불리는 것은 라운드업 제초제의 핵심 성분인 글리포세이트(Glyphosate)를 견디도록 유전자변형을 통해 만들어졌기 때문이다. 유전자변형을 통한 라운드업 내성작물은 콩이나 옥수수 품종에도 존재한다. 몬산토는 1998년부터 2005년에 걸쳐 오레곤을 포함한 16개 주에서의 실험을 통해 여러 품종을 개발하였다. 원 계획은 제초제의 동반제품(companion product)으로 종자를 개발하는 것이었으나, 유전자변형(GMO) 밀에 대한 시장의 부정적 반응 때문에 회사는 옥수수, 면화, 그리고 지방종자 개발에만 초점을 맞추었다.

정밀 조사

밀 품종이 무엇인지 확인되자 미국농무성(the United States Department of Agriculture, USDA)은 유전자변형 밀 품종에 대한 즉각적인 조사에 착수하였다. 씨앗이 단순히 몬산토의 실험장소에서 바람에 날려 온 것인가? 종자 공장에서 품종을 교배하면서 실수가 있었는가? 더욱 심각하게는 해외로 수출된 제품에도 이들이 포함된 것은 아닐까?

시장의 부정적 반응에 대한 몬산토의 우려는 사실로 나타났다. 백맥은 미국 밀 수출액 8억불의 15% 정도밖에 안되지만, 밀 수입국에서의 반응은 즉각적이었다. 미국 밀을 가장 많이 수입하는 일본은 모든 백맥의 수입을 금지하였으며, 한국은 미국산 밀과 밀가루 도착분 전부에 대해 검사를 실시하겠다고 발표하였다. EU는 27개 회원국에 대해 검사를 강화할 것을 권고하였으며, 그 결과 당일 주가가 4% 하락하였고, 수만 명이 "몬산토 반대운동" 청원에 사인하였다.

한국에서의 검사 결과 어떤 선적물에서도 GMO의 근거는 발견되지 않았으며, USDA의 조사결과 MON71800 종자가 원래 발견된 장소 이외의 어떤 곳에서도 발견되지 않았다. 일본은 2개월 후에 미국산 밀 수입을 재개하였다.

하지만, 이러한 증거부족에도 불구하고 소문은 전혀 가라앉지 않았다. 몬산토의 최고기술책임자인 로버트 프레일리(Robert Fraley)는 반GMO 활동가들이 씨앗을 몰래 훔친 후 실험이 끝난 10년 후에 의도적으로 이를 재배하여 곡물수출을 방해하려고 한다는 음모론을 제기하기도 했다. 오레곤 소맥위원회(Oregon Wheat Commission)는 분류상의 오류 또는 씨앗 보관상의 오류 등 인간적인 실수 쪽에 더 비중을 두는 듯 했다.

법적 해결

밀 수출의 중단은 16만명 이상의 미국 농부의 재정적인 안정성에 영향을 미치기 때문에, 몬산토에 대한 소송이 진행된 것은 놀랄 일이 아니다. "생산량 증대, 더 많은 보존, 삶의 질 개선"이라는 회사의 미션 선언문에도 불구하고 몬산토의 사회적 책임에 관한 명성은 높지 않다. 베트남전에서 사용된 고엽제 에이전트 오렌지(Agent Orange)를 제조한 회사라는 과거 역사는 몬산토의 현재 활동에도 계속 부담을 주고 있다. 몬산토 씨앗이 의도하지 않게 타화수분 되는 경우에 대해서도 농부들에 대해 공격적으로 소송을 제기하여 특허를 보호하려는 시도(2011년 대법원까지 올라간 사건) 또한 회사와 농업제품 고객 간의 관계를 더욱 전투적으로 만들었다.

2014년 11월 합의에서 몬산토는 MON71800 수수께끼에 대해 더 이상 책임을 묻지 않는다는 조건으로 총 237만 5천 달러를 지불하기로 합의하였다. 25만 달러는 4곳의 밀 생산자협회에 분할 지급되었으며, 2013년 5월부터 11월 사이에 백맥 종자를 재배한 북서태평양연안 농부들에게는 합의금으로 212만 5천 달러가 지급되었다. 원 표본 이외에는 MON71800에 대한 추가적인 증거가 없다는 사실을 고려하면 이러한 합의는 손실에 대한 배상으로 보인다.

밀 GMO 종자의 원인에 대한 합의된 의견이 없으며 또한 추가적인 책임 추궁이 없는 상황이기 때문에 몬산토는 내부 절차를 수정해야 할 의무도 없다. 반GMO 활동가들이 더 이상 추가적인 책임 청구도 하지 않는 상황에서, 회사의 최고기술책임자가 주장한 것처럼 이 사건은 수수께끼로 남아 있다.

질문

1. 유전자변형 밀을 개발하고 이를 제초제 라운드업의 동반제품으로 판매하려는 몬산토의 계획은 윤리적 기준을 위반한 것으로 볼 수 있는가?
2. 회사는 어떤 다른 방법을 취했어야 하는가?

3. 책임의 면제 또는 내부 관행의 변화를 약속하지 않은 합의를 실시한 몬산토는 윤리적이라고 볼 수 있을까?
4. 미국산 모든 백맥 수입을 금지한 일본의 결정은 적절하였나?
5. 자연은 수천년에 걸쳐 식물 종의 유전자를 변형시켜왔으며, 세계 인류의 복지를 위해 현재는 기술이 그 역할을 대신하고 있다고 식품과학자들은 주장한다. 이러한 주장에 대한 윤리적 입장을 설명하시오.
6. 괴물먹거리(frankenfoods)는 우리가 이해하지 못하는 방식으로 인간의 신체에 해를 끼칠 가능성이 있다고 반 GMO 시위자들은 경고한다. 이러한 주장에 대한 윤리적 입장을 설명하시오.

출처: Alison Rice, "Monsanto, Soft-White Wheat Farmers Announce $2.375 Million Settlement," agweb.com, November 12, 2014; Bill Donahue, "The Search for Monsanto's Rogue GMO Wheat," *Bloomberg*, June 21, 2013; Dan Charles, "In Oregon, The GMO Wheat Mystery Deepens," *NPR*, July 18, 2013; "Taking Root: The Developing World Embraces a Controversial Technology," *The Economist*, February 25, 2010; and Paul Klein, "Monsanto's Genetically Engineered Wheat Scandal Is No Surprise," *Forbes*, June 5, 2013.

Chapter 5

기업 지배구조

학습결과

이 장을 공부하면 여러분은 아래의 내용을 할 수 있게 된다.

1 기업지배구조라는 용어를 설명할 수 있다.
2 이사회와 주요 지배구조 위원회의 책임을 이해할 수 있다.
3 "King I"과 "King II" 보고서의 중요성을 설명할 수 있다.
4 "준수 또는 설명(Comply or explain)"과 "준수 또는 처벌(Comply or else)"이라는 두 가지 지배구조 방법론의 차이를 설명할 수 있다.
5 어떤 한 조직에 적합한 기업지배구조를 규명할 수 있다.

수익은 허풍선이가 운영하는 회사에서 마음만 먹으면 얼마든지 간단하게 조작될 수 있다.

워렌 버핏

"기소를 위한 증거"

마르코(Marco)는 대형 지역 법률회사에서 일하는 법률 보조원이다. 이 회사가 최근 이 지역에서 가장 큰 회사 중 하나인 켐코(Chemco) 산업-당연히 이 지역 최대 고용인원을 자랑하는 회사임-을 중요한 고객회사로 새롭게 맞이하게 되었다.

이로 인해 마르코의 장래는 매우 밝아 보였는데, 그 이유는 이 법률회사의 선임 파트너 중 한 명인 데이비드 콜린스(David Collins)를 보좌하는 일에 배정이 돼있었고, 여기서 그는 켐코의 일부 주주들로부터 제기된 소송에서 회사를 변호하기 위한 준비를 하고 있었기 때문이다.

그 소송의 주요 내용은 다음과 같다. 켐코의 고위 경영진은 그 해 2분기 재무 실적이 월가의 기대에 못 미칠것이라는 사실을 사전에 알고 있었다. 그리고 이런 실적 부진 뉴스에 대한 시장의 반응은 켐코 주가의 급격한 하락으로 나타날 수밖에 없고, 이로 인해 이사회에서 경영진에게 부여한 주식옵션의 행사가격 대비 주가가 하회할 가능성이 매우 농후했기 때문에, 자신들의 주식옵션은 휴지조각이 될 수밖에 없음을 너무 잘 알고 있었다. 그래서 이들 고위 경영진은 이런 사태를 막기 위해 회사의 재무 실적 "숫자를 조작"하기에 이르렀고, 이 와중에 그들의 주식을 미리 유리한 가격에 매도해나갔다고 켐코의 일부 주주들이 주장하였다. 그리고 이 숫자 조작은 이들 주식옵션이 모두 행사될 때까지 계속되었다고 한다.

마르코는 이 사건의 중요성을 잘 알고 있었고, 데이비드 콜린스와 같이 이 사건에 배당된 사실 자체에 대해 흥분을 감추지 못하고 있었다. 그의 첫 번째 임무는 고위 경영진의 주식 거래에 관한 모든 연락내용을 검토하여 그들이 주식옵션을 언제 행사했는지, 그리고 얼마에 매도했는지 정확하게 파악하여 기록 정리하는 것이었다. 이 작업을 위해 처음 며칠 동안은 밤샘작업을 해야만 했다.

삼일 째 되는 날, 마르코는 데이비드 콜린스가 켐코의 사장에게 보낸 한 이메일의 복사내용을 우연히 보게 된다. 이 이메일은 경영진의 주식 매도와는 아무 관계가 없는 것이기 때문에 이메일이 잘못 끼워진 것으로 판단하고 별도의 파일로 재분류하여 나중에 처리하기 위한 파일로 정리하려고 하였다. 그러는 과정에 이메일 내용 중 한 단어가 두꺼운 첨자로 밑줄 처리까지 된 것이 눈에 띄게 되었는데, 그 단어는 "문제가 될 만한" 이라는 것이었다. 그 이메일을 읽어보니 데이비드 콜린스가 회사 사장에게 조언하는 내용이었는데 그 내용은 다음과 같다. "이 사건에서 문제가 될 만한 모든 이메일이나 서류 등은 즉각 파기시키는데 만전을 기하라"는 내용이었다.

질문

1. 켐코의 고위 경영진에게 주식옵션을 부여한 위원회는 어디일까? 이를 위해 그림 5.1을 참조하라.
2. 이메일을 보면 켐코의 사장은 현재 이 회사가 처한 상황에 대해 잘 알고 있는 것으로 보인다. 그러면 이사회에서도 이들 고위 경영진의 경영활동을 잘 알고 있었을까? 켐코의 고위 경영진의 경영윤리 실태를 감시할 책임이 있는 위원회는 어디인가?
3. 마르코는 이 상황에서 어떻게 해야 할까?

1. 기업지배구조

최근 기업들을 둘러싼 추문들이 점차 증가하고 있고, 많은 기업 조직들이 잘못된 경영관행과 사기적 재무정보 보고 등에 연루되어 왔다. 이런 추문들을 접할 때마다 우리는 다음과 같은 여러 가지 질문을 떠올리게 된다:

- 누가 진정으로 기업을 걱정하는가?
- 이들 고위 경영진은 이런 문제에서 어떻게 벗어났을까?
- 이들 기업은 이런 비행을 예방하기 위한 견제와 균형을 갖춘 시스템이 없었을까?
- 언제부터 조직의 수장인 CEO가 갑자기 아무에게도 책임있는 설명을 못하게 되었을까?

이들 질문들에 대한 대답을 찾기 위해 우리는 조직의 권한을 실제로 행사하는 자가 누구인가 하는—즉, 누가 최종적인 권한을 갖고 있는가?—이슈를 다루어야 한다. 달리 말하면, 기업도 우리 사회에서와 같이 일반적인 방법으로 지배되고 있는가? 만일 그렇지 않다면, 바로 이것들이 기업들의 비윤리적인 행위 사례의 명백한 증거로 보여질 수 있는가? **기업지배구조(Corporate Governance)**는 조직을 지휘하고 통제하는 절차이다. 그러나 누가 기업을 통제하는가, 그리고 누구를 위해 하는가 하는 이슈에 이르게 되면 상황은 약간 더 복잡해진다. 대기업 같은 별도의 법인이 등장하기 전에는 보통 기업 조직에서 경영자와 소유자는 동일인이었다. 그러다 점차 조직이 성장하면서, 부유한 소유자들이 그들을 대신해 기업을 경영할 전문 경영인을 고용하기 시작하였고, 여기에서 몇 가지 흥미로운 질문들이 제기되었다:

- 경영자가 소유자의 이익을 위해 최선을 다해 경영한다고 믿을 수 있을까?
- 경영자는 그들의 행위가 그렇다는 사실을 어떻게 책임있게 설명할 수 있을까?
- 소유자는 경영자와 같이 있지도 않으면서 어떻게 통제할 수 있을까?

기업은 별도의 법인으로 설립된 조직으로 발전하여 개인 주주들로부터 성장을 위해 자금을 동원할 수 있게 되었다. 개인 주주들의 동참은 창업 소유주의 소유권을 희석시켰고 동시에 창업 경영진은 이 주주라는 새로운 그룹에게 책임있는 설명을 해야만 하게 되었다. 기업 조직 규모가 커지면서 연기금 및 여타 기관투자자들이 대규모로 주식을 보유하게 되고 개인 주주들의 잠재적 영향력은 크게 떨어지게 되었고, 경영진들은 이제 대부분 훨씬 막강한 "소유자"인 이들

기업지배구조 기업 조직이 지휘되고 통제되는 시스템

이사회 기업 조직의 지배구조를 감독하기 위한 이사들의 집단. 연차 정기총회(AGM, annual general meeting)에서 주주들의 투표로 선정되고, 이사의 실제 권한은 개별 조직에 따라 다를 수 있다. 즉, 강력하고 능동적인 이사회는 조직의 경영진에 대한 경영활동을 밀착 감시하기도 하지만, 그렇지 않은 이사회는 단순히 최고경영자(CEO)와 집행 이사들의 결정에 단순히 도장만 찍어주는 수동적 역할을 하기도 한다.

연기금 주주들에게 책임있는 설명을 해야 되었다.

4장에서 논의했듯이, 경영진은 소유자인 주주의 이해관계뿐만 아니라 공공의—좀 더 정확하게 말하면 모든 이해관계자들: 기업의 고객, 구매처, 정부 및 지방자치단체, 그리고 기업 활동이 이루어지고 있는 지역사회 모두에 대한—이해관계에 대해서도 책임이 있다고 볼 수 있다.

따라서 기업지배구조란 기업 조직이 이들 이해관계자들에 대한 의무에 어떻게 잘 대응해나갈 것인가 하는 문제라고 볼 수 있다. 이상적으로는 기업의 성과가 이들에 대한 의무와 잘 연계되어 나타나는 체계를 갖추어야 하며, 만일 이들의 기대에 못 미치는 성과가 나타날 때에는 적절하게 수정이 이루어져야 하는 그런 체계가 도입되어야 함을 의미한다.[1]

기업지배구조란 이사회가 그 경영진의 일상 행위를 감독하는 일체를 의미하며, 달리 말하면 이사회와 그 구성원인 이사가 주주와 기업에 대해 책임있는 설명을 제공해야 함을 의미한다. 이는 기업의 행위가 영향을 미치는 모든 임직원, 주주, 고객, 거래 은행에 대해서도 같은 의미를 갖는다. 좋은 기업지배구조는 자본시장의 진실성과 효율성을 유지하는데 가장 핵심적인 역할을 한다. 잘못된 기업지배구조는 기업의 잠재력을 약화시키고, 종국에는 기업을 재무적 곤경에 빠뜨려 자칫 잘못하면 사기부정행위로까지 이어진다. 기업이 제대로 된 좋은 지배구조를 가지게 되면, 이들 기업은 보통 여타 경쟁 기업에 비해 성과가 좋게 나타나고 결국 투자자들의 관심을 이끌어내며 성장의 기회를 갖게 되는 것이다.

2. 기업지배구조의 외형은 어떻게 보이는가?

기업의 소유자(그림 5.1의 맨위)는 기업의 발행 주식을 매수함으로써 기업에 자본(equity) 또는 위험자본(risk capital)을 제공한다. 주주들의 구성은 여러 그룹이 있는데, 개인 투자자들로 구성된 개인 주주, 대규모 지분을 보유한 사적 대주주, 사적 또는 공적 기관투자자, 종업원, 임직원, 그리고 타기업 등이 있다.

이사회(board of directors)는 이론적으로는 실제 기업을 효과적으로 경영하는데 자신들의 이해관계를 대표하기 위한 소유자들에 의해 선출된다. 이사 선거는 연차 주주총회에서 이루어지는데, 이사들은 일정 기간 동안에 대해 임명이 이루어진다. 이사회는 보통 내부 이사와 사

외 이사로 구성되는데—내부 이사는 기업의 경영진을 구성하고, 사외이사는 그렇지 아니하다. 사외이사라는 용어는 사실 어폐가 있다. 왜냐하면 일부 사외이사는 회사와 직접적인 연관을 가질 수밖에 없는 여신제공자, 구매처, 고객, 전문자문기관 등에서 오기 때문이다.

감사위원회(audit committee)는 이사회 이사 일부와 독립적인 사외 이사로 구성된다. 감사위원회의 주 책무는 재무보고 절차를 감독하고, 내부통제를 감시하며 (집행진이 어느 정도의 경비 집행 권한을 갖고 있는지와 같은), 회계 정책과 절차의 선택 문제를 감시하고 회사의 재무제표를 만들어내는 외부 감사인 선임 및 성과 등을 감독한다.

그림 5.1 현대 기업의 지배구조

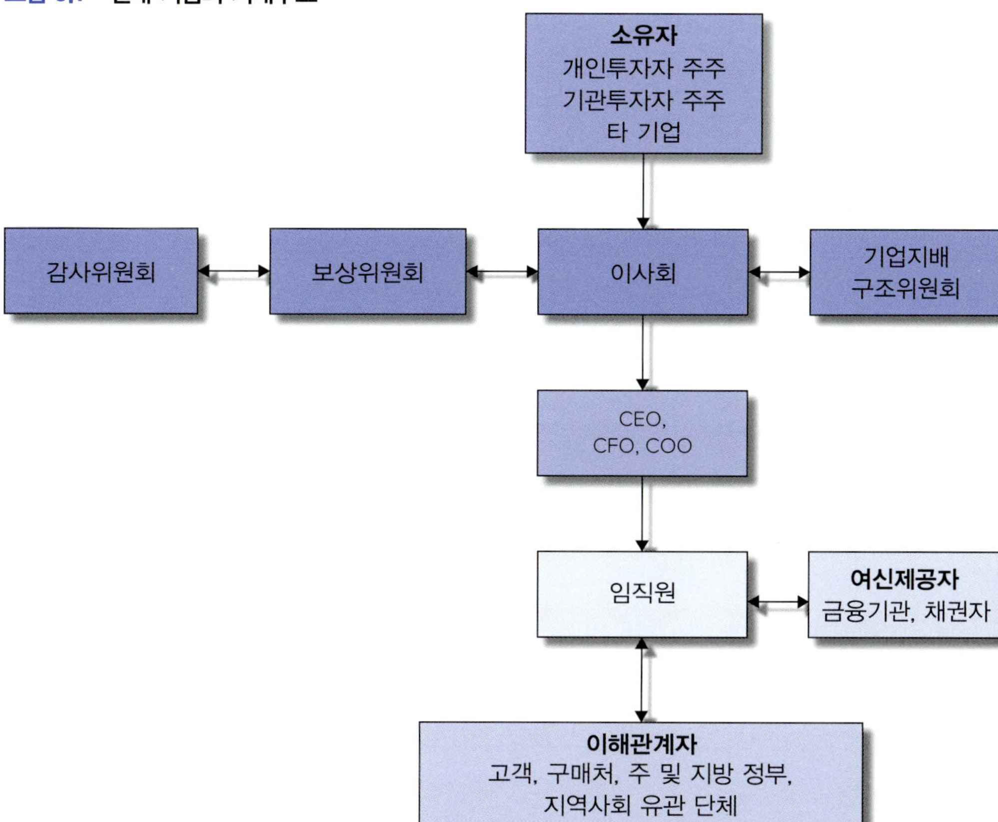

출처: Adapted from Fred R. Kaen, *A Blueprint for Corporate Governance* (New York: AMACOM, 2003).

감사위원회 이사회 이사 일부와 독립적인 사외이사로 구성된 위원회. 위원회의 책무는 재무 정책과 절차에 대한 감독-특히 회계정책, 내부통제, 외부감사 선임을 관장한다.

보상위원회 이사회 이사 일부와 독립적인 사외이사로 구성된 위원회. 위원회의 책무는 CEO와 고위경영진에 대한 보상 결정임. 이들 보상 패키지는 전형적으로 기본 연봉, 성과보너스, 주식옵션과 기타 관련 혜택 등이다.

기업지배구조위원회 위원회(이사회 이사 일부와 관련 전문가로 구성되어 있는)는 회사의 윤리경영 성과를 감시하고 회사의 경영활동이 내부 윤리강령은 물론 연방 정부 또는 주정부 차원의 기업 활동 규제에 적합한지 감독하는 역할을 수행

✓ 이해도 확인 질문

1 기업재배구조를 정의하라.
2 기업지배구조위원회의 역할에 대해 설명하라.
3 이사회의 역할에 대해 설명하라.
4 사외이사란?

보상위원회(compensation committee) 역시 이사회 이사 일부와 독립적인 사외이사로 구성된다. 보상위원회의 주 책무는 회사의 최고경영진의 보수 패키지를 감독하는 일이다(연봉, 성과급, 주식옵션 및 관련 혜택 등, 예를 들면 심지어 회사 소유 제트기의 사적 이용까지도 포함한다). 회사의 다른 임직원들에 대한 보수 정책은 경영진이 감독하도록 하게 한다.

기업지배구조위원회(corporate governance committee)는 회사의 윤리경영 실천에 대한 의지를 보다 공식적으로 대표하는 기구이다. 이 위원회는 이사회 이사 일부와 관련 전문가로 구성되어있고, 회사의 윤리경영 성과를 감시하고 회사의 경영활동이 내부 윤리강령은 물론 연방 정부 또는 주정부 차원의 기업 활동 규제에 적합한지 감독하는 역할을 한다.

3. 기업지배구조의 발전

기업지배구조 이슈가 최근 들어서야 여러 기업들의 스캔들로 인해 언론의 초미의 관심을 받고 있지만, 사실 이 주제는 지난 10여년에 걸쳐 이미 많은 관심을 받아왔다. 지난 1992년 영국의 아드리안 캐드버리 경(Sir Adrian Cadbury)이 이끌었던 위원회에서 **기업지배구조의 재무적 측면**을 살펴보았는데, 이는 당시 영국의 유수 회사들에 성행했던 이사들의 고액 보수에 대한 대중의 우려섞인 관심에 대한 대응이었다. 이 위원회의 보고서는 바로 이어 터진 뱅크 오브 크레딧 앤 커머스 인터내셔날 (BCCI) 스캔들과 출판계 거물 로버트 맥스웰 경(Sir Robert Maxwell)의 행위로 인해 예상보다 훨씬 큰 관심을 받게 되었다. 캐드버리는 보고서의 요약문에서 기업지배구조라는 새로운 주제 이슈에 대해 위원회의 입장을 다음과 같이 밝히고 있다:[2]

본 위원회의 제안의 핵심은 기업의 행위에 관해 필요한 최고 수준의 기준을 달성하고자 설계된 모범

운용규준(Code of Best Practice)인데..... 이 규준을 준수함으로써, 상장기업들은 그들의 경영활동에 대한 통제는 물론 그들의 활동에 대한 공적 책임성까지 강화할 수 있게 될 것이다. 이렇게 함으로써 기업들은 자신의 본질적 사명을 유지하면서 동시에 지금 그들에게 기대되는 기업지배구조 기준을 맞추는 균형점을 찾아가게 될 것이다.

영란은행 총재로서 머빈 킹의 이름이 1994년 보고서에 붙게 되었고 이때부터 보다 광의의 이해 집단을 고려하는 기업지배구조가 요구되기 시작하였다.

캐드버리 보고서가 발표되고 2년 후인 1994년, 관심은 남아프리카로 옮겨가 전 대법원 판사이자 당시 영란은행 총재인 머빈 킹(Mervyn King)이라는 기업법 법률가가 이끄는 한 위원회에서 "기업지배구조에 관한 킹 보고서"를 발표하였다. 캐드버리가 내부 지배구조에 중점을 둔데 반해 킹 보고서는 "기업의 경영행위 규범을 기업 자체를 넘어서서 보다 광범위한 사회에의 영향으로까지 넓혀 설정해야 한다"고 서술하고 있다.[3]

이 1994년 보고서가 "King I"으로 알려져 있는데 이 보고서는 캐드버리 보고서가 초점을 맞췄던 재무적 그리고 규제적 관점에서의 영역을 넘어 좀 더 광범위한 접근을 통해 기업의 모든 이해관계자들-주주, 고객, 임직원, 구매처, 기업이 활동하는 지역사회-의 참여아래 효율적이고 적절한 기업활동이 이루어져야 한다고 주장하고 있다.[4]

비록 King I 보고서가 기업지배구조의 가장 높은 수준의 기준을 주창하는 것으로 널리 알려져 있지만, 위원회는 8년 후 "King II"라 불리는 두 번째 보고서를 발표하였는데, 여기서는 이전에 적용되던 이해관계자 모델을 진전시켜야 하는 필요성을 인식하고, 수익성 추구라는 전통적인 단일 바텀 라인(single bottom line)에 반해 3중 바텀 라인(triple bottom line)으로의 진전을 촉구하였다. 3중 바텀 라인은 기업의 경영활동을 경제적, 환경적, 사회적 측면에서 다 고려해야 한다고 요구하는 것이다. King II 보고서의 용어에 의하면, 기업들은 이 모델에 대해 "준수 또는 설명(comply or explain)"(준수하지 못하면 그 이유를 설명), 또는 "준수 또는 처벌(comply or else)"(준수하지 못하면 처벌)이라는 방법론을 적용해야만 한다.[5]

King II 보고서에 의하면,

> 21세기 세상에서 성공적인 기업지배구조에서는 기업이 배타적인 접근이 아닌 포용적인 접근을 할 필요가 있다. 기업은 행동주의 기관들에게 개방적이어야 하고 그 성과에 있어서도 지속가능하고 비

재무적인 측면을 훨씬 강조해야 한다. 이사회는 모든 기업 행위와 필요시 생략되는 행위들에 대해 공정성, 책임성, 신뢰성, 그리고 투명성에 근거해 점검을 실시하여야 한다. 그리고 이사회는 회사에 대해 이를 설명할 수 있어야 하고 회사의 모든 이해관계자들에게 적절하게 책임을 져야 한다. 지배구조 원리의 준수와 기업가 시장경제에서의 성과 간에 제대로 된 균형을 반드시 찾아야 하며 이는 개별 회사 차원에서 구체적으로 정의되어야 한다.[6]

4. 두 가지 기업지배구조 방법론: "준수 또는 설명" 또는 "준수 또는 처벌"

캐드버리 보고서는 **준수 또는 설명**(Comply or Explain)의 지침을 주장하고 있는데, 여기서는 지배구조 표준을 준수하거나 그렇지 못하면 그들의 관련 문건(예를 들어, 연간 사업보고서)에서 준수하지 못하는 이유를 설명할 수 있는 유연성을 기업들에게 허용하고 있다. 그러나 준수 또는 설명 방법론은 현실적으로 기업지배구조에 그다지 효과적이지 못하다는 우려를 불러일으켰는데, 준수 위반을 설명하기 위해 적합한 설명이 어디까지여야 하는가에 대한 애매함, 그리고 그런 설명이 연간 사업보고서에 (설사 있다 하더라도) 주석 사항에 슬쩍 묻혀버리기 쉽게 처리될 수 있는 점 등이 그 요인이다.

"준수 또는 설명" 기업들이 일련의 준수 기준을 지키거나 그렇지 못할 경우 설명해야 하는 의무를 부과하는 가이드라인

"준수 또는 처벌" 기업들이 일련의 준수 기준을 지키거나 그렇지 못할 경우 심각한 재정적 처벌을 부과하는 가이드라인

이 보고서 발표 후 잇단 일련의 재무 스캔들로 인해 많은 비평가들은 준수 또는 설명은 명백히 기업들을 실제로 저지할 수 없다고 주장하기에 이르렀다. 결국 이에 대한 해답으로 보다 적극적인 접근 방법으로 **준수 또는 처벌**(Comply or Else), 즉 기업들이 제대로 준수하지 못할 때에는 심각한 재정적 처벌을 가해야 한다는 주장이 대두되었다. 2002년의 살베인스-옥슬리법(제6장 참조)이 바로 이러한 접근법이다.

4.1 "알고 있었는지(In the know)" 또는 "모르고 있었는지(In the dark)"

최근 부정 행위로 인한 기소에 직면한 기업들은 아마도 기업지배구조위원회를 제외하고는 그림 5.1에 있는 지배구조 모델을 사용하였을 것이다. 여기서 의문점은, 이들 기업들의 이사회가 대부분 그들 최고 경영진이 범했다고 알려진 대량 사기 행위에 대해 전혀 알지 못하고 "멍청하게 당하고 있었다"는 이야기들을 공통적으로 한다는 것이다.

이런 사태는 과연 노후 퇴직 연금의 투자처가 될 만한 건강하고 믿음직한 회사들을 찾고자

✓ 이해도 확인 질문

5 1992년 캐드버리 보고서에 크게 관심을 불러일으킨 2개의 스캔들은 무엇인가?
6 캐드버리에서 기업이 추구해야할 "적절한 균형"에 대해 설명하라.
7 King I 보고서와 King II 보고서의 차이점을 설명하라.
8 "준수 또는 설명"과 "준수 또는 처벌"의 차이를 설명하라.

하는 투자자들에게는 무얼 의미할까? 또 회사를 어두운 구렁텅이가 아닌 밝은 미래로 이끌어 나갈 수 있는 제대로 된 상사들로 이루어진 최고경영진에 대한 믿음을 되찾고 싶어 하는 젊은 구직자들에게는 과연 어떤 의미를 줄 수 있을까?

이들 회사들이 모두 지배구조 모델 자체는 갖고 있었음에도 불구하고 도대체 실제 감독은 왜 이루어지지 않았을까? 잘못된 것은 과연 그 모델 자체일까? 아니면 그 모델에서 부여된 역할을 채웠었던 사람들이 잘못된 것일까? 이 장의 2개의 윤리적 딜레마 사례, "눈 크게 뜨고 지켜보기"와 "극적인 추락"을 통해 이들 회사의 공식적인 감독자가 어느 정도의 권한을 갖고 있었는지 비교하고 서로 다른 해석이 가능한지 생각해보자.

눈 크게 뜨고 지켜보기

윤리적 딜레마

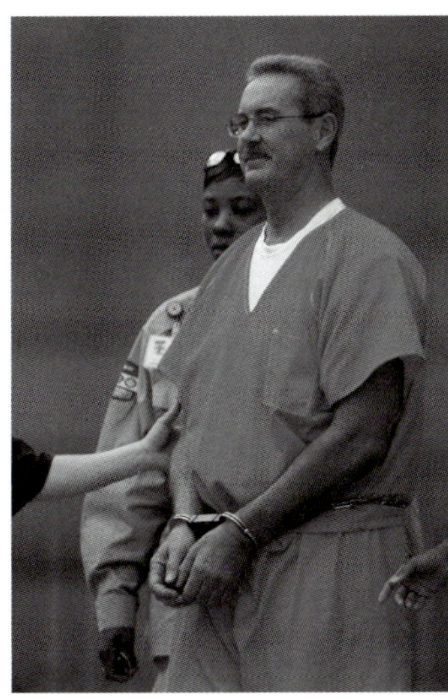

알렌 스탠포드 경(Sir Allen Stanford)은 텍사스 출신으로 카리브해의 안티구아(Antigua) 제도 시민으로서 자수성가한 사업가로서의 삶을 산 것처럼 보였다. 텍사스주 휴스턴에 위치한 스탠포드 파이낸셜 그룹(SFG)의 창업가이자 대주주로서 500억 달러가 넘는 자산을 운용하는 복잡하게 얽혀있는 금융회사를 이끌고 있었다. 훗날 새롭게 재평가된 이 회사 자산의 숫자는 이에 턱없이 못 미쳤지만, 여전히 스탠포드는 그의 개인 재산만 해도 20억 달러를 넘는다고 호언장담하였다. 그는 영국의 크리켓 경기광이었고 웨스트 인디언 팀을 후원하는데 수백만 달러를 투자하여 안티구아에 최신식 크리켓 경기장을 지어주고 "스탠포드 20 경기" 티켓을 발행하여 20개 크리켓 경기의 챔피언을 맞추는 승자에게 2,000만 달러의 상금을 독식하게 하기도 하였다.

스탠포드의 사업 수완은 거의 한계가 없는 것처럼 보였다. 그의 사업은 2개의 대형 은행, 1개의 신탁회사, 1개의 부동산개발 회사, 신문사, 크리켓 경기장, 2개의 식당, 그리고 대규모 토지에 이르렀는데 이 모두가 안티구아에 있었다. 그의 포트폴리오 중 보석으로 알려진 회사가 안티구아의 스탠포드 국제 은행(SIB)이다. SIB는 "역외 은행"으로서 미국의 은행 규제의 밖에 있었다. 이 은행의 850만 달러에 이르는 자산이 비정상적인 경로를 통해 예금자들로부터 이 은행으로 흘러들어왔다. 이 은행에서 취급한 대출은 한 푼도 없었고, 다만 전통적인 주식, 채권을 매매하는 부서만 이 은행에 있었다. 이 은행의 고객은 CD를 구입하는 방법으로 예치를 해왔는데 이 CD는 유동성이 제약되는 대신 통상 이자율보다 높은 수익을 제공하였다-즉, SIB에 고객이 예치를 하면 이를 상환받는데 60일이 걸리는 방식이다. SIB의 CD는 미국이나 남미 고객들에게는 보다 높은 수익을 제공하는 뿌리칠 수 없는 상품이었는데, 2만 명 넘는 투자자들로부터 80억 달러 이상이 순식간에 예치되어 필연적으로 SEC의 관심을 받을 수밖에 없었다.

스탠포드의 이런 호화 행적은 곧 끝나게 되었는데, 2009년 6월, 그는 스탠포드의 SIB 네트워크의 브로커들의 내부 제보에 따라 체포되었고 미국 증권 규제 당국으로부터 SIB를 이용한 "대형 투자 사기" 혐의로 기소되었다. SEC 당국의 조사를 통해 스탠포드의 행위에서 여러 흥미로운 사실들이 다음과 같이 밝혀졌다.

- SIB에 투자된 CD자금의 80억 달러 이상이 스탠포드의 호화 생활과 "폰지 구조"라는 복잡한 다른 투자 도구(폰지 구조에 관해서는 비판적으로 사고하기 6.1을 참조하라.)에 투입된 것으로 밝혀졌다. CD 자금의 유동성을 제약시킴으로써 스탠포드는 일부 투자자가 현금 회수를 원할 시 적절한 여유 시간을 가질 수 있었던 것으로 밝혀졌다. 이 중 아직 60억 달러 정도가 "행방불명"인 것으로 알려져 있다.
- SFG의 다른 회사들의 투자 자금 규모도 실제 예금 규모를 훨씬 초과하는 것으로 나타났다. 예를 들어, 스탠포드 금융회사(SFC)는 등록 증권사와 자산운용사였는데 자산운용부서만 해도 500억 달러 규모였지만 실제 자산은 1억4,700만 달러에 불과한 것으로 드러났다. 추후 조사를 통해 SFC는 단순 "중개 증권사"의 역할을 수행해왔음이 밝혀졌는데, 이때 거래 투자 회사들은 베어스턴즈(Bear Stearns)와 공교롭게도 버나드 매도프(Bernard Madoff)가 그들이었다.
- 2008년 세계적 주식시장 붕괴가 일어났을 때에도 SFG는 10년에 걸친 두 자릿수의 꾸준한 성장 이후 –1.3%에 불과한 손실이 발행했다고 보고하였고, 그들 자신조차 이를 "의심스러울 정도의 평이한 수준"이라고 표현한 바 있다.
- 스탠포드의 비범한 마케팅 능력은 영국 여왕으로부터가 아닌 안티구아의 총독으로부터 도움받은 바가 크다. 이는 아마도 안티구아 정부에 제공한 스탠포드의 8,700만 달러의 대출과도 연관이 있었을 것으로 보인다.

스탠포드의 경영 기법에서 가장 큰 위험 요인은 그의 복잡하게 다중으로 얽힌 기업들의 지배구조이다. SIB의 최고재무책임자(CFO), 제임스 데이비스(James Davis)는 스탠포드의 대학 시절 룸메이트였는데, 그는 SEC의 조사활동에 감형을 조건으로 협조하였다. SFG의 최고투자책임자(CIO), 로라 펜더게스트-홀트(Laura Pendergest-Holt)는 금융이나 재무 경력이 전혀 없었고, SEC 조사에 의하면 "은행의 수백억 달러 규모의 투자 포트폴리오의 대다수가 어디에 가있는지 조차" 파악하지 못하고 있는 것으로 밝혀졌다. 그리고 다른 최고경영진들에는 스탠포드의 가족, 친구들, 그리고 텍사스에 있는 가축 농장, 자동차 판매상 등 거래처 관계자들도 포함되어있었다. 이상 3명의 핵심 관계자 중 펜더게스트-홀트 한 사람만 부정행위로 인한 유죄 혐의로 기소되었다. 이 기소에 의하면 그녀는 SEC의 조사 활동을 여러 경우에 걸쳐 방해했을 뿐 아니라 조사관들과 만나기 전에 SFG 경영진들과 사전 모의를 했던 사실을 감추기도 했던 사실들이 밝혀졌다. 2012년 6월, 그녀는 부정 행위중 한 가지에서만 유죄를 인정하여 이 사기행위에서의 역할에 대해 3년형을 선고받았다.

스탠포드는 여전히 자신이 몰랐었다고 주장하고 있으며 그의 잘못은 오로지 CFO인 제임스 데이비스의 충직을 신뢰한 것 뿐이라는 주장을 굽히지 않고 있다. "투자위원회와 리스크위원회는 자신이 아닌 짐 데이비스에게 보고했다"고 그는 여전히 주장한다. 또 스탠포드는 그의 금융 제국의 몰락과 투자자들에 대한 상환불이행은 모두 SEC가 버나드 매도프 체포에 실패한 후 자신을 "희생양"으로 삼은 탓이라고 주장하고 있다. 나아가 SEC의 기소로 인해 세계 각국의 규제 기관이 "파급 효과"로 인해 자신의 다층적 투자회사들의 자산을 동결시킨 탓이라고 주장하고 있다. 스탠포드는 여전히 "투자자산의 어느 부분도 사라지지 않았고", "폰지 구조는 전혀 없었으며, 그 누구에 대한 사기의 시도도 없었다"고 주장하고 있다.

스탠포드의 감옥에서의 시간은 특히 많은 화젯거리를 만들어내고 있다. 동료 죄수들에게 심한 구타를 당했고; 심장 수술로 병원 신세를 지기도 했으며; 항불안제 약물 중독을 주장하여 재판을 더 이상 받을 수 없다고 주장하기도 하였다. 약물 중독 치료 후 그는 여전히 그의 범죄 사실을 증명하는 수많은 증거들에도 불구하고 무죄를 계속해서 주장하고 있다. 2012년 3월, 결국 그에게는 14가지의 사기, 자금 세탁, 부정행위 중 13건에서 유죄가 확정되었다. 2012년 6월, 징역 110년이 선고되었다. 검사측은 최고 230년 형기를 구형하였지만, 스탠포드의 변호인 팀은 44개월을 요청하였는데, 이중에서도 이미 복역한 기간을 제외시켜 그에게는 고작 8개월의 잔여형을 남기게 된 수준이었다.

2014년 11월, 스탠포드의 법무팀은 299쪽에 달하는 항소 이유서를 뉴올리언스의 제5 미국 순회 항소법원에 제출하였는데 여기서 그가 석방되어야 하는 10가지 서로 다른 이유를 제기하였다. 이 건을 논의하는 과정에서 무려 12명이 넘는 변호사가 관여했었는데, 결국 스탠포드는 항소 재판에서 자신 스스로가 자기를 변호할 수밖에 없게 되었고 재판부는 모든 주장을 기각하기에 이르렀다. 이 결정에는 그 자신이 재판 과정에서 적절하게 대처하지 못한다는 것과 그 스스로 새로운 변호사를 선정하는 것을 불허하는 등 결국 정부는 그의 모든 주장을 기각하기에 이르렀다.

2016년 1월 BBC와의 인터뷰에서 스탠포드는 여전히 SEC가 자신의 해외 영업에 관여할 수 있는 권한이 없다고 반발하는 입장을 유지하고 있을 뿐 아니라 그의 무죄를 입증하기 위해 여전히 밤낮으로 노력하고 있다고 주장하고 있다. 항소심에서의 패배로 스탠포드의 110년형은 여전히 유효한 상태이다.

질문

1. SIB의 "역외은행"으로서의 지위가 스탠포드의 사기 행위에 어떻게 활용되었다고 보여지는가?
2. 투자자들이 SIB에 예치한 자금의 즉시 유동성을 기꺼이 희생하려고 한 이유는 무엇일까?
3. SFG의 지배구조에 어떤 요소가 빠져있었을까?
4. 스탠포드의 변호인의 기조는 무엇인가?

출처: Sam Jones, "Fraud Probe at Labyrinth of SFG Companies," *Financial Times*, Feb. 18, 2009; *The Economist*, "Howzat! Shocking Allegations against Stanford Group," Feb. 19, 2009; Joanna Chung, Tracey Alloway, and Jeremy Lemer, "The Stanford Scandal: Why Were Red Flags Ingored?", *Financial Times*, Feb. 19, 2009; Clifford Krauss, "Chief Investment Officier at Stanford Group Indicted," *The New York Times*, May 13, 2009; Clifford Krauss, "Stanford Points Fingers in Fraud Case," *The New York Times*, Apr. 21, 2009; and the Associated Press, "Ex-Tycoon R. Allen Stanford Sentenced to 110 Years," Jun. 14, 2012; Michael E. Lindenberger and Murray Wass, "Allen Stanford Files 299-Page Appeal of His 110-Year Sentence," *The Dallas Morning News*, October 4, 2014; Jonathan Stempel, "Allen Stanford Loses Appeal of Ponzi Sheme Conviction," *Reuters*, October 29, 2015; and Dan Roan and Patrice Nathanson, "Defiant US Fraudster Allen Stanford Vows to Clear His Name," *BBC News*, January 11, 2016.

4.2 이사회 의장과 CEO

이 장 초반에서 보여준 기업지배구조 모델을 따른다면, 기업의 주주들은 이사회 구성원을 선출해야 한다. 그리고 나아가, 이사회 구성원은 의장을 선출해야 한다. 그럼에도 불구하고 대부분의 기업들에서 이 모델은 무시되기 일쑤이다.

> **! Key Point**
>
> 킹 II 보고서에서는 성공적인 지배구조는 "배타적" 접근보다는 "포용적" 접근을 필요로 한다고 쓰여있다. 이 두가지 접근 방법의 차이는 무엇일까?

기업지배구조 모델을 무시하는 첫 번째 단계가 기업의 CEO와 이사회 의장 역할을 한 사람으로 집중하는 것이다. 이 경우 이사회가 수행해야 할 감독 임무는 실종될 수밖에 없고, 회사의 정책 결정의 초점은 장기적인 것으로부터(이사들의 임기는 2년이라는 사실을 인지하라) 단기적인 것으로 옮겨갈 수밖에 없다. CEO는 바로 다음 분기의 숫자에 집착할 수밖에 없기 때문이다.

이 두 역할을 통합시키는 찬성 논리는 효율성 한가지 밖에 없다—이사회와 고위임원진의 리더쉽을 한 사람에게 집중시켜 충돌 가능성을 최소화하고, 이사회 리더쉽의 장점은 회사 조직 내부사정에 밝은 사람이어야만 제대로 발휘될 수 있다고 주장한다. 그렇지 않은 외부 인사들로 구성된 이사회는 속도 경영에 적합지 않다는 것이다.

이 두 가지 역할을 통합하는 것에 반대하는 논리는 윤리적 측면에 기인한다. 기업지배구조가 한 사람의 손에 주어진다면 우선 이사회의 설립 근본 목적인 견제와 균형이라는 원칙을 위배한다는 것이다. 시간이 지나면서, 이미 우리가 "눈 크게 뜨고 지켜보기" 사례에서 본 스탠포드의 경우처럼 CEO는 서서히 친CEO적이며 좀 더 높은 연봉과 혜택 수준에 만족하는 관대한 친구들로 이사회를 채워나갈 것이다. 기업의 모든 의사결정에서 통과의례로 도장만 찍는 이사회로 인해 CEO는 자기 자신이 곧 법이 되어 결국 그 자신만의 왕국을 형성해나가게 될 것이다. 이사회의 독립성은 후퇴하게 될 것이고, 주주들의 영향력은 미미해지게 될 것이다. CEO는

> **✓ 이해도 확인 질문**
>
> **9** 이사회 의장과 CEO의 역할을 겸임하는 것에 대한 찬성 논리는 무엇인가?
>
> **10** 이사회 의장과 CEO의 역할을 겸임하는 것에 대한 반대 논리는 무엇인가?
>
> **11** 기업지배구조의 단기적 관점과 장기적 관점의 차이를 설명하라.
>
> **12** 여러분의 회사 이사회에 친구들과 사업상 알게 된 동료들을 선정하는 것이 비윤리적인 것인가? 그렇다면 그 이유는? 그렇지 않다면 그 이유는?

단기적으로 높은 주가에 치중하는 정책을 추구하게 되고(이는 결국 그의 친구들로 구성된 이사회에서 바로 직전 계약에서 부여한 주식 옵션에서 얻게 될 수익추구를 위한 주가 극대화에 불과함), 조직의 장기적인 안정성에 대해서는 전혀 관심이 없게 될 것이다. 왜냐하면 결국 그때가 되면 자신은 이미 다른 회사의 CEO가 되어 있기 때문이다.

5. 효과적인 기업지배구조

기업들이 지배구조 개선 효과를 극대화하기 위해 컨설팅을 요구하거나 컨설팅사에서 제안을 할 때에는 당연히 다른 회사와 비교할 수 있을만한 상대적인 비교 측정 수치와 수용 가능한 벤치마크가 있는가 하는 이슈가 불가피하게 제기된다. 이들 계량 방법론의 틀을 논할 때에는 전형적으로 머리글자 단어들로 구성된 용어들이 특징적으로 사용되기 마련이다. 예를 들어, 유럽의 경영대학인 INSEAD에서는 "CRAFTED"라는 지배구조 원리를 주창하였다: "좋은 기업지배구조의 원리로 일치성(**C**onsistency), 신뢰성(**R**esponsibility), 책임성(**A**ccountability), 공정성(**F**airness), 투명성(**T**ransparency), 그리고 효과성(**E**ffectiveness)의 전사적 배치(**D**eploy)가 이루어져야 함을 들고 있다.[7] 그러나 통상 많이 쓰이는 수치화된 점수 체계는 유감스럽지만 아직도 여전히 불분명한 상태에 머무르고 있다.

CRAFTED 원리는 충분히 그 문자 자체만으로도 설명 가능해 보이는데, 어느 회사의 이사회라도 이들 원리에 대해 원칙적으로 동감하지 않을 수 없을 것이다. 그럼 대체 어디에서 이들 원리의 실행 절차가 무너지고 있는 것일까?

현장에 적용하기

한 사람의 겸직 사태

당신이 전국적 규모의 장비 제조회사 판매 담당 임원이라고 하자. 대학 졸업 직후 이 회사에 취업한 이래 당신은 이 회사의 일원임에 대해 자부심을 항상 갖고 있었다. 그런데 최근 회사 본사에서 진행되고 있는 여러 정책적 변화에 대해 점차 의문이 제기되기 시작하였다. 여러 고위 임원들이 회사를 떠나고, 심지어 일부는 급작스럽게 떠나고 있었는데, 그 시작은 빌 톰슨(Bill Thompson)이라는 CEO가 선임되고 나서부터였다. 어제는 그동안 회사의 이사회 의장이었던 알렉스 데일(Alex Dale, 창업자의 손자)마저 2주밖에 남지 않은 이달 말에 은퇴한다는 발표까지 있었다. 이메일 발표에 의하면 빌 톰슨이 CEO의 역할에 더해 이사회 의장 역할까지 겸임한다고 한다. 당신이 대학 때 수강한 기업윤리 수업으로 돌아가 상기해보면 과연 이것이 회사 전체에 좋은 일인가 아닌가 궁금하기 짝이 없다. 이 두 가지 역할을 겸직하는 것이 효과적인 기업지배구조를 둘러싸고 회사의 이해관계자들에게 아무런 영향이 없을까? 과연 그럴까? 또 있다면 어떤 것일까?

이사회가 한 회사의 조직을 제대로 갖추려는 목적을 달성하기 위해서는 이들 조직에서 제대로 된 전문성을 발휘할 수 있는 이사회 멤버들로 구성이 되어야 한다. 그리고 적절한 권한이 주어져야 하고, 이들 이사들은 최선을 다해 회사 집행진에 대한 감독, 지도, 승인 행위를 수행해야 한다.

그런데 불행히도 CRAFTED 원리에도 나와 있는 투명성이 종종 회사 집행 경영진의 경영정보 제공에 관한 과다한 보안 조치로 인해 희생되고 있다: 그리하여 이사회 구성원의 임명은 종종 무늬만 전문성을 제공하고 이에 대한 답례로서 보수만 지급하면서 실제 필요한 이사들의 최선의 역량과 경험은 묻혀버리는 방향으로 이루어지고 있다.

CEO들은 아마도 이사회에서 이의가 제기되면 그들이 도전을 받고 있거나 약간의 위협을 느낄지도 모르지만, 사실 이들이 이사회에 원하는 것이 그들이 제안한 모든 안건이 순조롭게 승인만 받는 것이라면 결국 이들 CEO들은 기업의 이해관계자들에 대한 자신의 재정적 경영목표에 대한 책임조차도 제대로 수행하지 못한다고 볼 수 있다. 왜냐하면 이사회 구성원들의 엄청난 지혜와 경험이라는 자원을 잘 활용할 수 있음에도 불구하고 이를 지나쳐버리는 우를 범하고 있기 때문이다.

같은 맥락에서, 이사회 역시 집행 이사들의 리더쉽에 동참해서 세세하고도 적시적인 방법으로 모든 경영행위에 대해 피드백과 지도를 할 수 있도록 최선을 다하여야 한다. 일정 기간 동안 “공식 자문”이라는 형태로 전략 과제를 수행하는 방법으로 이사회 이사들의 권한을 수행하는 것도 한 방법이 되겠지만, 이런 방법은 결국 상시적인 이사회 활동에서만 달성될 수 있는 통상적 기회를 날릴 수도 있다는 위험이 있음을 인식해야 한다.

회사의 규모와 상관없이 모든 경영활동에서는 위험 대비 성과를 살펴보는 시나리오에 대한 끊임없는 검토가 필요하다. 기업지배구조 모델에서는 이들 평가 작업이 이사회와 경영진의 협력 하에 꾸준히 이루어질 수 있다는 큰 가정을 전제하고 있다. CEO가 이사회 멤버들을 친구나 동료들로만 구성하여 연고주의에 빠지게 되면 결국 그들은 기업의 진짜 필요가 아닌 자신들의 위신만을 앞세우는 우를 범하게 된다는 것이다.

5.1 회사의 이사회를 진단하는 22개 질문 목록

이사회에서만 30여년의 경력을 갖고 있는 월터 샐몬(Walter Salmon)이 이미 일찍이 1993년 하바드 비즈니스 리뷰의 한 논문에서 회사의 이사회를 진단하는 22개 질문으로 구성된 체크리스트를 제안하는 처방적인 접근법을 취한바 있다. 여러분이 이 22개 모든 질문에 대해 “그렇다”라고 답변을 할 수 있다면, 여러분의 회사는 모범적인 이사회를 갖고 있다고 할 수 있다.[8]

1. 모든 내부 이사 1명 당 3명 이상의 사외이사가 존재하는가?
2. 내부 이사는 CEO, COO, CFO로 국한되는가?
3. 이사들은 이사회 구성원이 아닌 고위경영진들과 상시적으로 소통하는가?
4. 회사의 이사회 규모는 적절한가(8명에서 15명 정도)?
5. 회사 경영진이 아닌 감사위원회가 회사의 외부감사를 책임지는 담당자를 승인하는 권한을 갖고 있는가?
6. 감사위원회는 상시적으로 주요 관심영역을 점검하고 있는가?
7. 보상관련 자문 결과는 회사의 인사담당 부서가 아닌 보상위원회에 보고되고 있는가?
8. 보상위원회는 CEO의 보상이 장기 성과에 연동되도록 성과산식을 만들려는 시도를 용감하게 해보았는가?—설사 그 산식이 업계 통상 산식과 틀려도 상관없음.
9. 내부 경영진의 모든 의사결정 행위는 이사회가 내부이사와 사외이사를 가르는 이중 구조가 되지 않도록 충분하게 안에서 설명되고 있는가?
10. 사외이사들은 고위 경영진의 승계 계획을 매년 검토하고 있는가?
11. 사외이사들은 매년 CEO의 장단점, 목표와 성과, 개인일정 등을 공식적으로 평가하고 있는가?
12. CEO가 아닌 이사추천위원회에서 새로운 이사 구인 활동을 수행하고 적임자를 후보로 추천하고 있는가?
13. 사외이사들이 CEO가 제시한 회의 안건을 변경할 수 있는 경로가 있는가?
14. 회사는 이사들이 회의에 앞서 숙고할 수 있도록 충분한 시간을 두고 관련 일상적 안건은 물론 주요 안건에 대한 상세 분석 자료들을 제공하는가?
15. 이사회 회의에서는 경영진의 일방적인 장황한 발표 말고 진지한 토론이 이루어질 수 있도록 충분한 시간이 주어지는가?
16. 사외이사들은 경영진을 제외하고 자체적으로 주기적으로 서로 만나는가?
17. 이사회가 장기적 경영 전략을 수행할 수 있도록 기획 초기 단계에서부터 적극적으로 참여하고 있는가?
18. 새로운 CEO를 선발하는데 물러나는 CEO가 아닌 이사회에서 권한을 행사하는가? 이론적으로 뿐만이 아닌 실제로도 그런가?
19. 이사회 구성원의 일부라도 회사 성과에 연동된 보수를 받고 있는가?
20. 이사회 구성원 개개인의 성과는 주기적으로 평가받고 있는가?

! Key Point

이사회 구성원간 "공개적인 반대를 인정하는 문화"가 어떤 방식으로 기업 조직의 지배구조를 개선시킬 수 있을까?

21. 이사회에서 더 이상 역할을 제대로 수행하지 못하는 경우 그들에 대한 재선임에 반대가 제대로 이루어지고 있는가?

22. 이사회 구성원 간 신뢰 형성을 위한 적절한 방법론을 갖고 있는가?

이상 모든 테스트를 통과하고 모든 기준들을 다 맞추더라도, 비윤리적인 행위는 그 해당 개인의 일탈 행위에서 여전히 나타날 수 있다. FIFA 전 회장이었던 셉 블래터의 일탈 행위를 둘러싸고 생겼던 여론의 뭇매를 상기해보라.

극적인 추락

윤리적 딜레마

미국 이외 지역에서는 풋볼이라 불리는 스포츠 경기인 축구가 세계 축구계를 관장하는 FIFA에서 있었던 뇌물과 부패 사건으로 인해 그 명성이 땅에 떨어졌다. 특히 FIFA의 도전적인 회장 조셉 "셉" 블래터(Jeseph "Sepp" Blatter) 시절의 조직문화는 그 욕심의 도가 너무 지나칠 정도로 엄청난 규모로 커졌는데 매4년마다 열리는 월드컵 주최권을 희망하는 국가들에게 판매했다고까지 알려져있다.

2015년 5월 27일, 14명의 FIFA 임원들이 스위스 취리히의 호텔방에서 총회 당일 저녁 체포될 당시 세계 축구계는 발칵 뒤집혔는데, 특히 이 사건은 미국 법무부의 요청에 의해 이루어진 것으로 알려져 있기 때문이다. 2015년 연말까지 모두 16명의 임직원들이 92개 항의 형사책임으로 기소가 되었는데, 여기에는 지난 24년이 넘는 기간 동안 1억 5천만 달러 이상의 조직적 협잡, 자금 세탁, 사기 송금 등이 포함되어있다.

이 돈은 월드컵 대회를 유치하기 위한 각국의 체육협회 및 FIFA 경기의 "수익성 높은 중계권 및 마케팅 권한"을 노리고 FIFA 관계자들과의 연관고리를 찾던 기업들로부터 나온 것으로 알려져 있다. 러시아(2018)와 카타르(2022)의 월드컵 개최 스케쥴이 특히 문제가 되었는데, 이중 특히 카타르는 매우 의심스러울 수밖에 없었던 것이 카타르의 여름은 평균 화씨 110-115도의 열기와 숨막히는 습도로 축구 경기가 열리기에는 매우 어려운 현지 기후였기 때문이다.

블래터의 사퇴

미국 법무부의 체포는 전세계 언론을 감짝 놀라게 했지만 사실 스포츠계 언론기자들과 관계자들은 그다지 놀라지 않았다. 블래터가 17년의 임기를 마치고 은퇴한 전임 주앙 아블란제(Joao Havelange) 회장의 수석부회장에서 8대 회장으로 1998년 취임한 이래 17년 재임기간 동안 끊이지 않고 부패 관련 소문으로 들썩였기 때문이다. 그의 경쟁자였던 스웨덴의 렌나르트 요한슨(Lennart Johansson)에 대한 반대 투표도 가까스로 통과되었고 이는 곧 입증되진 않았지만 뇌물 공여 소문이 돌고 말았다.

블래터는 첫 번째 임기 말에 FIFA의 마케팅 파트너인 국제스포츠연맹(ISL)이 1억 달러가 넘는 부채로 붕괴되어 파산되는 사태에 연루되었다. 조사 결과 FIFA 고위 임원들이 수천만 달러에 달하는 뒷

돈을 받아 챙긴 것으로 나타났으나, 블래터는 어떤 형사적인 또는 비윤리적인 행위의 증거는 없었지만 "꼴사나운" 모습으로 이 사태를 벗어났다.

그 후 10년에 걸쳐, 블래터는 재선 운동 기간 동안 뇌물, 재무 관련 처리 및 대단히 의심스러운 행태 등에 연관된 여러 스캔들에 연루되었지만 무사히 상처를 입지 않고 살아남았다. 2011년 FIFA는 블래터와 그의 고위 임원들로 구성된 팀에 대한 비판이 증대되어 지배구조 개혁을 도모하고자 하는 독립적인 패널을 소집하였다. 여기서 임기 제한, 재임 연령 제한, 그리고 재무관련 투명성 강화 등이 제기되었지만 모두 무시당하였다. 그러자 블래터를 선거에서 제척하려는 움직임과 지배구조 변경 정책 제안 등이 조직 내에서 급속하게 지지를 얻게 되었다.

2015년 5월 27일 관련 임원 체포 사건 직후 치러진 총회에서는 블래터가 5번째 연임에 성공함으로써 겉으로는 그가 FIFA의 지배권을 갖고 있는 것으로 보였다. 그는 미국 법무부와 이 사건을 다룬 영국 언론들을 상대로 "그들을 용서는 하겠으나 잊지는 않겠다"고 되려 큰소리치며 대응했다. 그러나 소위 관련 불법행위들이 광범위하게 공개되자, 블래터는 4일 후에 회장직에서 사퇴를 발표하면서 "FIFA는 심층적인 재건이 필요하다"고 공언하기에 이르렀다.

블래터의 종말의 시작은 2015년 9월 스위스의 조사기관이 월드컵 텔레비전 방영권의 진정한 가치를 둘러싸고 전 FIFA 임원 잭 워너(Jack Warner)에게 부여된 특혜 관련 형사 기소를 함으로써 이루어진다. 2005년으로 거슬러 올라가 2010년과 2014년 월드컵을 위한 카리브해 방송권을 워너에게 단돈 60만 달러에 판 사실이 드러났다. 그는 바로 이 권한을 자마이카 소재 케이블 텔레비전 방송국에 팔아 1천 5백만 달러에서 2천만 달러에 달하는 이익을 취한 것으로 알려졌다.

암흑시대의 종말

블래터에 대한 여러 불리한 정황들이 드러나면서, 오랫동안 FIFA 후원사였던 맥도날드, 비자, 코카콜라, 안호이저 부시 등은 블래터에게 FIFA와의 모든 관계를 단절하라고 요구하기 시작하였고 그를 개혁의 방해꾼으로 지적하기에 이르렀다. 블래터는 단호히 저항하면서 심지어는 조직 내의 윤리위원회에서 90일 공식적인 직무정지를 받기에 이른다. 2015년 12월21일, 블래터와 유럽 축구계를 지배하는 유럽축구연맹 회장 미셸 플라티니(Michel Platini)가 FIFA의 윤리위원회에서 윤리위반으로 유죄 판결을 받고 8년 동안 모든 스포츠 참가가 금지되기에 이르렀다. 두 사람은 즉각 스포츠 중재법원에 항고했고, 이들에 대한 금지는 6년으로 줄어들었다.

2016년 2월 25일, 45세의 전 유럽축구연맹 사무총장 지안니 인판티노(Gianni Infantino)가 블래터를 이어 9대 FIFA 회장으로 선출되었고, 그는 "FIFA의 이미지와 FIFA의 명예"를 재건하겠다고 다짐하였다. 블래터는 2016년 3월 80대가 되면서 다음과 같은 성명을 발표하였다: "개혁이 시작되면서 그에 대한 기대는 한껏 올라가고 있음을 잘 알고 있다. 내 후임은 이 모든 것을 잘 정리할 것이라고 확신한다. 이 모든 문제는 내가 안고 간다. 그리고 이제 모든 것은 끝났다."

질문

1. FIFA에서 블래터의 리더십에 영향을 받은 이해당사자들은 누가 있을까?
2. 이 사례에서 기업지배구조 관련 실패는 어디에서 찾을 수 있을까?
3. 이 사례에서 좋은 기업지배구조로 보이는 점을 찾을 수 있나?
4. FIFA의 새 회장은 기업지배구조를 재건하기 위해 어떤 단계를 밟아야 할까?

출처: "Timeline: Sepp Blatter's Reign at FIFA," *The Economist*, June 2, 2015; Owen Gibson, "Sepp Blatter Under Pressure over World Cup TV Rights Links to Jack Warner," *The Guardian*, September 13, 2015; Evan Perez and Shimon Prokupecz, "U.S. Charges 16 FIFA Officials in Widening Probe," *CNN*, December 3, 2015; Kevin Rawlinson, "Sepp Blatter's Reign as Head of FIFA Marked by Scandal from the Outset," *The Guardian*, December 21, 2015; "The Rise and Fall of Sepp Blatter," *The New York Times*, December 21, 2015; and "Sepp Blatter Free of FIFA 'Presidency Burden,'" *Al jazeera*, February 27, 2016.

실전기술

여러분 자신의 경력관리

이 장에서 우리는 기업 조직에 있어 기업지배구조 체계를 통한 조직적 감독의 중요성에 대해 고찰하였다. 장차 여러분의 경력에 대한 관리 감독에 대해 몇 가지 생각을 해보자. 여러분이 공부한 것처럼 기업 조직의 이사회는 자문 그룹이면서 동시에 집행 기구로 설계되었다. 여러분도 이와 같은 자문이나 지도를 통해 의지할 수 있는 인사들의 그룹을 가지고 있는가? 여러분들은 상시적인 인생 설계에 중요한 의사결정을 내리는데 도움을 주고 그들의 경험을 기꺼이 공유할 수 있는 멘토와 함께 일을 하고 있는가?

많은 성공한 기업가들의 경우 이들 자문 그룹의 드림팀을 개발하는 것이야말로 그들 생애에 걸친 기업 경영과 개인 생활의 성공에 핵심적인 부분이었음을 인정하고 있다. 다른 사람들에게 도움을 청하고 그들의 충고와 지도를 정기적으로 받으면서 그들은 장기적인 경력 선택에 대한 준비와 중요한 의사결정을 내리는데 도움을 받을 수 있다고 믿고 있다. 이런 결정을 내리는 것은 궁극적으로는 여러분 자신의 책임이지만, 여러분이 보다 많은 직관과 정보력 이용이 가능하다면 여러분이 내리는 최종 선택에 대해 보다 자신감을 갖게 될 것은 분명하다.

그러면 과연 성공한 사람들은 여러분의 드림팀에 왜 기꺼이 참여해줄까? 아마도 이들은 그들이 성취한 성공에 대한 감사의 표시로 사회에 무언가 되돌려주길 원하고, 그들이 볼 때 거대한 잠재적 가능성을 지닌 누군가가 좀 더 원대하고 좋은 경력을 가질 수 있는 기회를 찾아가는 과정을 보고 같이 즐거워하기 때문이다. 그리하여 여러분이 훌륭한 경력을 쌓고 점차 전진해나가게 될 것이고, 나중에는 반대로 여러분이 보다 많은 가능성을 가진 젊은 학생들에게 다시 멘토 역할을 함으로써 되돌려 주려 할 것이고 나아가 또 다른 어린 유망한 학생들이 성공해나가는 과정에서 드림팀에 합류하게 될 것이다.

5.2 기업지배구조 체크리스트 방식의 위험

효과적인 기업지배구조는 단순하게 주기적으로 점검해야 할 체크리스트 목록을 유지하는 것 이상의 그 무엇을 필요로 한다. 즉 단순하게 그 체계를 그 자리에 가지고 있다는 그 자체만으로 좋은 지배구조를 가지게 될 거라고는 할 수 없다. 예를 들어, 엔론(Enron)의 경우 지배구조에 필요한 체크 목록을 다 갖추고 있었다:[9]

- 엔론은 적어도 스킬링(Skilling)이 갑작스럽게 사임하기 전까지만 해도 CEO(스킬링)와 이사회 의장(케네스 레이, Kenneth Lay)의 역할은 구분되어 있었다.
- 회사의 사외이사진은 흠결 없는 경력을 가진 훌륭한 이사진으로 채워져 있었다.
- 회사의 감사위원회는 전원 사외이사진으로 구성되어 있었다.

그러나 이 지배구조 모델의 외형 표면을 까뒤집어 들어가 보면, 진짜 그림은 훨씬 더 문제가 많아 보인다.

- 소위 독립적 사외이사진 다수의 면면을 보면 엔론의 영업으로부터 직접적 수혜를 입는 기업들과 연관 있는 인사들이었다.
- 이사진은 엔론의 부가 늘어나면서 계속 늘어나는 충분한 규모의 "혜택"을 누려왔다.
- 월가의 총애를 받던 엔론의 이사진으로서의 역할은 다른 회사의 이사로 갈 수 있는 지위를 보장할 수 있는 정도였다—이와 같은 사외 이사 경력의 연계 가능성이 위협받지 않도록 하기 위해 그들은 회사에 대해 너무 많은 세세한 질문을 삼가게 되었고 이사회 내에서 말썽꾸러기로서 명성이 쌓이지 않도록 스스로 조심하게 된 측면이 있다.

5.3 신인 책임(Fiduciary responsibilities)

미디어에 비친 기업 스캔들은 관련 인사들의 개인적 특성에 주목하는 경향이 있는데-엔론의 케네스 레이와 제프리 스킬링, 월드컴의 버나드 에버스, 헬스사우스의 리차드 스쿠루시, 아델피아 케이블의 존 리가스, 타이코의 데니스 코즐로우스키 등이 그 예인데—우리가 잊지 말아야 할 점은 기업지배구조란 그 기업의 소유자인 주주들에 대한 신인 책임을 수행하여야 하는 경영자의 역할에 관한 것이라는 것이다. **신인 책임**(*fiduciary responsibilities*)이란 궁극적으로 신뢰에 기반을 두어야 하는데, 이는 실제 경영자를 선임할 때나 또는 기선임된 경영자에게 이를 요구할 때에는 적용하기가 매우 어렵기 마련이다. 실제 그 집행은 오로지 이런 신뢰가 무너졌을 때에만 적용될 수 있는 선택이다. 평상시에는 기업은 이에 대한 감독과 그 감독을 원활하게 하기 위한 체계와 절차의 개발에 의존해야 하는데—여기에서 그 유명한 견제와 균형이라는 말이 나오게 된다.

이런 좋은 기업지배구조를 제대로 수행하는데 대한 대가는 다음과 같다. "좋은 기업지배구조의 성과는.... 회사가 투자자들과 채권자들에게 보다 매력적인 회사로, 그리고 동시에 보다 수익성있는 회사로 성장해나갈 수 있다는 것이다. 간단히 말해, 좋은 기업지배구조를 갖추는 것은 충분한 대가를 가져온다는 것이다.[10] 다음 사례들을 살펴보자:

- 도이치은행에서 조사한 S&P 500 기업들의 리서치 결과에 의하면 강력한 또는 개선된 기업지배구조를 가진 기업들이 취약한 또는 열악한 기업지배구조를 가진 기업들에 비해 2년간

약 19%에 달하는 초과성과를 기록한 것으로 나타났다.

- 한 하바드-와튼 연구결과에 의하면 미국 기업의 경우 가장 강력한 주주권을 가진 기업의 주식을 매수하고 가장 약한 주주권을 가진 기업의 주식을 매도하는 전략을 사용해 년 8.5%의 평균 이상 초과 수익률을 올릴 수 있는 것으로 나타났다.
- 위의 동일 연구에서 또 미국 기업의 경우 좋은 지배구조를 가진 기업이 보다 높은 매출 성장을 기록했고, 경쟁 기업들에 비해 보다 높은 수익성을 보이고 있음을 밝혔다.
- 2002년 멕킨지 서베이에서 기관투자자들의 경우 지배구조가 좋은 기업 주식을 보유하기 위해 프리미엄을 지불할 용의가 있다고 말하고 있다. 실제 프리미엄은 동유럽과 아프리카의 경우 평균 30%, 아시아와 남미의 경우 평균 22%에 달하고 있다.

✓ 이해도 확인 질문

13 INSEAD의 지배구조 원리 "CRAFTED"는 무엇인가?

14 월터 샐몬의 22개 질문 중 가장 중요한 6개를 골라보라. 그리고 그 이유를 설명하라.

15 최근 기업지배구조의 실패 사례를 찾아서 그 회사를 연구하고 지배구조 관련 체크 박스를 어떻게 채울 수 있었을지 논의해보라.

16 좋은 기업지배구조가 조직에 어떻게 기여할 수 있을지 3가지 점을 논의해보라.

결론

결국 우리는 이 장에서 제대로 된 모델을 제자리에 갖고 있다는 것만으로는 충분치 않다는 것을 보았는데 기업의 문화 자체가 탐욕스럽고 어떤 비용을 치르던 성공지상주의에 빠져있는 기업들에게는 이런 모델은 궁극적으로 그림에 떡일 것이다. 한편 기업지배구조가 취약한 것으로 공개적으로 알려진 기업에서도 우리는 여전히 여러 교훈을 배울 수 있다. 예를 들어, 타이코는 에드워드 브린의 지도하에 기업의 어두운 면은 공개적으로 청소하겠다고 공언하였는데, "결국 회사의 전임 최고경영진의 대규모 남용을 밝히지 못한 감사인을 교체하지 못했고, 그동안 주주 소송에 있어 소위 진정한 책임있는 해명을 방해했던 회사의 버뮤다 지부(전임자 시절 세금 회피 목적으로 사용되었던 역외 지부)를 포기할 것을 거부하였다." 나아가, "월드컴(지금은 Verizon내 부서)에서는 버니 에버스가 저질러놓은 잔재를 청소하기 위해 마이클 카펠라스가 투입되었는데, 이때 파산 재판부는 그의 보상 패키지

역시 "총액이 너무 과하다"고 거부한 바 있다."

기업지배구조 체계만으로는 그 어느 사기나 불완전 가능성에 대해 완벽하게 방어할 수는 없다. 지배구조의 진정한 시험은 정도로부터의 괴리가 얼마나 스스로 억제될 수 있는가 하는 것과 그런 문제가 발생하면 얼마나 신속하게 드러날 수 있는가 하는 것이다. 지배구조의 모든 절차에서의 참여자들이 스스로 책임 있는 설명을 효과적으로 수행하게 함으로써 위험을 줄일 수 있다. 이 과정에서 역시 핵심적인 안전판은 적절하게 구성된 이사회, 최고경영자와 이사회의장 기능의 분리, 감사위원회, 깨어있는 주주들, 그리고 완전하고 시의적절한 공시를 제공하는 재무 보고와 외부 감사 시스템일 것이다.[12]

사례 읽기: 마무리

기소 증거-결정을 내린 마르코

마르코는 이메일을 읽고 나자마자 식은땀이 흘러내렸다. 이 이메일이 공개된다면 켐코의 CEO, 고위 경영진, 데이비드 콜린스, 그리고 아마도 켐코 사건에 연루된 사람들 모두 끝장이라는 것을 잘 알고 있었다. 도대체 이제 과연 그는 어떻게 해야 할까? 데이비드 콜린스에게 알려야 되나? 아무것도 못 본 척하고 그냥 파쇄시켜 버릴까? 이 문서를 공개해버리거나 익명으로 켐코 주주 측 변호사에게 보내버릴까?

이들 각각의 조치에 대한 결과를 가늠하기 시작한 그는 마침내 이 일로 인해 자신이 새로운 법률보조원 자리를 찾아야만 하는 결과를 가져오는 조치들은 좋은 게 아니라는 결론을 내렸다. 그리고 그는 또 엔론 사례에서 두 사람의 고위 경영진, 케네스 레이와 제프 스킬링을 법정에 세우는데 얼마나 오래 걸렸는지, 마지막에 회사가 와해되고 관련 주주들은 재판 과정에서 모든 것을 잃고 결국 종국에는 한 푼도 건지지 못했던 것을 상기했다.

마르코는 "그럴만한 가치가 없다"고 생각했다. "결국 과연 누가 신참 법률보조원의 말에 관심을 기울여줄 것인가?" 그런 생각 후, 그는 관련 서류들을 챙겨 분쇄기에 집어넣어 버리고 말았다.

질문

1. 여기서 마르코는 어떤 다른 대안을 선택할 수 있었을까?
2. 이제 이 회사에는 어떤 일이 일어날 것으로 보는가?
3. 이 행위로 인해 마르코, 데이비드 콜린스, 켐코 회사 각각에 미치는 결과는 무엇일까?

복습하기

1. 기업지배구조라는 용어를 설명하라.

기업지배구조란 기업 조직이 지휘되고 통제되는 절차이다. 일련의 이사회와 위원회들을 통해 기업지배구조는 경영진에 의한 회사 경영을 감독하고 모든 이해관계자들(고객, 임직원, 구매 거래처, 주와 지역정부, 회사 소재 지역사회 등)의 이해가 공정하게 대표되고 반영되도록 하는데 만전을 기하게끔 설계되어있다.

2. 이사회와 주요 지배구조 관련 위원회의 책임을 이해하자.

이사회는 회사 조직의 지배구조를 관장하는 일군의 그룹으로 고위 경영진의 경험을 충분히 가진 자들로 구성되어있다. 연차 주주총회(AGM)에서 주주들의 투표로 선임되며, 이사회의 실제 권한은 조직의 일상 경영 전반에 걸친 모든 행위를 밀착 감독하는 강력한 형태에서부터, CEO와 경영진의 의사결정에 단순히 도장만 찍어주는 형태까지 다양하다.

효과적인 기업지배구조 모델은 전형적으로 3개의 주요 감독 기능 위원회를 포함하는데, 이들 모두 이사회 구성원들과 적절한 전문가들로 구성된다:

- 감사위원회는 재무보고 과정을 감독하고; 회계 정책과 절차를 감시하며; 회사의 재무제표를 만들어내는 외부 감사인의 선정과 성과에 대한 감독을 수행한다.
- 보상위원회는 회사의 고위경영진의 보상 패키지(연봉, 보너스, 주식옵션, 기타 혜택, 극단적인 경우 회사 제트기의 사용까지 포함)에 대한 감독을 수행한다. 최근 고액의 보수를 받는 경영자(윤리적 딜레마, "극적인 추락"의 셉 블래터)의 경우에는 그 대상 임원이 지정한 "대리인"과 긴 협상을 수행해야 하는 경우도 종종 있다. 그 외 직원들에 대한 보상 정책은 통상 경영진이 감독하도록 하는 것이 일반적이다.
- 기업이 그 경영활동에서 기업윤리 행위에 대한 헌신을 공개적으로 표명해야 하는 압력이 증가되면서, 많은 기업들에서 별도의 기업지배구조위원회를 설립하고 기업의 윤리적 성과를 감시하고 회사의 모든 행위가 내부 윤리 강령은 물론 기업 행위에 대한 연방 또는 주정부의 규제와 어긋남이 없는지 감독하고 있다.

3. "King I"보고서와 "King II" 보고서의 중요성에 대해 설명하라.

"기업지배구조에 관한 킹 보고서"로 발표된 1994년 머빈 킹의 보고서에서는 기업지배구조의 강조점을 회사 경영활동의 내부 통제에서 기업 자신을 넘어선 사회에 미치는 영향까지 광범위하게 고려해야 하는 것으로 확대하였다. 8년 뒤에 발표된 두 번째 보고서("King II")는 공식적으로 모든 기업의 이해관계자들을 고려할 것을 요구하였고 기업의 성과와 수익성에 대한 3중 바텀 라인(3BL)의 적용을 고려하도록 요구하였다.

4. 기업지배구조 방법론의 2가지 "준수 또는 설명"과 "준수 또는 처벌"의 차이를 설명하라.

"준수 또는 설명" 요건은 회사가 일련의 규준에 의해 준수되고 있음을 증명하거나 그렇지 못한 경우 명확하게 그 이유를 설명해야 함을 요구한다. 반면 "준수 또는 처벌"은 이런 일련의 규준을 갖추지 못한 경우 회사에 재정적 벌칙을 부과할 것을 요구한다.

5. 회사의 적절한 기업지배구조 모델 식별

유럽의 경영대학 INSEAD는 기업지배구조를 회사의 조직문화 이슈로 간주하고 CRAFTED 원리, "일치성(**C**onsistency), 신뢰성(**R**esponsibility), 책임성(**A**ccountability), 공정성(**F**airness), 투명성(**T**ransparency), 그리고 효과성(**E**ffectiveness)있는 전사적 배치(**D**eploy)가 이루어져야 함"을 통해 조직 분위기를 잡아나갈 것을 목표로 삼아야 한다고 강조하였다.[13] 그러나 이들 머리글자로 구성된 용어가 그럴듯해 보임에도 불구하고 그 자체로는 어떤 성과 벤치마크나 효과적인 지배구조를 상대적으로 비교하기 위한 척도에 대한 지침을 제공하지는 못한다.

핵심용어

감사위원회	이사회	기업지배구조위원회
"준수 또는 처벌"	"준수 또는 설명"	보상위원회
기업지배구조		

복습을 위한 질문

1. 기업에서 이사회가 필요한 이유는 무엇일까?
2. 이사회에 "사외이사"를 추가 선임함으로써 얻는 것은 무엇일까?
3. 효과적인 기업지배구조에 감사위원회와 보수위원회중 어느 것이 더 중요한가? 그 이유는?
4. 많은 유능한 고위 경영진들은 복수의 기업들에서 이사회에서 활동하고 있다. 이는 바람직한 현상인가? 그 이유를 설명하라.
5. 엔론의 경우 많은 "독립적" 이사들은 엔론의 경영활동에서 직접적으로 수혜를 받는 기업들과 연관이 있었다. 이 명백한 이해 충돌에 대해 무어라 설명할 것인가?
6. 여러분이 일을 하게 될 회사 또는 과거 일을 했던 기업의 기업지배구조 체계에 대해 약술하라.

복습을 위한 연습문제

글로벌뮤추얼(GlobalMutual)은 어디로 보나 모범적인 보험회사였다. 수익도 탄탄했고 연이어 수년간 이익을 기록해왔다. 회사의 업계 내에서의 순위는 최고 등급이었고 최근에는 미국 내에서 가장 종업원들에게 우호적인 업무 환경을 가진 회사로 알려져 상위 100개 회사 중 하나로 선정되기도 하였다. 글로벌뮤추얼은 매우 좋은 혜택을 종업원들에게 제공한다: 구내식당 점심은 무료이고, 회사 내에 보육시설과 심지어 휴식시간에는 스타벅스 커피도 무료로 제공된다. 미국에서 연이어 있었던 허리케인 이후 대량 보험금 지급사태로 아직 허덕이고 있는 보험업계에서 글로벌뮤추얼은 재정적으로 튼튼하고 국내 굴지의 우량 보험사 중 하나로 자리매김을 하게 되었다.

그런데 어느날 CEO 윌리엄 브라운(William Brown), CFO 앤 존슨(Anne Johnson), COO 피터 브루킹(Peter Brooking) 모두 한날 한시에 아무런 설명도 없이 해고되었는데, 이들의 해고는 어떤 비위 행위와 관련되었다는 말 말고는 없었다.

1. 과연 누가 이들 고위경영진을 해고할만한 비위 행위에 관여할 수 있었을까?
2. 글로벌뮤추얼의 전체 고위경영진을 한꺼번에 해고할만한 윤리적 비행이 어떤 것이 있을지 몇 가지 사례를 생각해보라.
3. 과연 이들 고위 경영진을 아무런 상세 설명 없이 한 번에 해고하는 것이 적절했나?
4. 글로벌뮤추얼 주주들은 이 뉴스에 대해 어떻게 반응할까? 그 이유를 설명하라.

출처: Adapted from George O'Brian, "A Matter of Ethics," *BusinessWest* 22, no. 4 (Jun. 13, 2005), p. 9

인터넷활용 연습문제

1. 국제 기업지배구조 네트워크(ICGN)의 웹사이트 www.icgn.org를 찾아가보자.
   a. ICGN의 사명은 무엇이라고 서술되어 있는가?
   b. 이 조직은 경영계에서 기업지배구조에 어떤 영향력을 미치고 있는가?
   c. ICGN에서 마련한 "모범규준"의 가이드라인은 여러 영역에 걸쳐 제시되어있다. 이중 하나를 골라 그 가이드가 기업지배구조의 논의에 어떻게 기여했는지 요약해보자.
2. 포춘 100대 기업 중 하나를 골라 연차보고서를 검토해보자. 그 회사의 이사회에는 어떤 이들이 있는가? 사외이사로는 누가 선임되어있는가? 이들 사외이사들 중 다른 회사의 이사로 겸임하는 사람들은 얼마나 되는가? 이들 사외이사들을 통해 회사가 얻는 이익은 무엇일까?

팀 연습문제

1. 이사회 의장과 CEO

2팀으로 나누어 한 팀은 의장과 CEO의 역할 분리를 주창하는 발표를 준비하라. 다른 팀은 한 사람이 회사의 의장과 CEO를 겸임하는 관행을 찬성하는 발표를 준비하라.

2. 보상

여러분이 회사의 보상위원회 위원이라고 하고, 그 회사에서 총 40년간의 성공적인 임무—이중 20년은 CEO로서의 임무—를 마치고 은퇴를 앞둔 CEO의 보상 패키지 협상 회의를 앞두고 있다고 하자. 그 기간 중 회사의 매출은 4배 이상 성장했고 총수익 또한 300% 이상 증가하였다. 2 팀으로 나누어, 다음과 같이 CEO를 대신한 대리인이 제시한 보상 패키지에 대한 찬반을 제시하라.

- 회사 소유 뉴욕 아파트에 대한 무제한 사용
- 회사의 제트기와 회사 리무진 서비스의 무제한 사용
- 뉴욕 닉스 경기 코트사이드 입장권
- 양키 스타디움 박스 좌석권
- 프랑스오픈, US 오픈, 윔블던 테니스 경기 VIP 좌석
- 매년 경영 자문 계약, 첫 5일간은 8만 달러, 그 이후는 일일 17,500달러씩 추가 부담 규모
- 모든 전문가 채용 비용 부담-법적, 재정적, 비서, IT 지원
- 2억 달러 상당의 주식옵션

3. 한 적절한 대응

여러분이 한 메이저 항공사 이사회 이사인데 최근 심각한 고객 서비스 관련 사건을 경험하게 되었다. 심한 눈보라로 인해 여러 비행기가 줄줄이 취소되어 전체 비행 일정이 연쇄적으로 엉망이 되어버려 전국 공항에서 수천의 여행객이 묶였을 뿐 아니라 수십 명의 승객들은 공항에서 이륙 시간을 기다리다가 수 시간 동안 이륙 장소의 비행기내에서 사실상 인질처럼 여러 시간 고통을 겪었다. 언론은 이 대재앙을 대서특필하면서 바로 승객의 권리를 들먹이면서 이 항공사가 이런 상황에서 승객들에게 적절하게 제공했어야 할 모든 조치를 제대로 하지 못한 것이 그 원인이라고 떠들어대기 시작하였다. 이 회사의 CEO는 창업주인데 이제까지 회사의 많은 광고에서 최고의 고객서비스를 제공한다고 엄청난 공세를 퍼부어온 주역이었다. 이 상황에서 CEO의 해임 여부를 검토하기 위한 이사회가 열렸다. 2팀으로 나누어 여러분의 항공사의 명예를 회복하기 위한 첫 조치로 그의 해임 여부에 대한 찬반 토론을 진행하라.

4. 이상적인 기업지배구조

3~4 그룹으로 나누어 각 그룹은 각자 자기 회사의 기업지배구조에 관한 이상적인 모델을 설계해보라. 예를 들어 이사회 이사의 숫자, 의장과 CEO의 역할 분리, 내부 이사와 사외이사, 이사회에 종업원 대표의 선임 여부 등이 논의되어야 한다. 각자의 모델의 각각의 장점에 대한 발표를 시행하고 각 모델이 어떻게 회사의 모든 이해관계자들의 최선의 이익을 대표할지에 대한 증거를 제시하라.

비판적으로 생각하기 5.1

테스코(Tesco)의 사라진 이익

2014년 9월 22일, 영국에서 가장 큰 수퍼마켓 체인이자 월마트에 이어 세계 제 2위인 대형 소매유통업체인 테스코가 그해 전반기에 2억5천만 파운드(약 4억2천만 달러)로 추정되는 규모의 이익 부풀리기를 했다고 발표했다. 그리고 그 차이는 "상업적 수익 인식을 앞당기고 비용 누적을 지연시키는" 방법을 통해 이루어졌다고 설명하였다. 쉽게 말하자면 테스코가 구매업체에게 대금 지급은 최대한 늦추고 고객사들로부터의 수익 인식은 정상보다 훨씬 먼저 잡아 기록했다는 것이다.

이 발표는 금융시장을 깜작 놀라게 했고, 이는 이미 3주 전에 회사의 전반기 수익이 예상됐던 16억 파운드에 비해 훨씬 적은 11억 파운드에 불과하다는 수익에 대한 경고로 인해 이미 하락하던 주가에 더욱 큰 피해를 입혔다. 그 결과 테스코 주가는 8%나 하락해 시가총액도 15억 파운드나 날려버렸는데, 이로 인해 이 회사의 대표 필 클라크(Phil Clark)가 퇴출된 7월 이후 총 60억 파운드에 달하는 시가총액이 감소되었다.

9월 들어 클라크를 대신해 들어선 데이브 루이스(Dave Lewis)는 유니레버(Unilever)에서의 27년 경력을 갖고 있었는데 금번 이익 부풀리기에 대해 다음과 같이 발표하였다:

- 영국 테스코의 4명의 고위 임원-총괄 이사, 재무 이사, 영업 이사, 구매 이사- 모두 책임을 지고 사퇴하였고,
- 회계법인 딜로이트(Deloitte)가 과거 외부감사법인인 프라이스워터하우스쿠퍼스(PWC)의 결과를 독립적으로 감사를 수행하여 보고하도록 하였고,
- 법무자문사 프레시필드(Freshfields)가 이익부풀리기에 책임 여부를 규명하기 위해 영국의 식품업을 정밀 검사하도록 계약하였으며,
- 영국의 금융감독기관인 금융감독청(FCA)에 이익부풀리기와 관련된 조사를 의뢰하였다.

테스코는 최근 고급 식품점 부문은 물론 할인점 부문에서도 시장 점유율과 수익 모든 부문에서 경쟁력을 잃고 있었는데, 그 결과로 부진한 재무실적에 대한 책임을 물어 클라크의 퇴출을 가져왔다. 회사의 품질에 대한 명성이 훼손된 사례만 보더라도 일부 소고기 제품에서 말고기가 검출되었던 사례가 있었고, 이로 인해 독일의 할인점 경쟁업체들인 알디(Aldi)와 리들(Lidl) 같은 회사들이 테스코가 잃어버린 8%의 시장 점유율을 가져가기에 이르렀다.

2014년 10월 23일, 회사는 회계상의 착오에 대한 최초 조사 결과 전반기 실적을 재발표하였다. 처음 발표됐던 2억5천만 파운드의 추정 착오 숫자는 최종 2억 6천 3백만 파운드로 그 규모가 커졌으며 곧 이어 이사회 의장 리차드 브로드벤트(Richard Broadbent) 경의 사임 발표가 이루어졌다. CEO 루이스는 1년 넘게 자행되어온 이익부풀리기 행위를 인정하면서 다음과 같이 말했다. "3가지 급선무는 매우 명확하다: 영국 시장에서의 경쟁력 회복 방안, 우리의 재무상태표의 보호와 강화 방안, 그리고 우리의 사업 영역과 브랜드에 신뢰와 투명성을 재구축하기 위한 긴 여정의 개시 방안이 그것이다."

2015년 5월 연례 주총에서 발표된 테스코의 선언문에서 이 회계 추문이 업계에 미치는 시사점에 대해 잘 요약하고 있다. 2014년의 이익부풀리기에 대한 공시로 인해 테스코의 감사인이었던 PWC는 축출되었고; FCA는 회사가 정확한 재무 공시 기준을 위반했는가에 대한 조사를 진행하고 있으며; 중요사기수사청(SFO)의 수사 또한 진행 중일 뿐 아니라 영국의 수퍼마켓 업계의 규제기관인 청과소매재판청(Groceries Code Adjudicator) 또한 테스코의 구매처에 대한 거래의 적정성에 대한 조사를 진행하고 있다.

SFO의 개입으로 인해 테스코는 3억5천만 파운드(영국 청과 매출의 1%)에 달하는 벌금을 부과받았을 뿐 아니라, "부당한 현금 지급 중재 행위"로 보여지는 부적절한 행위 증거가 나오게 되면 구매업자들에 대한 수억 파운드에 달하는 배상을 해야 하는 처지까지 몰리게 되었다.

이번 사태로 인한 소매유통업체와 음식료 및 소비재 제조업체 사이의 복잡한 공급 구매 계약은 영국의 외부감사 및 회계 감독 기구인 회계보고위원회(FRC)의 관심을 불러일으켰고 이는 2015/2016 회계연도의 특별 주의 분야로 지정 발표되기에 이르렀다. 소매유통부문에 대한 감사는 아예 별도로 기존 PWC에서 수행한 2012년도까지 거슬러 올라가 별도의 특별 감사가 이루어지기까지 하였다.

테스코는 SFO의 조사에 전적으로 협조하면서 대신 형사적 기소를 피하기 위한 "형사책임유예(DPA)"를 협상할 수도 있을 것이다. 물론 여기에는 상급법원의 허가가 필요하다. 그리고 이때 DPA 거래로 인해 개별 임원들에 대한 회사 내의 각각의 역할에 따른 개별 행위들에 대한 결과로 인한 개별 형사책임은 여전히 사라지지 않는다.

2016년 9월, SFO는 3명의 테스코 고위 임원, 총괄 이사 크리스토퍼 부시(Christopher Bush), 재무 이사 칼 로그버그(Carl Rogberg), 식품 부문 이사 존 스카울러(John Scouler)에 대해 사기 혐의로 기소하였다. 이들 모두 직위 남용에 의한 사기 행위와 부정 회계에 의한 사기 행위로 유죄 판결을 받았으며 그 결과 각각 10년형과 7년형의 실형을 선고받았다.

질문

1. 이 추문에서 테스코의 기업지배구조 문제가 드러난 부분은 어디인가?

2. 새로 임명된 대표이사 데이브 루이스의 대응은 지배구조의 취약점을 제대로 충분히 시정할 수 있는가? 설명하라.
3. 1년 넘게 자행되어 온 이익부풀리기 행위는 지배구조의 취약부분을 더욱 악화시켰다고 보는가? 그러한가? 그렇지 아니한가?
4. 여기서 PWC는 일정 부분 책임이 있는가? 그러한가? 그렇지 아니한가?
5. 루이스는 테스코의 국면 전환을 위해 시급한 당면과제 3가지를 제시하였다. 그 내용은 무엇인가? 그리고 그 세 가지로 충분한가? 설명하라.
6. 테스코는 기업윤리 측면에서 투자자들의 신뢰 회복을 위해 더 무엇을 할 수 있을까?

출처: "Tesco: Very Little Helps," *The Economist*, April 25, 2015; Sean Farrell, "Tesco Suspends Senior Staff and Starts Investigation into Overstated Profits," *The Guardian*, Sep. 22, 2014; Sean Farrell, "Tesco to Be Investigated by FCA over Accounting Scandal," The "*Guardian*, Oct. 1, 2014; Geoffrey Smith, "Tesco Chairman Resigns after $420 Million Accounting Scandal", *Fortune*, Oct. 23, 2014; Sarah Butler, "Accountancy Watchdog to Focus on Suppliers after Tesco Profit Scandal," *The Guardian*, May 28, 2015; Graham Ruddick, "Tesco Could Be Fined L500m over Accounting Scandal, Say Analysts," *The Guardian*, Jan. 25, 2016; and Asheley Armstrong, "Former Tesco bosses face 10 years in jail if found guilty of SFO fraud charges," *The Telegraph*, Sep. 9, 2016

비판적으로 생각하기 5.2

SOCGEN

1995년 영국 여왕의 은행으로서의 지위를 자랑스럽게 과시해왔던 베어링은행(Barring Bank PLC)이 8억 2700만 파운드의 거래 손실을 발표하면서 붕괴하고 말았다. 이 손실의 대부분(10억 달러 이상에 달하는)이 닉 리슨(Nick Leeson)이라는 한 트레이더가 입힌 것인데, 그는 일찍이 회사의 후선 부서의 서기에서 출발하여 후일 선물 트레이더로 성장하였다. 리슨은 후선부서에서 익힌 지식을 바탕으로 그가 거래해온 일본 주식 시장에서의 거래 규모를 감추는 절차를 익숙하게 사용하였다. 다행히 베어링 은행의 고객들은 큰 손실이 없었는데, 그 손실은 오로지 베어링 은행의 자체 거래 계정에서만 이루어졌기 때문이다. 네덜란드 은행 ING가 이 붕괴된 은행의 자산을 이어받았다.

2008년 1월 프랑스의 대형은행 중 하나인 소사이어티 제네럴(SocGen)에서 역사는 그대로 이번에는 훨씬 더 큰 규모로 되풀이되었는데, 제롬 커비엘(Jérôme Kerviel)이라는 불량 트레이더가 유러피안 선물에 대해 일련의 투기주문을 감행하여 49억 유로 (79억 달러 상당)의 손실을 SocGen에 입힌 것이 드러났다.

커비엘의 행위는 미국의 모기지 위기로 인한 대규모 거래 손실로 이미 와해되어 가고 있던 세계금융시장에 충격파를 일으켰는데, 이런 막대한 규모의 SocGen의 손실이 한 명의 트레이더의 의해 발생했다는 사실 뿐 아니라 수십억 달러에 달하는 거래 규모 주문이 통제되지 않고 감행된 것 또한 큰 충격을 가져왔다.

커비엘이 자신의 행위를 감출 수 있었던 정확한 방법에 대한 조사 결과 SocGen의 리스크 관리 시스템(은행의 리스크 감수 정도 측정)과 재무적 통제(모든 매수매도 거래가 거래 기간 종료 후 잔고확인 책임 부서)간 상당한 갭이 있었던 것으로 밝혀졌다.

- 어떻게 이런 미숙한 중간관리자급 트레이더가 연봉 수준도 기껏 10만 유로인데(다른 동료 트레이더들에 비해서도 낮은 수준), 은행에 최대 500억 유로 위험 노출이 가능한 매매 권한이 주어졌을까?
- 조사에서 밝혀진 바에 의하면 커비엘은 2005년부터 미승인된 거래를 쭉 해왔다고 한다. 그가 이런 거래들을 수행해온 유럽 거래소에서도 2007년 11월의 그의 행위에 대해서는 우려를 표명하였다. 일부에서는 커비엘의 그해 거래에서만도 5,500만 유로(8,100만 달러)의 수익을 올렸기 때문에 SocGen에서도 커비엘의 행위에 대한 보다 상세한 조사는 하지 않기로 했을 것이라는 추측이 나오기도 했다.
- 커비엘의 2007년 수익은 그로 하여금 자신이 새로운 고도의 엄청난 선물거래 시스템을 찾아냈다고 믿게 만들만했다. 조사관들은 그가 엄청난 재무적 성과를 거두어 연말 보너스를 챙겨 은행에서 그의 명성을 높이고자 하는 단순한 동기 외에는 그 어떤 이유도 찾아낼 수 없었다. 그 어떤 횡령 의도도 찾을 수 없었고, 오로지 그 자신의 매매 실력에 대한 단순한 맹신 밖에 없는 것으로 나타났다.
- 이 절망적인 거래 사고 이후에 담당 인력의 교체가 주식 선물 부서장과 IT 담당부서장을 포함해 일부 이루어졌지만, SocGen의 이사회에서는 CEO 다니엘 부통(Daniel Bouton)의 사임을 받아들이지 않았고, 그 또한 SocGen의 투자은행부문장의 수장인 장-피에르 머스티어(Jean-Pierre Mustier)의 사임을 반려하였다.
- SocGen의 리더십에 비판적인 의견으로는 이런 사태로 인해 불가피하게 은행은 다른 기업에의 인수로 나타날 수밖에 없을 것이라는 주장이 있었다. 한 논평가는 “이 사건에서 경영진은 그 신뢰를 저버리고 있었고, 그 어떤 인수 시도에서도 바로 이것이 첫 번째 넘어야할 장벽이었을 것이다. 유럽 전역에서 아마도 많은 관심이 있을 것으로 보인다”고 서술하였다.
- 커비엘은 1월말 체포되었고 그 혐의로는 신뢰에의 배임, 사기, 문서 위조, IT 통제 접근 코드 위반 등이 제기되었다.
- 반면 커비엘은 동시에 인터넷에서 우습지만 유명인사가 되기도 했는데, 많은 프랑스 사이트들에서 그를 금융계의 현대판 로빈 후드 또는 체 게바라로 치켜세우기도 하였다. 한 웹 상인은 잽싸게 커비엘을 지지하는 티셔츠 시리즈를 생산했는데, 그중 하나는 “제롬 커비엘의 여친”, 또 다른 것은 “제롬 커비엘, 490만 유로, 존경” 등의 문구들이었다.
- SocGen의 프랑스에서 가장 큰 경쟁은행인 BNP 파리바는 과거 1999년 적대적 인수합병 시도를 통해 SocGen을 인수하려 했었으나 실패한 적이 있다. 따라서 SocGen의 이런 명백하게 허약한 순간이야말로 이 경쟁은행이 가장 강력한 인수후보로 부상할 최상의 시점이라는 논리가 있었다. 그러나 BNP는 다른 인수 협상을 신중히 고려해본 결과 이 기회를 더 이상 추구하지 않기로 하였다. SocGen은 사모지분투자자들로부터 긴급 구제 금융으로 80억 달러를 조달하여 다행히 베어링 은행과 같은 운명은 피할 수 있게 되었다.

SocGen의 명백한 리스크 관리와 재무통제의 실패는 불가피하게 프랑스 재무성 장관, 크리스틴 라가드(Christine Lagarde)의 관심을 불러일으켰다. 이 사건에 대한 그녀의 첫 보고서는 여러 동시적인 조사활동이 여전히 진행되고 있는 가운데 사건 발생 8일 만에 나왔는데, 여기서는 여러 핵심적인 문제들이 제기되었다. 어떻게 커비엘이 거래 규모가 수십억 달러에 이르고, 그로 인한 손실이 시장에 심대한 영향을 미침에도 불구하고 그 낌새를 감출 수 있었는지, 그리고 이런 일이 다시 발생하지 않게 하기 위해 어떤 조치들이 필요한지 등이 그것이다. 그녀의 보고서는 프랑스 정부가 나서서 수립된 모범규준을 제대로 따르지 않는 사람들을 보다 강력하게 처벌할 권한을 가져야 한다고 주장하고 있다.

2010년 10월5일, 프랑스 법원은 커비엘의 모든 혐의에 유죄를 선고하고 그에게 징역 5년(이미 지나간 2년을 유예하고)을 선고하였다. 커비엘에게는 또 SocGen에 끼친 49억 유로 (70억 달러)의 배상금 상환이 선고되었다. 은행은 이때 커비엘에게 이 금액의 상환을 더 이상 추구하지 않겠다고 명백히 밝혔는데, 사실 이 배상명령은 2가지 시사점을 가지고 있었다. 커비엘의 변호인이 사용한 논리였던 SocGen이 그의 모든 행위를 다 알고 있었고 그 거래 행위가 수익을 가져다주는 한 "그대로 묵과하고 있었다"는 것에 대한 부인을 법정에서 명백히 확인하였고, 나아가 SocGen이 후일 회사의 지배구조를 둘러싸고 주주 소송이 발생했을 때 강력한 대비책으로 쓸 수 있게 하기 위한 것이다. 커비엘은 이 법원 판결에 항소하였다.

2012년 6월부터 4개월간의 심리를 거쳐 2012년 10월, 파리 법원은 그의 항소를 기각하였고 "제롬 커비엘이 소사이어티 제네럴에 피해를 끼친 사기 행위의 유일한 고안자이며 책임자이고, 그 수혜자였음"을 확인하였다.

2014년 3월, 커비엘은 3년형 선고에 대한 최종 상고심에서 패소하였다. 파리에서 로마에 이르는 순례자행진 왕복을 수행하고 이 기간 중 바티칸에서 교황 프란시스와의 알현 후 커비엘은 이 여행이 자신의 과거와 미래를 가다듬을 수 있도록 도움을 주었다고 발표하였다. 그러나 프랑스 고등법원은 선고를 유지하면서 커비엘이 변상하도록 명령받은 490억유로(630억달러)의 피해 금액에 대한 조사를 명령하면서 하급법원에서 SocGen 회사의 책임을 인정하지 않았음을 지적하였다.

커비엘은 2014년 9월 석방되어 잔여 형기를 발목 감지기를 채운채 자택 연금으로 채우게 되었다. 2016년 6월, 프랑스 법정은 커비엘에게 SocGen에서 그의 직책에서의 부당 해고에 대한 보상금으로 45만 유로를 부여한 바 있다. 그에 대한 형사 사건은 종결이 되었지만, 고등법원에서 명령한 새로운 민사의 형태로 그 피해 규모에 관해 재산정을 요구하는 등 아직 사건은 진행 중이다.

질문

1. 이 사건의 이해관계자들은 누구인가?
2. 커비엘이 잘못한 점은 무엇인가?
3. SocGen이 잘못한 점은 무엇인가?
4. 이 사건에서 발생한 윤리적 비리를 규명하라.
5. 만일 커비엘의 유로선물 거래가 성공했다면 그 결과는 어떻게 달라졌을까?
6. 이런 막대한 손실을 사전에 예방하기 위해 SocGen은 어떤 일을 해야 했을까?

출처: BBC, "Nick Leeson and Barings Bank," www.bbc.co.uk/crime/caseclosed/nickleeson.shtml;Marcus W. Brauchli, Nicholas Bray, and Michael R. Sesit, "Barings PLC Officials May Have Been Aware of Trader's Position," *The Wall Street Journal*, Mar. 6, 1995, pp. A1, A6; Nicholas Brayand Michael R. Sesit, "Barings Was Warned Controls Were Lax but Didn't Make Reforms in Singapore," *The Wall Street Journal*, Mar. 2, 1995, p. A3; Paula Dwyer, William Glasgall, Dean Foust, and Greg Burns, "The Lessons from Baring's Straits," *Business Week*, Mar. 13, 1995, pp30-33; Alexander MacLeod, "Youthful Trader Sinks Britain's Oldest Bank," *The Christian Science Monitor*, Feb. 28, '1995, pp.1, 8; Peter Tah Larsen, "SocGen Rogue Trade: Six Sleepless Nights Reveal the Full Impact of Scandal," *Financial Times*, Jan. 25, 2008, pp16-17; Martin Arnold and Lina Saigol, "Doubts Caston Bouton's Position," *Financial Times*, Jan. 25, 2008, p.17; Pan Kwan Luk, "From 'leRogue' to the Che of Our Times, "Finacial Times, Jan. 31, 2008, p.19; Peggy Hollinger, "Hard-Hitting Lagarde Points up SocGen's Lack of Control," *Financial Times*, Feb. 5, 2008, p.6; *The Economist*, "All His Fault, Oct. 7, 2010; and Henry Samuel, "Societe Generale Rogue Trader Jerome Kerviel Appeal Dismissed," *The Telegraph*, Oct. 24, 2012; "French Rogue Trader Jerome Kerviel to Go to Jail," *BBC*, Mar. 19, 2014; "Rogue Trader Jerome Kerviel Leaves French Jail," *BBC*, Sep. 9, 2014; and Angelique Chrisafis, "Former trader Jerome Kerviel wins unfair dismissal case," *The Guardian*, Jun. 7, 2016

비판적으로 생각하기 5.3

밸리언트: 제약업계의 엔론

밸리언트(Valeant) 제약의 줄거리 이야기 마디는 "거품의 생성과 소멸"과 관련된 기업경영 사례를 공부하는 학생들에게는 앞으로 자주 회자될 것으로 보인다. 한때는 월가의 총아 대접을 받았던 밸리언트는 야심차게 공격적 인수를 통한 성장전략을 추구하였고, 이는 종종 제약업계의 고질적인 문제였던 밑빠진 독에 쏟아붓던 연구개발비용의 부담 없이 신약을 가져올 수 있는 창구로 인정되어 2015년 8월에는 주가가 262달러에 달했었다. 회사의 CEO 마이클 피어슨(Michael Pearson)은 업계의 스타가 되었고, 퍼싱 스퀘어 캐피탈 매니지먼트(Pershing Square Capital Management)의 빌 액크맨(Bill Ackman)과 세콰이어 펀드(Sequoia Fund)의 로버트 골드파브(Robert Goldfarb)와 같은 헤지펀드 업계의 거물과 같은 최고의 투자자들을 주주로 초대하는 문이 활짝 열리게 되었다.

그러나 2016년 3월 18일에 밸리언트의 주가는 단돈 27달러에 거래되었는데, 이때 밸리언트는 회사의 재무안정성을 고의로 부풀리기 위한 부적절한 회계 처리와 단기적 수익을 만들어내기 위한 제품의 약탈적 가격 인상을 둘러싼 논란의 한가운데에서 주가는 더욱 더 수렁으로 빠져들 것이라는 전망이 지배적이었다. 어떻게 이런 일이 그처럼 노련한 투자자들의 감시 하에서 그리도 빨리 철저하게 모든 것이 잘못될 수 있었을까?

논란의 포화에서

튜어링(Turing) 제약의 CEO이자 전 헤지펀드 매니저 마틴 쉬크렐리(Martin Shkreli)는 이 회사가 인수 후 채 1개월도 되기 전에 다라프림(Daraprim) 약품 가격을 5,000% 이상으로 인상할 것이라고 발표해, 약품 가격 책정 모델에 대한 논란이 언론의 관심의 한가운데로 오게 만들었다. 밸리언트는 이미 2015년에 심장병 환자들 사이에 통상적으로 복용되던 이수프렐(Isuprel)과 니트로프레스(Nitropress)의 제약회사 2곳을 인수해 그 가격을 각각 525%, 212% 인상을 시도한 바 있기 때문에 곧 바로 언론의 관심을 받을 수밖에 없었다. 1주일 뒤에 발표된 도이치뱅크의 분석에 의하면 2015년 한해에만 밸리언트는 54개 약품의 가격을 평균 66% 인상했으며 이 인상률은 제약업계의 다른 경쟁업체에 비해 훨씬 높았다.

사실 이런 행태는 그 이전인 2014년에도 동일하게 이루어졌는데 매우 공격적인 인수 전략으로 62개 약품을 인수해 평균 50%나 약품 가격을 인상한 바 있다. 2015년 가장 큰 폭의 가격 인상을 보인 약품은 글루메차(Glumetza)라는 약품으로 2013년 1월 90개에 896달러이던 것이 2015년 7월 31일 같은 90개에 1만20달러에 달해 1,100%를 넘는 인상률을 기록하였다.

퍼싱 스퀘어 캐피탈 매니지먼트의 빌 액크맨은 밸리언트의 전략을 감싸면서 증대된 수익이 미래의 연구개발을 촉진시킬 것이라 주장했지만, 그의 옹호에도 불구하고 밸리언트의 약품 가격 전략에 대한 설명을 요구하는 연방정부의 소환장이 발부되었다. 그 후 2015년 10월 월가와의 컨퍼런스콜에서 CEO 피어슨은 회사의 포트폴리오에 저가 약품을 레버리지 매수 전략으로 편입시키는 명백하게 안좋아 보이는 전략을 수정하겠다고 언급하였다.

필리도(PHILIDOR)

연방정부의 가격책정에 대한 조사가 확대되면서 시작된 제약회사들의 주가 하락은 곧 공매도 세력(이들은 목표 회사의 주가가 계속해서 하락하는데 투기적으로 투자하는 투자자들임.)의 관심을 끌게 되었다. 호주인인 존 헴프턴(John Hempton)이 운영하는 헤지펀드인 브론테 캐피탈(Bronte Capital)에서는 마이크 니콜스(Michael Nichols)의 영화 졸업(The Graduate)의 한 장면을 의미심장하게 표현하는 한 포스트-이 장면에서 더스틴 호프만(Dustin Hoffman)이 그의 미래에 대한 충고를 받는데 단 한 마디 플래스틱(plastics)으로 표현하고 있다-를 올려놓고 밸리언트의 주가에 대한 관심을 불러일으키고 있었다. 브론테 캐피탈의 포스트는 이 단 한마디가 바로 필리도였다. 그리고 아무런 설명도 붙어있지 않았다.

일주일도 되지 않아 독립언론인 남부탐사보고재단(SIRF, Southern Investigative Reporting Foundation)에서 나온 한 보고서는 특수 약품 제약회사인 R&O제약이 밸리언트를 고소했다고 밝혔는데, 그 건은 밸리언트의 법무실장 로버트 카이-온(Robert Chai-Onn)으로부터 송부되어온 6천 9백 8십만 달러 상당의 "물품대금 송장"에 관한 소송이었다. 사실 R&O는 밸리언트와 어떤 업무상 거래도 없었을 뿐 아니라 물품대금 송장이 실수로 발행될 수 있는 그 어떤 연관관계도 존재하지 않았기 때문에 R&O의 사주는 밸리언트에 그 어떤 채무도 존재할 수 없다는 결정을 내려달라는 취지의 소를 제기한 것이다. 그 후 조사과정에서 밝혀진 바에 의하면 R&O는 필라델피아 외곽에 위치한 필리도라는 회사와 거래를 해왔는데 그 회사는 밸리언트가 유일한 고객회사로 등재되어있는 "약품 관리회사"로 등록되어있었다. 필리도는 여러 지배구조를 통해 밸리언트가 지배하고 있는 회사로 보였는데, 그 사실은 밸리언트의 재무제표 공시 어디에도 나와있지 않으며 다만 회사 매출의 40%가 "특수 제약회사"를 통해 이루어지며 그 내용은 밸리언트가 제조하는 다수의 복잡한 약품들에 대한 청구, 물류, 보험 승인 등이라는 설명 뿐이었다.

회사 정보의 접근이 매우 제약적인 상황에서 필리도의 매우 복잡한 지배구조는 R&O의 소송을 통해 밸리언트가 필리도의 사기 행각의 제물이었거나 또는 그 사기행각의 적극적 동조자였을 가능성이 높다는 얘기가 돌았다. 그 후 공매도 전문회사의 앤드류 레프트(Andrew Left)가 운영하는 사이트론 리서치의 후속 보고서가 필리도의 더 많은 정보를 파헤쳤고 밸리언트 회사 내부의 회계상 수익 인식이 실제 매출이 완료되기 이전에 이루어지는 관행을 들어 이 회사를 엔론의 회계 부정 사기에 빗대 사기 행각의 주역이라고 낙인찍었다. CEO 피어슨은 이 주장에 대해 밸리언트가 필리도를 인수할 수 있는 옵션이 있다는 사실을 밝혔고 레프트의 주장은 "터무니없는 것"이라고 반박하였다. 그러나 곧 바로 밸리언트의 주가는 39%가 빠져 시장에서는 그의 대응에 대한 신뢰가 이미 상실되었음을 표시하였다.

2015년 10월 25일 월스트리트저널에서는 밸리언트와 필리도의 관계가 피어슨이 인정한 정도 그 이상의 복잡한 것임을 밝혔고, 그 과정에서 밸리언트의 직원들이 코믹 만화책에 나왔던 피터 파커(Peter Parker)와 같은 가상의 인물명을 써서 실명을 감추었던 사실도 언급하였다. 그에 더하여 필리도가 일반 약품의 처방전들을 벨리언트에서 생산하는 고가의 약품으로 변경하는 행위에도 관련되어있다는 소문이 떠돌았다. 회사에서는 이런 주장을 부인하였으나 결국 곧 바로 회사의 즉각적인 폐업 공고로 이어지고 말았다.

빌 액크만은 10월말 다시 한번 밸리언트의 옹호에 나서는데, 애널리스트와 퍼싱 스퀘어의 투자자들과의 4시간에 걸친 컨퍼런스 콜에서 이 회사의 단기적인 법적 문제에도 불구하고 장기적으로는 여전히 유망하다고 주장하였다. 그는 여기에서 두 배의 주가 상승을 예측하였지만 시장에서의 반응은 추가로 16%가 하락하였다.

밸리언트가 연 6억 달러 이상의 비용 절감으로 미국의 건강의료시스템의 구세주가 될 것이라고 주장해온 20년에 달하는 월그린 부츠 얼라이언스(Walgreens Boots Alliance)와의 계약 발표도 투자자들의 회의를 되돌리지는 못했으며, 특히 밸리언트가 그 다음날 회사의 2015년 4분기 수익이 필리도 사태로 인해 영향을 받았다는 발표가 있고나서는 더욱 하락의 폭이 커졌다.

피어슨은 2015년 말 폐렴 치료에 전념하기 위해 병가를 신청하겠다는 발표를 하게 되었다. 밸리언트는 이사회에서 급조된 "경영자 실"이라 불리우는 일군의 경영진들에 의해 경영되었고, 그 진두에는 임시 CEO로 임명된 전 CFO 하워드 실러(Howard Schiller)가 있었다.

서로 겨냥해서 비방하기

2016년 2월 22일, 회사에서는 2014년과 2015년의 재무상태를 수정하겠다고 발표했는데, 이때에는 사이트론 리서치에서 엔론과 비교할 때 썼었던 수익 인식 기법을 그대로 인용해 쓰겠다고 한 바 있다. 그 다음 주, 밸리언트는 피어슨이 병가에서 돌아왔고, 2016년 재무 예측을 취소할 뿐 아니라 SEC의 조사를 받고 있다는 사실을 발표하였다.

밸리언트의 주식을 계속 매입해온 빌 액크만은 이런 낮은 가격대는 투자의 호기라고 계속 믿었고 그의 회사에 대한 신뢰를 보여주는 추가적인 다음 행동을 개시하였다. CNBC와의 인터뷰에서 그는 "이 회사에 대한 불확실성의 대부분이 비교적 단기간에 해소될 것으로 보며, 바라건대 그 시기는 다음 몇

주 이내일 것이다."라고 하였다. 그의 신뢰는 한 주일 정도 더 갔으며, 투자자와의 컨퍼런스에서 밸리언트에는 아마도 새로운 경영진이 필요할 것이라고 말한 다음날 2명의 신규 이사와 함께 그 자신이 밸리언트의 이사회에 합류한다고 발표하였다.

2016년 3월 21일, 밸리언트는 그동안 350억 달러에 달하는 주로 부채로 조달된 인수합병을 진두지휘해왔던 CEO 마이클 피어슨이 회사를 떠난다고 발표하였다. 2012년 이래 55백만 달러의 보상 패키지와 그동안의 주주가치 750억 달러의 손실, 그 동안의 의문의 인수합병과 회계 문제 등으로 인해 그는 한동안 재계 언론의 초점으로 남아있을 공산이 크다. 전 CFO 하워드 실러 역시 일부 애널리스트들이 표현한 대로 "서로 겨냥해서 비방하기"의 책임을 물어 사퇴를 요구했으나, 그는 자신은 아무 것도 잘못한 게 없다고 주장하며 사퇴를 거부하였다.

이틀 후, 세쿼이어 펀드의 오랜 지도자였던 로버트 골드파브가 사퇴하겠다고 발표했다. 세쿼이어의 포트폴리오에서 30%까지 차지했던 밸리언트 투자에서 2016년 1분기 56억 달러의 펀드는 10.9% 손실을 기록하여 경쟁자 대비 98%나 뒤떨어지게 되었다. 얄궂게도 이 두 사람의 사퇴 발표 이후 밸리언트의 주가는 24% 상승했지만, 아직 많은 연방정부의 조사가 남아있고 회사가 회생하기 위해서는 아마도 긴 시간이 필요할 것으로 보인다.

질문

1. 이 사례에서 잘못된 기업지배구조의 3가지 사례를 들어보라.
2. 빌 액크만이 밸리언트를 이토록 옹호한 이유가 무엇일까?
3. 이 사례에서 비판적 비평가들은 밸리언트의 이사회가 약하다고 말하고 있다. 이 견해가 적절한 판단인가? 그런가? 아니면 왜 그렇지 아니한가?
4. 회사의 주가에 적극적으로 공매도 포지션을 취하는 회사가 발표하는 부정적인 리서치 정보를 발표하는 것이 비윤리적인 행위라고 보는가? 그런가? 아니면 왜 그렇지 아니한가?
5. 사이트론 리서치의 밸리언트에 대한 비난이 맞는 것으로 판명되었다는 사실로 그 회사의 공매도 수법을 정당화시킬 수 있는가?
6. 새롭게 임명된 이사회가 밸리언트의 투자자 신뢰를 회복하기 위해 무엇을 해야 할까?

출처: Laura Lorenzetti, "Biotech Stocks Dive as Lawmakers Take Aim at Valeant for Drug Price Hikes," *Fortune*, Sep. 28, 2015; Cary Helfand, "Valeant's Price-Hike Strategy Goes Far beyond Two High-Profile Increases," *FiercePharma*, Oct. 5, 2015; Roddy Boyd, "The King's Gambit: Valeant's Big Secret," *Southern Investigative Reporting Foundation*, Oct. 19, 2015, Andrew Left, "Valeant: Could This Be the Pharmaceutical Enron?" Citron Research, Oct. 21, 2015; Jonathan D. Rockoff and Jeanne Whallen, "Valeant and Pharmacy More Interwined Than Thought," *The Wall Street Journal*, Oct. 25, 2015; Lucinda Shen, "Bill Ackman Says Valeant Will Be Fine," *Fortune*, Mar. 1, 2016; "He Who Would Valeant Be: Lessons from a Drug Firm's Disaster," *The Economist*, Mar. 19, 2016; Stephhen Gandel, "What Caused Valeant's Epic 90% Plunge," *Foutune*, Mar. 20, 2016; Cynthia Koons, "Valeant's 'Circular Firing Squad' Claims CEO Pearson," *Bloomberg*, Mar. 21, 2016; and Sarah Krouse and Daisy Maxey, "Leader of Valeant Investor Sequioa Resigns," *The Wall Street Journal*, Mar. 23, 2016

Chapter 6

정부의 역할

학습결과

이 장을 공부하면 여러분은 아래의 내용을 할 수 있게 된다.

1 기업 내부의 불법 행위를 사전에 방지하지는 못하더라도 이를 억제하기 위한 미국의 주요 법률 5가지를 들 수 있다.

2 해외뇌물금지법(FCPA)의 목적과 의의를 이해할 수 있다.

3 미국의 연방 기업 양형가이드라인(FSGO)의 3단계 절차에 따라 재정적 벌금을 계산할 수 있다.

4 살베인스-옥슬리법(SOX)의 상대적 장단점을 비교하고 대조할 수 있다.

5 도드-프랭크 월스트리트 개혁 및 보호법(Dodd-Frank)의 핵심 조항을 설명할 수 있다.

소시지를 즐겨먹는 사람들과 법을 지키는 사람들은 그것들이 만들어지는 과정을 봐서는 안된다.

오토 본 비스마르크(1815–1898), 독일 총리

너무 많은 골칫거리들

수잔(Susan)은 중부의 한 대형 감사회계회사에서 주니어 회계원으로 일을 하고 있다. 엔론 사기 사건과 살베인스-옥슬리법이 통과 되고나서 그녀의 회사는 무척 바빴는데-사실, 회사에 워낙 일이 많아졌기 때문에 일부 고객들은 받지 못하고 거절하기 시작하고 있었다.

수잔에게 일이 많다는 것은 사실 기회가 많아짐을 의미한다. 개별 감사업무가 끝날 때마다 그녀는 그녀 스스로 감사팀을 꾸려 나가고 마침내 스스로가 그 팀의 리더가 되기 위한 꿈에 한발 한발 다가설 수 있었다. 그 일은 험했고 시간은 오래 걸리지만, 수잔은 이런 세세한 일에 대한 정열과 착오를 찾아 정정해나가는 흥분을 즐기고 있었다. 또한 고객 측면에서 깨끗하고 정확한 재무보고를 만들어낸다는 것이 중요함을 알고 있기에 그녀는 시장에서 개별 고객들을 대할 때마다 그 명성을 쌓아나가는데 일조하고 있었다.

어느 날 아침 그녀의 상사인 스티븐 톰슨(Steven Thompson)이 그녀의 사무실로 두꺼운 서류 파일을 들고 들어섰다. "안녕, 수잔, 지금 바쁘세요?" 그는 물었다.

톰슨은 늘 직설적이라고 수잔은 생각한다. 잠시 잡담 나눌 시간도 없이 본론으로 들어가자.

"존스(Jones) 감사 건을 오늘까지 끝내야 해요. 그런데 왜요?" 수잔은 물었다.

"한 가지 조그만 부탁이 있는데요" 톰슨이 말했다. "새로운 중소기업 고객이 하나 왔는데 전에 거래하던 감사회계회사에서 문제가 있어 온 고객이에요. 사실 지금 가장 바쁘다는 건 알지만 이런 일을 또 부탁해 미안해요. 워낙 다들 큰 중요한 감사 건에 다들 바빠서 이 일을 맡길만한 마땅한 사람이 없어요. 그런데 이 고객을 거절하더라도 우리가 늘어나는 고객을 대응하는데 힘이 딸린다는 소문이 나기는 싫어요. 바로 다음에 큰 월척 고객이 나타날지 누가 알겠어요?"

"스티븐, 지금 무슨 말씀 하시는거죠?" 수잔은 잠시 혼란스러웠다.

"이 고객을 바로 거절하고 싶지는 않단 말이에요, 그러나 이 일을 하고 싶다는 것도 아니에요 - 어차피 일거리가 될 만한 규모도 아니니까요. 그래서 이 고객의 파일을 잠깐 짬을 내서 살펴보고, 우리의 서비스에 대한 가격을 제시해주면 됩니다—그리고 바로 여기에서 제가 부탁드릴게 있어요. 제시가격을 충분히 높게 불러서 그 고객이 결국 스스로 다른 곳으로 가게 해주면 됩니다.—하실 수 있겠어요?"

질문

1. 살베인스-옥슬리법으로 인해 모든 감사회계회사를 관장하는 감독위원회가 구성되었다. 뒤에 나오는 법의 개요를 살펴보고 기업회계감독원(PCAOB)에 대한 추가 정보를 찾아보라. 이 PCAOB가 이런 식으로 잠재적 고객을 내모는 행위를 승인할 것으로 보는가?
2. 다른 고객들 일로 너무 바쁘다는 핑계가 이런 식으로 고객을 교묘하게 몰아내는 행위에 대해 정당한 사유가 되는가?
3. 수잔은 이제 어떻게 해야 할까?

1. 핵심 법률들

기업들이 스스로 자체적으로 내부에 강력한 윤리문화를 구축하는 것이 어려울 때에는 최후의 방어선으로 윤리적인 행위에 대해서는 재정적 인센티브를 부여하고 그렇지 못할 때는 벌칙을 부과하는 법적 또는 규제의 틀을 적용해야 한다. 1970년대 이래 기업내부의 불법 행위들을 방지하진 못하더라도 억제하기 위한 행위를 유도하기 위해 여러 시도들이 있었다:

- 해외뇌물금지법(1977)
- 미국 연방 기업 양형 가이드라인(1991)
- 살베인스-옥슬리법(2002)
- 미국 연방 기업 양형 가이드라인 수정안(2004)
- 도드-프랭크 월스트리트 개혁 및 보호법(2010)

2. 해외뇌물금지법(1977)

해외뇌물금지법(FCPA)은 미국의 공개기업이 국제적으로 성장해가면서 외국 관료나 정치인들에게 뇌물 또는 유사한 형태의 편의를 제공하는 것을 좀 더 효과적으로 통제하기 위해 도입되었다. 이 법안이 통과되기 전에는 이런 불법 행위는 오직 "관련 부수적인" 법률에 따라서만 처벌 가능하였다.

1. 증권거래위원회(SEC)는 증권 관련 규정에 따라 관련 기업들에게 이런 불법 지급에 대한 공시 불이행으로 벌금을 부과할 수 있었다.
2. 은행비밀법에 의해 미국에 입금 또는 출금되는 모든 자금에 대한 완전한 공시가 이루어지고 있었다.
3. 우편물 사기방지법에 의해 미국 우편이나 전신을 통한 사기성 자금 거래는 불법으로 규정되어 있었다.

FCPA를 통과시킴으로써 의회는 해외 시장에서 미국 기업의 경쟁력은 대상 외국 국가의 관료나 정치지도자들에 대한 뇌물의 규모가 아니라 가격과 제품의 품질에 기반해야 한다고 천

해외뇌물금지법 미국의 공개기업들이 외국 관료나 정치인에게 제공하는 뇌물 또는 유사 금품 방지를 위해 도입된 법안

인 없이 내부 행정 명령으로 해결되었다. 납부금의 규모는 5백만 달러의 벌금에 150만 달러의 이자, 830만 달러의 부당 이득 반환으로 구성되었다.[3]

2.3 FCPA의 의미

그림 6.1은 FCPA 조항에 나와 있는 몇몇 금지 행위와 예외적 승인에 있어 합법성과 불법성의 분명한 경계를 요약해서 보여주고 있다.

Key Point

정부 관료에게 인가, 승인, 또는 공적 서류를 정상적인 처리 시간보다 빠르게 처리하기 위해 지급하는 금품이라면, 어떻게 이것이 뇌물이 아닌가? "통상적인 업무"와 "신규 또는 기존 업무의 연장"의 구분이 과연 타당할까?

법무부는 회사와 관련 부서 등에 위반 행위 건당 최고 2백만 달러 형법상의 벌금을 강제할 수 있다. 집행 간부, 이사, 주주, 직원, 대리인들 모두 위반 행위 건당 최고 25만 달러의 벌금형과 5년 이내의 징역형에 처해질 수 있다. SEC는 위반 행위 건당 10,000 달러 이내의 민사상 벌금을 부과할 수 있다. 회계 장부와 부기 서류 관련 벌금은 관련 개인에게는 최고 5백만 달러 벌금과 20년 징역이, 기업에게는 최대 2,500만 달러 벌금이 부과될 수 있다.

✓ 이해도 확인 질문

1. FCPA의 주목적은 무엇인가?
2. FCPA에서 미국 기업의 최대 벌금액은 얼마인가?
3. FCPA가 초점을 맞춘 2가지 영역은 무엇인가?
4. 통상적인 정부 공적 업무의 4가지 사례를 들라.

3. 1991년 미국 연방 기업 양형 가이드라인(FSGO 1991)

미국 연방 양형 위원회는 1984년 종합 범죄방지법에 의해 설립되었고 연방 범죄에 대한 양형의 통일적 가이드라인을 만드는 작업을 수행하였다. 이 가이드라인은 1987년 11월 1일부로 발표되었다. 그때 당시에는 이 가이드라인은 7장으로 구성되었고 연방 범죄를 범한 개인에게만 국한되어 적용되었다.

Federal Sentencing Guidelines for Organizations (FSGO) 기업의 임직원이나 대리인들의 범죄 행위에 관한 기업의 책임에 대한 가이드라인을 정하기 위해 별도로 추가한 8장

1991년 가이드라인에 8장이 더해졌다. 8장은 보통 **연방 기**

그림 6.1 FCPA 하에서 불법 행위와 합법 행위 구분

<table>
<tr><th>불법</th><th>합법</th></tr>
<tr><td>뇌물:
• 외국 관료로 하여금 법적 의무에 위배되는 행위를 유발하거나 영향을 미칠 목적으로 제공되는 현금 또는 그와 유사한 금품
• 법에서 금지된 목적을 위해 외국 관료 또는 정치인이나 후보에게 부정한 자금이 조금이라도 제공되었다는 사실을 인지하고 이 자금을 타인에게 지급, 승인, 구두 약속, 또는 제공하는 행위. 사실 인지란 매우 광범위하게 정의되는 것으로 이런 사안이 확실히 발생하거나 발생할 수 있다는 것만 알아도 적용됨에 주의하라: 의도적으로 사안에 대한 기록을 회피하거나 고의적으로 모른 척해도 사실 인지로 인정됨.</td><td>윤활 목적 지급:
• 통상적 정부 공적 업무의 신속성과 확실성을 위해 지급되는 외국 관료에 대한 급행료. 예를 들어, 통상적 정부 공적 업무로는 인가, 승인, 여타 공식 서류 작업을 포함; 합법적인 세관 통과의 신속 집행; 출입국 관련 비자 발행; 경찰 호위 제공, 우편물 수취 및 배달, 전화 통신 서비스; 전적으로 신규 사업 인가나 기존 사업의 연장과 관련 없는 편의 제공</td></tr>
<tr><td>부기 또는 회계 조항들:
• 장부, 기록, 회계 계정은 관련 모든 거래와 자산 처분이 정확하고 공정하게 반영될 수 있게 충분히 상세하게 비치되어있어야 한다.
• 내부 회계 통제 시스템은 관련 모든 거래가 경영진의 승인에 따라 이루어지도록 충분한 확인이 이루어질 수 있게 만들어져야 한다.</td><td>마케팅 비용:
• 외국 관료에게 회사 제품이나 서비스의 전시나 홍보 목적 관련(예를 들어, 제약회사 공장 견학 또는 홍보) 또는 외국 정부와의 특정 계약 집행과 관련하여 제공되는 금품</td></tr>
<tr><td></td><td>외국법상 합법적인 금품
• 외국 관료에 대한 금품이 "해당 외국의 법에 합법이라고 쓰여져 있는" 경우의 금품 (사실 이런 경우는 거의 없음)</td></tr>
<tr><td></td><td>정치 헌금:
• 미국의 경우 외국 국적 보유자의 정당 또는 후보자들에 대한 정치 헌금은 금지되어 있는 것과는 달리, 가끔 외국에서는 미국 본사를 대신하여 지사에서 정치 헌금을 제공하는 것이 허용되어 있는 경우가 있다. 정치 헌금은 정당 또는 후보자에게 수표로 제공될 수도 있고 정치헌금 모집 목적의 회식 행사 또는 유사한 행사 경비 지원일 수도 있다. 이런 행위는 해당 국가의 법에 명시적으로 나와 있지 않으면 사실상 FCPA 위반이 될 수 있는 사례이기도 하다.
외국 자선기관 기부금:
• 미국 회사는 선의의 자선기관에 기부금을 낼 수 있다. 물론 이 기부금은 FCPA를 회피하기 위한 목적이 아니어야 하고 해당 국가의 법, 규정, 또는 규제를 위배하기 않아야 한다.</td></tr>
</table>

업 양형 가이드라인(FSGO)으로 더 잘 알려져있다. 이 장은 기업의 임직원이나 대리인들에 의한 범죄 행위에 대한 책임을 기업들에게 적용하여 묻는 것이다.

FSGO에서는 기업이 그 자신의 임직원과 대리인들의 범죄 행위를 방지하고 탐지하는 역할을 통해 스스로를 규율할 것을 요구하고 있다.

기업의 윤리적 활동을 진작시키고 기업의 비윤리적 행위의 비용을 증가시키기 위함이 그 가이드라인의 사명인데, FSGO에서 원래는 아주 광범위하게 모든 조직을 관할하기 위한 것인데, 여기에 "기업 조직도 그 어느 경우도 예외가 될 수 없다"고 하여 기업은 당연히 그 대상이 된다. 나아가 FSGO에는 대상 기업범죄의 모든 유형이 다 나와 있어 어느 기업이든지 어떤 행위가 연방 형법 위반이고 FSGO의 벌칙 대상이 되는지 놀라울 정도로 손쉽게 찾아볼 수 있다.

FSGO에서 벌칙은 금전적 벌금, 기업 보호관찰, 그리고 기업의 FSGO 기준 컴플라이언스 작동 프로그램 시행이 있다.

3.1 FSGO의 금전적 벌금

기업이 FSGO 양형 기준에서 벌금을 계산하는 방법은 다음 3단계 절차를 따른다:

1단계. "기본 벌금" 결정. 기본 벌금은 통상 다음 중 가장 큰 금액으로 한다:

- 기업이 범칙 행위로 얻은 금전적 수익
- 기업이 범한 범칙행위에서 발생한 금전적 손실, 그 한도는 기업이 손실 발행 범위를 사전 인지한, 고의적인, 부주의한데서 기인한 정도까지로 한다.
- FSGO 산식표에 근거해서 판사가 결정한 금액

산식표는 범죄의 성질과 피해자가 겪은 손실 금액 모두를 반영한다. 예를 들어 사기는 6등급 범칙에 해당하고; 5백만 달러를 초과하는 피해를 입힌 사기는 범칙 행위 14등급에서 20등급까지 올라갈 수 있다. 범칙 행위를 범하기 위한 상당한 사전모의 증거가 나오면 2등급 더 상승해 22등급까지 올라갈 수 있다. 이들 등급을 달러 금액으로 환산하면, 6등급 또는 그 이하 범죄의 기본 벌금은 5,000 달러이고; 38등급 또는 그 이상의 기본 벌금은 7,250만 달러이다.

2단계. 과실성 배수. 기본 벌금이 정해지고 나면, 판사는 과실의 정도로 알려진 범죄의 유죄 또는 비난의 정도를 측정하는 배수의 수치를 산정한다. 이 수치는 단순하게 최대 4배수에 달하는 배수인데, 가장 최악의 벌금이 7,250만 달러의 최대 기본 벌금에 4배수를 곱한 금액으로 총 2억 9천만 달러가 된다. 과실의 정도는 사전에 정해진 요인들을 반영하여 증가하거나(가중) 감소(감경)할 수 있다.

가중 요인

- 고위직이 관련되어있거나 범죄행위를 묵과했을 경우
- 기업이 고의적으로 범법행위를 했을 경우
- 기업에 유사한 비위행위 전례가 있을 경우
- 현 범죄가 재판관의 명령이나 금지 또는 보호관찰 조건에 위배될 경우

감경 요인

- 기업이 범법 행위 방지 또는 탐지의 효과적인 프로그램을 갖고 있는 경우
- 기업이 범법 사실을 관련 정부 기관에 자진신고하고, 조사에 충실히 협조하고, 범죄 행위에 대한 책임을 인정하는 경우

Culpability Score(FSGO) 범죄의 유죄 또는 비난의 정도를 계산하는 척도로 기본 벌금의 최대 4배까지 부과한다. 과실성 배수는 가중 또는 감경요인에 따라 조정될 수 있다.

Death Penalty(FSGO) 기업의 모든 자산을 다 써도 안될만큼의 고액의 벌금을 부과하는 조치-해당 기업을 파산시키기 위한 것-이다. 이 조치는 기업의 주 업무가 범죄 목적으로 구성되어있는 경우에 해당된다.

3단계. 벌금 총액 결정. 기본 벌금에 과실의 정도를 곱해 벌금 총액이 결정된다. 그러나 특정 경우에는 판사가 자신의 판단에 따라 소위 "**사형 벌칙**"을 부과할 수도 있는데, 이 벌칙은 기업의 모든 자산을 다 써도 안될 만큼 고액의 벌금을 부과하는 것이다. 이런 경우는 해당 기업 또는 조직의 주 업무가 범죄 목적으로 구성되어있는 경우에 해당된다.

3.2 기업 보호관찰

금전적 벌금에 추가로 기업은 최대 5년 보호관찰을 구형받을 수 있다. 보호관찰 상태는 다음 요건들을 포함한다.

- 법원에 대한 기업의 재무상황에 대한 주기적 보고
- 모든 재무기록들에 대한 지정 보호관찰관 또는/함께 법원 지정 전문가에 의한 불시 점검 가능
- 컴플라이언스 프로그램의 시행 진척 보고
- 컴플라이언스 프로그램이 제대로 있고 작동하는지에 대한 불시 점검 가능

3.3 컴플라이언스 프로그램

과실의 정도를 최소화시키기 위한 가장 좋은 방법은 기업에 당연히 컴플라이언스 프로그램이 어떤 형태로든지 있어서 효과적으로 범법 행위의 가능성을 방지하고 탐지할 수 있어야 한다. FSGO는 효과적인 컴플라이언스 프로그램에 관한 7가지 단계의 처방안을 제시하고 있다.

1. **경영진의 감독.** 고위 경영진(기업 윤리 담당 부문장)이 컴플라이언스 프로그램을 담당하고 책임있는 설명을 할 수 있어야 한다.
2. **회사 정책.** 범죄 행위 가능성을 줄이기 위해 고안된 정책과 절차가 회사 내에 반드시 존재해야 한다.
3. **기준과 절차의 소통.** 이들 윤리 정책은 기업의 모든 이해관계자들에게 효과적으로 소통되어야 한다.
4. **기준과 절차에 대한 컴플라이언스.** 이들 정책이 실제 실행되고 있다는 증거가 적절한 감시와 보고(종업원들이 범죄행위 의심이 있을 경우 보복 우려 없이 보고할 수 있는 시스템 포함)를 통해 제공되어야 한다.
5. **적절한 책임 권한 이양.** 범죄 행위의 리스크가 커질 수 있을 정도로 어느 특정 개인에게 과도한 책임 권한이 주어져서는 안된다.
6. **일관성있는 훈련.** 기업은 범죄 행위와 범죄적 비위 사실을 적발하지 못하게 하는 행위에 대해서는 일관성있는 방식으로 벌칙을 가해야 한다.
7. **적절한 대응과 교정 행위.** 범죄 행위, 실제 발생했든 또는 의심스럽든 간에 즉각 적절한 대응이 이루어지고 분석되어 교정 행위가 행해져야 한다.

이들 모두가 관리하기에 너무 벅찬 것처럼 느껴지는가? 다음 사례를 보자. 케이블TV 프랜차이즈 수상을 하기 위해 시청 관료에게 25,000 달러 뇌물이 전해졌다고 하자. 이는 18등급 범죄로 기본 벌금 35만 달러에 해당된다. 여러 가지 요소(예를 들어, 과실성 배수)를 반영하여 벌칙이 140만 달러로 증가된다. 이때 감경 사유가 반영이 되어 최소 벌금이 되면(예를 들어 회사에 컴플라이언스 계획이 있고 이 뇌물 사건에 고위층의 관여가 없었다면) 이 벌금은 140만 달러 대신에 17,500 달러에서 70,000 달러 범위로 책정된다.

이 정도 사례로 만족스럽지 않다면, 여러분의 회사에 추가적으로 미칠 부정적인 여론을 고려해보자. 매출의 심각한 손실이 발생할 뿐 아니라 거래처들로부터의 추가적인 검증 요구는 물론 회사의 주가 폭락도 예상될 수 있다.[4]

✓ 이해도 확인 질문

5 FSGO에서 재정적 벌금을 계산하는 3단계는 무엇인가?
6 최대 부과 가능한 벌금 금액은 얼마인가?
7 기업 보호관찰의 최대 기간은 얼마인가?
8 FSGO의 "사형 벌칙"은 무엇인가?

1997년 OECD 회담에서 외국 관료에 뇌물을 제공하는 것을 범죄로 규정하는 것에 대해 35개국이 서명을 했다. 1999년 5월, OECD는 일련의 6개 원칙(2004년 개정)을 발표했는데 그 이후 이 내용이 세계은행과 IMF의 기업지배구조의 근간을 이루게 되었다. 그러나 2015년 한해만 해도 다음과 같은 사례들이 보고되고 있다:

- 2015년 2월, 굿이어 타이어사(Goodyear Tire and Rubber Co.)는 케냐와 앙골라에서 타이어 매출을 늘리기 위한 뇌물제공 혐의로 SEC에 의해 제기된 FCPA 위반 혐의 해결을 위해 1,620만 달러의 벌금을 납부하기로 합의하였다. 굿이어 자회사들이 2007년에서 2011년 사이 그 지역 공기업과 사기업의 임직원들에게 320만 달러 이상의 뇌물을 제공한 혐의로 기소되었다.
- 2015년 5월, BHP 빌리턴(BHP Biliton)은 SEC가 제기한 FCPA 위반혐의 해결을 위해 2,500만 달러를 납부하였다. BHP가 2008년 여름 중국 베이징 올림픽에 외국 정부 관료들을 부적절하게 손님으로 초빙하는데 후원을 한 혐의이다. 이 사건은 법정으로는 가지 않고 내부 행정 명령으로 해결되었다.
- 2015년 7월 뉴저지 소재 건설회사 루이스 버거 인터내셔날(Louis Berger International)은 FCPA 형사사건 해결을 위해 1,700만 달러를 납부하였다. 이 회사는 이 과정에서 인디아, 인도네시아, 쿠웨이트, 베트남에서 건설 계약을 따기 위해 외국 관료들에게 뇌물을 제공한 혐의를 인정하였다. 이 건에서 회사에 대한 형사 소추는 지연시켜주는 대신 최소 3년간 컴플라이언스 감독을 수행하기로 하였다.
- 2015년 9월 히다치(Hitachi)사는 SEC 혐의를 해결하기 위해 1,900만 달러를 납부하였다. 이 사건은 남아프리카에서 2개의 수백만 달러 상당의 발전소 건설 계약 관련 집권당에 제공된 뇌물과 관련되어있다.

윤리적 딜레마

미국 기업들은 보다 엄격한 연방 차원의 규제 감시 하에서 외국에서의 사업에 대해 모든 거래 단계에서 "선물"에 기반해 움직이는 것으로 보이는 글로벌 사업 환경 하에서 사업을 수행하는 데 있어 그 실질적인 결과에 대한 책임을 져야 한다:

- 2012년 12월, SEC가 엘리 릴리(Eli Lilly)사에게 러시아, 브라질, 중국, 폴란드 지사들의 정부 관료들에 대한 부적절한 금품 제공에 따른 FCPA 위반 혐의를 부과하였다: 이 혐의에 대한 벌금으로 2,900만 달러를 물렸으며 다음과 같은 내용을 발표하였다:
- "SEC의 주장에 의하면 인디애나폴리스 소재 제약회사의 러시아 지사가 역외 "마케팅 협정"을 통해 외국 정부와 관련 도매상이 지정한 제3자에게 역외 소재지 주소와 은행 계좌 정보 이외에는 아무것도 모른 채 이들에게 수백만 달러를 제공하였다."
- "릴리의 중국 지사 직원들이 정부 소속 의사들에

게 온천 관광과 보석, 그 외 부적절한 선물과 현금을 제공하기 위해 경비 지급 보고서를 허위 작성하였다."

- "릴리의 폴란드 지사에서는 8건의 부적절한 지급 금액이 총 39,000 달러에 달했는데, 여기에는 조그만 자선 재단에 대한 기부도 포함되어있었다. 이 재단은 해당 지역 정부의 의료 담당 관료 수장 중의 한명이 설립 운영하는 곳으로 이를 통해 릴리사의 약품이 정부 상환 품목에 포함되는데 해당 관료의 지원을 얻을 수 있었다."

2012년 11월, 법무부에서 120쪽의 FCPA "활용 가이드"를 발간했는데, 여러 사례 연구들을 통해 어떤 행위가 법 위반에 해당하고, 어떤 행위가 포함되지 않는가에 대한 명확한 지침을 주고 있다. 이 가이드는 법무부 소속 변호사들을 위한 자료로 작성되었지만, 민간 변호사들도 거래 고객 기업들에게 이 자료를 적극 활용하도록 권장하고 있다.

질문

1. 미국 규제 당국이 미국 기업들에게 그 경쟁 기업인 외국 기업에 비해 불리하게 보이는 규제를 가하는 것이 윤리적인가? 그런가? 그렇지 않은가? 이유는?
2. 외국 기업들이 뇌물을 쓴다면 미국 기업들도 똑같이 대응하는 것이 바람직한가? 그런가? 그렇지 않은가? 이유는?
3. 만일 뇌물 제공 행위가 미국의 국내 일자리 창출과 인프라 건설, 귀중한 세수 확대에 기여함을 증명할 수 있다면, 여러분의 입장은 달라질까? 여러분의 의견을 기술하라.
4. 사업 환경을 둘러싼 국제 경쟁 무대는 영원히 동등한 출발점을 가질 수는 없는 것으로 보인다-누군가는 항상 뇌물을 원하고, 누군가는 항상 사업을 절실히 원한다는 이유로 그들에게 뇌물을 제공하여 한다. 이게 사실이라면 결국 왜 굳이 이런 규제 법안을 필요로 하고 적용하는데 어려움을 겪어야 할까?

출처: Richard L. Cassin, "The 2015 FCPA Enforcement Index," *The FCPA Bolg*, Jan. 4, 2016; Erin Fuchs, "Pfizer Admits to Bribing Foreign Officials and Agrees to Fork Over $60 Million," *Businessinsider.com*, Aug. 7, 2012; U.S. Securities and Exchange Commission, Press Release 2012-273, Dec. 20, 2012; and Charlie Savage, "Justice Department Issues Guidance on Overseas Bribes," *The New York Times*, Nov. 14, 2012

3.4 2004년 미국 연방 기업 양형 가이드라인 개정안 (FSGO 개정안 2004)

2004년 5월, 미국양형위원회는 기업 컴플라이언스 프로그램의 중요 변화 사항을 반영하기 위해 1991년 가이드라인의 개정이 필요하다고 의회에 제안했다. 개정 가이드라인은 2004년 11월 공식적으로 의회에서 통과되었는데 다음과 같은 3가지 주요 변화가 있었다:

> **! Key Point**
>
> FGSO에 의해 기본 벌금에 과실의 정도를 곱한 금액은 그 규모가 곧 수억 달러에 이르는 엄청난 수준에 이를 수 있다. 이런 사실이 기업들로 하여금 비윤리적 행위가 행해질 가능성을 억제시킬 수 있을까? 그럴까? 아닐까? 이유는?

- 기업들로 하여금 필히 컴플라이언스 프로그램의 효과성에 대해 주기적으로 점검할 것을 요구하였다. 이는 그 어떤 프로그램도 제대로 작동하지 않을 수 있는 상당한 위험이 있다는 가정 하에 행해지는 것이다.

> ✓ **이해도 확인 질문**
>
> **9** 효과적인 컴플라이언스 프로그램의 7단계에 대해 설명하라.
> **10** 가중요인과 감경요인은 각각 무엇인가?
> **11** 2004년 개정 FSGO에서 요구되는 위험 측정에 대해 설명하라.
> **12** 2004년 개정 FSGO의 3가지 중요 요소는 무엇인가?

- 개정 가이드라인은 단순히 법적 의무사항을 준수하는 것을 넘어 적극적으로 윤리적 행위를 도모하여야 한다는 증거를 제시할 것을 요구하였다. 이는 처음으로 윤리적 문화라는 개념이 효과적 컴플라이언스 프로그램의 기초 요소로 인식되어야 함을 인정하는 것이었다.
- 가이드라인은 책임성(accountability)에 대해 더욱 명확하게 정의하였다. 기업 임원들은 컴플라이언스 프로그램의 모든 면에 대해 완벽한 이해를 갖고 있어야 하며, 이를 위해 기업 내에서 그들의 역할과 책임에 대해 공식적인 교육훈련을 받아야 할 것을 요구하고 있다.

4. 살베인스-옥슬리법(2002)

살베인스-옥슬리법(SOX)은 2003년 7월 30일 법제화되었다.[5] 이 법률은 2001년 이후 금융시장과 언론을 떠들썩하게 했던 일련의 기업 회계 부정 스캔들에 대한 법제적 대응이었다.

투자자들의 극도의 불안과 동요가 엄습했던 시기에 도입된 SOX는 일부에서는 "1930년대 SEC 법제화 이후 금융시장과 회계 법인들의 행위를 관장하는 가장 중요한 법제도"라는 칭송을 받았다.

그러나 이 법안은 지지자들 못지않게 비판자들도 만만치 않게 많았는데, 실로 이 법안이야말로 최근 들어 제정된 기업법률 가운데 가장 논란의 여지가 많은 법안일 것이다.

이 법안은 11개의 장 또는 제목 아래 거의 70개의 절에 달해 기업의 재무관리 모든 면을 관장하고 있다. 11개의 장 각각은 이 법안이 제정되기 전의 여러 기업 범죄들의 전형적인 사례들—특히 엔론 스캔들—과 직접 연결된다고 볼 수 있다.

> **살베인스-옥슬리법** 기업의 재무경영을 관장하는 2000년대 초반의 기업 회계 부정 스캔들에 대응하기 위해 제정된 법률

4.1 제1장: 공개 기업 회계감독위원회 (Public Company Accounting Oversight Board, PCAOB)

그동안 금융계에서 "강력 매수 추천" 또는 "월가의 총아"로 추앙받던 많은 회사들의 연이은 재

정적 도산 사태는 투자자들의 신뢰에 엄청나게 큰 부정적 영향을 미쳤다-특히 이들 모든 회사들의 회계장부는 업계 최고의 기존 회계 법인들에 의해 그 정확성을 검증받은 것으로 간주된 상태여서 더욱 그랬다.

공개기업회계감독위원회(PCAOB)를 독립적인 감시 기구로 제정한 것은 엔론 사태 당시 아서 앤더슨의 회계 감사 업무와 컨설팅 업무 간 의문시 되었던 이해상충 문제를 반영하여 회계법인의 독립성을 의식적으로 강화하고자 한 시도였다. 나아가 PCAOB는 감독위원회로서 컴플라이언스 기준을 수립하고 이 기준 위반 시 자신 스스로 조직 내에서 관련 규정 적용과 징계 절차를 밟는 책임을 부여받았다. 공개기업의 회계 감사업무를 수행하는 회계법인은 누구든지 이 위원회에 등록하고 위원회가 제정한 모든 관련 업무 기준을 준수하여야 한다.

공개기업회계감독위원회 회계 감사법인들에 대한 독립적인 감독 기구

4.2 제2장: 감사의 독립성

PCAOB 설립에 더해 SOX에서는 감사의 독립성을 더욱 강화하고 독립적인 감사보고서에 대한 대중들의 신뢰를 회복하기 위해 여러 가지 중요한 행동지침을 도입하였다:

1. 감사의 독립성을 해칠 수 있는 특정 "비감사" 관련 업무들의 수행 금지
2. 감사 대상 회사의 고위경영진(CEO, CFO, 감사)이 직전 12개월 이내에 해당 회계법인 출신인 경우 감사 업무 수행 금지
3. 회계 감사 업무에 있어 고위 감사는 매 5년마다 교체, 하위 감사는 매 7년마다 교체 의무화
4. 외부 감사의 고객 회사의 감사위원회에 대한 특정 이슈 관련 보고서 제출의 의무화
5. 감사에게 경영진 자신은 물론 상호간 모든 서면 의사소통 관련 문서의 공시 의무화

4.3 제3장에서 제11장까지

3장에서 11장까지의 주요 핵심 사항은 다음과 같다.

제3장: 기업의 책임

- 감사위원회는 독립성 확보와 특정 감시활동 수행 의무화
- CEO와 CFO는 SEC에 대한 분기별, 연간 보고서 제출 시 회사 내부 통제의 효과성에 대한 대표성을 포함한 인증 의무화
- 연금 관련 자사주 거래 금지 기간 동안 회사와 임원들의 행위 준칙 제공—이 조항은 엔론

사태 시 직원들은 자신들의 연금계좌 내에 자사주가 묶여있는 동안 회사 임원들은 회사 주식을 팔고 있었다는 비난이 있었던 것에 대한 직접적인 시정 조치임.

제4장: 재무 공시 확대

- 확대된 공시 요건 의무화. 여기에는 내부 통제와 재무보고 절차에 관한 효과성 관련 보고서(이 보고서에 대한 외부 감사인의 서명과 함께)와 부외 거래를 포함한 관련 공시-엔론사의 경우 애널리스트와 투자자들에게 감추었던 대부분의 부채는 바로 이 부외거래 항목에 있었고, 재무보고서상에는 가장 작은 주석 내용 안에 이 부분이 감추어져 있었다.

제5장: 애널리스트의 이해 상충

- 증권 애널리스트가 기업분석 보고서나 시장에 대한 발표 시 추천 종목들에서 발생 가능한 이해 상충 관련 문제를 논의하는 규정의 SEC 도입 의무화—2001-2002년 스캔들 당시 "악의 갤러리"라고 불리웠던 개별 회사들의 경우 애널리스트들이 이 대부분을 성장주식으로 엄청나게 치켜세웠었다.

제6장: 위원회 재원과 권한

- SEC에 이 법안에 수록된 모든 새로운 업무를 수행해나가기 위한 추가적인 재원과 권한 부여

제7장: 연구 수행과 보고서

- 연방 규제 당국 차원의 회계법인과 신용평가회사들의 통합, 투자은행과 금융자문사의 역할 등에 관한 연구 수행 지도

제8장: 기업과 사기범죄의 책임성

- 문서 위변조, 주주 기만, 또는 여러 다른 형태의 법률 집행 방해 행위나 증권 사기에 대한 더욱 엄격한 형사적 처벌 부과. 아서 앤더슨에서 있었던 엔론 관련 서류들의 분쇄 행위들이 여기에 직접 해당되는 것들이다.
- 기업의 사기 행위 증거를 제공하는 회사 임직원들에 대한 보호 제공. 엔론과 월드콤의 경우 둘 다 개별 임직원들의 제보 행위에 의해 노출되었다. (7장의 "호루라기 불기" 참조)

제9장: 화이트 칼라 범죄 형사 처벌 강화

- 화이트 칼라 범죄는 그 누구라도 법에 의해 시도 자체만으로도 범죄 행위가 인정되어 처벌.
- CEO와 CFO의 주기적인 보고서 인증 의무화와 잘못된 또는 허위 보고서 인증 시 처벌 부과.

제10장: 기업의 법인세 보고

- CEO가 회사의 연방 법인세 보고서에 서명해야 한다는 상원의 분위기를 그대로 전달.

제11장: 기업 사기와 책임성

- 규제 당국과 법원에 여러 조치들을 취할 수 있는 추가적인 권한 부여. 이 조치들에는 기록 위변조, 공식적 진행 방해, 비정상적인 금전 수취, 기업 관련 제보자에 대한 보복, 그리고 기업 사기 관련 여러 특정 행위들에 대해 부과하는 벌금이나 징역이 포함된다.

살베인스-옥슬리법의 404항(앞의 제4장에 수록되었음)은 수억 달러에 달하는 감사수수료를 발생시킬 것으로 예상되었고—이를 통해 미국 기업의 윤리적 행위는 대폭 강화될 것이라는 믿음 뿐이었다. 이 법안은 신속하고도 광범위하게 영향을 미쳤고, 특히 잠깐이긴 했지만 부패와 탐욕의 2가지 주요 동인에 의해서만 움직이는 것처럼 보였던 금융시장에서 투자자들의 신뢰를 회복시키는데 그 초점이 맞춰졌다.

이런 신속한 반응에 따르는 위험은 그 민감성과 과단성을 보여줘야 한다는 압박감으로 인해 정작 주요한 핵심 요소들이 간과되는 경향이 있었다는 것이다. 이 경우, 가장 중요한 질문인 정말 우리가 윤리를 법으로 만들 수 있느냐 하는 문제는 여전히 의문으로 남아있다는 것이다.

SOX는 일군의 도구와 범법자들을 응징할 수 있는 처벌 수단을 제공하였는데, 이는 장차 사람들로 하여금 이 규칙을 위반하거나 변형하려는 시도를 생각조차도 할 수 없을 만큼, 또한 장차 기업 범죄 범인들이 과거 엔론, 월드컴 등 여타 기업들에 비해 훨씬 더 엄청난 규모의 벌금이 부과되도록 하는 정책과 절차들이 충분히 강력하게 작용될 것이라는 기대를 갖게 하였다—그리고 이제 많은 사람들이 과연 그런지 지켜볼 것이다.

그렇지만 SOX 자체만으로 윤리적인 기업 환경이 만들어질지, 효과적이고 윤리적인 이사회 구성원들이 임용될 지는 알 수 없다—여러분은 여전히 여러분들의 몫을 수행하여야만 한다. 다만 확실히 기억해야 할 것은 이제 여러분이 만일 그 몫을 다하지 못한다면 엄청난 벌칙이 뒤따를 것이고 이를 감시하며 뒤따르는 사람들이 더욱 많아졌다는 사실은 명백해졌다.

✓ 이해도 확인 질문

13 PCAOB의 역할을 설명하라.
14 어느 장에서 CEO와 CFO의 SEC에 대한 분기, 연간 보고서의 인증에 대한 의무화를 다루고 있는가?
15 어느 장에서 기업의 사기행위에 대한 증거를 제공하는 임직원들의 보호를 다루고 있는가?
16 감사인의 독립성에 관한 5가지 핵심 요건이 무엇인가?

닭장을 지키는 여우?

살베인스-옥슬리법은 미국 사회 전체가 엄청난 혼돈상태에 빠졌던 2002년에 제정된 것으로, 논쟁의 중심에 있을 뿐 아니라 기업 관련 법령사에 기록될 만한 엄청난 영향력을 가진 조항들로 구성된 법안이다. 이 법안의 원래 목적은 표면상으로는 단순하다: 경영자들의 주주에 대한 책임을 강화하고, 이를 통해 엔론, 월드콤, 기타 회사들에서 발생했던 스캔들에 시달려온 미국 자본주의의 신뢰 위기에 대처하고자 함이었다. 그러나 이 법안의 방법론은 그렇게 단순한 것만은 아니었을 뿐 아니라 그 법안으로 인한 시사점은 엄청난 반향을 불러일으키는 것이었다.

이 모든 조치 [새로운 감독체계를 포함한]에 따르는 비용은 엄청난 것이었다. 최고 재무 경영자들의 모임인 FEI(Financial Executive International)의 서베이에 따르면 기업들의 2004년 평균 감사비용은 240만 달러 이상으로 그들이 생각했던 이상으로(그리고 이는 이 법률을 설계한 사람들의 예상보다도 훨씬 더한 수준이었음) 나온 것으로 밝혀졌다. 이로 인해 이 법안의 중요하지만 의도치 않았던 결과가 초래되었다: 오히려 회계사와 감사인들의 대성황시대를 가져다 준 꼴이 되었다—사실 이 직업군이야말로 이 법안을 초래한 스캔들의 바로 가장 큰 책임이 있는 핵심에 있었던 사람들이고 이 법안은 이들을 감시하고 감독하기 위한 것이다.

그 이후 아서 앤더슨이 몰락하고 합병됨으로써 이미 그 숫자는 줄어들어서, 이제 대형 회계법인들은 더 이상 추가적으로 줄어들 것 같이 보이지는 않아 빅 포(Big Four)보다는 파이널 포(Final Four)로 불리우게 되었다.

중소기업은 누가 감시하나?

내부 자원 또는 관련 외부 자원에 지급할 자금 여력이 충분치 않은 중소기업들이 살베인스-옥슬리법 대상이 되었다는 사실은 특히 이 법률이 많이 비난

받고 있는 부분이다. 물론 이 법률의 시행은 순차적으로 대형 공개기업에서부터 시작되어 진행될 것이긴 하지만 말이다. 이는 중소기업들도 그들 나름의 윤리적 문제들에 노출되지 않는다는 것을 의미하지는 않는다. 결국 이들 중소기업들도 곧 대형사들이 현재 처해있는 만큼과 똑같은 수준의 행정적 부담을 져야할 것으로 예상된다는 것이다.

기업 우호적이지 못하다

살베인스-옥슬리법은 미국 연방증권법상 증권을 발행하는 모든 기업에 적용되는데, 이때 미국 내에 본사 소재 여부는 상관이 없다. 따라서, 미국 회사들 말고도 약 1,300여개에 달하는 59개 국가로부터의 외국회사들도 이 법안의 대상이 되었다.

이번 분기에 SOX에 대한 반응은 신속하게 나타났다. 예전 같으면 미국 시장에서의 증권발행을 고려했었을만한 일부 외국회사들이 SOX로 인해 발생할 수 있는 문제들로 인해 그 입장을 바꾸기 시작했다. 예를 들어, 2002년 10월, 포셰사(Porsche AG)는 그 회사 주식을 뉴욕증시에 상장하지 않기로 결정했다고 발표하였다. 회사 보도자료에 의하면 그들은 이 결정에 SOX의 통과가 "결정적 요인"이었다고 밝히고 있고, 그중 특히 CEO와 CFO의 재무제표에 대한 인증을 비판적으로 지적하였다. 그

보도자료에 의하면 포셰는 재무제표 작성, 검토, 승인 과정에 사용된 모든 절차를 검토한 결과 다음과 같은 결론에 이르렀다고 한다. "경영위원회 의장(즉, 포셰의 CEO)과 재무담당이사에 대한 그 어떤 특별한 조치도 회사 내의 의사결정과정에 존재하고 있는 복잡한 네트워크를 감안하면 비논리적일 뿐 아니라 이는 독일법과도 일치하지 않는다"

질문

1. SOX에서는 기업윤리를 강화한다는 명분하에 광범위한 변화를 도입하였다. 이런 것들이 실제 법안에 "타당하게" 반영이 되어있는가? 여러분의 견해를 설명하라.
2. 미국의 윤리적 문제들로 인해 미국 외의 외국회사들에게 윤리적 통제를 요구할 수 있는 것이 과연 정당한 것인가?
3. 감사요건을 강화하는 결정이 실제 의문시되는 감사 문제들에 대한 윤리적 해법이 될 수 있는가? 그 요건들에 대해 설명하라.
4. 시장에 4개 이상의 대형 회계법인들이 존재한다고 하면, 그로 인해 기업들은 좀 더 윤리적일 수 있을까? 여러분의 견해를 설명하라.

출처: *The Economist*, "A Price Worth Paying?" May 19, 2005.

5. 월가 개혁

2008년 9월과 10월에 걸쳐, 세계 금융시장은 심각한 대붕괴 상태에 직면했다. 이 원인으로는 시장에서의 규제완화를 틈타 서브프라임 차입자들에 대한 금융회사들의 신들린 듯한 공격적인 대출 행태가 지적되었다. 그런데 사실 불과 몇 달 전만 하더라도 이 문제 많은 대출 실행으로 인해 회사들은 사상 최고의 수익을 올리고 있었다. 몇몇 회사, JP 모건 체이스(베어스턴즈와 워싱턴뮤추얼의 자산을 헐값으로 사들였었던)와 웰스 파고(와초비아은행을 같은 수준의 헐값으로 사들였던) 같은 은행들은 이 비상 상황을 통해 수익을 올릴 수 있었는데, 특히 이 두 회사가 기업 차원의 오만불손과 의문시되는 윤리 위반 행위로 인해 과거 악명이 높았던 엔론, 월드컴, 헬스사우스와 같은 회사들이 속해있던 악의 갤러리에 등장해서 새로운 차원의 논란을 제기하기에 이르렀다.

2008년 가을에 시작된 금융위기는 당분간 시장에 심대한 영향을 미칠 것으로 보인다.

한때 세계 최대 보험회사 중 하나였던 미국보험그룹(AIG)은 2008년 9월 미국 정부로부터 850억 달러에 달하는 긴급구제 금융을 지원받았고, 이어 2008년 10월 추가로 378억 달러를 더 지원받았다. 이 구제금융은 AIG가 모기지 증권 인수 관련 복잡한 금융 파생상품에 대폭 투자를 확장해오던 차에 시장 하락과 함께 거의 파산상태에 몰리면서 불가피했었는데, 회사는 이 상환을 위해 글로벌 사업 부문을 쪼개 팔아야 할 것으로 예상되었다.

금융업계에서 유서 깊은 명문 회사에 대한 구제 금융의 집행은 극도로 불안한 세계 금융시장의 불안 속에서 안정성 회복의 필요성이라는 명분에서 정당화될 수 있는데, 이때 AIG의 두 고위경영진—CEO 마틴 설리번(martin Sullivan)과 의장 로버트 윌름스타드(Robert Willumstad)—의 의회의 정부 감독기구 개혁 위원회의 출석에서는 회사의 회생 전략에 대한 질문보다는 위기 초기에 적절한 감독 미비와 잘못된 재무적 판단으로 인해 회사를 이 지경으로 몰아간데 대한 질문에 더 초점이 맞춰졌었다.

AIG의 생명보험 자회사의 단돈 44만 달러에 불과한 경이적인 매각 결정이 정부로부터의 850억 달러에 달하는 구제금융이 집행된 지 채 1주일도 지나지 않아 최고위 인사들에 의해 이루어진 점이 특히 위원회 위원들의 비난을 받았다. 또한 설리반이 2007년 12월 의사록에서 회사의 위험한 모기지 계약에 대한 노출이 과다하다는 감사의 경고를 받은 직후 채 며칠도 되지 않아 AIG의 재무건전성에 대한 투자자들의 재신임을 위해 이를 긍정적으로 언급한 내용이 위원회 위원들로부터 심한 비난을 받았다.

2008년 11월, 연준과 재무부에서는 회사가 구제금융 상환 계획이 처음 예상한 것보다 더 오래 걸린다는 청원을 받아들여 총 1525억 달러에 달하는 구제금융의 확대 방안을 조율하고 있었다. 2008년 3분기 250억 달러의 손실을 발표한 후에야 AIG는 원래 850억 달러로 계획됐던 구제금융을 600억 달러 규모로 줄이고 그 해당 이자를 삭감하는 협상을 할 수 있었다. 나아가 378억 달러의 추가 구제금융은 재무부의 7,000억 달러 구제금융 패키지—소위 구제금융 프로그램(TARP)이라 불리우는—의 일부로 AIG 주식 400억 달러의 직접 구입으로 대체되었다. 추가로 연준은 회사의 모기지 증권 225억 달러 어치 구입과 함께 AIG를 거의 파산 직전까지 몰고 갔었던 복잡한 금융계약의 인수에 300억 달러를 투입하였다.

AIG 못지않게 금융시장에서 좋은 명성을 유지하고 있었던 리만브라더즈(Lehman Brothers Holdings)도 이번 금융위기를 비껴나지 못했다. 리만은 AIG처럼 구제금융을 받지 못했는데 그 이유는 정부만이 알고 있고, 결국 2008년 여름 붕괴되고 말았다. CEO 리차드 풀트(Richard Fuld)는 2008년 10월 의회의 정부 감독 개혁위원회에 출두한 자리에서 과도한 위험 노출이 시사되어온 감사보고서들이 있음에도 불구하고 회사의 재무건전성을 재확인시켰다는 똑같은 문제로 질문의 초점이 모여졌다. 특히 풀트의 회사와의 지난 8년간에 걸쳐 이루어진 임용계약에서 연봉과 보너스 지급이 총 5억 달러에 이르는 초고가 보수 패키지가 도마에 올랐다.

실로 살베인스-옥슬리법이 실행된 사실은 한편 아이러니이고 경종을 울리는 것이기도 하다. 왜냐하면 이런 유형의 기업 부정행위는 이미 엔론이나 월드컴 당시 충분히 문제가 제기되었고 이런 사태의 재발을 막기 위한 여러 시도들이 이루어졌지만 엔론 시대의 교훈이 여전히 제대로 작동하지 못하고 있다는 증거로 볼 수 있기 때문이다.

5.1 도드-프랭크 월스트리트 개혁 및 보호법(2010)

2010년 7월 21일, 미국 정부는 이제 더 이상 월가에 "대마불사"라는 말이 통용되지 않도록 하기 위해 **도드-프랭크 월스트리트 개혁 및 보호법**[6]을 통과시켰다. 무려 2,319쪽에 달하는 도드-프랭크법안은 의회에서 월가 회사("대형 금융사")들의 세계금융위기에 대응한 개혁이라 해도 도가 너무 세기 때문에 완화가 필요하다는 강력한 로비와 공화당의 반대에 처해 신랄한 논란을 겪으면서 무사히 통과되었다.

2010년 11월 예정된 중간선거와 맞물려, 이 법안의 비판자들의 예상에 의하면 이 법안의 최종안에는 재선 기대에 위험을 감수하지 않으려는 많은 정치인들이 핵심 조항들에 대한 지지를 조정하려는 일련의 움직임이 나타나고 있다고 보았다. 예상한대로 공화당은 지지를 철회한 채 이 법안은 통과되었다. 이 법안의 최종 확정안은 수년이 걸릴 것으로 예상되는데, 많은 법률 조항에 대해 공화당이 지배하는 상원에서 수정이 가해지고 있지만, 어찌됐든 도드-프랭크법은 2015년 7월 21일 5번째 생일을 맞고 있고 현 상태에서 이 법안이 성취한 주요 핵심 내용은 다음과 같다.

금융소비자보호원(The Consumer Financial Protection Bureau, CFPB) **금융소비자보호원(CFPB)**은 금융상품과 서비스의 규제감독 기능에 절실하게 필요했던 소비자 관점의 도입으로 갈채를 받는 동시에 그 기관의 독립성과 권한을 둘러싸고 많은 논란을 불러일으켰다—달리 말하면, 과연 기관 운영의 주체는 누가 될 것이고, 벌칙의 정도는 어느 정도까지 해야 하는가 같은 문제들이 그것이다. 최종 법안에서는 이 기관을 연준 내에 두고 별도의 예산 집행 기능을 부여하고 금융서비스회사들로부터의 극심한 로비활동으로부터의 잠재적 영향을 최소화시키기 위해 독립 이사를 설치하기로 하였다.

> **도드-프랭크 월스트리트 개혁 및 보호법** 2008-2010년의 세계금융위기로 이어졌던 금융 분야의 위험 관리에서의 극단적 경영오류에 대응하는 "조치"로 발안된 법안
>
> **금융소비자보호원** 금융상품과 서비스를 관장하기 위해 연준 내에 설치된 정부 기구

이 금융소비자보호원에 원래 부여된 책임은 자산규모 100억 달러 이상의 모든 은행과 신용조합에 대한 광범위한 검사와 규제 기능의 집행에 대한 권한을 포함한다: 그리고 여기

실전기술

여러분 자신의 윤리적 행동 관리

국내외를 막론하고 기업의 윤리적 행위를 강제하기 위한 정부의 법제화가 필요한 것처럼 본다는 사실이 우리 자신의 윤리적 행위를 스스로 주관할 수 있는 자율적 윤리 기능은 불가능하다는 것을 의미하는가? 우리 개인적 삶과 전문가적 직업 영역에서의 삶에 걸쳐 윤리적으로 행동할 수 있다는 믿음을 가질 수 있을까? 우리는 과연 이런 영역에 있어 규제의 틀을 필요로 하고 사람들이 윤리적으로 행동하도록 강제하고 그렇지 못하면 결과에 대한 책임을 지도록 처벌을 가하는 명확하게 규정된 시스템을 가져야 할까?

제1장에서 논의한대로, 여러분의 개인적 가치관은 여러분의 생애에 걸친 일련의 영향들이 누적적으로 쌓여 나오는 것이다—여러분의 성장과정, 종교적 신앙, 지역사회 영향, 친지들로부터의 영향 등. 그리하여 여러분의 윤리적 기준은 이미 여러분이 오늘 보여주는 형성된 인격에서 그 영향력을 반영하기 마련이다. 그러나 여러분이 미래의 그 가치기준을 어디로 가져갈지에 대해서는 전적으로 여러분에게 달려있다. 주정부나 연방 정부 차원에서 개인적 또는 전문가적 행위 영역의 이상적 모델을 강제하기 위해 처벌적인 법제화가 있을 수도 있겠으나, 결국 그 법을 지키느냐 하는 문제는 여러분이 일상적으로 직접 하나하나 결정해야 하는 문제일 것이다. 여러분이 여러분의 개인적 가치관에 일치되고 자신의 윤리적 기준에 맞는 삶을 살 수 있을 것인가? 또는 여러분이 동료들로부터의 압박이나 사회적 규범에 휩쓸려 정상적으로는 하지 말아야 할 일을 자신도 모르게 행하고 있는 그런 유형의 사람인가?

여러분의 개인적 가치를 명확하게 확인하기 위해서는 여러분이 어떤 일을 하고 싶어 하는가 못지 않게 어떤 일을 하고 싶어하지 않는가 하는 문제도 알아야 한다. 그 차이를 이해하는 것이야 말로 여러분이 그 결정을 내리기까지 도움을 줄 수 있는 주변의 누군가를 탐색할 수도 있지만 충분히 스스로 깊이 생각하고 결단을 내릴 수 있게 해줄 것이다. 누군가가 자신의 최대 이해관계에 근거해서 행동하지 않을 때가 바로 잘못된 의사결정이 이루어지고 무언가가 잘못되어 가기 시작하는 때이다.

에 대해 새로운 금융교육부(Office of Financial Library)의 창설; 전국단위의 소비자 불만 핫라인 개설이 이루어졌으며; 그동안 가장 혼란스러웠던 아래와 같은 모든 소비자보호기능의 통합이 이루어졌다. 현재까지 소비자보호기능은 감사원(Office of the Comptroller of the Currency), 저축은행감사원(Office of Thrift Supervision), 연방예금보험공사(FDIC), 연방준비위원회(Federal Reserve), 전국저축은행협회(NCUA), 주택도시부(HUD), 공정거래위원회(FTC) 등에서 담당해왔다.

이들 집행진의 임명에 대한 공화당의 반대는 필리버스터(안건 투표 논의를 지연시키고 막는 교묘한 의사지연 행위) 위협으로 리차드 코드레이(Richard Cordray)에 대한 오바마 대통령의 "휴회 중 임명"으로 법안 통과 이후 2년 뒤에서야 늦게 이루어졌다.

금융안정감독위원회 미국 경제의 안정성에 위협이 될 수 있는 은행들의 실패를 방지하기 위해 설립된 정부 기구

금융안정감독위원회(The Financial Stability Oversight Council, FSOC) **금융안정감독위원회**(FSOC)는 "대마불사"에 대한 "조치"로 나왔으며, 자산 규모가 500억 달러 이상인 은행이 "미국 금융안정에 심대한 위협을 가할 경우"에 조치를 가할 수 있는 권한을 갖게 되었다.[7] 이런 위협에 대한 조치로는 은행의 합병, 인수, 또는 다른 회사와의 연계 등에 제약을 가할 수 있고; 금융 상품이나 서비스 제공에 제약을 가할 수 있고; 일부 또는 그 이상의 영업을 금지시킬 수 있고; 회사의 영업행위 수행에 대한 조건을 부과할 수 있으며; 인식된 위험을 감경시키기 위해 회사의 자산을 제3자에게 매각하거나 이전시킬 수 있는 것 등이다.

이 위원회는 재무부 장관이 주관하며 최고 금융 감독 기관장들로 구성된다. 500억 달러 이상 자산규모의 은행이 180여개에 달하는 가운데, FSOC는 대마불사에 해당되는 은행 뿐 아니라 은행과의 "깊은 연계"가 있는 여타 금융회사들에게도 필요 조치를 집행할 수 있다. 여기서 우리가 주의해야할 것은, 최소한, 어떤 금융회사라도 그 위험이 크면 클수록 더 높은 수준의 규제가 가해질 수 있다는 것이다. 이 안에 비판적인 사람들은 이로 인해 지역 은행들이 이제 FSOC에서 요구하는 규제 관련 보고 서류 업무로 고통을 받고 있다는 주장을 하고 있다.

볼커 룰(The Volcker Rule) 경제학자이자 전 연준 위원장인 폴 볼커(Paul Volcker)는 은행들로 하여금 자기 자신의 계정에서 일어나는 거래 행위(자기거래라 함)에 대한 제약을 법률로 가하는 핵심 규제안을 제시하였다. 원래의 볼커 룰에서는 파생상품(다른 금융상품의 성과에 기초하여 손익이 결정되는 금융상품, 예를 들어 모기지증권)의 거래를 완전히 금지시키고자 하였으나, 약간 그 수위가 조절되어 은행들이 고객들에게 상품을 판매하면서 동시에 그 반대편 포지션을 취하는 비윤리적 문제성이 있는 행위들에 대한 제약으로만 한정하였다. 원래 최초 법률안 제정 5주년이 될 때까지 그 시행을 지연시켜왔던 은행업계와의 치열한 싸움을 거치면서 나온 최종안에는 비판적인 사람들은 아직도 "애매한" 부분이 너무 많다고 주장하고 있다. 은행들은 자기거래 부문에 대해 금지되어있지만 여전히 그들은 헤지투자를 수행할 수 있고 특정 투자 분야에서는 고객의 포지션을 방어하기 위한 여러 조치들을 취할 수 있게 되어있다. 실제로 이미 은행들은 이 애매한 회색 지대를 활용하여 사실상 자기거래 부문을 "헤지투자 부문"으로 간단하게 재분류하는 관행이 늘어나고 있다.[8]

2,300쪽이 넘는 분량과 1500개의 조항, 약 398개에 달하는 규율을 제정하기 위한 요구 조건 등으로 이 법안의 내용은 위에 언급한 3가지 분야를 넘어서 많은 분야를 다루고 있지만, 이 3가지 분야가 그동안 금융업에서의 가장 심했던 경영 오류에 대한 강력한 대응을 보여주고 있

는 방안으로 적극 홍보되고 있는 분야이다. 그러나 이 법안의 효과에 대해서는 아직 지켜봐야 한다. 일부 비판자들의 우려에 의하면 도드-프랭크법의 성공을 인정하기에는 아직도 너무 많은 미지 영역이 남아있다고 한다. 예를 들어, 은행가 급여는 여전히 너무 높다고 여겨져서 민주당에서는 그 관행을 고치겠다고 약속한 바 있으며, 초대형 금융회사들은 여전히 "대마불사"에서 벗어나지 못하고 있다. 나아가, 헷갈리던 모기지 공시 양식(많은 저당 주택 압류자들이 그들의 변동 모기지 계약 조건 실체에 대한 이해를 할 수 없었다고 비난했던)에 대한 2012년까지의 시정 약속도 2016년 현재까지 이루어지지 않고 있다.

결론

윤리적인 경영 관행을 강화하기 위해 설계된 법안에 대한 은행업계가 도전적으로 방해 행위들을 서슴지 않는 것을 보면, 기업윤리를 공부하는 학생들의 입장에서 볼 때 기업들이 정말 "제대로 올바른 일"을 할 수나 있을까 하는 의구심을 갖지 않을 수 없다. 실제 냉소적인 사람들에 의하면 도드-프랭크법에 직격탄을 맞은 금융회사들의 가장 최우선 업무로 새로운 제도와 규제를 파악하기 위한 팀 구성이 떠올랐다고 비꼬고 있다. 그렇지만 우리가 제5장에서 논의했던 회사의 내부 지배구조 체제가 기업의 비윤리적 행위를 방지하는데 제대로 작동할 수 없을 때 소비자 보호를 위해 그 어떤 대안이 가능할까? 궁금하지 않을 수 없다.

개인 투자자들이 자신이 땀 흘려 번 돈을 뮤추얼펀드 경영자에게 맡기면서 안정적이고 안락한 은퇴 생활을 꿈꾸는 가운데, 금융서비스 업계와 같이 특히 복잡한 영역에서는 이들 자산관리에서 발생하는 부정행위는 다시는 회복하기 쉽지 않은 신뢰의 상실로 귀결될 수 있다.

다음 장에서 우리는 회사 내부에서 기업의 부정행위에 직접적으로 개입된 임직원들의 행태에 대해 논의하기로 한다. 그리고 그들이 이런 문제를 외부에 고발할 것인가 그렇지 않으면 다른 방법을 찾을 것인가 하는 윤리적 딜레마에 부딪치는 현실을 살펴보기로 하자.

너무 많은 골칫거리들—수잔의 결정은?

수잔은 살베인스-옥슬리법이 양면의 은총이었음을 인식하기 시작했다. 기업들의 재무보고에 대한 보다 엄격한 감시가 투자자들의 재확신을 위해 불가피했지만, 동시에 이로 인해 그녀의 회사는 엄청난 사업기회의 확대를 가져온 것이 확실했다. 그리고 이제 그녀는 그녀의 상사에게 "아주 조그만 호의"를 베풀어야 하는 문제에 봉착했다. 이 문제에서 그녀가 진짜 이해할 수 없었던 것은 그 고객에게 우리 회사는 일정 기준 규모의 사업을 영위하는 고객들과만 거래를 할 수 있고 실제 그렇게 하고 있다고 얘기하지 못하는가 하는 점이었다. 그렇지만 그녀의 상사는 자신들 회사의 명성에 피해가 올까 전전긍긍하고 있었고, 그의 생각에는 아마도 회사의 다음 큰 거래를 물어다줄 업체가 늘 다음에 대기하고 있을 것이라는 확신을 저버리지 않고 있었다.

수잔은 관련 문건을 수 시간에 걸쳐 살펴보았다. 스티븐의 판단은 정확했다—이 건은 아주 간단한 감사건이고 회사에 어떤 수익 가능성도 가져올 수 없었다. 바쁘지만 않았다면 아마도 회사에서는 하위 관련 팀이라도 배정-아마도 그녀의 팀이 되겠지만—해서 며칠이면 이 일을 처리해줄 수도 있었을 것이다. 그러나 스티븐은 이런 사소한 건보다는 좀 더 큰 일을 해야한다고 생각하였다.

수잔은 잠시 그녀의 상사에게 이 일을 처리하기 위한 팀을 조그맣게 당장이라도 꾸려달라고 얘기할까 하고 생각은 했지만, 곧 그가 부탁한 이 조그마한 부탁을 들어주지 않으면 그녀 팀에서 처리할 수 있는 좀 더 큰 의미 있는 감사 건을 배당받지 못할 수도 있겠다는 생각이 들었다. 그래서 그녀는 곧 숫자를 만들어내고 4배수를 곱한 다음에 그 결과 책정된 높은 가격을 제시하였다.

그러나 불행하게도 그 가격은 너무 높았다고 판단이 되어 그 조그마한 고객 기업은 이를 PCAOB에 탄원을 넣었고, 곧 회사에 수잔의 가격 산출에 관한 전 과정에 대한 충분한 설명을 제출하라는 명령서가 날라 들었다.

질문

1. 수잔이 이 문제를 어떻게 다르게 처리할 수 있었을까?
2. 이제부터 어떤 일이 발생할 것으로 보는가?
3. 수잔, 스티븐 톰슨, 그리고 회사에 미치는 결과는 각각 어떨 것으로 보는가?

복습하기

1. 기업 내의 불법적 행위를 저지하지는 못하더라도 이를 완화시키기 위해 제정된 미국 법률의 5가지 핵심 법안을 제시하라.

- 해외뇌물방지법(1977): 이 법안은 미국의 공개기업들에 의한 외국 관료나 정치인들에 대한 뇌물 제공을 보다 효과적으로 통제하기 위해 제정 통과되었다.
- 미국 연방 기업 양형 가이드라인(1991): FSGO는 기업 조직에 적용되며, 관련 임직원이나 대리인의 범죄행위에 대해 기업이 책임을 지도록 되어있다.
- 살베인스-옥슬리법(2002): SOX는 2001년 금융시장을 휩쓸기 시작했던 일련의 기업 회계 스캔들에 대한 법제적 대응으로 나왔다.
- 미국 연방 기업 양형 가이드라인 수정안(2004): 이 수정안은 1991년 안에 대한 개정을 통해 기업의 컴플라이언스 프로그램이 효과적으로 작동해 주기적인 점검을 받아야 하고 실제 해당 기업의 윤리적 행위가 수동적인 형식적 컴플라이언스에서 적극적으로 이루어지고 있다는 증거를 제시해야 함을 요구하고 있다.
- 도드-프랭크 월스트리트 개혁 및 보호법(2010): 이 법안에서는 복잡한 여러 새로운 규율과 규제가 도입되었는데 이는 금융부문의 규제 감독을 보다 강화하고 소비자 보호를 개선하기 위한 것이었다.

2. 해외뇌물금지법(FCPA)의 목적과 의의를 이해하라.

FCPA는 미국 기업의 해외시장에서의 경쟁력은 외국의 관료나 정치지도자들에 대한 뇌물의 크기가 아니라 가격과 제품의 품질에 기반해야 한다는 아주 명확한 메시지를 전달하고자 하는 의도를 대표하고 있다. 그러나 이 법안의 실제는 "이빨 빠진" 껍데기라는 비판을 받고 있기도 한데, 그 이유는 이 법안에서 사업 허가, 인가, 비자 제공과 같은 "의례적인 정부의 조치"에 대한 "급행료"를 공식적으로 인정하고 있기 때문이다. 이 비판자들에 의하면 원래 뇌물이라는 것이 대부분의 관련 프로젝트에서 인가관련 서류업무의 편의를 도모하고자 나온 것인데, 이들 급행료를 공식적으로 인정했다는 것은 다름 아닌 뇌물 수수를 합법화시켜준 것에 지나지 않는다는 것이다.

3. 미국 연방 기업 양형 가이드라인(FSGO)의 3단계 절차를 거쳐 재정적 벌금을 계산해보라.

- 1단계: "기본 벌금"은 기업이 범칙 행위로 얻은 수익, 기업의 범책 행위로 유발된 금전적 손실, 판사가 정한 금액 중 가장 큰 금액으로 정한다.
- 2단계: 사전에 정해진 요인들로 구성된 가중 또는 감경 요인이 반영된 "과실성 배수"로 알려진 회사에 물을 수 있는 유죄 또는 비난의 정도를 배수로 정한다.
- 3단계: 최종 벌금 규모를 산정하기 위해 기본 벌금에 과실성 배수를 곱한다. 특정 경우에는

판사가 소위 사형 형벌에 해당하는 벌칙을 부과할 수 있는 권한이 있다. 이때 벌금 규모는 회사의 모든 자산을 다 동원해도 감당하기 어려운 정도의 높은 벌금 수준으로 정해진다.

4. 살베인스-옥슬리법(SOX)의 상대적인 장단점을 비교 대조하여 설명하라.

SOX의 목표는 주주들에 대한 경영진의 책임을 강화하고 엔론, 월드콤, 그리고 여러 회사들의 스캔들에서 촉발된 미국 자본주의 신뢰에 대한 위기 발발 사태를 진정시키는데 있다. PCAOB의 설립과 감사인의 독립과 기업의 책임 강화를 위한 여러 변화들이 이 목표를 달성하기 위한 것들이다. 그러나 이 법안에 대한 비판자들은 신뢰 회복을 위해 섣불리 서둘러 제정된 법률로 인해 그 실행 적용 단계에서는 그 부담이 너무 과중하다는 불평을 제기하고 있다. SOX에서 원래 추구하려고 했던 비윤리적 행위는 공개기업들에서 일어나고 있었는데, 추가적인 감사 비용의 증대로 직접 어려움을 겪고 있는데는 중소기업들이라는 것이다. 나아가 이 법안이 미국 내에서 증권을 발행하는 모든 기업으로 확대되어(미국에 본사 소재지 유무와 관계없이) 적용됨으로써 59개국의 1,300개의 외국 회사들까지 관할하게 되었다.

5. 도드-프랭크 월스트리트 개혁 및 보호법의 핵심 조항들에 대해 설명하라.

2010년 7월에 법으로 통과된 도드-프랭크는 2008-2010 세계금융위기를 불러일으켰던 금융 부문의 극도의 경영 과실에 대한 "처방"으로 알려져 있다. 2,300여 쪽에 달하는 이 법안은 여러 복잡한 규율과 규제안을 포함하고 있는데, 이들은 소비자 보호의 강화는 물론 금융부문의 보다 강화된 규제 감독을 도모하고 있다. 도드-프랭크에서 가장 널리 알려진 3개 분야의 핵심 조항은:

- 금융소비자보호원(CFPB): 연준 내의 독립적으로 운영되는 기구로 설계된 CFPB는 고객들을 상대하는 금융기관의 모든 영업행위의 과오에 대해 조치를 취하게끔 되어있다.
- 금융안정감독위원회(FSOC): 재무부장관을 수장으로 한 고위 금융 감독 당국자들로 구성된 FSOC에는 자산규모 500억 달러 이상의 모든 은행들에 대해 은행의 실제 영업 행위로 인해 시장에 미친 영향이 "미국 금융안정에 심각한 위협"을 끼친다고 판정될 때에는 언제든지 규제에 나설 수 있는 권한이 부여되었다. "대마불사"에 대한 시정 조치로서 FSOC는 은행 경영의 영업 금지까지 포함한 그 어떤 조치도 관여할 수 있는 권한을 갖고 있다.
- 볼커 룰: 전 연준 위원장 폴 볼커에 의해 제안된 것으로 이 규율에서는 어떤 식으로든 금융기관의 안정성(그리고 결국 금융시장 전체의 안정성까지 포함)에 위협이 될 수 있는 은행 자기자신의 계정 거래(즉, 자기 자본 투자)에 제약을 가하고 있다.

핵심용어

금융소비자보호원(CFPB)
급행료
금지
과실성 배수
연방 기업 양형 가이드라인(FSGO)
공개기업회계감독위원회(PCAOB)
사형 형벌
금융안정감독위원회(FSOC)
의례적 정부 조치
공시
해외뇌물금지법(FCPA)
살베인스-옥슬리법(SOX)
도드-프랭크 월스트리트 개혁 및 보호법

복습을 위한 질문

1. 다음 중 윤리경영의 실천을 강화시키는데 가장 효과적인 법안은 무엇일까? FCPA, FSGO, SOX, Dodd-Frank? 그 이유를 설명하라.
2. "FCPA는 비윤리적 경영의 발생 가능성을 효과적으로 방지하기에는 너무 많은 예외가 인정되고 있다." 이 견해에 동의하는가? 그렇지 않은가? 그 이유를 설명하라.
3. 2004년의 연방 기업 양형 가이드라인의 개정을 필요로 했던 이슈들은 무엇이 있는가?
4. CEO와 CFO가 회사의 재무기록에 승인을 반드시 해야 하는 조치로 이에 대한 투자자 신뢰를 증진시킬 수 있을까? 그럴까? 그렇지 않을까?
5. 2002년 살베인스-옥슬리법이 최근 기업 관련 법률에서 가장 논란이 되었던 법안 중의 하나가 된 이유는 무엇이라고 보는가?
6. 이 장을 공부한 내용을 바탕으로 2010년의 도드-프랭크법이 "대마불사"를 막을 수 있다고 보는가? 그 이유를 설명하라.

복습을 위한 연습문제

유니버설사(Universal Industries)는 미국 국내에서의 매출 하락에 직면하여 이를 끌어올리기 위한 대형 계약이 절실하게 필요한 상태였다. 이 회사의 해외 부문 노출은 그 야심찬 이름에도 불구하고 얼마 되지 않았는데, COO는 이를 막 바꾸려고 하고 있었다. 그러던 차에 아주 우연히 최근 동창회에서 옛 동창을 만났는데 그는 연방정부 관료로 많은 대형 방위산업 계약을 주관하고 있는 고위 관료였다. 술잔을 기울이며 나눈 대화는 점차 그 친구가 관여하고 있는 최근 프로젝트로 옮겨가고 있었다.

유니버설은 업계 대형 업체들의 하청업체 중 하나로 그동안 많은 방위산업 관련 일을 해오고 있었기 때문에 COO는 그 동안의 경험에 이날 얻은 내부 정보를 잘 활용하면 유니버설이 중동에 대규모로 확장하고 있는 군사기지 사업에 사업신청제안서(RFP)를 낼 수 있는 여러 업체 중 하나로 등록될 수 있을 것으로 보였다.

이 선정과정에 우위를 점하기 위해 회사의 여러 관련 중역들이 기지 근처의 마을들을 비공식적으로 방문하여 그 지역 경제인들과 정치인들에게 현금 선물과 여러 우호적인 혜택을 제공하였고, 그 결과 여러 경쟁업체들은 RFP의 필요요건을 충족시키는데 엄두조차 내지 못할 만한 여러 지역 사업권 계약을 독점적으로 따내는데 성공하였다. COO 또한 이와 관련한 내부 정보를 획득하는데 도움을 준 동창에게 감사의 표시로 그 친구의 딸에게 상당한 선물을 주기도 하였다.

이 새로운 군사기지 관련 계약은 유니버설의 매출 규모를 확실하게 증대시키기에 충분한 정도였지만 불행히도 이 계약은 다음 분기까지는 가시화되지 않을 것으로 보인다. 이와 관련하여 내부의 자체 점검 회의에서 고위 경영진은 유니버설의 4분기 비용 일부를 조정하여 애널리스트가 기대하고 있는 목표 주가에 맞추기로 결정하였다. 이 팀에서는 군사기지 관련 계약에서의 매출이 이 조정을 충분히 보상하고도 남을 만큼 다음 년도 재무상태는 완전 회복될 것으로 기대하고 있다.

그러나, 유니버설의 연 수입이 140억 달러를 넘기면서 CEO와 CFO는 그들 회사의 재무보고서의 진실성을 승인하기 위한 승인 서명을 해야 하게 되었다.

이틀 정도 잠을 설친 후, 그들은 이 군사기지 관련 계약이 이런 문제를 완전히 한 방에 해결할 수 있을 것으로 확신하고 둘 다 서명을 하였다.

1. 이 사례에서 윤리적 위반 행위가 있었는지 규명하라.
2. 각각의 위반 행위에 적용할 수 있는 관련 법률은 무엇이 있을까?
3. 각각의 위반 행위에 대한 처벌은 어떤 것이 있을까?
4. 이때 유니버설사에 컴플라이언스 프로그램이 있었음을 증명할 수 있다면 그 처벌에 어떤 영향을 미쳤을까?

인터넷활용 연습문제

1. 베를린 소재의 트랜스패런시 인터내셔널(TI) 웹사이트를 방문해보자.
   a. TI의 기술되어 있는 사명은 무엇인가?
   b. 뇌물인지지수(Corruption Perception Index)에 대해 설명하라.
   c. 그 지수에서 가장 청렴한 국가와 가장 부패한 국가는 각각 어디인가?
   d. "반뇌물 공동투쟁: 투명성 향상 국제 전략 2020"보고서가 작성된 경위에 대해 요약하라.
2. 인터넷 리서치를 통해 전 하바드 법대 교수이자 현 매사추세츠 상원의원인 엘리자베스 워렌(Elizabeth Warren)의 CFPB에서의 역할을 알아보라.

a. 금융시장의 붕괴에 대한 정부의 대응에서 워렌의 개입은 어떻게 이루어졌는가?
b. 워렌은 CFPB와 어떤 연계가 있는가?
c. 그녀의 CFPB에서의 연관성에 대한 반대는 어떤 것이었나?
d. 워렌이 CFPB에 대해 선언한 내용은 무엇인가?

팀 연습문제

1. 여러분의 동료들을 방어하는 비용

여러분의 회사는 굴지의 청과물 가공업자로 중미의 농장 소유주들과 품질 좋은 생산물의 장기 공급 계약을 맺고 있다. 이들 농장들은 정치적으로 매우 불안한 지역에 위치해 있는데, 여러분의 미국 본사 팀은 이들 지역에 위험을 무릅쓰고 출장을 나가게 되었다. 출장 중 한 지역의 자유의 투사 그룹을 대표한다는 한 사람이 나타나 그들의 명분에 동의하는 의미에서 "기부금"을 요구하였는데, 그 대가로 회사가 거래하는 농장들을 완벽하게 보호하겠다고 하였다. 그 대표는 만일 이 기부금을 제공하지 않으면 여러분이 속해있는 팀의 구성원들을 납치하고 몸값을 요구할 수도 있다고 분명하게 협박을 가하고 있다. 여러분의 회사는 그동안 FCPA와 FSGO 개정안에 나와 있는 모든 준수사항을 자랑스럽게 철저히 지켜오고 있었다. 이 기부금 제공에 대해 두 그룹으로 나누어 찬반을 논하라.

2. 뇌물 예산의 배정

여러분이 국가예산 운영 대부분을 원유 생산에 의존하는 아프리카의 한 조그만 나라의 중견 정부 관료라고 하자. 최근 원유 가격의 인상으로 인해 여러분의 국가 예산이 많이 증대되어 그 결과 새로운 인프라 프로젝트들—도로, 교량, 학교 및 병원—에 오일달러가 투입되어 많은 건설 프로젝트와 엄청난 자재 및 장비 주문이 잇따르게 되었다. 그럼에도 불구하고 이런 엄청난 경제력 증대 혜택은 여러분과 같은 정부의 중하위 관료들에게까지 파급되지는 않았다. 역사적으로 정부는 정부 관료들에게 매우 낮은 수준의 봉급을 책정해왔는데, 그 이유로 정부 관료들은 종종 그들의 봉급 외에 인허가 신청 관련 서류 등에 있어 급행수수료 명목으로 늘 받아 챙기기 때문임을 들고 있다. 여러분의 상사도 정부 하위 관료들의 연봉은 전혀 인상 필요가 없다고 강하게 주장하고 있는데, 그 이유로 인프라 계약들의 증가 자체로 이들에 대한 수수료 또한 자연히 증가하기 때문임을 들고 있고, 노골적으로 "우리와 사업을 하려는 기업들은 이들 수수료를 기꺼이 내려한다"고 지적하고 있다. 두 그룹으로 나누어 이런 관행의 계속에 대해 찬반을 논하라.

3. SOX의 장단점

두 팀으로 나누어, 한 팀은 기업들의 부정행위에 대한 연방정부 차원의 방어책으로 살베인스-옥슬리법의 도입을 지지하는 입장을 취하고, 다른 한 팀은 이 법안이 비효과적일 뿐 아니라 행정적 부담만을 가중시킨다는 입장에서 비판적인 입장을 취해 서로 논의해보라.

4. SOX의 핵심 요소

3~4개의 그룹으로 나누어, 이 장에서 논의된 SOX의 11개장을 적절히 배분하라. 각 그룹은 그들이 맡은 장이 SOX의 전체적인 영향력과 기업들의 비윤리적 행위를 억제하는데 있어 얼마나 중요한지를 논의하고 이를 간략히 발표하시오.

비판적으로 생각하기 6.1

폰지 구조(Ponge Scheme)

수익을 창출하는 실제 사업 활동이 전혀 없는 상태에서 새로운 후발 투자자로부터 모집한 자금으로 구 기존 투자자에게 투자자금의 초과 수익을 배분하는 행위는 불법적일 뿐 아니라 비윤리적인 행위이고, 유감스럽지만 새로운 아이디어도 아니다. 이미 옛날에 "한 사람으로부터 뺏어 다음 사람에게 지급"하는 수법으로 잘 알려진 것이다. 1899년, 윌리엄 밀러라는 뉴욕의 사기꾼이 투자자들에게 자기만 아는 수익성 높은 사업의 내부 정보에 기반해 1년에 최고 520%의 수익을 약속한 바 있다. 그는 체포되기 전까지 오늘날 화폐가치로 거의 2,500만 달러에 달하는 사기 행각을 벌였고 10년의 징역에 처해졌다.

1920년에 이런 행위는 새로운 이름을 얻게 되는데 그 이름이 바로 폰지 구조이다. 이 이름은 이탈리아 이민자인 찰스 폰지를 "기리는" 것으로 그는 여러 벤처 사업을 벌이다 실패한 후 국제우편회신쿠폰(IRC) 매입을 통해 엄청난 수익을 올리기 시작했다. 이 쿠폰은 국제우편 자가 회신용과 같은 우편에 부치기 위한 우표를 자국 통화로 매입하는 데 쓰이는 것으로 이를 미국 환율로 환전할 수 있었다. 예를 들어, "한 사람이 미국 1 달러에 상당하는 로마의 66 국제우편회신쿠폰을 매입한다. 그리고 이 66 쿠폰은 폰지의 근거지인 보스톤에서는 3.30달러에 팔린다." 폰지가 이런 방식의 간단한 외화환전 사업에서 진짜 사업기회를 우연히 찾았다고 실제로 믿고 있었는지에 대해서는 논란의 여지가 있다. 어쨌든 그의 응수는 곧바로 투자자들에게 최초 투자금액의 50% 수익을 단 90일 만에 약속하는 것으로 나타났다. 그리고 이런 사업기회는 곧 엄청난 자금을 끌어모았는데 어느 날 하루는 그의 사무실에 100만 달러가 몰려들어오기도 해 폰지는 IRC 구입을 실제 수행할 수도 없었고 또한 수행할 시도조차 하

지도 않게 되었다. 설사 그가 실제 구입하려 했다 하더라도 그가 투자자들에게 약속했던 수익을 돌려줄만한 IRC가 충분치 않다는 사실을 알게 되었다. 그래서 폰지는 대신 새로운 투자자들로부터 몰려드는 자금으로 기존 투자자들에게 약속한 수익을 지급하는 즉 한 사람 걸 뺏어서 다른 사람에게 지급하는 방법을 채택하게 되었다.

새로 들어오는 자금으로 기존의 자금에 50% 수익을 더해 지급하는 방법으로 충당하기에는 그 밑천이 곧 드러날 것이라는 것은 시간문제였다. 폰지는 기존 투자자들에게 그 투자 금액을 다시 "재투자" 하도록 설득하여 그 구조를 지연시키기도 하였지만, 폰지 기업에 대한 의문이 끊이지 않고 이어져 안 좋은 소문이 돌기 시작하면서 재투자하는 사람들도 점차 줄고 결국 많은 사람들이 자금을 회수하기 시작하였다. 그리고 이제 전 과정이 몰락하는 시점에서 폰지의 사업체는 결국 사기로 밝혀졌다. 잠깐의 명예와 부를 누린 대가로 찰스 폰지는 결국 감옥에서 12년을 복역했으며 이태리로 추방당하고 말았다. 후에 그는 브라질로 이민을 갔고 여전히 부와 명예를 쫓아 다녔다. 그는 결국 1949년 리오데자네이로 병원의 자선기관에서 사망했고 그의 장례비용을 간신히 충당할 만큼의 돈밖에 남기지 않았다. 그러나 그의 이름은 영원히 남아 한 사람의 돈을 빼앗아 다른 사람에게 지급하는 이런 방법을 그의 이름을 따 폰지 구조라고 불리게 되었다.

그리고 후에도 수십 년에 걸쳐 폰지를 모방한 많은 사람들이 나타났다:

- 2009년 1월, SEC는 82세의 노인인 리차드 피콜리(Richard Piccoli)를 폰지 구조 운영 혐의를 제기하였는데, 그는 5년 동안 투자자들에게 실제 집행되지 않은 부동산 투자를 통해 7% 정도의 "안정적" 수익률을 약속하는 수법으로 1,700만 달러를 사기친 것으로 밝혀졌다.
- 2010년 7월, 포트 로더데일의 변호사 스콧 로스타인(Scott Rothstein)은 대형의 가공 법률 분쟁 건에 대한 지분을 팔아 투자자들에게 12억 달러의 사기를 쳤다. 당시 로스타인의 신설 재단으로부터 대규모 기부를 받은 플로리다 공화당 정치가들은 이로 인해 상당한 곤경을 치루기도 했다.
- 2010년 4월, 전 미네소타의 거물 사업가 톰 피터스(Tom Petters)는 대규모로 전자제품을 사들여 코스트코나 샘스클럽 같은 대형 소매상에 공급한다고 투자자들을 속여 37억 달러에 달하는 자금을 편취한 대가로 징역 50년 형을 언도받았다. 피해자들 중에는 은퇴자, 교회 단체, 그리고 월가의 헤지펀드도 포함되어있다.
- 2014년 10월, 한 대배심에서는 지크리워드(ZeekRewards)라는 할인경매 사이트 창업자인 폴 버크스(Paul Burks)를 8억5천만 달러 상당의 폰지 구조 운영 혐의로 고소하였다. 여기서 투자자들은 일 수익률 1.5%를 약속받았지만 이 사이트는 폐쇄 당시 이 프로그램으로 인해 2백만 명으로 추산되는 피해자들과 배상 금액으로 280억 달러에 달하는 충당금이 필요한 상태에 이르렀다.
- 2015년 1월, SEC는 일본 투자자들을 겨냥한 8억 달러로 추산되는 폰지 구조를 운영해온 MRI 창업자 에드윈 푸지나가(Edwin Fujinaga)의 5억 8천만 달러 소송에서 승소하였다. MRI에서는 8,000명이 넘는 투자자들에게 연 수익률 10% 이상의 수익을 약속했었는데, 그 수법은 의료품 구매와 관련된 매출채권을 할인가에 구입하는 자금 공급으로 보험사들로부터 총액을 상환받는 식이라는 주장이었다.

2008년 12월, 월가에서 명성이 높았던 전직 자산운용 매니저였던 버나드 매도프가 폰지 구조의 주

범으로 기소되었는데, 그 규모가 너무 엄청난 나머지 이 시점부터 이런 행위에 대한 이름이 "매도프 구조"로 대체되어도 될 만한 것이었다. 매도프의 사기행위에 연루된 총 자금 규모는 놀랍게도 10년에 걸쳐 총 650억 달러에 달하는 것으로 추정되었다.

전통적으로는 투자전문가 중 비교적 이류급으로 알려진 전직 나스닥 증권거래소 회장이며 가끔 SEC의 투자 규제에 관해 자문을 수행해오던 매도프는 전문적인 자산운용업계의 본격적인 거물로 떠오르기 이전에 컴퓨터 기반 증권거래의 초창기에 이미 수백만 달러의 부호가 되어있었다. 그는 그의 고객들에게 마치 정부 발행 국고채에 투자한 것과 같은 수익을 확실하고도 안정적으로 가져다 준다 하여 아주 사랑스러운 "국고채 버니"라는 애칭을 얻을 정도로 신망을 얻고 있었다. 매도프의 성공은 매년 계속되는 화려한 수익이라기보다는 매년 계속되는 일정하고 견고한 수익이었다. (그의 수익은 연평균 10~18%였다.) 그는 그의 사업을 공격적으로 떠벌리지도 않았고, 오히려 그와의 거래에서 만족한 고객들이 가족이나 친지들을 스스로 끌어오게 하는 방법을 사용했다. 그는 거래에서 종종 투자받기를 거부하거나 하는 방법으로 배타적이라는 인상을 풍겨 그와의 단골 거래 고객들만 더욱 더 투자금액을 늘려가는 수법을 사용하였다.

이런 배타성과 아주 전략적인 마케팅 플랜은 플로리다의 팜 비치 같은 지역의 부호 투자자들을 목표로 해서 매도프로 하여금 십여년 동안 견고한 명성을 쌓기에 충분했고, 이를 통해 고급 투자자들과 글로벌 은행의 대형 투자자들로부터 수억 달러에 달하는 투자자금을 이끌어내었다. 그러나 2008년 말 금융시장의 붕괴로 인해 투자자들은 다른 용도에 필요한 자금에 충당하기 위해 자금 회수에 나서게 되었고, 매도프는 이때 거의 70억 달러에 달하는 자금 회수 요청에 직면해 그가 주의 깊게 짜놓은 사기 구조의 붕괴는 시간문제가 되어버렸다.

이 사건이 들어나고 여전히 스캔들로 치부되던 초기 감정적인 시기에는 이 사건의 중요 고려 요인 중 하나가 누구를 탓해야 하는가 하는 문제였다. 도대체 누가 무엇을, 언제부터 알고 있었고, 이런 행위를 피해갈 수는 없었는가? SEC가 이 문제와 관련하여 자신의 역할에 대해 광범위한 조사를 벌여왔다. 메도프의 사업은 1999년부터 4차례에 걸쳐 별도의 검사를 받아왔고, 1992년과 2006년에는 2차에 걸쳐 정밀 검사가 개시된 적도 있었다. 이때 그 어떤 사기 행위의 증거도 나오지 않았고, 매도프에게는 다만 서류 작업 미비에 대해 약소한 징계 조치만 내려졌을 뿐이다. 이제 650억 달러는 그 돈을 추적할 수 있는 그 어떤 거래 기록도 남기지 않은 채 날아간 것으로 보이는데 아직 많은 의문이 남아있다. 확실한 것은 2009년 6월 매도프가 150년 징역형(법에서 허용한 최장기간인)을 선고받았다는 것뿐이다. 매도프의 나이가 71세임을 감안하면, 이 사건의 담당 판사인 데니 친(Denny Chin)은 이 범죄의 심각성과 수많은 개인투자자들에게 끼친 피해를 반영하고 상징성을 부여하기 위해 이 사건에 대한 형량을 선고하였다고 설명하고 있다.

보스톤의 자산운용업자 해리 마르코폴로스(Harry Markopoulos)는 2005년에 SEC에 18쪽에 걸친 서신을 보내 매도프의 사업에 29개 부문에 걸친 경고성 깃발을 제기한 바 있다. 이때 그는 그의 매년 계속되는 견고한 수익은 수학적으로 불가능하다고 하면서 이를 달성하기 위한 유일한 방법은 내부정보를 이용하거나 전적으로 가공의 거래 기록을 조작하거나 하는 방법뿐이라고 지적한 바 있다.

매도프에게 거액의 투자금을 투입한 연기금, 가족상속 신탁, 대학 발전기금 등 소위 "고도의 전문" 투자자로 알려진 투자자들은 그 돈을 다 날리게 되었다. 더 심각한 것은 수많은 개인 투자자들이 투자

했던 저축계좌들이 투자 자금으로 활용했던 자산운용업계를 통해 매도프에게 흘러들어갔고, 이들 자금은 자신들이 전혀 알지도 못했던 곳에 투자되어 상당 금액이 날아갔다는 사실이다.

매도프의 십여년간에 걸친 복잡한 사기 행위를 기획하고, 무엇보다 중요한 것은 그 많은 월가와 이런 사기가 발생치 않도록 설립되어있는 규제 감독 기구의 엘리트들이 바보가 되어버린 이 사안에 있어 매도프의 심리 상태에 대해서는 앞으로 더 많은 것이 밝혀져야 할 것이다. 이번 사고에서 얻은 교훈으로 인해 금융시장에 다시는 이와 같은 거대한 규모의 폰지 구조가 다시는 발생치 않도록 규제의 틀에 근본적인 변화를 가져올지는 두고 볼 일이다.

질문

1. 찰스 폰지는 미국에서 성공을 꿈꾸던 이탈리아 노동자 출신 가난한 이민자였다. 그에 비해 버나드 매도프는 그의 사기 구조를 시작하기 전에 이미 수백만 달러의 부호였었다. 이 사실로 인해 그의 행위는 폰지에 비해 더 비윤리적으로 볼 수 있는가? 그런가? 아닌가? 그 이유는?
2. 폰지 구조가 작동하는 원리는 무엇인가?
3. SEC는 메도프 구조가 작동하는데 있어 어떤 책임이 있는가? 어떤 측면에서 그런가?
4. 매도프가 원래의 폰지가 단 90일 투자에 50%를 약속했던 것에 비하면 훨씬 적은 수준의 년 10-18% 정도 수준의 수익률을 약속했다는 사실로 비교적 덜 비윤리적이라고 볼 수 있는가? 그런가? 아닌가? 그 이유는?
5. 이 사건에서 투자자들이 투자금을 매도프 펀드에 투자하면서 친구로부터 또는 친구의 친구로부터 소개받았다는 이유로 적절한 실사를 생략했는데 그럼에도 불구하고 피해자로 간주될 수 있는가? 그런가? 아닌가? 그 이유는?
6. 이 사건에서 버나드 매도프의 투자자들이 좀 다르게 어떻게 대응했어야 할까?

출처: A. Altman,"Ponzi Schemes," *Time.com*, Dec. 15, 2008; J. Gapper, "Wall Street Insiders and Fools' Gold," *Financial Times*, Dec. 17, 2008; A. Sloan,"Commentary: The Real Lesson of Madoff Case," CNN.com, Jan. 9, 2009; M. Zuckoff,"What Madoff Could Learn from Ponzi," CNN.money.com, Jan. 13, 2009; and R. Chew, "Bernie Madoff's Victims: Why Some Have No Recource," Time.com, Jan. 12, 2009.

비판적으로 생각하기 6.2

인디아의 엔론

2008년 12월, 인디아의 정보통신 외주 분야의 대형 사업자중 하나였던 새트얌 컴퓨터 서비스(Satyam Computer Services)가 그 반향이 전 지구에 걸쳐 느껴질 정도의 위력과 속도로 영광으로부터 급속히 추락한 사례이다. 공교롭게도 새트얌이라는 단어는 산스크리트어로 "진리"를 뜻하는데, 라말링가(Ramalinga)와 라무라주(Ramu Raju) 형제가 설립한 이 회사는 이제 새로운 별명이 생겼는데 그 이름

은 인디아의 엔론이다.

1987년 설립된 새트얌은 위성방송통신 역량을 적극 활용하여 하이드라바드의 본사에서 전세계에 걸쳐 고객들에게 관련 서비스를 제공하였다. 이 회사에서는 Y2K(2000년 문제)에 대비해 컴퓨터 소프트웨어 프로그램의 코드를 고치기 위한 프로그래머들에 대한 폭발적 수요로 인해 엄청나게 공격적인 성장 계획을 가동하였다. 이 회사는 1991년 봄베이 증권거래소에 상장되었고, 2001년 5월에는 뉴욕증권거래소에 상장되는 성과를 올렸다. 2006년까지 새트얌은 23,000여명의 임직원을 고용하고 연수입 10억 달러를 기록하였다. 이 회사의 성장은 운영비용 절감과 통제 유지를 바라는 미국 회사들로부터의 외주 용역 수요가 커지면서 계속되었다. 2008년에 새트얌의 수입은 20억 달러를 넘어섰으며 임직원 숫자도 전세계 63개국에 걸쳐 53,000명에 육박하였다. 이제 이 회사는 와이프로 테크놀로지, 인포시스, HCL과 함께 4번째로 큰 소프트웨어 서비스 회사로 자리 잡기에 이르렀다. 그 고객 기업 수도 거의 700개 업체에 이르렀는데, 이중에는 185개의 포춘 500 회사가 포함되어있고 이들 회사의 매출이 미국 전체 매출의 반을 넘어섰다. 세트얌의 고객 기업 명단에 들어간 회사들로는 제네럴 일렉트릭, 시스코, 포드, 네슬레는 물론 미국 정부도 들어가 있었다.

소프트웨어 서비스 분야에서의 명성은 곧 회사에 대한 전 세계의 관심이 증대되어 회사 명성이 올라가는 효과도 가져왔다. 2007년 라말링가 라주는 그 해의 언스트 앤 영 기업가상을 수상하기도 하였다. 2008년 9월 회사는 세계지배구조위원회에서 수여하는 지배구조 황금공작상을 수상하여 새트얌이야말로 윤리경영 실천의 선도자라는 영예도 안았다.

새트얌에 처음으로 문제의 징후가 나타난 때가 2008년 10월로, 월드뱅크에서 새트얌의 임직원들이 월드뱅크의 "직원들에게 부적절한 편의"를 제공하고 "적절한 설명 없이 부과된 모든 수수료"에 대한 증거들이 나오면서 이 회사와 더 이상의 서비스 제공 계약을 월드뱅크가 금지하면서 나타났다. 이미 2007년에 와이프로 테크놀로지(WiPro Technologies)도 월드뱅크에 의해 "월드뱅크 관계자들에게 2000년 공모 발행 당시 제공한 공모주" 문제로 거래 금지 조치가 이루어졌을 뿐 아니라, 새트얌도 소프트웨어 솔루션 분야의 문제가 많은 영업 관행에 물든 회사들 중 하나로 나타났다.

그러나 이 상황은 2008년 12월 새트얌의 이사회가 회사가 16억 달러에 매입하려던 두개의 건설회사에 대한 제안에 반대 의견을 내면서 더욱 논란이 거세졌다. 라주 형제가 이 두 회사의 지분을 보유하고 있을 뿐 아니라 그 회사의 경영자는 라밀링가 라주의 아들들이었다. 이때 이 제안에 대해 반대한 4명의 이사가 사임했고, 새트얌의 주가는 투자자들로부터 외면을 받고 폭락했으며, 이 형제들은 그들 지분을 계좌의 마진콜까지 더해 폭락한 가격으로 처분하지 않으면 안 되게 되었다. 이 어마어마한 사고로 인해 라말링가 라주는 새트얌 이사회에 보낸 4쪽 반장 분량의 서한에서 회사가 수년 동안 수익을 과대 계상했을 뿐 아니라 심지어 16억 달러에 달하는 자산은 존재조차 하지 않는다고 고백하기에 이르렀다. 얼마 되지 않아 투자자들은 이 정보들을 맞춰본 결과 회사에서 추진하려 했던 16억 달러의 건설회사 매입 제안이 새트얌의 바로 이 16억 달러의 공백을 손쉽게 메꾸려 시도한 것임을 알게 되었다.

라주의 고백에서는 이 사고가 계획적인 사기라는 비난에 대해 다음과 같이 변명하고 있다: "원래는 실제 발생 영업이익과 회계 장부상 발생 이익의 사소한 차이를 메우기 위해 시작된 것이었는데 해가 가면서 그 규모가 커졌다. 회사 규모가 급속히 커지면서 이게 걷잡을 수 없는 규모로 커져버렸다." 그리고 이어 "이 상황은 마치 호랑이 등에 올라타 먹히지 않으려면 언제 떨어져야 할지를 모르는 그런 상황이었다."라고 실토했다.

호랑이에게 먹히는 비유는 실로 그럴듯한 것이다. 이 스캔들은 소프트웨어 서비스 분야 전반에 큰 반향을 불러일으켰고 나아가 새트얌의 경쟁업체들뿐 아니라 인디아의 기업지배구조의 틀에도 그림자를 드리운 사건이다. 엔론 붕괴 때와 마찬가지로 새트얌의 소위 16억 달러에 달하는 자산의 부재를 눈치 채지 못했다고 알려진 회계 감사에 책임이 있었던 회계법인의 역할로 관심이 즉각 모아졌다. 엔론 때에는 그 회사는 아서 앤더슨이었고 그 회계법인은 결국 이로 인해 생존하지 못했다. 새트얌의 경우는 그 회사는 프라이스워터하우스쿠퍼스였는데, 이들의 감사 결과에 의하면 새트얌이 11억 달러 상당의 현금을 계좌에 보유하고 있다고 했는데 실제 회사가 보유한 현금은 7,800만 달러에 불과했다.

인디아 정부 당국의 대응은 즉각 이루어졌다. 새트얌의 창업자들은 모두 징역에 처해졌고, 재빨리 임시 이사회 구성원들로 명망 있는 업계 인사들로 구성하는 등, 국가적 차원에서 추락한 시장에서의 명성을 재구축하고, 세계 시장에서의 경쟁이 격화되어 가고 있는 가운데 이번 새트얌과 같은 사태가 이 나라에서 비윤리적인 행위가 일상적으로 발생하는 것이 아니고 매우 유감스러운 예외적인 사태이었음을 투자자와 고객기업들에게 재확인시키는데 정부 차원에서 발벗고 나섰다.

2009년 1월, 인디아의 증권관리위원회는 기업의 지배주주가 그들 지분을 차입 시 담보로 제공할 때에는 이 사실에 대한 공시를 의무화하는 조치를 취했는데, 이는 바로 새트얌 스캔들에 대한 직접적인 대응이다. 2009년 4월, 인디아의 재벌 기업 마힌드라 그룹의 기술 자회사인 테크 마힌드라가 새트얌의 영업 인수 경매를 통해 라말링가 라주의 고백 이전 이 회사의 시가총액의 1/3에도 못 미치는 가격으로 인수하였다. 이런 헐값에 거래가 된 이유로는 이 스캔들이 진행되는 와중에 니산, 소니, 유엔, 스테이트팜과 같은 46개 주요 고객기업들의 이탈 등을 들 수 있다. 이 거래에 대해 애널리스트들은 만일 이때 진행된 세계적인 불황이 없었다면 새트얌의 상황은 더욱 나빠졌을 것이라고 지적하고 있다. 세계적인 불황이 진행되면서 많은 고객 기업들은 여러 다른 긴급한 문제들로 인해 워낙 정신이 없었기 때문에 IT 공급업체를 바꾸는—이로 인해 회사의 모든 하드웨어와 소프트웨어를 통째로 바꿔야 하는—골칫거리까지 떠안고 가기 싫어했고, 결국 새트얌 입장에서는 그나마 가치를 인정받을 수 있는 기회를 가질 수 있었다는 것이다.

2012년 3월, 테크 마힌드라와 마힌드라 새트얌은 합병 계획을 발표했고 새 통합 법인은 연매출 240억 달러를 달성하였다. 2011년 4분기 영업수익은 6,100만 달러로 발표되었고, 애널리스트들에 의하면 이제 새트얌은 그때의 스캔들로부터 벗어나 회복기로 접어들은 것으로 인정된다고 보여진다. 2015년까지 테크 마힌드라는 공격적인 인수 프로그램으로 성장을 거듭하였다. 2015-2016 회계기간에는 연매출 20억 달러를 목표로 하였는데, 이 해에 2012년 이래 6번째로 큰 인수였던 라이트브릿지통신(LCC)을 인수하는데 성공하여 목표 달성의 청신호를 보여주었다.

2015년 4월, 라말링가 라주와 다른 9명의 동조자들은 새트얌 사기와 관련해 7년형을 선고받았다.

이 선고는 2015년 5월 인디아 항고 법원에서 유예되었는데 그 이유는 이미 이들이 그들 형량의 상당 부분으로 보이는 35개월간 감방에 있었고 이들이 자신들의 효과적인 주장을 하기 위한 보석 신청을 허가한 것이었다. 만일 이 항고가 제대로 되지 않는다면 원래의 형이 다시 재개될 것으로 보인다.

질문

1. 라말링가 라주의 주장대로 이 사기는 단지 "사소한 차이의 정정에서 시작"되었다는 점으로 인해 이 사건에서의 윤리적 문제가 달라지는가? 만일 처음부터 투자자들을 기만하기 위한 고의적인 의도가 있었다는 증거가 나온다면 이 상황에 대한 대답이 달라지는가?
2. 새트얌의 이사회가 그때 제안된 건설회사 인수를 기각시킨 이유가 무엇이라 생각하는가?
3. 앤론 스캔들과 새트얌 컴퓨터 서비스의 상황과 유사한 점을 개관하라.
4. 프라이스워터하우스쿠퍼스(PWC)는 이때 조사당국과 협조하겠다는 발표를 한 바 있다. 새트얌 사건 때의 상황이 엔론 당시 아서 앤더슨에 끼쳤던 정도 수준의 위협으로 PWC에 작용하였을까? 그런가? 아닌가? 그 이유는?
5. 인디아 증권거래위원회의 대응은 새트얌과 같은 스캔들이 또 다시 발생치 않도록 하는데 충분하였는가? 설명하라.
6. 테크 마힌드라와 마힌드라 새트얌이 합병 발표를 통해 얻고자 하는 점은 무엇인가? 설명하라.

출처: H. Timmons,"Financial Scandal at Outsourcing Company Rattles a Developing Country," *The New York Times*, Jan. 8, 2009; E. Corcoran," The Seeds of Satyam Scandal," *Forbes*, Jan. 8, 2009; S.V. Balachandran, "The Satyam Schandal," *Forbes*, Jan. 7, 2009; J. Kahn, H. Timmons, and B. Wassener, "Board Tries to Chart Path for Oursourcer Hit by Scandal," *The New York Times*, Jan. 12, 2009; "Salvaging the Truth," *The Economist*, Apr. 16, 2009; and *BBC Business News*, "Machindra System and Tech Machindra Approve Merger Plan," Mar. 21, 2012; "Satyan Computers: Indian Court Suspends B. Ramalinga Raju Sentence," *BBC India News*, May 12, 2015: and Shivani Shinde Nadhe, "Tech Mahindra Comes a Step Closer to 2015 Goal," *Business Standard*, Dec. 16, 2015

비판적으로 생각하기 6.3

"미승인"(Off-Label) 약품 마케팅

기업지배구조 리서치에서 산업별로 보면 제약업종이 흥미로운 것이 많은데 기업의 여러 가지 의문스러운 행동들도 자주 나타난다. 불법적인 마케팅 행위를 둘러싸고 법무부와 제약회사들간 타협을 본 다음 여러 사례들을 살펴보자:

- 2012년 5월, 법무부에서 아보트 래보라토리(Abott Laboratory)와 데파코테(Depakote)라는 약품의 불법 광고에 대해 총 15억 달러에 합의 해결하였음을 발표하였다. 아보트는 노인 치매 환자들에 나타나는 불안과 공격 성향을 진정시키고 정신분열증에도 효과가 있다고 주장되는 약품을 광고하였는데, 식품의약청(FDA)은 이 약품에 대해 간질 발작, 양극광증, 그리고 편두통에만 사용하도록 승인해주었다.

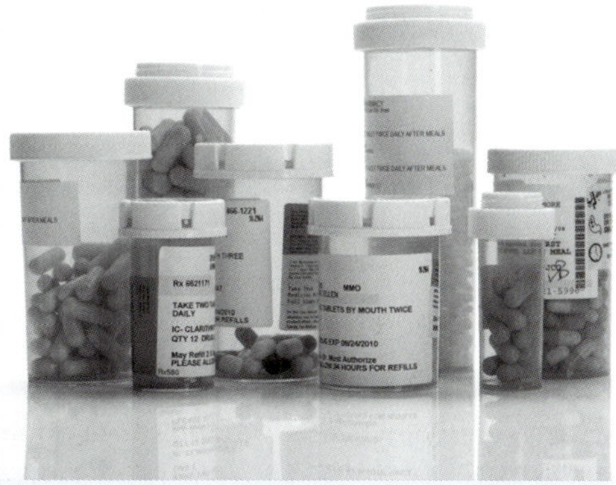

- 2012년 7월, 법무부는 글락소스미스클라인(GSK)과 30억 달러 상당의 합의금으로 다음 여러 건을 해결했다고 발표하였다. 그 건들은 "특정 처방 약품의 불법적 광고, 특정 안전성 검증 자료 보고 의무 위반, 소위 의약품 가격 보고 의무 위반으로 인한 민사적 책임 등"이다. 이 해결 합의금 규모는 그때까지 미국 역사상 가장 초대형 의료산업계의 사기 행위 관련 합의금으로 알려져 있다. 여기에서 밝혀진 2건의 "미승인"약품 광고행위에는 소아정신불안증 치료제인 팩실(Paxil)과 체중감소, 성적장애, 약물남용, 주의결여장애(ADHD) 치료제인 웰버트린(Wellbutrin)이 포함된다. 이들 모두 이들 증세에 관해 FDA의 승인이 이루어진바 없었다.
- 2013년 11월, 법무부는 글로벌 제약업계 거인인 존슨앤존슨(J&J)이 미승인 약품 마케팅과 뒷돈 관련 민사와 형사상 모든 책임을 해결하기 위해 22억 달러 이상을 납부하기로 합의했다고 밝혔다. 아 합의는 형사상 벌금 4억 8천 5백만 달러와 연방정부와 주정부에 리스페르달(Risperdal), 인베가(Invega), 나트레코(Natrecor)와 같은 처방약 관련 납부하는 민사상 과징금 1억 7천 2백만 달러를 포함한다.

이들 합의금 해결 건은 모두 제약회사 측에서 어떤 책임도 인정한 바 없고, 이들 행위의 재발 방지(기존의 규제 준수에 대한 약속을 다시 확인하는 것 외에)를 위한 어떤 개선된 내부 절차에 대한 특정 약속도 없이 이루어졌다. 비록 법무부가 의료산업의 사기 행위를 최소화시키기 위한 노력의 일환으로 이런 불법 마케팅 행위를 공개적으로 판정해내고 있지만, 이들 금전적 합의금이 실제 처벌로서 의미가 있을 만큼 상당한 정도인지, 제약회사 스스로의 자정 노력을 유발하기에 효과적인 방법인지에 대한 의문들은 여전히 남아있다.

FDA 입장에서는 특정 치료 목적에 사용되는 약품을 승인하는 것은 그 외 다른 목적으로 이 약품이 사용되는 것은 설사 그 대용이 사실이라 할지라도 금지하는 것을 내포한다고 본다. 2015년 조그만 제약회사 아마린(Amarin)제약은 이런 입장에 대해 도전을 제기했는데, 자신들의 심장혈관 약품 바스세파의 제한적인 마케팅 허용이 회사의 수정 헌법 제 1호 표현의 자유를 침해하는 것이라고 주장하였다. 맨하튼의 연방지법 판사 폴 엥글메이어(Paul A. Engelmayer)는 아마린 제약 편을 들면서 FDA가 의사들에게 비승인 약품 처방을 허용하는 것은(사실은 FDA가 아닌 주정부가 의사들에 대한 규제 권한을 갖고 있다.) 매우 모순된 것으로서 FDA의 미승인 약품 마케팅에 대한 처분을 제한적으로 해야 한다는 입장을 밝혔다.

재판부의 결정은 FDA로 하여금 아마린 제약에 대한 추가적인 제재를 가하는 것을 금지하는 예비적 명령을 승인한 것으로서, 이 사례가 작성되고 있던 시점 FDA는 추가로 무엇을 할 수 있을지 고민하고 있었다. 2015년 9월 파시라(Pacira) 제약도 자기 제품 엑스파렐(Exparel)에 대한 방어를 목적으로 유사한 명령을 받아내기 위해 FDA를 상대로 미국 뉴욕 남부 지방법원에 유사한 소송을 제기하였다. 다른 제약회사들도 그 뒤를 따를지는 두고 볼 일이다.

질문

1. 이런 불법적 마케팅 행위가 왜 제약업에서 자주 특징적으로 나타나는가? 어떤 점에서 이런 현상이 고유의 특성이라 할 수 있겠는가?
2. 이들 행위가 불법적임이 확실함에도 불구하고 왜 제약회사들이 이런 행위를 계속하게 될까?
3. 여기에서 각 회사의 이사회는 무엇을 해야 하나? 그들이 책임감 있게 보여지려면 어떻게 해야 할까?
4. 벌금이 너무 만만하다는 비판이 있다. 달리 말하면, 불법 판매로 인해 수십억 달러를 벌어들이는데 비해 겨우 10억 달러의 벌금으로는 단순히 그 숫자 만으로만 봐도 해볼 만한 사업이라는 것이다. 벌금이 보다 벌칙으로서 의미가 있어야 되는가? 얼마 정도의 금액이면 될까?
5. 재정적 벌금 부과만으로 이런 범칙 행위에 대한 충분한 저지 효과가 있을까? 그런가? 그러하지 아니한가?
6. FDA가 미승인 약품에 대한 입장을 바꾼다면 이는 소비자들에게 유익한 일일까? 그런가? 그러하지 아니한가?

출처: "GlaxoSmithKline to Plead Guilty and Pay $3 Billion to Resolve Fraud Allegation and Failure to Report Safety Data," *Department of Justice, Office of Public Affairs*, Jul. 2, 2012 and "Johhson & Johnson to Pay More Than $2.2 Billion to Resolve Criminal and Civil Investigation," *Department of Justice, Office of Public Affairs*, Nov. 4, 2013; Peter J. Henning, "FDA's 'Off-Label' Drug Policy Leads to Free-Speech Fight," *The New York Times*, Aug. 10, 2015; and Jann Bellamy, "The Amarin Case: Off-Label Promotion amd a Double Standard for Prescription Drugs vs. Dietary Supplements," *Science-Based Medicine*, Oct. 15, 2015

Chapter 7

내부 고발

학습결과

이 장을 공부하면 여러분은 아래의 내용을 할 수 있게 된다.

1 내부고발자라는 용어를 설명하고 내부고발과 외부고발의 차이를 구분할 수 있다.
2 내부고발자가 고발을 하게 되는 다양한 동기를 이해할 수 있다.
3 내부고발자가 제기하는 문제를 무시하는 경우 발생할 수 있는 결과를 예측할 수 있다.
4 내부고발자의 욕구를 해결할 수 있는 내부적 프로세스나 방침을 어떻게 구축할 수 있는가를 제안할 수 있다.
5 내부고발자가 되는 경우에 직면하게 될 수 있는 위험을 분석할 수 있다.

내부고발이라는 단어는 당신이 고자질쟁이이고 조직에 대한 충성심이 없는 사람이라는 것을 암시한다... 그러나 나는 조금도 신의를 배신하지 않았다. 사람들이 죽어가고 있었다. 나는 윤리적 책임이라는 더 높은 차원의 요구에 충실했을 뿐이다.

제프리 와이갠드(Jeffrey Wigand),
영화 The Insider 중에서

좋은 돈이란?

벤은 타이어를 파는 대형 유통체인점에서 일하는 영업 팀 리더이다. 회사는 매우 공격적으로 사세를 확장하고 있으며 매달 새로운 점포들을 오픈하고 있다. 벤은 매우 야심이 많으며 자신이 영업에서 확실한 성과를 보여주는 경우 조직내에 승진 기회가 매우 많다고 생각하고 있다. 모든 소매 회사들이 그렇듯이 벤의 회사 역시 실적에 대한 압박이 매우 크며 끊임없이 지역 미디어에 실리는 광고와 함께 새로운 판매 캠페인과 판매원에 대한 인센티브가 실시된다.

벤의 상사인 존은 거두절미하고 회의에서 다음과 같이 말한다. "여러분, 중요한 소식이 있습니다. 판매실적을 높이기 위해 특정 브랜드에 따라 일정한 단기 인센티브를 지급하는 방식 대신 회사는 벤필드 타이어(Benfield Tires) 회사와 독점 판매계약을 맺고 새롭게 생산되는 보이져(Voyager) 타이어를 전량 공급받아 판매하기로 했습니다. 독점계약은 당연히 대규모 물량에 따른 엄청난 할인율을 의미하며 따라서 우리가 이 파티어를 팔면 팔수록 과거에 비해 훨씬 더 많은 돈을 벌수 있습니다. 회사도 돈을 벌지만 당연히 우리도 많은 보너스를 받게 될 것입니다. 모두들 이 타이어의 판매에 전력을 기울이시기 바랍니다. 만약 이번 계약에서 많은 판매성과를 낼 수 있다면 다른 회사들과의 계약이 줄을 잇게 될 것입니다. 우리한테 엄청난 이익이 기다리고 있는 셈입니다."

그 말을 끝내자마자 존은 판매 인센티브에 대해 자세한 내용을 설명하기 시작했고 벤과 다른 팀장들에게 만약 보이져 타이어 물량을 제대로 소화할 수 있다면 앞으로 다가올 몇 개월 동안 받을 수 있는 수천달러의 보너스를 강조했다. 추가적인 수입이 생기는 것이야 좋은 일이기는 하지만 시장에 알려져있지 않은 제품을 그렇게 공격적으로 밀어내기식 판매를 하는 것에 대해 존은 상당히 걱정이 되었다. 그래서 가장 경험이 많은 타이어 기술자인 릭과 그에 관한 이야기를 하기로 결심하였다. 릭은 25년 이상을 회사에서 일한 경험많은 기술자였으며 젊은 친구들은 그를 가리켜 '피 속에 고무가 흘러다닐 것'이라거나 또는 '헨리포드 T모델 라인에서 일을 시작했을 것'이라고 농담을 하고는 했다.

"그래서 릭, 새로운 타이어 보이져에 대해 어떻게 생각해? 정말 그 계약이 고객에게도 좋은 선택인가? 아니면 단지 우리가 돈을 벌기에만 좋은 일이야?" 릭의 대답은 짧고 명확했다. "내가 제품의 기술적 스펙을 살펴 보았는데 좋지 않아. 벤필드는 비용을 줄이기 위해 품질을 떨어뜨린 거야. 다른 공급업자들의 제품 표준과 비교했을 때 보이져 타이어는 2등급이거나 아니면 그 이하야. 내 차에 이 타이어들을 장착하라고는 하지 말게. 처음 만오천 마일 정도만 품질을 유지할 수 있을 테니 말이야. 이 타이어를 우리 회사의 간판 모델로 판매를 한다는 것은 위험한 일이라고 생각해."

질문

1. 만약 벤이 벤필드 보이져 타이어의 제품 품질의 문제점을 제기하면 그는 내부고발자가 될 가능성이 있다. 이 챕터의 본문에는 내부고발과 외부고발의 차이가 설명되어 있다. 만약 벤이 문제점을 제기하기로 결심한다면 어느 방식을 취하는 것이 좋을까?
2. 내부고발이 윤리적인 것으로 간주되기 위한 5가지 조건이 이 챕터에 제시되어 있다. 상사인 릭은 부하인 벤에게 벤필드 보이져에 대한 충분한 정보를 제공했다고 볼 수 있는가?
3. 벤은 지금 어떻게 행동해야 하는가?

1. 내부고발이란 무엇인가

종업원이 조직 내의 위법사실이나 비리를 발견했을 때 그는 윤리적 딜레마에 직면한다. 한편으로 그는 자신의 고발행위가 조직과 사회 전체를 위해 좋은 일이라는 관점에서 그것이 옳은 일이라고 느낀다. 그러나 다른 한편 그는 종업원으로서 자신이 속한 조직에 대한 신의나 충성을 동시에 고려하지 않을 수 없다.

따라서 매우 심각한 선택이 내려져야 한다. 첫째, 종업원은 그냥 넘어가거나 무시하는 입장을 취할 수 있다. 이러한 선택은 그가 일하는 조직의 문화와 직접적으로 긴밀하게 연결되어 있다. 개방적이고 신뢰에 기초한 문화가 존재하는 경우 종업원은 회사와 다른 동료 종업원들을 위해 문제를 공개적으로 말할 가능성이 높다. 그러나 폐쇄적이고 권위주의적 조직문화에서는 관심을 끄는 행위를 하는 것을 기피하게 되고 조용히 입을 다물게 될 확률이 크다. 그러나 종업원 개인의 가치체계가 그로 하여금 비리에 대해 말할 수 밖에 없게 만든다면 그는 그 즉시 **내부고발자**가 되는 것이다.

그 다음으로 종업원은 처음 선택과 동일하게 중요한 두 번째 선택에 직면한다. 하나의 방안은 비리를 상사에게 보고하고 이의제기가 조직내의 적절한 기구나 채널을 통해 해결되도록 하는 것이다. 이것을 **내부제보 고발**(**internal whistle-blowing**)이라고 부른다. 만약 종업원이 조직외부로 나가서 비리를 언론이나 행정감사 당국에 제보하는 경우 이것을 **외부제보 고발**(**external whistle-blowing**)이라고 한다.

내부고발자 조직의 비리를 발견하고 이를 다른 사람들에게 알리는 종업원

내부제보 고발 조직의 비리를 발견한 종업원이 이것을 상사에게 보고하고 조직내에 정해진 부서나 절차를 통해 문제를 해결하도록 하는 행동

외부제보 고발 비리를 발견한 종업원이 조직 외부의 법집행 기관이나 언론에 제보하는 행동

✓ 이해도 확인 질문

1. 내부고발이란 무엇인가?
2. 내부제보 고발이란 무엇인가?
3. 외부제보 고발이란 무엇인가?
4. 내부고발은 좋은 것인가?

2. 내부고발의 윤리

내부고발자는 조직과 사회 전체에 매우 소중한 서비스를 제공하는 것이라고 볼 수 있다. 비리가 언론에 공개되기 전에 이를 발견하여 알림으로써 회사가 부담해야 할 수백만 달러의 벌금과 이미지 악화로 인해 발생할 수 있는 많은 매출손실을 피할 수 있게 해 주기 때문이다. 공해나 제품안전 등과 같은 고객에 대한 잠재적 위험을 발견하고 알림으로써 내부고발은 사회적으로도 매우 중요한 공헌을 한다. 이러한 관점에서 보면 기업 세계에서 비윤리적 행위가 자주 발생하는 상황에서 왜 언론이 내부고발자들을 명예와 진실을 대변하는 영웅이라고 칭송하는지를 쉽게 이해할 수 있다.

그러나 내부고발자가 옳은 일을 하기 위해 자신의 경력과 목숨에 대한 위협을 감수하는 용감한 사람이라는 일반적인 인식과는 달리 일부 견해에 따르면 그러한 행동들은 전혀 용감한 것이 아니며 돈이나 자신의 잃어버린 자존감을 보상받기 위한 실패한 사람들의 조직에 대한 복수라는 것이다. 실제로 내부고발자들은 칭찬받을 행동을 한 것으로 간주되기 보다는 오히려 자신의 조직이나 고용주에 대해 당연히 가지고 있어야 할 신뢰와 충성을 배신한 간첩, 첩보원, 스파이로 간주되고 심하게 비난받기도 한다.

2.1 내부고발은 언제 윤리적이라고 할 수 있는가?

내부고발은 다음 5가지 조건을 갖추었을 때 윤리적이라고 할 수 있다.[1]

1. 회사의 제품이나 의사결정이 사회 구성원들에게 심각하고 중대한 해를 끼칠 때 혹은 법을 위반할 때 종업원은 회사에 이를 보고해야 한다.
2. 종업원이 심각한 위해를 인지하는 경우 그는 이를 보고하는 한편 그러한 행위에 대해 자신의 개인적인 도덕적 우려를 표현해야 한다.
3. 만약 직속 상사가 아무런 반응을 보이지 않는 경우 내부 절차와 위계를 따라 이사회까지 이를 알려야 한다.
4. 종업원은 회사의 관행이나 제품, 정책이 일반 대중이나 사용자를 심각하게 위협한다는 사사실을 외부의 합리적이고 공정한 관찰자가 납득할 수 있도록 증거자료를 만들어야 한다.

5. 종업원은 회사의 비리를 사회적으로 공개하는 것이 상황을 개선시킬 수 있다고 믿을만한 근거를 가지고 있어야 한다. 내부고발을 해서 성공할 확률과 고발자 개인이 위협과 위험을 감내해야 할 확률이 비슷해야 한다.

2.2 어느 경우에 내부고발이 비윤리적인가?

만약 금전적인 이익을 기대하거나 언론의 주목을 받기 위해서 혹은 회사에 대한 개인적인 복수를 하기 위해 내부고발을 하는 경우 그 행동은 적절하지 않은 것으로 간주된다.

회사를 내부고발하는 것을 통해 기대되는 금전적 이익은 어떤 경우에 있어서는 매우 클 수 있다.

- 2005년 11월 30일 뉴욕의 베스 이스라엘(Beth Israel) 병원은 병원측이 1992년부터 2001년까지 의료보험 수가와 관련된 비용을 조작했다는 법적 분쟁을 해결하기 위해 7억 2천 9백만 달러를 지급하기로 합의했다. 이 사건은 병원의 전직 재무담당 부사장 나즈무딘 페베스(Najmudin Pervez)가 뉴욕시 지방법원에 2001년 제기한 내부고발 소송에서부터 시작된 것으로 그는 이번 합의를 통해 병원측이 내야 하는 합의금의 20%에 해당하는 약 천오백만달러를 받을 수 있을 것으로 예측된다.[2]
- 2010년 6월 노드롭 그루만(Northrop Grumann)사는 회사가 정부에 허위 금액을 신청해서 수령했다는 혐의에 대해 연방정부에 천 이백 오십만 달러를 지급하고 사건을 종료하는 것에 합의하였다. 이 회사의 내비게이션 시스템 본부는 전투 및 우주 상황에서의 매우 극한적인 온도에서도 항공기, 헬리콥터, 잠수함의 내비게이션 시스템에 들어가는 전자부품이 정상적으로 작동하는지를 시험하지 않은 것으로 의심을 받아왔다. 이 사건은 연방 허위청구법(False Claim Act)의 고발자 수령조항(탈세나 부정을 저지른 자를 신고하여 보상금을 수령하도록 하는 조항)에 근거하여 솔트레이크 시에 있는 노드롭 그루만 네비게이션 시스템 본부의 공장에서 품질관리 관리자로 근무했었던 알렌 데이비스(Allen Davis)의 내부고발에 의해 시작되었다. 데이비스는 이번 합의로 이백 사십만 달러를 받게 되었다.[3]
- TAP 제약의 전임 영업 부사장이었던 더글라스 듀랜(Douglas Durand)은 자신의 고용주와 경쟁사인 제네카(Zeneca)를 상대로 두 회사가 연방정부의 의료보험에 수천만 달러에 상당하는 금액을 과다청구했다는 소송을 제기하였으며 소송에 따른 합의결과 연방정부로부터 1억 2천 6백만 달러를 받게 되었다.[4]

키탐 소송 1863년 허위청구법에 따라 내부고발자가 연방정부를 대신하여 제기하는 소송

! Key Point

키탐 소송에서 내부고발자에게 돌아가는 막대한 보상은 법률에 따른 직접적인 결과이다. 기업행위가 미국 정부에 손해를 끼친다는 이유로 내부고발의 동기를 정당화하는 것은 과연 공정한 것인가? 또한 당신은 보상금을 받을 것이라는 가능성이 개인이 내부고발자가 되려는 의사결정에 의미있는 영향을 미칠 것이라고 생각하는가?

링컨법(Lincoln' Law)이라고도 불리는 연방시민허위청구법(Federal Civil False Claim Act)에 따르면 정부를 상대로 한 사기행위를 밝힌 내부고발자는 이로 인해 정부가 회수하게 되는 금액의 10%에서 30%에 해당하는 금액을 수령할 수 있도록 되어 있다. 1863년 남북전쟁 시기에 정부를 상대로 사기행위를 하는 방산업체들로부터 정부를 보호하기 위해 제정되었던 이 법은 내부고발자들이 더 쉽고 안전하게 비리행위를 고발할 수 있도록 하기 위해 1986년에 더욱 강화되었다. 이 법에 의해 제기되는 소송은 **키탐**(*qui tam*) 소송이라고 불리우며 이는 국왕을 대신해서 소송을 거는 사람을 의미하는 라틴어 문장의 첫 두 단어에 해당하는 말이다. 1986년 이후 **키탐 소송**이 2,400건이 넘게 발생했고 이를 통해 정부는 20억 달러 이상을 회수할 수 있었으며 내부고발자들에게는 3억 5천만 달러 정도가 보상금으로 지급되었다.

회사의 의심스러운 행위를 공개적으로 밝히는 것이 개인적인 윤리적 결정인지 혹은 금전적인 이익을 위한 것인지는 결코 명확하게 검증되기 어렵지만 고용주에 반하는 내용을 말하기 때문에 직장을 잃게 되거나 동료들로부터 소외되는 위협을 고려한다면 내부고발을 통해 금전적인 안정을 얻을 수도 있다는 사실이 어느 정도 내부고발자의 위협을 줄여주는 효과가 있는 것은 분명하다. 내부고발을 하는 이유가 윤리적인 동기이든 아니면 금전적인 동기이든 내부고발로 넘어가기 전에 반드시 사실에 대한 확신이 있어야 하고 부정하기 힘든 증거를 확보하고 있어야 한다.

✓ 이해도 확인 질문

5 내부고발이 윤리적으로 간주되기 위한 5가지 조건을 열거하라.

6 어떤 조건하에서 내부고발이 비윤리적인 것으로 간주될 수 있는가.

7 만약 당신이 다른 종업원에 대해 복수하기 위해 회사의 비리를 공개하지만 기대되는 금전적인 이익은 전혀 없다면 단순히 돈을 위해 내부고발을 한 것보다 더 윤리적이라고 할 수 있는가.

8 금전적인 보상이 없다는 사실이 어떤 방향으로든 당신이 내부고발자가 되도록 하는데 영향을 미칠 것으로 생각하는가? 만약 그렇다면 그 이유는 무엇인가.

2.3 내부고발자의 해

내부제보 고발 사건들이 언론의 관심을 끄는 경우는 거의 없기 때문에 그것들의 역사를 추적하는 것은 사실상 불가능하다. 그러나 외부제보 고발은 20세기에 들어와서 두드러지게 발생하는 중요한 현상이다. 내부고발이라는 용어의 사용은 1963년 오토 오토페카(Otto Otopeka)가 국내 안전을 다루는 하원 소위원회 수석자문관에게 안전 위협에 관한 비밀 문서를 전달했다는 이유로 국무부로부터 해임당한 것이 최초의 사건에 해당한다. 1970년대에 해병대 사령관인 대니얼 엘스버그(Daniel Ellsberg)가 자신이 종신징역형에 처해 질 수도 있다는 위험에도 불구하고 미국 정부가 베트남에서 벌였던 잘못된 행동들에 관한 7천 페이지가 넘는 국무부 비밀문서들을 언론에 유출시켰다. '제보자'(Deep Throat)라고 불렸던 익명의 인물은(최근에야 그가 닉슨 정부 시절 FBI 차장을 지낸 마크 펠트라는 사실이 밝혀졌다) 워싱턴 포스트지의 밥 우드워드와 칼 번스타인을 통해 엘스버그를 추적해서 찾아내기 위해 정부가 저지른 많은 위법행위들을 폭로하였다.

내부고발자에 대한 대중의 관심은 2002년 타임지가 평범하지만 놀라운 용기와 분별력을 지닌 3명의 여성을 올해의 인물로 선정하면서 그 절정에 이른다.[5]

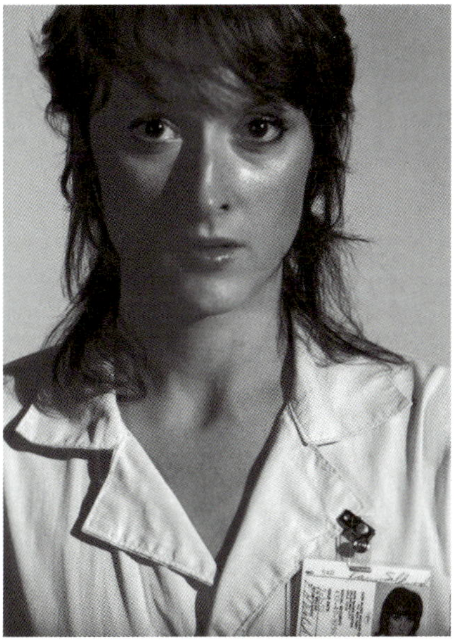

1983년 영화 실크우드(Silkwood)에서 메릴 스트립(Meryl Streep)은 원자력 발전소의 위험한 안전 관행에 대해 고발한 종업원 카렌 실크우드(Karen Silkwood)의 역할을 맡았다. 그녀는 이해하기 어려운 상황에서 자동차 사고로 사망했다.

- **쉐런 왓킨스**(*Sherron Watkins*): 엔론(Enron)사의 부사장이었던 그녀는 2001년 여름 회장인 켄 레이(Ken Lay)에게 회사가 사용한 변칙적 회계처리 방식이 정부에 의해 적발될 것이고 회사가 문을 닫게 될 것이라는 점을 강하게 경고하는 2개의 중요한 이메일을 보냈다.
- **콜린 롤리**(*Coleen Rawley*): FBI 소속 변호사인 그녀는 그녀가 일하던 미네소타 미네아폴리스 지부에서 테러리스트로 의심되는 자카리아 마쑤이(Zacarias Massaoui)를 조사해야 한다는 주장과 관련하여 그녀 자신이 느꼈던 좌절과 FBI의 모멸적 행위에 대해 로버트 뮬러(Robert Mueller) 국장에게 보낸 메모를 공개함으로써 모든 국민에게 알려지게 되었다.
- **씬디아 쿠퍼**(*Cynthia Cooper*): 그녀의 내부감사팀은 월드컴의 회계 관행에 변칙적인 부분이 있다는 점을 최초로 발견하였고 불일치가 발생하는 규모를 약 38억 달러 정도로 추정하였다. 실제 조사 결과 최종적으로는 110억 달러의 차이가 나는 것으로 밝혀졌다.

더 인사이더

회사의 나쁜 인간들에 맞서는 양심적이고 착한 사람들이라는 고전적인 틀에 맞추어서 내부고발자를 묘사하는 영화들은 그 이전부터 많이 있었다. 차이나 신드롬(The China Syndrome), 실크우드(Silkwood), 인사이더(The Insider)는 모두 내부고발자들이 자신이 발견한 정보를 다른 사람들에게 알리기 위해 감수해야 하는 위험과 어려움을 잘 묘사하고 있다.

영화 "인사이더"는 주인공인 제프리 와이갠드(Jefferey Wigand) 박사가 자신이 일하는 브라운 앤 윌리암슨(B&W: Brown & Willamson)이라는 담배회사가 의도적으로 담배의 니코틴 함량을 조작하고 있다는 사실을 대중에게 알리려는 결심을 하는 이야기이다. 그의 역할은 러셀 크로우(Russel Crowe)가 맡았고 그를 도와 고발을 하도록 만드는 CBS 식스티 미닛(60 Minutes) 프로듀서 로웰 버그만(Lowel Bergman)의 역할은 알 파치노(Al Pacino)가 연기했다.

영화는 내부고발 사건에 공통적으로 등장하는 중요한 몇 개의 이슈들을 잘 포착하여 드러내고 있다.

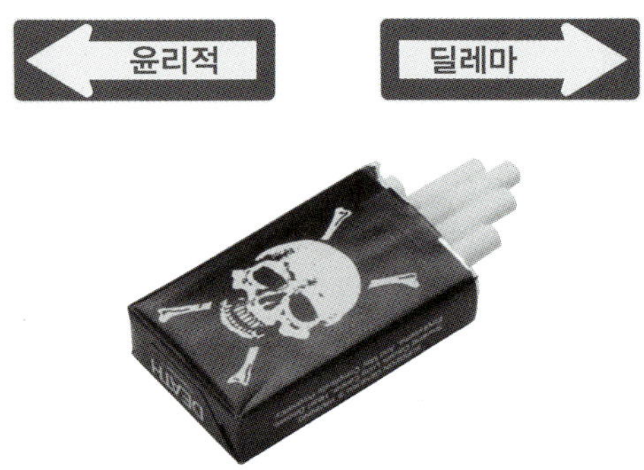

- 처음에 와이갠드는 자신이 알고 있는 정보를 언론에 공개하는 것을 주저했다. 만일 발설하게 되면 회사와 맺은 비밀유지 계약조항에 따라 퇴직금 뿐 아니라 의료혜택을 받을 수 없게 되기 때문이다. 또한 그는 자신이 맺은 고용계약과 고용주에 대해 최선의 책임감과 의무를 다하고 싶어했기 때문이다. 회사가 그가 비밀준수 의무를 어겼다고 믿고 그를 의사소통 스킬이 부족하다는 근거없는 이유로 해고한 것이 오히려 그로 하여금 언론에 공개를 결심하도록 만들게 된다.
- 회사의 반응은 즉각적이고 공격적이었다. 회사는

미시시피주가 담배회사들을 상대로 제기한 소송에서 와이갠드가 전문가 증인으로 증거를 제출하할 수 없도록 하는 금지명령을 얻어내는데 성공한다. 그러나 와이갠드는 그럼에도 불구하고 법정에서 증언을 한다. 그 후 회사는 증인으로서의 신뢰성을 훼손하기 위해 그의 개인생활에 대한 자세한 정보들을 공개하기 시작했고 '공공 기록물에 나타난 제프리 와이갠드의 비행'이라는 두꺼운 보고서를 제출하기에 이른다. 이러한 조사가 과장되었다는 사실이 나중에 뉴욕 타임즈 기사에 조목조목 실리게 되었고 영화에서는 B&W가 와이갠드에 대한 공격이 근거가 없는 것임을 보여주기 위해 버그만이 뉴욕타임즈 기자에게 그러한 정보를 제공한 것으로 묘사되고 있다.

- 와이갠드의 증언은 회사에게 매우 타격이 컸다. 그는 회사 CEO인 토마스 샌더퍼(Thomas Sanderfur)가 1994년 하원 청문회에서 니코틴은 중독성이 없다는 허위진술을 했다고 비판하고 담배는 니코틴을 전달하는 시스템이라는 점을 강조했다.
- 비록 증인으로서 와이갠드의 신뢰성이 입증되었음에도 불구하고 CBS는 처음에는 CBS 리포터인 마이크 월라스(Mike Wallace)가 와이갠드와 했던 인터뷰를 방송에 내보내지 않기로 했다. B&W가 CBS를 악의적 개입(tortious interference)으로 소송을 걸지도 모른다는 우려가 컸기 때문이다. 불법적 개입이란 계약관계에 있는 두 분쟁 당사자의 사이에, 그것도 양자가 상호 비밀 준수 의무를 맺고 있는 상황에서 CBS와 같은 제3자가 끼어들어 어느 한쪽의 입장을 거드는 행위를 말한다. 당시 CBS의 모회사는 CBS를 웨스팅하우스에 매각하려는 최종협상 단계에 있었기 때문에 굳이 법적 분쟁에 끼어들 위험을 피하려고 했을 것이라는 것이 당시 많은 사람들의 생각이었고 언론사로서 뭔가 바람직하지 못한 모습으로 비쳐지기도 했다. 하지만 CBS의 우려 자체는 나름대로 충분한 근거가 있는 것으로 드러났다. ABC방송이 담배회사 필립 모리스가 자사 담배에 니코틴 함량을 증가시키고 있다고 데이원(Day One)을 통해 비난하는 방송을 내보낸 후 필립 모리스는 또 다른 담배회사인 레이놀즈와 함께 ABC를 상대로 백억달러에 이르는 천문학적인 소송을 제기했다. 결국 ABC는 원고 회사들에게 사과하는 한편 천오백만달러에 이르는 원고측 소송 비용을 부담하기로 함으로써 사건을 종결지었다.
- 1998년 11월 B&W는 담배산업의 거인들인 필립 모리스, 레이놀즈, 로릴라드 등 3개 회사와 함께, 담배로 인한 질병으로 인해 들어간 의료비용을 회수하기 위해 46개 주정부가 담배회사들을 상대로 한 소송들 전체를 일시에 화해시키기 위한 마스터 분쟁해결안(Tobacco Master Settlememt Agreement)에 사인을 했다. 합의를 위한 총금액은 2천 6십억달러이며 어린이들을 대상으로 한 직간접 광고를 금지하며 담배 제품을 홍보하기 위해 카툰이나 게시판, 제품의 진열, 스폰서 등의 행위를 금지하거나 제한한다는 내용의 조항이 포함되어 있다.
- B&W의 연구개발 부사장이었던 와이갠드는 이사회에 참석하는 회사의 핵심 임원이었고 따라서 당시까지 내부고발을 했던 사람 중에서 가장 지위가 높은 경우였다. 그가 고발을 한 대가로 얻은 보상은 회사에서 이사로 재직하면서 받았던 연봉 30만달러에 훨씬 미달하는 낮은 수준이었다. 그의 이야기가 언론에 공개된 후 그는 켄터키주 루이스빌에서 화학과 일본어를 가르치는 교사 자리를 얻었으며 연봉은 3만달러였다. 그럼에도 불구하고 그는 지금까지 이 직업을 자랑스럽고 행복하게 수행하고 있다.
- 그의 결혼생활은 언론의 집중적인 검증과 관심을 견뎌내지 못했으며 회사는 그의 신용과 평판을 무너뜨리려고 노력했다.
- 6년 후에 와이갠드는 패스트 컴퍼니(Fast Company)라는 잡지와의 인터뷰에서 내부고발자라는 타이틀에 쏟아진 비난에 대한 자신의 고통과 생

각을 다음과 같이 말한 바 있다. "내부고발이라는 단어는 당신이 고자질쟁이이고 불충한 사람이라는 것을 암시한다. 그러나 나는 조금도 신의를 배신하지 않았다. 사람들이 죽어가고 있었고 나는 윤리적 책임이라는 더 높은 차원의 요구에 충실했을 뿐이다."

질문

1. 와이갠드는 처음에는 자신의 정보를 언론에 공개하기를 꺼려했다. 그가 마음을 바꾸게 만든 것은 무엇인가?
2. CBS가 와이갠드의 스토리를 취재한 것은 그렇게 하는 것이 옳은 것이었기 때문인가 아니면 그것이 좋은 스토리였기 때문인가?
3. CBS는 와이갠드의 스토리를 대중에게 알리는 데 매우 중요한 역할을 했다. 다른 방송들도 그러한 정보가 공개되었을 때 그를 지지해야 할 의무가 있다고 생각하는가? 그 이유를 설명하라.
4. CBS가 인터뷰를 방송하지 않기로 한 결정은 어떤 윤리적 고려에서 비롯된 것인가?

출처: Elizabeth Gleick, "Where There's Smoke", *Time*, February 12, 1996, p.54; Ron Scherer, "One Man's Crusade against Tobacco Firms", *Christian Science Monitor*, November 30, 1995, p.3; and "Jefferey Wigand: The Whistle-Blower", *Fast Company*, March 2002.

3. 반응해야 할 의무

내부고발자가 조직의 비윤리적 행위를 언론의 엄격한 빛 앞에 드러내기 위해 본인의 고통이나 불이익을 감수하는 영웅이라고 생각하든 아니면 자신을 고용한 고용주에 대한 충성을 배신한 사람이라고 생각하든 작업 현장에서 목격하게 되는 회사의 의심스런 행동에 대해 반응하려는 종업원들의 성향이 점점 더 강해지고 있는 것이 사실이다. 회사의 선택은 종업원들의 의견을 무시하다가 사회적 비판에 직면하고 막대한 배상금을 지불하든가 아니면 외부로 문제가 공개되고 비화되기 전에 내부고발자의 생각이나 주장을 충분히 듣고 대응할 수 있는 내부 시스템을 구축하든지 두 가지이다.

2002년 이전에는 내부고발자들에 대해 법률은 스스로 내부 비리를 공개하려고 하는 종업원들의 도덕적 행위를 격려하고 지원하기는 했으나 실제로 이들이 겪어야 하는 보복행위에 대한 보호장치는 없었다. 1863년 허위청구법에서도 정부를 상대로 부당이익을 취득하는 것을 방지하기 위해 그러한 부정행위를 정부의 이익을 대신해서 소송을 거는 사람에 대해 정부가 회수하게 되는 이익의 50%까지 나누어 주도록 했다는 점에서 금전적인 이익에 대한 보상은 충분했지만 조직으로부터의 보복행위에 대한 안전장치는 존재하지 않았다.

1989년 내부고발자 보호법(Whistleblower Protection Act)에 이르러서야 비윤리적 행위를 고발하는 연방 공무원에 대한 보복행위 금지조항이 만들어졌다. 이 법에 따르면 내부고발이 접수된 경우 정해진 기간 내에 이를 처리하도록 해야 하며 제보자의 이름을 공개하는 것이 범죄행위를 예방하거나 공공 안전을 보호할 수 있을 때를 제외하고는 제보자의 익명성을 보장하도록

✓ 이해도 확인 질문

9 만약 종업원이 회사내에 돌아 다니는 소문에 기초해서 회사에 대해 내부고발을 한다면 그것은 윤리적인가?

10 만약 그러한 소문이 결국 거짓으로 판명된다면 종업원이 회사에 대해 손해를 배상할 책임이 있는가? 왜 그렇다고 생각하는가?

11 도드-프랭크 법은 정부가 회수하는 금액 중에서 내부고발자에게 보상되는 비율이 명확하지 않다. 이러한 점 때문에 내부고발에 부정적 효과를 미칠 것이라고 생각하는가?

12 SOX법에 따르면 언론을 상대로 한 내부고발은 인정되지 않는다. 이것이 윤리적인가?

요구하고 있다. 또한 이 법은 사건이 상급법원에 항소되어 여전히 진행중인 경우라도 지방법원에서 결정된 합의금에 대해 내부고발자가 수령할 수 있는 금액의 일부라도 신속히 지급하도록 요구하고 있다.

> **! Key Point**
>
> 종업원이 입은 피해 전체를 완전하게 보상해야 한다는 개념은 SOX법에서는 명확하지 않다. 이 장에서 여러분이 읽은 사례들을 통해서 볼 때 완전한 보상이라는 무엇을 의미하는가?

1989년의 내부고발자 보호법은 연방 공무원에게만 적용된다. 2002년에 살베인스-옥슬리법(Sarbanes-Oxley Act, SOX)으로 불리는 기업범죄사기 책임법(Corporate and Criminal Fraud Accountability Act)이 제정되기 전까지 국회는 내부고발에 대해 한편으로는 내부고발을 권장하는 다른 한편으로는 이들에 대한 보복을 금지하는 등 통합적인 접근법을 취해 왔다.[6]

2010년 도드-프랭크 월스트리트 개혁 및 보호법(Dodd-Frank Wall Street Reform and Protection Act)은 증권과 관련된 비리사실을 증권거래위원회(Securities and Exchange Commission, SEC)이나 상품선물거래위원회(Commodity Futures Trading Commission, CFTC)에 보고하는 내부고발자에 대한 새로운 보상 제도를 도입하였다. 이 법에 따르면 내부고발을 통해 회수되는 금액이 백만달러를 초과하는 경우 내부고발자는 현재 자신의 일을 잃지 않을 권리를 가지며 비밀보호를 제공받는 한편 회수된 금액의 10%부터 30%에 이르는 보상을 받게 된다. 2011년 8월 증권거래위원회에 "내부고발자를 위한 사무국"이 새롭게 설치되었으며 첫해에만 총 2,700건의 제보가 접수되었다.

4. 내부고발자의 욕구에 대처하기

내부고발자를 둘러싼 새로운 법제도의 변화를 고려할 때 모든 사용자들은 다음과 같은 제도를

질문

1. 칼레드 아싸디와 카일 라고우 중 누가 더 큰 위험을 택했는가?
2. GE 에너지의 행동이 컨트리와이드 파이낸셜보다 더 비윤리적이었는가.
3. 아싸디와 라고우가 자신들이 알게 된 정보를 공개한 것을 후회할 것이라고 생각하는가. 왜 그렇게 생각하는가.
4. 그들의 행동이 회사를 조금이라도 바꾸었다고 생각하는가.

출처: "Dodd-Frank Whistleblower Provisions not Extended to American Working Abroad", *SEC Whistleblow Blog*, July 6, 2012; and Rick Rothacker, "Bank of America Whistleblower Receives $14.5 Million in Mortgage case", *Reuters*, May 29, 2012.

✓ 이해도 확인 질문

13 비리나 위법 소지가 있는 행위에 대한 증거를 들고 오는 종업원들에 대해 관리자나 감독자는 어떻게 대응해야 할까?

14 어렵게 결정을 해서 찾아온 것에 대해 다시 한번 보호를 약속해야 할까?

15 전화 제보자에 대한 익명성을 보장하는 핫라인이 더 많은 종업원들로 하여금 전화 제보를 하도록 만들 것이라고 생각하는가?

16 당신이 일하는 회사에는 전화 핫라인이 설치되어 있는가? 회사에 핫라인이 설치되어 있거나, 혹은 설치되어 있지 않다는 사실을 어떻게 알아냈는가?

5. 결론: 최후 수단으로서의 내부고발

자신의 경력과 금전적 손해를 감수하고 그것이 옳은 일이라고 믿기 때문에 회사의 잘못에 대해 용기있게 지적하는 내부고발도 있으나 때로는 내부고발이 지나치게 과대포장되기도 하고 순수하고 용감한 동기가 아닌 다른 이유에서 비롯된 내부고발도 존재한다. 종업원이 다른 대안이 전혀 없이 언론에 공개할 수 밖에 없게 된 사실 자체가 바로 회사가 이해관계자 및 조직의 장기적인 개선과 발전 관점을 가지고 그러한 상황을 내부적으로 해결하는데 실패했다는 사실을 보여주는 것이다. 내부고발자가 되고 자신의 이야기를 언론으로 가지고 간다는 것은 최후의 수단으로 간주되어야 한다. 지나친 언론의 관심이 가져오는 부작용과 회사의 명성이나 장기적 경제적 성과에 미치는 치명적 영향을 고려한다면 아무리 완고한 경영층이라도 대부분 문제를 해결하기 위한 협상 테이블에 앉게 될 수 밖에 없다. 아쉬운 점은 대부분의 경영층이 먼저 내부적으로 문제를 해결하려고 하거나 필요한 경우 감독기관에 이를 알리기보다는 정보를 은폐하거나, 정보의 신뢰성을 떨어뜨리기 위해 가장 유능한 변호사를 고용하거나, 제프리 와이갠드의 경우처럼 종업원을 매우 강하게 구속할 수 있는 비밀유지 계약을 체결하여 내용을 공개하게 되면 종업원에게 엄청난 재정적인 위협이 발생할 수 있도록 함으로써 입을 다물게 만드는데 치중한다는 것이다.

그러한 사용자의 대응이 그다지 큰 효과가 없다는 점을 피터 로스트는 한 연구자료를 인용하여 다음과 같이 설명한다.[7]

> 워싱턴에 있는 성 엘리자베스 병원의 도날드 소켄(Donald Soeken)이 233명의 내부고발자들을 대상으로 한 연구에 따르면 평균적으로 이들은 40대 남성으로 강한 양심과 도덕적 가치를 보유하고 있는 것으로 나타났다. 회사의 사기행위에 대해 내부고발을 결행한 후 90%가 해고되거나 강등되었으며 27%가 소송을 당했고 26%가 정신과 치료나 물리적 치료를 받아야 했고 25%가 알콜 남용에 빠졌으며 17%가 집을 잃었으며 15%가 이혼을 당했고 10%가 자살을 시도했으며 8%는 파산했다. 이 모든 것에도 불구하고 이들 중 16%만이 다음에 그런 상황이 발생하면 다시는 내부고발을 하지 않겠다고 응답했다.

실전기술

어려운 결심

1장 "윤리의 이해"에서 우리는 자신의 윤리적 기준에 따라 자신의 개인적인 가치 체계를 사용하여 삶을 살아가는 것에 대하여 설명한 바 있다. 이번 장에서 보았듯이 제프리 와이갠드, 세론 왓킨스, 크리스틴 캐시, 데이빗 웰치 등과 같은 사람들은 조직 생활을 하는 과정에서 그들이 발견한 사실들이 자신의 윤리적 기준과 충돌하는 것을 경험하였고 그것을 그냥 못본 채 넘어가기가 어려웠을 것이다.

스스로에게 만약 그런 상황에 자신이 처해 있었다면 어떻게 행동했을 것인가를 자문해보자. 무시할 것인가 아니면 모든 것을 감수하고 결단을 할 것인가. 내부적으로든 외부적으로든 그것을 고발하기로 했다면 그 결정이 초래할 모든 결과들을 감내할 수 있을 것인가? 엔론이나 월드컴의 사례처럼 만약 당신의 행동으로 인해 회사에 어려움이 닥치고 사람들이 직장을 잃게 된다면 어떻게 할까? 그런 책임감을 감내할 수 있을 것인가?

자기 자신의 윤리적 기준에 따라 발언하고 정보를 공개하는 것은 의사결정에 있어서 단지 하나의 측면일 뿐이다. 당신과 당신의 가족, 동료들 그리고 조직의 모든 다른 이해관계자들에게 미치는 영향들 역시 당신이 내리는 의사결정에서 반드시 고려해야 할 중요한 요소이다. 이 점을 생각하면 왜 내부고발자들이 자신의 인생에서 가장 어려운 결정을 내리기 전, 결정하는 동안, 그리고 결정 후에 그토록 커다란 감정적인 혼란과 어려움을 겪게 되는지 이해할 수 있을 것이다.

만약 당신이 그런 상황에 처한다면 혼자 결정하지 말기 바란다. 당신이 신뢰하는 사람들에게 말하고 당신이 내리려고 하는 결정과 관련된 이슈들과 그로 인해 감내해야 하는 모든 어려움들을 그들과 같이 논의하도록 하라.

좋은 돈이란?—벤이 결정을 내리다

벤은 그날 저녁 내내 잠을 설쳤다. 그는 타이어에 관해서는 릭이 가장 믿을만한 기술자라고 생각해왔으며 릭이 어떤 특정 타이어 모델에 대해 그렇게까지 부정적인 견해를 보인 적이 한번도 없었기 때문이다. 게다가 회사가 그토록 공격적으로 팔려고 하는 타이어의 평판을 떨어뜨림으로써 릭이 얻을 수 있는 것은 전혀 없었기 때문이다.

따지고 보면 과거에도 회사는 중고 타이어를 판 적도 있었다. 돈을 조금 아끼려는 고객들을 위해 중고를 팔기도 했었던 것이다. 그것과 이것이 무엇이 다른가? 게다가 릭은 벤과는 달리 판매실적을 높여야 한다는 압력에서 벗어나 있었다. 그러나 벤은 매주 판매실적을 달성해야만 하는 처지이다. 만약 회사가 벤필드 보이져의 판매를 밀어붙인다면 벤의 상사인 존은 벤이 그 타이어를 수십개씩 팔아 치우는 것을 기대할 것이 분명했다.

그러나 만약 릭의 말이 옳다면 어떻할까. 만약 벤필드 회사가 비용을 절약하기 위해 코너 부분을 깍아서 타이어를 만들었다면 말이다. 자칫하면 과거 파이어스톤(Firestone) 참사와 같은 대형사고가 발생하지 않으리라고 누가 자신있게 말할 수 있을까. 이러한 정보를 알게 된 벤은 어떻해 해야 하는가? 릭이 타이어의 안전이 그토록 우려가 된다면 왜 자기 자신이 직접 그 문제를 제기하지 않는 것인가. 회사는 만약 회사 내의 문제가 존재하는 경우 종업원들에게 핫라인을 사용하도록 홍보를 해 왔다. 왜 벤 자신이 무엇인가 말하지 않으면 안되는 것일까. 그는 이 일자리가 절실히 필요한 처지이다. 점포에서 일하는 다른 사람들과 마찬가지로 지급해야 하는 청구서들이 밀려 있는 것이다. 게다가 청구서 금액은 점점 올라만 가고 그에게는 그 어느 때 보다도 보너스가 절실히 필요한 시점이다.

벤은 몇시간을 더 뒤척이다가 드디어 마음을 굳혔다. 릭의 우려가 사실일지도 모른다. 그러나 그는 그런 견해를 보인 단 하나의 사람일 뿐이다. 본사의 사람들도 릭과 같이 타이어의 다양한 스펙들을 검토했을 것이 분명하다. 그들이 문제가 없다고 판단했다면 벤 자신도 마찬가지 입장을 취하는 것이 당연하지 않은가. 릭의 말만 듣고 도박을 할 수는 없다는 생각이 들었다. 회사가 벤필드 타이어를 신뢰한다면 벤도 회사의 다른 누구보다도 열심히 그 타이어를 팔아야하지 않겠는가.

2주 후에 3명이 탑승했던 미니밴이 치명적인 사고를 당했으며 남편과 아내, 그리고 그들의 어린 아들이 사망했다. 그 미니밴은 1주 전 벤이 일하는 점포에서 벤필드 보이져를 장착해 주었던 차였다.

질문

1. 앞으로 어떤 일이 벌어질 것으로 생각하는가?
2. 이 사고로 벤, 릭, 타이어 점포 그리고 벤필드에 어떤 영향이 있을 것으로 생각하는가?
3. 벤이 보이져 타이어의 문제점에 대해 공개적으로 의견을 제시했어야 하는가?

복습하기

1. 내부고발자라는 용어를 설명하고 내부제보 고발과 외부제보 고발간의 차이를 구분하라.

종업원이 회사의 비리에 대한 증거를 발견하고 그것을 다른 사람들에게 알릴 때 내부고발자가 된다. 만약 그가 그 증거를 적절한 채널을 통해 조직의 임원들에게 알리는 경우 이를 내부제보 고발이라고 한다. 만약 그가 조직 밖으로 나가서 감독기관이나 언론을 접촉하여 이를 알리는 경우 이것을 외부제보 고발이라고 한다.

2. 내부고발자의 상이한 고발 동기를 설명하라.

내부고발자들은 기업들의 진실성이 비판받고 있는 시대에서 명예와 진실을 추구하는 역할모델로 간주된다. 그러나 그러한 행동은 자신의 전 고용주에게 앙심을 품고 복수를 하려는 의도에서 비롯되는 경우도 있다. 또한 키탬소송을 활용한 금전적인 이익도 내부고발의 이유가 될 수 있다.

3. 내부고발자의 문제 제기를 무시하는 경우 발생할 수 있는 부작용을 평가하라.

위법적 혹은 비윤리적 활동이 언론에 공개되기 전에 해결할 수 있는 기회를 가진다는 것은 회사의 명성을 보호하고 주가의 폭락을 방지하며 6장에서 살펴보았듯이 연방 정부에 내야 하는 벌금의 규모를 줄일 수 있다. 내부고발자의 목소리를 무시하는 경우 상황을 더욱 악화시키게 되고 언론에 공개되는 경우 회사를 더욱 깊은 수렁에 빠뜨리게 된다.

4. 내부고발자의 욕구에 대응하기 위한 내부 방침을 어떻게 구축할 것인지 제안하라.

내부고발자의 가장 큰 두려움은 조직 내부로부터, 그리고 해당 업계로부터의 복수이다. 회사가 그러한 공포에 대처한다는 것은 발견된 어떤 증거를 가져오더라도 이들의 익명성을 보장하는 것이다. 그러한 보장이 실제로 의미를 가지기 위해서는 종업원들과 회사 사이에 신뢰가 반드시 필요하다. 위법이나 비리가 발생하는 사업장에서 그런 신뢰를 기대한다는 것 자체가 비현실적이라는 비판을 받기도 한다. 그럼에도 불구하고 회사는 다음과 같이 명확하게 정의된 절차들을 정비함으로써 내부고발자들이 찾아오는 것을 촉진할 수 있다.

- 제기된 고발 내용이 어떻게 처리될 것인가에 대한 명확한 절차와 지침—접촉해야 할 담당자, 그러한 안건에 대한 처리권한을 가진 담당부서, 비밀보호에 대한 약속, 종업원에 대한 보복금지
- 내부고발 핫라인—비밀보장 및 보복금지 등에 대한 확실한 보장과 약속
- 모든 고발에 대한 신속하고 철저한 조사
- 전체 조사결과에 대한 세밀한 보고서—관여된 모든 임원들에 대한 조사 및 취해진 조치

5. 내부고발자가 되는 경우 감내해야 하는 위험들을 분석하라.

내부고발자를 기업 양심의 보루이자 파수꾼으로 바라보는 언론의 관심으로 인해 내부고발자의 고통이나 희생이 가려지기도 한다. 와이갠드는 그의 결심으로 인해 가족과 경력을 모두 잃었다. 언론의 집요한 관심이 이들의 사생활을 방해하고 가족들에게 부정적인 영향을 미친다. 어떤 경우에는 합의를 통해 금전적 보상을 받기도 하지만 그것이 이미 붕괴되어 버린 가정을 되돌릴 수는 없다. 아예 새로운 곳으로 이주해서 다른 삶을 살아가야 하는 가족들에게 그것이 큰 위로가 되지는 못한다. 내부고발은 한 종업원의 개인적 선택과 결심의 문제이지만 그것은 결과적으로 많은 사람들에게 영향을 미치게 된다.

핵심용어

내부고발(internal whistle-blowing)

내부고발자(whistle-blower)

내부고발 핫라인(whistle-blower hotline)

외부고발(external whistle-blowing)

키탬 소송(Qui Tam lawsuit)

복습을 위한 질문

1. 왜 내부고발자들이 명예와 진실을 대변하는 역할모델로 간주되는가?
2. 내부에서 고발을 하는 것과 외부에서 고발을 하는 것 중에 회사의 입장에서는 어느 쪽이 더 나은 것인가?
3. 왜 회사는 흔히 내부고발자가 제출한 증거를 무시하기로 결정하는가?
4. 내부고발자가 자신의 익명성이 보장될 것이라고 믿는 것이 합리적인가?
5. 왜 내부고발자들은 보복에 대해 우려하는가?
6. 내부고발에 있어서 왜 신뢰가 그토록 중요한가?

복습을 위한 연습문제

다음과 같은 상황에서 당신은 어떻게 행동할 것인가?

1. 당신은 고기를 가공하고 포장하는 회사에서 일하고 있다. 당신은 회사의 배송 운전사들이 고기를 훔친 다음 그에 상응하는 무게의 얼음을 채워서 배송장 서류를 조작한다는 믿을만한 근거를 가지고 있다. 회사에는 12명의 기사들이 있으며 이들 모두가 그 비리에 가담한 것으로 판

단된다. 당신 회사에는 이미 잘 홍보된 내부고발 핫라인이 설치되어 있다. 당신은 어떻게 할 것인가?

2. 만약 당신 회사에 내부고발 정책이 없다면 어떻게 할 것인가?
3. 나중에 당신은 12명 기사 가운데 한명은 비리에 가담하지 않았으며 그럼에도 불구하고 제보가 이루어진 후 회사로부터 일괄적으로 해고당했다는 사실을 알게 되었다. 어떻게 할 것인가?
4. 그 기사를 복직시켜야 하는가? 왜 그런가?

인터넷활용 연습문제

1. www.whistleblower.org 사이트에 접속해서 GAP(Government Accountability Project)의 홈페이지를 방문하라.
   a. GAP의 미션은 무엇인가?
   b. GAP는 운영기금을 어떻게 확보하는가?
   c. 내부고발자가 되려고 하는 사람들은 GAP를 통해 어떤 지원을 얻을 수 있는가?
2. 전국 내부고발자 센터(National Whistleblower Center)의 홈페이지(www.whistleblowers.org)를 방문하라.
   a. 선택 메뉴를 활용하여 특정 국가를 선택하고 그 나라에서의 내부고발 활동을 요약하라.
   b. 당신 국가에서 내부고발자를 보호하기 위해 시행중인 보호 장치를 파악하라.
3. 글자 하나만 다른 두 개의 내부고발자 웹사이트가 존재한다. 그 두 사이트의 차이를 설명하고 잠재적 내부고발자에게 어느 쪽이 더 큰 도움을 제공하는지 설명하라.

팀 연습문제

1. 부작위로 인한 죄책감(Guilt by omission)

팀을 두 개로 나누고 다음과 같은 행동에 대해 서로 간의 찬반 입장을 준비하도록 하라. 당신은 자신들의 제품이 미국에서 만들어진다는 것을 대대적으로 홍보하고 있는 대형 의료 소매회사에서 근무하고 있다. 그러나 당신은 실제로는 15%의 제품만이 미국에서 만들어지고 있다는 것을 알게 되었다. 나머지 85%의 제품은 재단작업은 외국에서 이루어진 후 미국에서 후속 작업이 이루어지거나 아니면 아예 모든 공정이 외국에서 다 이루어진 후 수입을 하고 있다. 당신이 살고 있는 지자체는 이 회사로부터의 세금이 매우 중요한 수입원이다. 게다가 당신의 많은 친구들과 가족이 이 회사에서 근무하고 있다. 당신은 당신이 알게 된 이 정보를 외부에 공개할 것인가?

2. 악의적 개입(Tortious interference)

팀을 두 개로 나누고 다음과 같은 행동에 대해 찬반 입장을 준비하도록 하라. 제프리 와이갠드 박사와 브라운 앤 윌리암슨 담배 회사 사건에서 CBS는 와이갠드 박사와 마이크 월러스의 인터뷰를 악의적 개입이라는 소송이 걸릴 것을 우려한 나머지 식스티 미닛(60 Minutes) 프로그램에서 방송하지 않기로 결정하였다. 그러한 결정의 이면에는 CBS를 웨스팅 하우스사에 매각하는 교섭이 혹시라도 방해를 받을지 모른다는 우려가 작용했다는 추측이 많았다. CBS가 와이갠드 박사를 지지하는 것보다는 자기 회사 주주들의 이익을 우선시한 것이 윤리적인 행동이었는가?

3. 고기의 신선함을 유지하기 위한 새로운 접근법

팀을 두 개로 나누고 다음과 같은 행동에 대해 찬반 입장을 준비하도록 하라. 당신은 대형 소매유통 체인의 2795 점포의 정육부에서 일하고 있다. 회사는 최근 정육 공급업자로부터 받은 고기를 처리하는 방법을 바꾸기로 하였다. 2014년 1월부터 공급되는 모든 고기는 일산화탄소로 처리된 후 포장을 하도록 한 것이다. 이러한 방식은 고기의 색깔을 더 밝게 해주고 고기가 부패할 때 발생하는 변색을 더디게 하는 효과를 가지고 있다. 회사의 공지 메모에는 이와 같은 처리 방식의 변화를 포장 라벨에 알리지 않는 것으로 되어 있고 회사 차원에서도 고객들에게 이러한 변화를 알릴 계획은 없다. 당신은 이러한 변화에 대해 고객들에게 공개적으로 알려야 하는가?

4. 캘리포니아 오가닉(California organic)

팀을 두 개로 나누고 다음과 같은 행동에 대해 찬반 입장을 준비하도록 하라. 당신은 지역 식당들과 고품격 소매유통점에 프리미엄 유기농 버섯을 판매하는, 캘리포니아에 소재한 가족기업의 회계부서에서 일하고 있다. 회사 제품은 신선한 버섯과 말린 버섯 모두를 포함한다. 회사가 획득한 유기농 인증 덕분에 회사는 높은 가격으로 제품을 판매해 왔다. 그러나 매출은 정체되는 반면 운영 비용은 크게 증가하고 있다. 현재 시장상황에서는 가격인상이 현실적으로 어렵기 때문에 회사는 높아지는 비용과 낮아지는 이익을 감수해야만 하는 상황이다. 어느 날 당신은 일본 공급업자의 송장을 통해 유기농이 아닌 말린 버섯이 버젓이 캘리포니아에서 키운 유기농 버섯으로 분류되어 회사 제품들 속에 포함되어 있는 것을 발견하였다. 당신은 이것을 공개적으로 알려야만 할까?

비판적으로 생각하기 7.1

의심스러운 동기

브래들리 버켄펠트(Bradley Birkenfeld)는 보스턴 지역에서 태어났으나 최근 10년간 스위스 제네바에서 스위스의 거대 은행인 UBS의 부유한 미국인 고객들을 위한 개인 뱅커로 활동해왔다. 그는 역사상 가장 규모가 큰 세금 사기 사건으로 금융산업에서 매우 유명해진 사람이다. 그가 제공한 증거 때문에 그의 전 고용주인 UBS는 7억 8천만 달러의 벌금을 물었고 국제 은행거래 관행을 바꾸어야만 했으며 미국 조세의무를 적극적으로 피하려고 했던 4,450명 미국인 고객들의 계좌거래 내역을 미국 국세청에 제출해야만 했다.

버켄팰트는 평균적인 중간 수준의 은행 임원이었으며 그가 스위스 은행들의 불법거래에 관한 증거를 제공한 최초의 뱅커가 된 것은 처음에는 매우 이타적인 의도로 알려졌다. 그는 UBS 고위 임원과의 대화 내용을 녹음하기 위해 무선 감청기를 착용하기도 했고 19,000여개의 UBS 계좌에 대한 문건을 제출하기도 했다. 그 댓가로 그는 자신이 UBS 종업원으로 있었던 시절의 위법행위에 대해 사면권을 요구했다. 그의 수행했던 일의 성격을 살펴보게 되면 사면권에 대한 그의 요구는 나름대로 현명한 판단이었다고 할 수 있다.

부유한 미국 고객을 위한 개인 뱅커로서 그의 역할은 매우 비밀주의적인 스위스 은행법의 보호아래 고객의 재산을 보관하는 서비스를 제공하는 것과 고객이 자신의 돈을 투자하고 소비하고 세계 여러 곳으로 이동시키는 것을 도와주는 것이었다. 그러한 개인적 서비스는 위법적인 내용을 포함하기도 했다. 한 부유한 고객을 위해서 그는 제네바에서 알 다이아몬드들을 구매한 후 이것들을 치약통에 넣어서 미국내로 반입하여 고객에게 전달하기도 하였다. 버켄펠트는 진술서에서 이것들의 가치는 만 달러 미만이라고 주장하였고 이 경우 미국 세관에 신고해야 할 의무가 없는 것이 사실이다. 그러나 그와 같은 은밀한 반입방식은 그가 미국으로 입국하는 과정에서 어떤 형태의 주목도 받고 싶어하지 않으려고 했던 것 아닌가 하는 의심을 불러 일으킨다. 더욱이 UBS 뱅커들이 자신들의 일정에 휴가라고 적어 놓은 이와 같은 은밀한 미국 입국이 FBI의 주의를 끌게 된 원인이기도 하였다.

버켄팰트가 제공한 증거들은 이러한 휴가들이 사실은 이들이 부유한 미국고객의 호화요트 구매나 예술작품 구매를 도와주기 위한 것이었으며 이들도 요트 경주나 예술 전시회를 새로운 고객을 만나는 기회로 삼았던 것임이 드러났다. 이들은 미국내에서 사업을 할 수 있는 면허가 없었기 때문에 이들의 행위는 미국 은행법을 명백히 위반하는 것이었다.

강력한 증거를 가지고 미국 정부는 처음으로 스위스 은행을 압박해서, 미국내 세금을 회피하기 위해 UBS계좌를 이용하는 4,500명의 미국인 계좌거래 내역을 건내받는데 성공하였다. 은행측은 스위스 정부가 자신을 돕기 위해 이 사건에 개입하기를 요청하기도 했으나 결국 현실적인 고려에 따라 양보를 하지 않을 수 없었다. 미국내에 3만명의 종업원을 가지고 있고 대규모 금융 서비스 사업을 영위하고 있는 UBS로서는 만약 글로벌 은행으로 남기를 원한다면 미국 시장을 포기할 수는 없었기 때문이다. 2009년 UBS는 미국 정부와의 소송을 해결하기 위해 7억 8천만달러의 과징금을 무는 것으로 합의를 보았다.

그러나 버켄팰트에게 사정은 그다지 호의적이지 않았다. 과거 행동에 대한 사면권 요청에도 불구하고 그는 스위스와 리히텐슈타인 은행계좌에 은닉한 2억달러에 대한 미국 정부의 세금을 회피하려고 한 혐의로 고소된 캘리포니아 부동산 갑부 이고르 올레니코프와의 관계에 대한 내용을 밝히지 않기로 했다. 버켄팰트는 올레니코프를 UBS 전문가에게 소개하여 계좌의 진정한 소유자를 감추기 위해 해외 유령회사를 만들 수 있도록 도와주었다는 것 때문에 고소를 당했다. 올레니코프는 정부 조사에 협력하면서 5천 2백만 달러의 세금 및 과징금을 냈으며 그 대신 감옥을 가는 일은 피할 수 있었다.

한편 버켄팰트는 조세 사기에 대한 공모혐의로 고소당했으며 유죄를 인정해서 2010년 1월부터 40개월의 징역형을 선고받았다. 그는 자신과 올레니코프간의 관계를 부정하지는 않았으나 자신의 역할을 단지 그에게 다른 UBS 전문가를 소개시켜준 것 뿐이라는 원래의 주장을 반복했다. 그는 UBS의 위법 증거물들을 미국 정보에 넘겨준 이타적인 자신의 행위에 대해 징역형이 선고된 것은 불공정한 것이라는 불만을 강하게 표현했다. 그를 기소했던 법무부 관계자에 따르면 만약 그가 올레니코프와의 관계를 모두 밝혔다면 기소되는 일은 없었을 것이라고 한다. 이러한 상황은 버켄팰트가 내부고발을 한 이유가 정말 사회를 위한 이타적 행동이었는지 아니면 올레니코프 사건이 만들어낸 복잡한 상황에서 벗어나기 위한 것이었는지에 대한 의문을 낳고 있다.

그 어느 쪽이든 버켄팰트에게 희망적인 소식도 존재한다. 미국 정부와 UBS 은행간 키탬 소송의 중요 인물로서 정부가 은행으로부터 회수한 금액의 30%까지 받을 수 있는 자격을 가지고 있기 때문이다. 2012년 9월 11일 미국 국세청(IRS)은 그가 1억 4백만 달러를 받을 것이라고 밝혔다. 버켄팰트는 2012년 12월까지 가택연금 상태에 있었기 때문에 그러한 보상이 발표되는 언론 발표식에 참가할 수는 없었다. 마지막으로 역설적인 것은 그가 받게되는 보상금에도 여전히 세금이 부과된다는 사실이다.

2015년 4월 자신이 열광적으로 응원하는 아이스하키 팀 보스턴 브루인스(Boston Bruins) 홈구장의 호사스러운 개인 관람석에서 이루어진 CNBC와의 인터뷰에서 그는 법무부가 해야 할 일이 아직 완전히 끝난 것이 아니라는 점을 강조했다. 그는 스위스 은행들에 비밀 계좌를 가지고 있는 5만 명의 사람들이, 만약 법무부가 이들 은행에 대해 압력을 가했다면 해결했을 수 있었던 사안임에도 불구하고, 세금 면제 조항을 악용하여 그 동안 세금을 내지 않았던 사실에 대한 조사나 해명이 필요하다는 것이다.

그의 이타심을 칭찬하기 전에 현재 그의 관심을 끄는 중요한 이슈를 살펴보자. 2년 반 동안의 수감생활 동안 미스터 30%라는 별명을 얻게 된 그는 법무부와 UBS 사이에 있었던 7억 8천만 달러의 화의 조치를 통해 그가 받게 된 1억 4백만 달러에 대해 만족하지 않는다. 그 동안 국세청의 면제 조항을 활용해왔던 5만명의 사람들이 국세청의 조치로 납부하게 된 금액은 약 70억 달러로 추정되고 있으며 버켄팰트와 그의 변호사는 이에 대해서도 동일한 비율의 금액을 받으려는 주장과 노력을 기울이고 있다.

질문

1. 버켄팰트는 이 사건을 둘러싸고 아무도 감옥에 가지 않았음에도 불구하고 자신에게만 징역형이 선

고된 것은 부당하다는 확신을 가지고 있다. 그의 주장이 근거가 있는 것인가?

2. 왜 UBS는 미국정부와 소송을 끝까지 가지 않고 화해를 했는가?
3. 면책권을 활용할 수 있는 가능성이 존재했음에도 불구하고 미국 법무부가 그것을 인정하지 않고 버켄팰트를 기소해서 얻은 것은 무엇이었는가?
4. 일부 사람들은 버켄팰트에 대한 징역형 선고가 앞으로 조세관련 사기에 대한 내부고발자들의 고발을 크게 위축시킬 것이라고 우려한다. 그러한 우려는 정당한 것인가? 그 이유는 무엇인가?

출처: Janet Novack, "Banker Charged with Helping Billionaire Dodge Taxes," *Forbes*, May 13, 2008; Ken Stier, "Why is the UBS Whistle-Blower Headed to Prison?" *Time*, October 6, 2009; Stephen M. Kohn, "Whistleblowing: A Get-Rich-Quick Scheme?" *Forbes*, December 4, 2009; Haig Simonian, "The Price of a Whistleblower," *Financial Times*, February 9, 2010; Ken Stier, "U.S. vs. Swiss Tax Cheats: A Whistleblower Ignored," *Time*, February 13, 2010; David Voreacos, "Banker Who Blew Whistle over Tax Cheats Seeks Pardon," *Bloomberg*, June 24, 2010; CBS, "A Crack in the Swiss Vault," *60 Minutes*, August 15, 2010; "The UBS Whistleblower Bradley's Winnings," The *Economist*, September 15, 2012; and Eamon Javors, "Why Did the US Pay This Former Banker $104M?", *CNBC*, April

비판적으로 생각하기 7.2

올림푸스(Olympus): 옳은 일을 했기 때문에 비용을 치러야 하는가?

실크우드(*Silkwood*)나 **인사이더**(*The Insider*) 같은 영화들은 내부고발자들을 현장 인력 혹은 중간 관리자로서 부패한 회사에 맞서서 투쟁하면서 커다란 개인적 손해를 감수하는 외로운 영웅으로 묘사해 왔다. 일본의 카메라 및 의료장비 제조업체인 올림푸스에서 발생한 내부고발의 이야기는 그러한 것들과는 완전히 다른 새로운 이야기이다. 이 사건에서 내부고발자는 다름 아닌 최근에 임명된 CEO 마이클 우드포드(Michael Woodford)였다.

올림푸스의 영국 및 미국 조직의 책임자였던 그는 2011년 2월 회사의 CEO로 임명되었고 이는 재능있고 젊은 임원의 초 고속 승진을 대표하는 사건이자 폐쇄적인 일본 기업이 드디어 변화하고 있다는 중요한 표시로 받아들여졌다. 그는 올림푸스의 이사회 의장인 쯔요시 키쿠가와로부터 매우 많은 후원과 멘토를 받은 바 있으며 바로 이러한 사실이 우드포드가 회사의 책임을 맡은 이후 몇 개월간 벌어진 사건을 더욱 힘들게 만들었다.

도쿄 사업본부들에 대한 정례적인 사업검토의 일환으로 우드포드는 2006년부터 2009년 사이에 올림푸스가 취득했던 4건의 인수합병에 대

한 분석을 시작했다. 그 중 재활용 회사, 화장품 회사 그리고 음식용기 회사 등 3건의 인수에 대해 올림푸스는 10억 달러의 자금을 사용했으나 이 회사들 자산의 대부분이 감가상각이 이루어진 상태이고 실제 가치는 거의 없는 상황이었다. 추가적인 조사를 통해 이들 세 회사는 모두 카리브 연안에 있는 조세회피처인 케이먼(Cayman) 군도에 등록되어 있는 것으로 나타났다. 게다가 세 회사 모두 인수합병이 이루어진 직후 모두 청산절차에 들어갔고 문을 닫았다.

4번째 회사는 의료 기기를 제조하는 자이러스(Gyrus)라는 영국회사로 2008년 22억 달러에 인수가 이루어졌다. 인수 비용에는 1명의 투자은행가에게 지급된 6억 8천 7백만 달러의 수수료가 포함되어 있었는데 이 자금은 모두 케이먼에 있는 계좌로 송금되었으며 해당 계좌는 송금이 이루어진 직후 곧 바로 폐쇄되었다. 인수합병에 있어서 인수금액의 1% 정도를 투자은행에게 수수료로 지급하는 것이 일반적인 관행이라는 점을 고려할 때 33%에 해당하는 수수료는 누가 보더라도 비정상적인 것이었고 이에 대해 올림푸스 이사회는 2009년 10월 독립적인 감사를 실시할 것을 허락하였다. 감사 보고서는 그러나 이사들이 잘못한 것이 없다는 결론을 내렸다.

2011년 10월 11일 이사회 의장인 키쿠가와에게 보낸 메모에서 우드포드는 일련의 비정상적 회계처리가 13억 달러에 달하는 주주가치를 파괴했으며 그 배경에는 재앙에 가까운 경영판단의 실수가 있다는 점을 강조했다. 메모의 결론은 키쿠가와에게 의장직을 사임하라는 것이었다. 3일 후 키쿠가와와 이사회 이사들은 우드포드를 CEO직에서 해임하는 결정을 내렸다.

해임 직후 오히려 우드포드에게 일어났던 일은 마치 스파이 영화를 보는 것 같다. 회계 스캔들이 일본 폭력조직인 야쿠자들과 연계되어 있다고 확신한 그는 자신의 생명이 위협받고 있다고 느꼈으며 해임된 직후 급하게 영국으로 출국한다. 후에 알려진 바에 따르면 그는 미국 FBI, 영국 경찰청의 중범죄 조사부, 그리고 동경 증권거래 감시위원회가 이 사건에 대해 조사에 착수하기에 충분한 증거들을 이들 기관에 제공했다고 한다.

회사는 그 후 몇 주 동안은 사실관계를 부정했으며 정부 감독기관들과 주요 언론의 이상스러운 침묵이 이어지다가 부정할 수 없는 증거들 앞에서 결국 회사는 1990년대 발생한 투자손실을 감추기 위해 회사 자금을 유용했다는 사실을 인정하게 된다. 사후 조치의 일환으로 회사는 새로운 지배구조 위원회를 설치하는 한편 과거 5년에 대해 정확한 재무제표를 공개하기로 하였다. 키쿠가와 역시 사기혐의를 인정하고 이사회 의장직을 사임하였다. 그와 다른 2명의 이사는 그들이 저지른 일로 인해 10년의 징역형을 선고받을 수도 있다.

2012년 6월 올림푸스는 우드포드가 제기한 부당해고 소송을 해결하기 위해 천 5백 4십만 달러에 합의를 하는 내용을 이사회가 승인했다고 공시하였다. 그러나 회계부정 스캔들의 여파가 이것으로 다 끝났다고 보기는 어렵다. 스캔들이 발생한 직후 올림푸스의 주가는 80% 이상 폭락했다. 또한 2012년 11월 대부분이 외국 기관투자가 및 연기금으로 구성된 48개 주주들이 회사를 상대로 회계부정으로 인한 투자손실에 대한 피해를 이유로 2억 4천만 달러의 보상을 요구하는 소송을 제기하였다.

2013년 7월 세 명의 전직 경영자들은 모두 집행유예를 선고받았으며 그 결과 부정 스캔들로 인해 감옥에 가는 일은 피할 수 있게 되었다. 키쿠가와 및 야마다는 3년형을 선고받았으며 모리는 2년 반을 선고받았다. 그리고 회사 차원에서 올림푸스는 7백만 달러의 벌금을 배상하라는 명령을 받았다.

그 후 올림푸스는 스캔들에서 벗어나 빠르게 회복하는 모습을 보인 바 있다. 전자 산업의 거인인 소니와 세계 의료장비 시장에서의 시장 점유율을 높이기 위한 합작회사 설립을 발표하는 시점에 이미 이익이 증가 추세를 보이고 있었고 주가 역시 초기 급락에서 벗어나 원래 주가에 근접해가는 모습을 보였다. 그러나 그러한 회복이 오래 가지는 못할 것으로 보인다.

합작 이후 2년이 지나서 소니는 자신이 보유한 합작회사 지분의 절반을 3억 달러의 이익을 남기면서 제이피모건 체이스에게 6억 달러에 매도하였다. 소니는 이렇게 확보된 유동성을 기반으로 재무적 안정성을 기하는 한편 성장을 위한 투자를 하겠다는 입장을 발표하였다.

2016년 3월 올림푸스는 의료장비 구매의 대가로 미국 의사들에게 제공한 리베이트에 대한 해외부패방지법(FCPA) 위반 혐의를 해결하기 위해 6억 4천 6백만 달러를 지급하는 것에 동의하였다. 또한 라틴 아메리카의 의료건강 서비스 공급자에게 뇌물을 제공한 혐의에 대해 미국 법무부가 제기한 형사 소송 건을 해결하기 위해 2,280만 달러를 지급한 바 있다.

질문

1. 마이클 우드포드가 올림푸스에서 발견한 회계처리의 문제점들은 무엇이었나?
2. 우드포드의 폭로에 대해 회사 경영층들은 어떻게 반응하였는가?
3. 우드포드의 처신에 대해 비판적인 입장을 보이는 사람들은, 그가 승부를 건 결전을 하는 것처럼 하기 보다는 장기적 관점에서 그 문제를 해결하는 것이 더 효과적이었을 것이라고 주장한다. 그것은 정당한 평가인가?
4. 2012년 회계부정 스캔들 이후 올림푸스는 회계 처리 시스템을 대대적으로 개편하였다. 2016년에 이 회사가 법률 위반 혐의에 대해 규제기관들과 맺은 화의들을 고려할 때 그러한 개편의 효과를 어떻게 평가할 수 있는가?

출처: The Economist, "The Olympus Scandal: Paying a Price for Doing What's Right", November 24, 2012; Bill Powel, "A Rotten Picture at Olympus", *Time*, December 12, 2012, and "Scandal at Olympus: The CEO Who Knew Too Much", *Time*, October 28, 2011; Michael Woodford, *Exposure: Inside the Olympus Scandal: How I Went from CEO to Whistleblower*(Portfolio, November 2012); Yuri Kageyama, "Olympus Whistleblower Wins Millions in Settelement", *Bloomberg Businessweek*, June 8, 2012; and *Associated Press*, "Olympus Investors Seek $240 Million Compensation, "November 13, 2012; "Olympus Scandal: Former Executives Sentenced", *BBC Business News*, July 3, 2013; Pavel Alpeyev and Grace Huang, "Sony Agrees to Halve Its Olympus Stake with Sale to JPMorgan", *Bloomberg News*, April 1, 2015; and David Voreacosn and John Tozzi, "Olympus Will Pay $646 Millions to End Kickback, Bribe Probes", *Bloomberg News*, March 1, 2016.

비판적으로 생각하기 7.3

올리비에리(Olivieri) 사례

1993년 4월 캐나다 토론토 대학의 교육병원인 아동병원(Hospital for Sick Children:HSC)의 이상 혈색소증(hemoglobinopahty) 치료 프로그램의 책임자인 낸시 올리비에리(Nancy Olivieri) 박사는 캐

나자 제약회사인 아포텍스(Apotex)와 디페리프라운(deferiprone)이라는 약품의 임상시험을 맡아서 진행하는 계약을 체결하였다. 이 약품의 이름은 연구 중에는 L1이라는 이름으로 불렸다. 이 약은 탈라세미아(thalassmnia) 증상으로 고통을 받고 있는 어린이들을 치료하기 위한 것으로 탈라세미아는 유전적 질병으로 혈액 내에 철분이 치명적으로 축적되는 병이다. 그녀가 아포텍스와 맺은 계약은 시험기간 중에 얻어진 발견들에 대해서 허락이 없는 경우 어떠한 경우에도 3년 이내에는 공개할 수 없다는 다음과 같은 조항을 포함하고 있었다.

"LA-02 계약의 7조에 따르면 계약조건을 실행하는 과정에서 얻거나 생성된 모든 정보는 그 이후 3년간 아포텍스의 사전 동의 없이는 비밀이 유지되어야 하며 문서화된 형태이든 아니든 어떤 형태로든 제3자에게 공개될 수 없다."

이 조항의 존재는 그녀와 아포텍스간의 관계에 있어서 매우 중요한 것으로 판명되었다. 1995년 4월에 있었던 초기 임상 시험기간 중에 일부 긍정적인 결과가 나타났다는 사실을 보고한 후 그녀는 1996년 12월 해당 약을 장기 복용하는 경우 많은 실험대상 아동들에게서 간에 철분 독성이 축적되는 것으로 보인다는 사실을 회사측에 알렸다. 이에 대해 회사는 그녀의 해석이 잘못된 것이라고 결정을 내렸다. 그녀는 그 후 병원내 연구윤리위원회를 접촉하였으며 위원회는 그녀에게 시험에 참여하는 환자들이 약을 장기 복용하는 것의 위험성에 대해 알고 있다는 점을 명확히 하는 새로운 동의서를 작성하도록 지시하였다.

수정된 동의서에 아포텍스를 명시하자마자 회사는 그녀에게 토론토 시험이 즉각적으로 종료되었으며, 팔리델피아와 이탈리아에서 진행중인 실험을 포함한 글로벌 실험운영 위원회의 의장직 역시 박탈한다는 사실을 통보하였다. 그녀가 아포텍스에게 자신의 공동연구자인 케이스 웨스턴 리저브 대학(Case Western Reserve University)의 게리 브리튼햄(gary Brittenham) 박사와 함께 그들의 연구를 통해 발견한 사실을 뉴 잉글랜드 의학저널에 발표하겠다는 계획을 알리자 아포텍스의 부사장 마이클 스피노(Michael Spino)는 그녀가 자신의 회사와 맺은 비밀유지 조항을 위반한 것으로 법정 소송도 불사하겠다고 위협하였다.

올리비에리는 아포텍스와의 싸움에 필요한 법적 지원을 얻기 위해 병원의 행정본부에게 도움을 요청하였으나 거절당했다. 다시 그녀는 토론토 대학을 접촉하여 도움을 부탁했지만 의과대학 학장은 그녀의 계약이 대학의 검토를 거치지 않은 것이며 대학측은 그러한 비밀유지 조항에 대해 애초에 절대로 동의하지 않았을 것이라는 이유로 그녀의 요청을 거절하였다. "올리비에리는 기대했던 지원을 얻지 못했음에도 불구하고 빠르게 출간을 추진했으며 대기업의 탐욕에 맞서는 용감한 내부고발자로 유명세를 타기 시작했다." 한편 토론토 대학과 HSC 병원이 아포텍스 창업자이자 CEO인 버나드 셔만(Bernard Sherman)으로부터 2천만 달러의 기부를 받는 협상이 진행중이라는 보고가 나오면서 상황은 더 복잡해지는 양상을 띠었다.

그녀와 고용주 사이의 갈등은 수년 동안 계속 되었으며 그 동안 그녀는 캐나다 내과 및 외과 의사협회에 연구비리를 이슈로 회부되었으며 HSC 병원에서는 해고되었다. 그 후 같은 병원에 있는 면역학 및 암 부서의 브랜다 갤리(Brenda Gallie)를 포함한 몇몇 동료 학자들의 강력한 지원에 힘입어 다시 복직되었으며 특히 브랜다 갤리는 올리비에리 박사 사건을 공식적으로 조사해야 한다는 청원을 주도한 바 있으며 140명의 동의서를 얻어내기도 했다.

사건에 대한 조사는 캐나다 내과 및 외과 의사협회, 그리고 캐나다 대학 교수협회에 의해 이루어졌으며 전자는 그녀의 행동을 매우 모범적인 행동으로 판단하였고 후자의 경우에도 540쪽에 달하는 보고서를 통해 시험을 중단시키고 소송 협박을 한 아포텍스의 행위는 올리비에리 박사의 학문적 자유를 침해한 것이라는 결론을 내렸다.

2년 반에 걸친 전쟁은 연구결과가 가지고 있는 중요성을 고려하여 혈액질환의 세계적인 저명인사인 하버드 대학의 데이빗 내이슨(David Nathan) 박사와 옥스퍼드 대학의 데이빗 웨더롤(David Weatherall) 박사가 중재노력을 한 결과 토론토 대학과 HSC 병원, 그리고 올리비에리 사이에 합의가 이루어졌다. 중재안은 올리비에리 박사를 이상 혈색소증 연구 프로그램의 책임자로 다시 복직을 시키고 15만 달러에 상당하는 그녀의 소송비를 부담하며 그녀의 인사 파일에서 그녀에 대한 문제제기와 관련된 내용들을 모두 삭제한다는 것이었다.

중재안은 또한 토론토 대학과 대학 교수협의회가 임명하는 공동 실무위원회를 만들어서 연구결과의 확산 및 이해관계 갈등, 학문적 자유 등과 관련된 대학정책을 검토하고 필요한 변화를 제안하는 역할을 맡기기로 하였다.

질문

1. 아포텍스가 올리비에리 박사와의 계약에 3년간 비밀유지 조항을 집어 넣은 것은 윤리적인 행동인가?
2. 후에 올리비에리 박사가 그와 같은 조항에 결코 서명을 해서는 안되는 것이었다고 말했기는 하지만 그녀가 실제로 그 계약서에 서명을 했다는 사실이 그녀의 행동에 어떤 영향을 미쳤다고 생각하는가? 왜 그런가?
3. 올리비에리 박사가 시험결과를 출간하겠다는 결정은 보편주의의 예인가 아니면 공리주의의 예인가? 당신의 입장을 설명하라.
4. 이 사건에서 중요한 역할을 맡은 것은 올리비에리 박사, 아포텍스, HSC 병원 그리고 토론토 대학이다. 이들간의 이해관계의 충돌은 무엇인지 설명하라.
5. 만약 그녀의 학문적 동지들이 투쟁 과정에서 그녀를 지지하지 않았다면 어떤 일이 벌어졌을 것이라고 생각하는가?
6. 그토록 길고 힘든 전쟁을 피하기 위해 사용할 수 있었던 다른 더 효과적인 방법이 있었을까? 있었다면 무엇이었는가?

출처: Robert A. Phillips and John Hoey, "Constraints of Interest: Lessons at the Hospital for Sick Children," *Canadian Medical Association Journal* 159 (October 20, 198), p. 8; John Hoey and Anne Marie Todkill, "The Olivieri Story, Take Three," *Canadian Medical Association Journa*l 173 (October 11, 2005), p. 8; and David Hodges, "Dr. Olivieri, Sick Kids, U of T resolve Disputes," *Medical Post* 38, no. 43 (November 26, 2002), p. 4.

Chapter 8

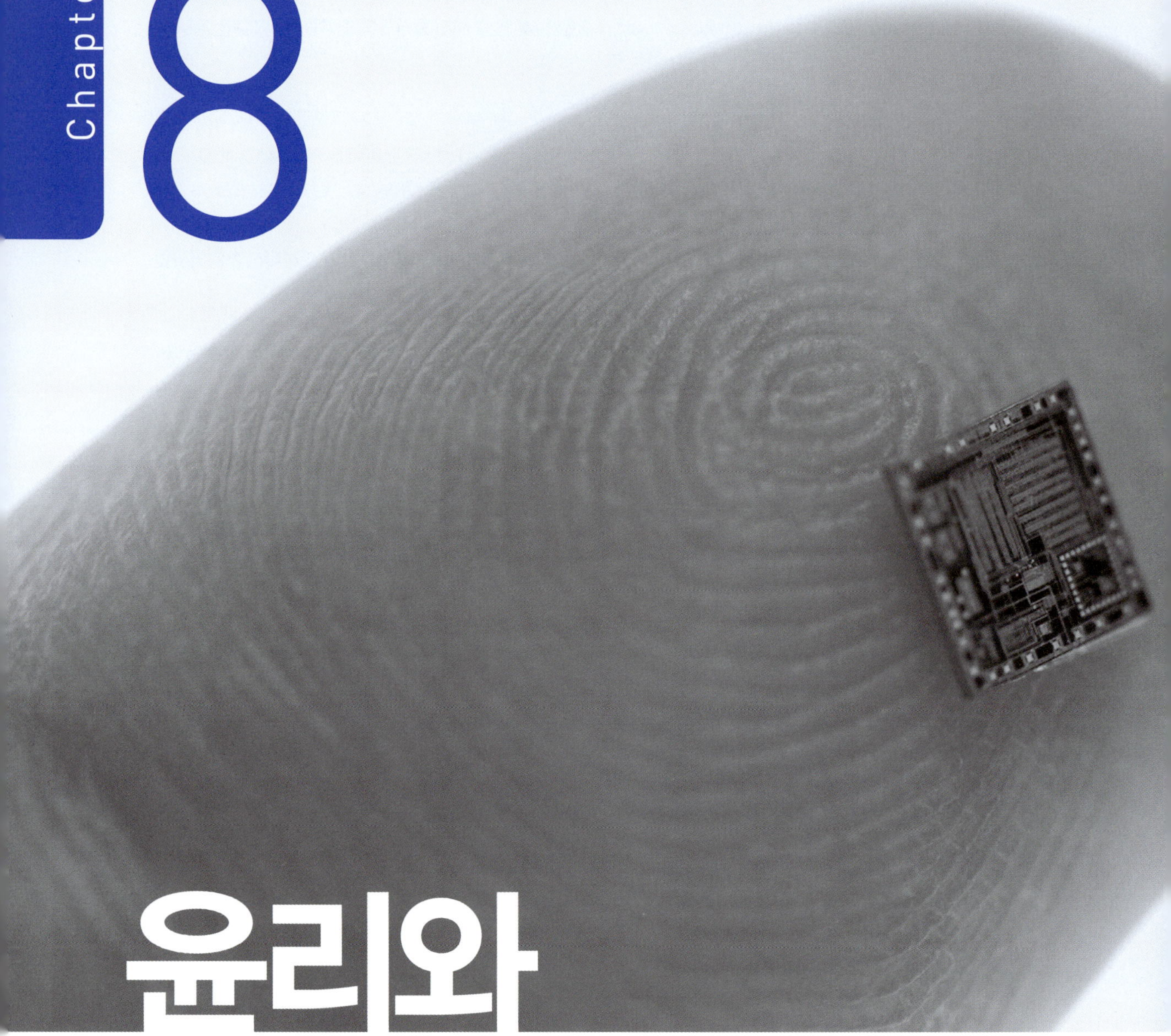

윤리와 기술

학습결과

이 장을 공부하면 여러분은 아래의 내용을 할 수 있게 된다.

1 최근 기술적 발전이 윤리적 이슈에 미치는 영향들을 평가할 수 있다.
2 업무 중 프라이버시에 대한 회사와 종업원 간의 서로 대립되는 관점을 설명할 수 있다.
3 소극적 동의와 적극적 동의를 구분할 수 있다.
4 대리책임의 개념을 이해할 수 있다.
5 조직이 종업원을 감시할 수 있는 능력을 평가할 수 있다.

빅 브라더가 당신을 지켜보고 있다.

조지 오웰(George Orwell), 1984, 1장

"컴퓨터 월드에서의 문제들"

스티브는 컴퓨터월드라는 전국적인 규모의 컴퓨터 소매업체에 수리기사로 최근에 채용되었다. 근처 지역에 있는 전문대를 졸업하자마자 입사한 이 회사에서 그는 자신의 졸업장이 가진 가치를 보여주는 한편 회사 내에서 자신의 이름이 알려지기 원하는 야심을 가지고 있다. "누가 알겠어. 앞으로 몇 년 후에는 내가 전체 부서를 책임지고 있을지 말이야"라고 그는 자문하곤 한다. 그는 래리하고 같이 일하고 있으며 래리는 벌써 5년째 여기에서 일하고 있다. 그는 스티브에게 매우 나이스한 모습을 보였으며 일하는 방식을 가르쳐주겠다고 약속하기도 했다.

그날 최초의 고객은 죤슨씨였다. 그는 자신이 컴퓨터에 대해 아는 것이 별로 없다고 말하면서 수리를 부탁했다. 래리는 그의 컴퓨터를 한번 살펴보고는 하드 드라이브가 깨졌으며 교체가 필요하다고 말한다. "좋은 소식은 보증기간이 남아있어서 무료로 교체가 가능하다는 겁니다. 두고 가시면 내일 아침까지 고쳐 놓겠습니다"라고 래리는 말한다. 그러나 죤슨씨는 그다지 만족스러운 표정이 아니다. "원래 하드 드라이브는 어떻게 처리할 건가요? 개인 정보가 많이 들어 있어서... 새로운 걸로 교체하시면 안에 있던 드라이브를 제가 가실 수는 없나요"

"죄송하지만 안됩니다. 회사 방침상 교체된 부품은 제조업체에게 보내야 합니다. 하지만 걱정하지 마세요. 그것을 재활용하기 전에 완전히 정보를 다 삭제해버리니까요. 그 점에 대해서는 저희가 매우 주의해서 처리하고 있습니다." 죤슨씨는 잠시 생각을 하더니 그렇게 맡겨도 될 것이라고 생각하고 가게 문을 나간다. 래리는 신속하게 하드 드라이브를 교체한 후 원래 드라이브를 자기 근처에 있는 박스 통으로 던져 넣었다. 스티브는 그 박스에 중고시장이라는 라벨이 붙어 있는 것을 발견하였다.

스티브가 묻는다. "뭘 하는 겁니까? 그 드라이브를 제조업체에 보내야 하는 것 아니었나요?" "미쳤어?"하고 래리는 웃으면서 말한다. "그건 그냥 고객에게 그렇게 말하는 것 뿐이야. 제조업체가 필요한 것은 부품의 시리얼 넘버와 서류 작업 뿐이야. 그 드라이브는 거의 완벽한 상태야. 단지 파일이 엉켜서 충돌했을 뿐이지. 그 문제는 이미 내가 고쳐놓았어. 고객도 보증기간이니까 좋은 새 드라이브를 무료고 가지게 되고 나는 이번 주 중고시장에 내다 팔 매우 좋은 상태의 드라이브를 하나 얻게 되는 거지." 스티브는 다시 묻는다. "하드 드라이브에 있는 개인 정보들은 어떻게 할 겁니까? 지우지 않을 거예요?" "시간이 있으면 하지 뭐" 래리는 다시 웃으면서 대답했다.

질문

1. 컴퓨터 윤리협회(The Computer Ethics Institute)는 도표 8.1에 나타난 것과 같은 컴퓨터 윤리 10계명을 만들었다. 이 사례에서 그러한 계명 중에서 어떤 것들이 위반되고 있는가?
2. 래리는 중고시장에서 거의 사용하지 않은 드라이브를 판매해서 이익을 얻을 것이라는 생각 때문에 행복하다. 그러나 만약 드라이브에 저장되어 있는 개인 정보가 삭제되지 않는 경우 어떤 일이 벌어질 것인가? 컴퓨터월드가 이 문제에 대해 책임이 있는 것인가? 본문 중에서 대리책임(vicarious liability)에 관한 부분을 읽고 답하라.
3. 스티브가 지금 당장 해야 할 일은 무엇인가?

1. 서론: 윤리와 기술

기술발전이 가져오는 새로운 기능의 제공이나 기능상의 개선들은 매우 놀라울 정도이며 이러한 변화가 너무 빨리 진행되기 때문에 그러한 개선이 작업장에 초래하는 다양한 영향들을 충분히 깊이 있게 파악하는 것이 어려울 때가 많다. 데스크 탑 컴퓨터, 인터넷, 이메일, 그리고 인스턴트 메시지 등 최근 2년간 작업장에서 발생한 놀라운 기술변화를 생각해보자. 이러한 기술적 진보는 더 용이한 접근성, 한층 개선된 편의성, 그리고 종업원의 성과 향상을 약속했다.

기술적 진보가 작업장에 가져다 주는 혜택은 분명해 보인다. 다음과 같은 예들을 살펴 보자.

- 기업들은 이제 인터넷, **인트라넷(intranet)**, **엑스트라넷(extranet)** 사이트를 통해 종업원들과 고객들에게 방대한 양의 정보를 제공할 수 있다. 과거 책이나 가이드북, 카타로그, 규정집 등 하드 카피 형태로 제공되었던 정보들은 이제 사이트에 올려지고 전 세계 어디에서든지 거의 실시간으로 활용이 가능하다. 또한 그러한 정보들은 몇 시간 정도면 업데이트가 이루어진다.
- 젯블루(JetBlue) 항공은 예약업무를 위한 콜센터의 운영에 들어가는 많은 운영비를 크게 절감할 수 있게 되었다. 데스크 탑 컴퓨터와 전용회선, 라우팅 기술을 결합하여 젯블루는 솔트 레이크 시티에서 700명의 파트타임 직원들을 고용하여 예약센터를 운영한다. 말이 센터이지 별도의 건물이 있는 것이 아니라 직원들은 서재나 부엌, 침대 등 자신의 집 편안한 장소에서 자신에게 편안한 시간에 접속해서 일을 할 수 있다. 직원들은 유연한 작업 시간과 방식에 만족하고 있으며 회사는 회사대로 비싼 건물 임대료를 낼 필요가 없어서 일거양득의 효과를 누리고 있다.

인트라넷 종업원만이 접속할 수 있는 회사의 내부 웹사이트

엑스트라넷 일반인에게는 공개되지 않은 회사의 인터넷 네트워크의 일부로서 고객이나 협력업체가 패스워드를 통해 안전하게 접속이 가능한 웹사이트

그러나 이러한 기술적 도구들이 우리의 일상생활이 될만큼 친숙해진 상황에서 기술진보는 다음과 같은 두 영역에서 프라이버시의 침해라는 심각한 부작용을 낳고 있다.

1. 회사는 다른 나라의 저렴한 인건비를 활용하기 위해 고객들의 개인 정보를 언제라도 세계 어느 지역으로도 보낼 수 있는 기술적 능력을 보유하고 있다는 점을 고객들은 반드시 알고 있어야 한다.
2. 사용자는 당신의 업무노력이나 생산성을 향상시키기 위해 이제 당신이 보내는 모든 이메일 및 방문한 모든 웹사이트를 모니터링 할 수 있는 능력을 가지고 있다는 사실을 종업원으로서 당신은 반드시 알고 있어야 한다.

2. 당신은 당신의 개인 정보가 어디에 있는지 알고 있는가?

광섬유 케이블이 전 지구를 덮고 있고 영어에 능숙한 글로벌 인력들이 지속적으로 증가하고 있기 때문에 미국 기업들이 인건비가 저렴한 해외 다른 지역으로 일을 아웃소싱함으로써 비용을 절감할 수 있는 가능성이 더욱 커지고 있다. 기술적 관점에서 보자면 디지털화된 정보는 광 케이블을 통해 전세계 어디로든지 실시간으로 전송이 가능한 세상이다.

기업 세계에서 기술진보의 첫 번째 물결은 콜센터를 다른 지역에 설립하는 움직임으로 나타났다. 신용카드 회사 고객들의 문의 사항이나 컴퓨터에 대한 기술적 질문에 응답하기 위한 콜센터들이 인도에 집중적으로 설치되기 시작했다. 매우 예의바르고 영어 이름을 가지고 있는 젊은 인력이 여러분의 문의 전화를 받고 설명한다. 독특한 액센트를 제외한다면 당신이 미국 중서부에 있는 사무실로 전화를 하고 있다고 착각할 정도이다. 토마스 프리드만(Thomas Friedman)이 "세계는 평평하다(*The World is Flat*)[1]에서 설명하고 있듯이 이것은 단지 시작에 불과하다.

> 내가 라오(Rao)와 이야기를 나눈 지 몇주일 지나서 이 책을 쓰기 위해 인터뷰를 했던 죤 홉킨스 대학 총장 빌 브로디(Bill Brody)가 한통의 이메일을 보내왔다. "친애하는 톰, 나는 방사선 전문의들을 위한 의학 재교육 미팅에서 발언하고 있는 중입니다.(나 역시 과거에는 방사선 전문의였습니다.)... 나는 당신이 흥미롭게 생각할 상황을 발견했습니다. 현재 미국의 많은 중소 규모 병원들에서 방사전 전문의들이 CAT 스캔 필림을 인도와 호주 의사들에게 보낸다는 겁니다. 이러한 일은 대부분 병원내의 인력이 부족한 야간이나 주말에 이루어진다고 합니다. 어떤 의사들은 일하는 시간을 늘리기 위해 병원에서 자신의 집으로 이미지 파일을 전송하여 이미지를 집에서 해독한 후 처방을 하기도 하고, 자체 방사선 전문의를 확보하기 어려운 소규모 병원에서는 CAT 이미지 파일을 해외의 방사선

✓ 이해도 확인 질문

1 당신의 의사가 아닌 지구 반대편에 있는 다른 의사가 당신의 CAT 결과를 판독하고 있다는 것을 알게 된다면 당신은 어떻게 느낄 것인가?

2 아웃소싱을 통한 비용절감이 미국 방사선 전문의들의 일자리를 파괴한다는 것을 알게 되면 위 질문에 대한 당신의 의견이 달라질 것인가? 미국 내에 자격을 갖춘 전문 인력이 부족하기 때문에 그런 일이 벌어진 것이라면 당신의 의견은 또 어떻게 달라질 것인가?

3 당신의 의사가 당신에게 검사결과가 어느 곳에서 판독된 것인지를 알려주어야 할 의무가 있는가? 왜 그런가?

4 개인 정보를 디지털 형태로 저장하는 것은 정보의 저장과 전송을 용이하게 하며 비용을 절감할 수 있게 되어 결과적으로 고객들에게도 혜택이 돌아갈 수도 있다. 이름 대신 아이디 숫자를 사용하는 것이 디지털 세계에서 당신의 프라이버시를 보호할 수 있도록 한다고 생각하는가?

전문의에게 전송하는 모양입니다. 좋은 점은 이곳이 저녁일 때 그곳은 한낮이어서 이미지를 전송한 후 자고 나면 작업이 완료되어서 돌아온다는 것이죠. CAT 혹은 MRI 이미지는 이미 디지털 포맷으로 만들어지기 때문에 표준화된 프로토콜로 전송이 되고 따라서 세계 어느 곳에서든지 이미지를 보는데 문제가 없답니다... 해외 다른 지역에 있는 방사전 전문의들도 반드시 미국에서 교육을 받고 적합한 면허나 자격증을 획득해야 한다고 생각됩니다... 미국에서 업무가 끝난 시간 이후 해외에서 작업을 하는 의사 집단들을 그들을 고용하는 미국 방사선 전문의들은 "나이트호크(nighthawk)"라고 부른답니다.

새로운 기술적 역량이 초래하는 윤리적 의무나 책임의 필요성은 이제야 그 논의가 시작되고 있다. 고객들에게 콜센터가 위치한 국가나 지역을 미리 알려 주어야 하는 것인가? 고객을 응대한, 자신을 레이(Ray)라고 말한 남자직원이 사실은 뭄바이 출신의 라제시(Rajesh)라는 것을 고객에게 알려주어야 하는가? 만약 당신이 치료를 위해 방사선 전문의를 찾아 간다면 당신의 CAT 스캔 결과는 지구의 반대편에 있는 의사가 해독한 것이라는 점을 알아야 할 권리가 있을까? 프라이버시 보호를 주장하는 일부 사람들은 환자의 전체 이름이나 개인 정보 대신 아이디 번호를 부여함으로써 환자 비밀을 보호할 수 있다고 주장하기도 한다. 그러나 일단 정보가 디지털화되어 네트워크에 존재하는 이상 다른 누군가가 네트워크에 들어와서 정보를 활용하지 않는다는 보장은 누구도 하기 어렵다.

3. 증가된 노동 생산성이라는 약속

컴퓨터, 이메일, 인스턴트 메시지, 월드와이드웹 등은 우리도 잘 알지 못하는 사이에 최근 20여 년간 우리의 작업환경을 크게 바꾸어 놓았으며 이러한 변화와 함께 새로운 윤리적 딜레마를 제기하고 있다. 이제 우리는 단 한번의 클릭으로 CNN 뉴스를 체크하고, 친구에게 이메일 농담을 보내며, 다음 주에 있을 여행을 위한 기상정보를 확인하고, 전화를 하려고 했던 친구의 안부를 확인하고, 방금 휴게실에서 들은 흥미진진한 소문을 여기저기에 퍼트릴 수 있다. 문제는 과연 그래야 하는가 하는 것이다. 이 주제에 있어서는 서로 다른 두 개의 관점, 즉 **사용자의 관점과 종업원의 관점**이 존재한다.

3.1 사용자의 입장

조직에서 일하는 종업원으로서 근무시간 중 당신의 생산성은 당신이 채용될 때 정해진 임금의 기초를 이루고 있다. 따라서 근무시간에 당신이 하는 행동은 사용자의 지휘감독아래 놓여있다. 점심식사 및 예정된 다른 휴게 시간을 제외하고는 당신의 모든 행동은 일과 관련된 것이어야 하며 그러한 활동을 감독하는 것은 당신의 프라이버시에 대한 침해로 간주될 수 없다. 만약 당신이 뭔가 사적인 일을 하기를 원한다면 업무시간 중에 그것을 해서는 안된다.

회사는 이해관계자들을 위해 조직을 가능한 한 효율적으로 운영관리해야 하는 의무를 가지고 있으며 그러기 위해서는 회사의 자원이 남용되거나 분실되지 않도록 해야 하며 회사의 자료와 정보들이 반드시 잘 보호되어야만 한다.

3.2 종업원의 입장

회사의 종업원으로서 나는 근무시간 중의 생산성이 시간급이든 연봉이든 내가 회사로부터 받기로 약정한 보상의 기초가 된다는 점을 잘 알고 있다. 그러나 그러한 계약은 개인으로서 나의 시민권을 침해해서는 안된다. 나는 종업원이지 노예는 아닌 것이다. 따라서 나에 대한 전자감시 여부와 그 목적에 대해서 통지를 받을 권리가 있다. 회사의 규칙을 어기는 소수 종업원들의 행동이 모든 사람들의 권리를 박탈하는 행위를 정당화할 수는 없다. 내 옆 사무실에 있는 누군가가 하루 종일 인터넷 서핑을 한다고 해서 직원 모두가 그런 것은 아니다. 전자감시는 결국 우리가 자율적으로 일을 하는 것을 믿지 못한다는 이야기이며 우리를 믿지 못한다

> **! Key Point**
>
> 근무중 기술의 사용에 관한 사용자와 종업원의 관점 사이에 공통적인 부분이 존재하는가? 당신이 제안할 수 있는 대안이 있다면 무엇인가?

면 도대체 뭐하러 우리를 고용한단 말인가?

이러한 상반된 관점을 만족스럽게 조화시키는 것은 다음과 같은 두 가지 이유로 인해 더욱 어렵게 된다. 첫째, 지속적인 기술적 진보로 인해서 점점 더 일과 개인 사생활의 영역이나 경계가 모호해지고 있다. 둘째, 서로의 관점을 이해하고 타협하려는 의지는 노동시장 상황에 따라 크게 영향을 받는다.

알리지 않아도 되는 것일까?

내 이름은 샐리 존스이고 미국 중서부 지방에 있는 조그만 회계법인인 척 윌슨이라는 회사의 관리자이다. 현재 직장생활은 매우 순조롭고 만족스럽다. 회사는 많은 소기업들을 고객으로 확보하고 있고 보수도 적지 않은 편이다. 회사 창립자인 척은 상사로 모시고 일하기에 매우 훌륭한 사람이다. 그는 지역 상공회의소에서 매우 적극적으로 활동하고 있고 지역 공동체에서 많은 존경을 받고 있다. 지역에 있는 비영리 조직을 위해 재능기부 활동도 열심히 하고 있으며 오랜 기간에 걸쳐 충성도가 매우 높은 고객층을 확보하고 있다. 문제는 그의 아들 척 주니어이다. 척은 오래 전부터 자기 아들이 사업을 승계할 것이라고 말해왔고 척 주니어가 공인회계사(CPA) 시험을 통과한 후 지금이 바로 그 때라고 생각하는 눈치다. 척의 책상에 갑자기 등장하기 시작한 보트 및 낚시 잡지들을 보면서 나는 그가 과거 어느 때보다 자신의 은퇴를 심각하게 고려하고 있다는 것을 깨달았다.

내가 척의 은퇴를 못마땅하게 생각하는 것은 아니다. 그는 정말 열심히 일했고 이제 은퇴를 할 자격이 있다. 내 일자리도 안전하다. 나는 척을 위해 많은 일을 했고 그의 고객들도 나를 좋아한다. 그러나 척 주니어는 벌써부터 회사 운영에 자신의 스타일을 적용하고 싶어서 안달이다. 공식적으로 그가 경영을 맡게 된 다음날 그가 자기 만의 신경영을 들고 나온다고 해도 나는 놀라지 않을 것이다.

척 주니어는 자신이 첨단기술에 능숙한 사람으로 비쳐지는 것을 좋아한다. 그는 기술을 사용해서 매년 개인 세금 환급의 대부분을 점유하고 있는 에이치앤알블록(H&R Block)이나 잭슨 휴이트(Jackson Hewitt)의 지역 지사들을 충분히 제압할 수 있다고 믿고 있다. 그는 최근 경영전문 잡지에서 자신이 읽은 기사를 통해 다른 대형 회계법인에 비해 우리 회사에 이점이 될 수 있는 좋은 방법을 발견했다면서 흥분했고 벌써 기사에 소개된 회사들을 접촉하기 시작했다.

그의 계획은 직원의 모든 개인 세금환급 서류를 인도에 있는 회사에서 처리하도록 하는 것이다. 그 회사는 미국 공인회계사 자격증을 가지고 있는 회계사들이 48시간 내에 환급서류를 모두 처리해 준다는 보장을 하고 있다. 이것은 결국 아웃소싱을 한다는 말이다. 주니어는 이 방식을 통해 세금신고 기간동안 모든 인력들이 이 업무에 매달려서 시간을 소진하는 것을 방지할 뿐 아니라 이익도 더 많이 낼 수 있을 것이라고 생각한다. 또한 이 시기에 추가로 사람을 더 뽑을 이유도 없어진다는 것이다. 그는 한 걸음 더 나아가서 인도 회사를 사용해서 얻게 되는 가격경쟁력을 활용하여 대형 회계법인들을 제치고 그들의 고객들을 뺏어 올 수 있다고 확신하고 있다. 그는 벌써부터 지역 라디오 방송국과 신문사들을 통한 대규모 광고를 계획 중이다.

나는 그의 말을 믿어주고 싶지만 문제는 그가 그러한 방식을 사용할 것이라는 것을 아무에게도 말하지 않고 감추려고 한다는 것이다. 고객이 알지 못하는 누군가가 그를 위해 세금환급을 준비하며 그의 개인정보가 이메일을 통해 인도로 발송된다는 사실을 고객은 알지 못한다. 척 주니어는 고객은 서류처리가 빠르고 정확하고 싸기만 하다면 다른 것에는 관심이 없을 것이라고 믿고 있다. 즉각적인 환급을 강조하는 광고가 그의 의중을 잘 대변하고 있기는 하지만 중요한 내용을 알리지 않는다는 것에 대해 나는 여전히 불편함을 느낀다.

질문

1. 척 주니어의 계획에 대한 샐리의 우려는 정당한가? 왜 그런지 설명하라.
2. 척 주니어는 그의 계획을 통해 벌어들일 수 있는 수입에 초점을 두고 있다. 그가 고려하지 못하고 있는 이슈들은 무엇인가?
3. 척 시니어가 이 계획을 최종 승인할 것이라고 생각하는가? 만약 승인하지 않은 상태라면 샐리는 그에게 이 문제를 보고해야 할까? 왜 그런지 설명하라.
4. 만약 척 주니어가 세부적인 내용들을 고객에게 다 알려주는 경우에도 그의 사업 계획은 여전히 성공할 수 있을까?

출처: Inspired by Steven Mintz, "The Ethical Dilemmas of Outsourcing," *The CPA Journal* 74 (March 2004), p. 3.

4. 당신은 언제 근무중인가?

근무 중의 프라이버시에 대한 논쟁은 전통적으로 종업원이 사무실이나 공장, 가게, 병원, 혹은 콜센터 등 회사의 영역 내에서 일하는 시간의 양, 혹은 근무시간에 그 초점이 맞추어져 있었다. 그러나 컴퓨터 기술의 발전과 이와 연계된 **재택근무(telecommuting)** 가능성의 확산으로 인해 근무중(at work)이라는 개념 자체가 모호해지기 시작했다. 재택근무의 경우 집이나 회사가 아닌 다른 어떤 장소에서 회사의 네트워크에 원격으로 접속하여 일할 수 있기 때문이다.

기술진보에 따라 이제는 당신이 집에서 이메일을 확인하거나 중요한 회의 전날 집에서 회의 발표 준비를 하는 것이 때로 당연하게 기대되고 있다. 사용자들과 파트너들에 의해 중독성이 강한 필수품이라는 의미에서 마약폰(crackberry)이라는 애칭으로 불렸던 블랙베리(BlackBerry)의 등장은 메시지 공지 기능을 꺼놓지 않는 이상 일주일 내내 밤낮없이 종업원들을 상사의 호출이나 지시에 노출시켜 버렸다.

재택근무 회사 외부에서(자택 또는 어느 곳에서든) 일하고(대개 가상 사적 네트워크, 즉 VPN과 같은 안전한 게이트웨이를 통해) 회사의 네트워크에 로그인 할 수 있는 방식

이러한 새로운 환경에서 근무중이라는 개념은 훨씬 더 유연하게 이해되어야 한다. 인력의 활용가능성은 접속가능성에 의해 정의된다. 만약 당신의 상사가 전화나 이메일로 당신을 접속할 수 있다면 당신에게 질문을 하거나 어떤 일을 시킬 수 있게 되기 때문이다. 하루 중의 근무시간이나 일주일 내 근무일정 등은 이제 그 중요성을 상실하고 있다. 특히 경쟁이 더욱 심화되고 있고 진실로 헌신된 인력들만이 승진을 하게 되는 상황에서는 더욱 그렇다.

한편 종업원들은 근무시간 중에 개인적인 필요를 충족시키는데 있어서 그와 동일한 유연성을 기대하기 시작했다. 만약 다음 날에 있을 중요한 발표를 준비하기 위해 밤늦게 일했다면 치과에 전화해서 근무시간 중에 이를 치료하는 것이 안될 일도 없지 않은가? 어머니날 어머니에게 꽃을 배달시키는 것을 깜박 잊었다면 어떻할 것인가? 근무 중에 온라인으로 배달을 신청하는 행위가 정말 빈둥거리는 것이고 헌신되고 생산적인 직원을 원하는 상사의 기대를 배반하는 것인가?

만약 종업원들의 권리가 인정된다면 실제로 그러한 권리가 존중되기 위해서는 기술을 활용한 전자 감시에 대해 반드시 종업원들의 사전 동의가 있어야 한다. 그러나 아담 무어(Adam Moore)가 지적하듯이 노동시장의 상황 자체가 **소극적 동의(thin consent)**와 **적극적 동의(thick consent)**라는 두 개의 서로 다른 동의 형태를 만들어낸다.[2]

소극적 동의 종업원에게 선택의 여지가 거의 없는 동의. 예를 들어 만약 종업원이 회사로부터 그의 모든 이메일과 웹 검색 활동이 모니터링될 것이라는 점을 채용시점이나 재직 중에 통보받았고, 그러한 조건을 수용하지 않는 경우 고용을 계속 유지할 수 없다는 점을 명백히 설명하는 경우가 이에 해당한다.

적극적 동의 종업원이 받아들이기 힘든 감시규제에 대해 선택 대안을 가지고 있는 경우. 예를 들어 일거리가 많고 직장을 찾는데 어려움이 없는 상황이라면 종업원은 그와 같은 과도한 정책에 대응할 수 있는 실제적인 대안을 보유하고 있다고 할 수 있다.

4.1 소극적 동의(thin consent)

만약 종업원이 회사로부터 그의 모든 이메일과 웹 검색 활동이 모니터될 것이라는 점을 채용시점이나 재직 중에 통보받았다면, 그리고 그러한 조건을 수용하지 않는 경우 고용을 계속 유지할 수 없다는 점을 명백히 설명받았다면 이 경우 종업원은 소극적 동의를 했다고 간주될 수 있을 것이다. 이를 달리 말하자면, 종업원에게는 두 개의 옵션이 있다. 그러한 감시에 동의하든지 아니면 다른 곳에서 일자리를 찾아야 한다. 종업원이 적어도 회사 정책을 명확하게 통보받기는 했지만 이러한 방식은 기본적으로 노동시장에서 일거리를 찾기가 어려우며 따라서 일시적으로 실업상태에 빠지는 것을 감수하지 않는 한 회사를 그만두기 어렵다는 것을 전제한다.

4.2 적극적 동의(thick consent)

만약 노동시장 상황이 반대의 경우라면, 예컨대 일거리가 많고 직장을 찾는데 어려움이 없는 상황이라면 회사의 모니터링 정책에 대한 동의는 적극적 동의로 간주될 수 있을 것이다. 종업원이 그러한 감시 정책이 수용가능한 것인가에 대해 회사를 떠날 수 있는 다른 대안을 가지고 평가하고 판단한 것이기 때문이다.

통보 및 동의에 대한 추상적인 설명은 현실세계에서는 그대로 적용되지 않는 경우가 많다. 제이미(Jamie)에 의해 작성된, 영국 콜센터에서의 삶에 대한 다음 내용을 살펴보도록 하자.[3]

> 과거 1999년 10월 나는 영국 대기업을 위한 콜센터에서 근무를 시작했다. 그곳에는 약 1,000명의 인력이 있었으며 각자가 매출을 위해 서로 경쟁하는 팀으로 구분되어 있었다. 승리한 팀에게는 포도주 한 상자가 지급되어 서로 나누어 가지는 경우도 있었다. 매출실적에 따라서 개인별로 보너스가 지급되기도 했다.
>
> 당시 나는 아웃바운드(outbound) 텔레세일 요원이었다. 이것은 우리가 고객의 집으로 전화를 걸어서 회사의 서비스를 판매한다는 것을 의미했다. 나는 대부분의 고객들이 집으로 전화가 걸려오는 것을 싫어한다는 것을 알고 있었으며 만약 고객이 그러한 통화를 원치 않는다는 의사를 표현하는 경우 통화를 종료하고 해당 고객의 계좌에 대해 더 이상의 통신을 원하지 않는다는 라벨을 표시하였다. 그러나 회사는 매우 예외적인 상황에만 그렇게 하라고 우리에게 여러 차례 알린바 있다.
>
> 보너스 체계는 일부 동료들로 하여금 보너스를 위해 매우 공격적으로 고객이 원하지 않는 제품을 팔게 만드는 경우도 있었다. 그리고 이들은 그로 인한 문제가 터지기 전에 회사를 그만두는 경우가 많았다.

✓ 이해도 확인 질문

5 **재택근무**(*telecommuting*)라는 용어를 정의하라.

6 근무중 프라이버시에 대한 종업원 관점을 요약하라.

7 근무중 프라이버시에 대한 사용자 관점을 요약하라.

8 소극적 동의와 적극적 동의의 차이를 설명하라.

많은 고객들은 텔레세일 요원을 마치 전화번호부 책을 훑으면서 걸리는 대로 전화를 거는 멍청한 사람으로 오해하기도 하지만 실제로 회사의 콜 시스템은 매우 복잡하고 정교한 것이었다. 모든 고객의 데이터 베이스가 깔려있었고 컴퓨터가 각 고객계좌에 적혀 있는 표시들에 따라 고객들에게 전화를 연결하는 방식이었다. 누군가가 전화를 받으면 컴퓨터는 그것을 현재 응대가 가능한 요원에게 자동적으로 연결한다. 요원은 자신이 전화를 거는 것이 아니기 때문에 이에 대한 컨트롤을 전혀 할 수 없다. 헤드폰에 빕 소리가 들리면 곧 저쪽 편에서 "핼로"하는 고객의 목소리가 들리고 곧 바로 판매를 시작해야 하기 때문이다.

통화가 끝나고 새로운 통화가 시작되는 간격은 처음 일을 시작할 때 회사측의 설명은 90초라고 말했지만 실제로는 약 30초 정도로 매우 짧았으며 교대가 끝날 때까지는 그와 같은 빠른 리듬으로 일을 계속 해야만 했다. 콜센터는 매우 스트레스가 높은 곳이었으며 대부분의 요원들은 고객만큼 또는 고객보다 더 스트레스를 받았다.

점점 더 높은 성과목표가 하달되기 시작했고 새로운 제품들이 더 추가되기 시작했다. 불행하게도 새로운 제품들에 대한 교육은 크게 부족했으며 파워포인트를 사용해서 개략적이고 피상적인 설명에 그치는 경우가 대부분이었다. 제품의 기초는 알고 있지만 제품에 관한 모든 질문에 응답할 수는 없었으며 따라서 제품에 대한 지식이 많은 고객들을 만나면 문제가 생기곤 했다. 제품에 대한 이해나 아이디어는 있었지만 그들 앞에서 잘못된 이야기를 할까봐 두려움을 느끼기도 했다. 텔레세일은 6분을 넘기지 않도록 요구되었다.

어느 날 회사는 인바운드 세일을 전담하는 서비스를 개설하였다. 센터로 전화를 거는 고객들에게 제품을 판매한다는 것이었다. 나는 그 쪽 일이 더 쉬울 것이라고 생각하고 이동을 신청했다. 그러나 끊임없이 걸려오는 고객들의 불만 전화들은 상상을 초월할 정도였고 업무에 투입되기 전에 받은 3주간의 교육으로는 제대로 대처하는 것이 거의 불가능했다.

우리는 모든 종류의 콜을 다 처리하도록 요구되었다. 제품주문과 콜에 대해서 각각의 서로 다른 시스템을 사용해야만 했으며 그 시스템들은 도스와 같은 명령문에 의해 작동하는 것이었다. 고객의 주소와 특징을 알아보기 위한 명령문이 있었고 고객계좌에 있는 주문을 확인하기 위한 명령문도 있었다. 마우스와 클릭 대신 우리는 고객 계좌에 주문을 넣기 위해서 일일이 명령어와 주문코드를 입력해야만 했다. 그 다음 고객의 배송주소를 입력하기 위해서는 또 다른 명령어를 쳐 넣어야만 했다. 그리고 다시 또 다른 명령어를 입력한 후에야 비로서 주문 일자를 컨펌할 수 있었다. 최종 주문 확정은 다시 다른 명령어를 필요로 했다.

그래서 고객들은 요원이 타이프가 서투르다는 생각을 하면서 전화기 앞에서 짜증을 참으며 주문처리가 끝나기를 기다릴 수 밖에 없었다. 요원이 특정 제품에 대한 주문코드를 찾지 못하거나 특정 명령어를 잊어버린 경우, 혹은 타이핑 에러를 범할 때마다 스트레스는 높아지기 일쑤였다. 게다가 이 모든 것은 9분 내에 끝나야만 했다.

일단 고객의 불만을 처리한 후에 우리는 우리가 받은 인바운드 세일 교육을 활용하여 추가적인 제품을 판매해야만 했으나 이것은 정말 힘든 일이 아닐 수 없었다. 불만을 토로하기 위해 전화를 건

> **✓ 이해도 확인 질문**
>
> **9** 이 콜 센터의 분위기를 어떻게 묘사할 수 있는가?
>
> **10** 제이미의 통화내용은 감독자에 의해 상시적으로 모니터링된다. 이것은 윤리적인가? 윤리적이라면 왜 그런가? 비윤리적이라면 왜 그렇다고 생각하는가?
>
> **11** 콜 센터에서 일하는 것 중에 가장 고통스러운 부분은 무엇이라고 생각하는가?
>
> **12** 제이미가 사임하는 날 그녀는 보안요원들에 의해 빌딩 밖에 나올 때까지 안내를 받았다. 이것이 윤리적인가? 왜 그런가? 만약 윤리적이지 않다면 왜 그렇다고 생각하는가?

고객에게 다시 제품을 팔아야 하는 상황을 상상할 수 있는가.

나는 관리자에게 이러한 상황이 문제라는 것을 설명했지만 아무런 대답을 얻을 수 없었다. 일반적으로 관리자들은 우리가 팔아야 하는 새로운 제품에 대해 이야기하거나 혹은 우리와는 관계없는 경영층의 소식을 전하는 것 외에는 정작 우리가 하는 일에 아무런 관심이 없었다. 관리 스킬도 매우 낮은 편이었다.

결국 나는 사직했고 보안요원이 동행한 상태로 회사를 쫓기다시피 걸어 나왔다.

5. 문서로 행적을 남기는 위험

컴퓨터 모니터에서 우리가 치는 자판 글자 하나 하나까지 고용주가 감시할 수 있도록 만드는 기술발전에 대해 우리가 불만을 가질 수도 있지만 정작 가장 많은 해를 끼치는 것은 오히려 씌여진 문서들이다. 다음과 같은 최근 사건들을 살펴보도록 하자.

- 2010년 9월 페이스북의 공동 창립자이자 CEO인 마크 주커버그(Mark Zuckerburg)는 자신이 쓴 인스턴트 메시지가 대중에게 공개되는 바람에 큰 어려움을 겪었다. 사람들이 페이스북에 쓴 정보를 통해 자기가 얼마나 많은 정보들을 확보하고 있는지를 자랑하는 내용이었다. 그는 자신이 그 메시지를 쓴 것이 맞다는 것을 인정하고 그 내용에 대해 정말 깊이 사과한다는 내용을 공개적으로 천명했다.[4]
- 2010년 11월 아일랜드 더블린에 소재한 회계법인 프라이스워터하우스쿠퍼스(Priceaterhouse Coopers) 사무실은 새롭게 합류한 젊은 여성 파트너들 중 탑10을 선정한 이메일이 17명의 직원들 사이에서 돌아다닌 후 이에 대해 내부조사를 실시해야만 했다. 이 이메일은 곧 다른 회사들로 퍼지기 시작했고 소문이 나서 인터넷 전체로 빠르게 확산되었다.[5]
- 2012년 11월 별 네 개의 장군이자 CIA 국장인 데이빗 페트라우스(David Petraues)는 자신

의 전기작가인 폴라 브로드웰(Paula Broadwell)과의 불륜을 밝힌 이메일 스캔들 때문에 사임해야 했다. 이 스캔들과 관련된 조사 과정에서 아프가니스탄 주둔 미군 사령관인 존 알렌(John Allen) 준장 역시 탬파(Tampa), 플로리다(Florida), 유명인사인 질 켈리(Jill Kelley) 등과 나누었던 부적절한 이메일이 발견되어 자신의 경력이 위협받는 상황에 처하게 되었다. 그는 나중에 구제를 받았다.[6]

- 2014년 5월 구역 내 커뮤니티 컬리지를 관장하는 리버사이드 커뮤니티 컬리지 지구(RCCD)는 내부 전산망에서의 첨부 파일 크기를 제한하는 작업을 진행하면서 이 내용을 외부 연구자들에게 그들의 개인 인터넷 주소를 통해 공지한 바 있다. 그 과정에서 35,000명의 학생 개인 정보가 같이 유출되었다. 해당 연구자들의 개인 주소는 철자가 잘못 적힌 경우가 적지 않았고 그로 인해 엉뚱한 개인에게 메일이 전송되기도 하였다. 그러나 RCCD는 그런 주소들이 실제로 활성화되어 사용되고 있다는 증거는 없다고 주장하고 있다.
- 2014년 6월 골드만 삭스의 한 협력업체는 골드만 삭스의 이메일 계정인 gs.com을 구글의 이메일 계정인 gmail.com과 혼동하여 중요한 보안이 필요한 정보들을 엉뚱한 외부 사람들에게 전송하는 실수를 저질렀다. 그 정보들은 매우 중요한 것이어서 골드만 삭스는 해당 계정의 보유자들에게 직접 연락을 취했으나 아무런 회신이 없자 구글이 직접 그 이메일을 삭제해주도록 법원에 요청하였다. 구글은 그 이후 해당 계정들이 문제가 된 이메일들이 전송된 이후 사용자에 의해 접속된 바가 없다는 것을 확인해 주었다.

인터넷 커뮤니케이션이 가지는 즉각적 확산이라는 성격과 이메일이 전자 기록이라는 형태로 명백한 증거를 제공한다는 점을 고려할 때 왜 회사들이 그토록 종업원들이 보내는 이메일에 많은 관심을 기울이는가를 이해할 수 있을 것이다. 만약 이메일을 통한 실수나 잘못이 기업의 브랜드나 평판에 미치는 부정적 효과만으로는 회사가 종업원의 활동에 적극적인 감시를 해야 할 이유가 충분하지 않다고 생각한다면 다음에 살펴보게 될 대리책임(vicarious liability)은 왜 모든 고용주가 종업원의 활동에 주의를 기울여야 하는지에 대해 중요한 이유를 추가적으로 제공한다.

5.1 대리책임(vicarious liability)

대리책임은 어떤 사고에 있어서 설령 자신이 직접적으로 관여되지 않았다고 해도 그로 인한 부상이나 손해에 대해 책임을 지게 될 수도 있다는 법적 개념이다. 대리책임이 지워지는 당사자는, 부상이나 손해에 대해 직접 개인적으로 책임이 있는 사람에 대해 관리 역할을 맡고 있는

실전기술

기술의 축복과 저주

우리가 인터넷, 컴퓨터, 스마트폰을 통해 얼마나 많은 혜택을 보고 있는지 잠깐 생각해보자. 물론 이것들이 없어도 일반전화로 통화를 할 수 있을 것이고 멀리 떨어진 친구들에게 거북이처럼 느린 속도로 도착하는 편지를 보낼 수도 있을 것이다. 숙제를 하기 위해 도서실에 가서 백과사전을 찾아보고 타자기를 쳐서 보고서를 만들 수도 있을 것이다. 그러나 그렇게 산다는 것은 이제는 돌아가고 싶은 않은 과거일 것이다.

이메일, 인스턴트 메시지, 사이드킥(Sidekick), 블랙베리 혹은 아이폰 등을 통해 즉각적인 접속이 이루어지는 세계는 확실히 소통을 빠르고 쉽게 만들지만 그러한 즉시성이 가져오는 부정적 효과에 대해 생각해 본 적은 없는가? 당신이 숙제, 이메일, 문자 채팅, 온라인 쇼핑, 유튜브 동영상 시청 등을 동시에 할 수 있다고 뽐낼 수 있을지도 모르지만 과연 다른 것들에 대한 관심을 끄고 현재 하고 있는 하나의 일에 정말로 집중해 본 적이 있는가?

작업환경과 관련해서 즉각적인 접속이라는 것은 양방향으로 움직인다. 당신의 상사에게 당신은 즉시 응답이 와야 하는 이메일이나 전화, 텍스트 메시지에 다름 아니다. 만약 당신이 집에서 저녁을 먹고 있다면 어떻해야 하는가? 상사는 지금 당장 정보를 원하거나 혹은 내일 아침 9시까지 보고서가 책상에 놓여지기를 원한다. 그녀가 프라이버시라는 것 때문에 당신에게 전화를 걸지 않아야 할 이유가 있는가?

최근의 기술적 발전은 일과 가정 사이의 경계를 모호하게 만들었다. 다른 팀원들에게 도움이 되려고 열심히 노력하는 것은 당신의 장기적인 경력개발에 중요한 도움이 되는 것임에 틀림없지만 그렇다고 해도 쉴 시간이 없이 일만 하다가 방전된 배터리처럼 소진되어 버리면 그것은 회사에게도 전혀 도움이 되지 않는 일이다. 접속 스위치를 끄고 머리를 식히는 법을 배워라.

사람이다. 대리책임이 주는 시사점을 한 마디로 요약하자면 결국 회사가 종업원의 행동에 대해 책임이 있다는 것이다.

대리책임을 져야하는 상황은 매우 다양하다. 도급업자는 자신이 다시 하청을 준 업체가 작업을 완수하지 못했거나 혹은 일을 잘못했거나 다른 계약 사항을 위반한 경우 대리책임을 지게 된다. 자식들이 학교에서 다른 사람을 부상시키거나 손해를 입히게 되면 부모에게 대리책임이 발생한다. 한 종업원이 다른 종업원을 성희롱한 경우, 혹은 한 종업원이 다른 종업원들이나 고객에게 차별적 행동을 한 경우, 그리고 한 종업원이 회사 정책에 반하는 행동을 하여 다른 종업원들에게 손해를 끼치는 경우 등 다양한 상황에서 모두 사용자는 대리책임을 지게 된다.[7]

대리책임 자신이 직접 사고에 관련되어 있지 않더라도 그로 인해 발생한 부상이나 손해에 대해 책임을 져야 할 수도 있다는 법적 개념

사이버 책임 종업원들이 인터넷을 통해 한 행동들에 대해 마치 이들이 회사 로고가 찍힌 문서를 사용해서 잘못을 저지른 경우와 마찬가지로 회사가 책임을 지게 될 수 있다는 법적 개념

따라서 고용주들은 종업원들이 인터넷을 통해 한 행동들에 대해 마치 회사 로고가 찍힌 문서를 사용해서 커뮤니케이션한 것과 동일한 책임을 지게 될 수 있다. 이것은 기존의 법적 책임 개념이 컴퓨터 세계에도 적용되는 것으로 **사이버 책임**(cyberliability)이라고 할 수 있다. 이러한 새로운 책임이 주로 발생하는 영역은 엘론(Elron) 소프트웨어를 사용하여 가장 소송이 많이 발생한 주제를 검색한 결과 얻어진 다음과 같은 리스트를 통해 파악이 가능하다.[8]

- 차별
- 희롱
    - 음란물 및 포르노그래피
    - 명예훼손
    - 정보유출
    - 스팸

만약 우리가 종업원들의 행동으로 인한 결과에 대해 고용주가 책임을 져야 한다는 것을 고려한다면 회사를 위험에 빠뜨릴 수 있는 종업원들의 행동을 감시하는 것이 정당화될 수 있을까? 아니면 그럼에도 불구하고 여전히 종업원들은 회사에서 근무하는 동안 일정한 프라이버시를 보호받을 권리를 가지는 것인가?

현장에 적용하기

일주일 24시간 재택근무하기

수(Sue)는 그녀의 남편인 제프(Jeff)가 승진을 하는 바람에 지금 사는 곳으로부터 800마일이나 떨어진 곳으로 이동하지 않을 수 없었다. 수는 자신의 일을 정말 좋아했기 때문에 회사를 그만두고 싶지 않았고 그래서 그녀가 집에서 주로 일하고 회사에는 한달에 두번만 방문하는 방식으로 일을 하는 것으로 회사와 협의하여 결정하였다. 기술의 발전 덕분에 집에서 일하는 것이 전혀 문제가 되지 않았기 때문이다. 그러나 그녀의 상사는 매일 얼굴을 보지 못하기 때문에 그녀와 항상 전화로 접촉이 가능해야 한다고 생각한다. 그녀의 상사는 매일 이른 아침이나 늦은 저녁에 전화를 하기 일쑤이고 이메일을 보내 신속하게 처리해서 결과를 보내줄 것을 요구한다. 수는 어떻게 해야 할까?

빌 데이비스는 회계부서에서 일하는 여성 종업원이 사무실 책상에 와서 하는 이의제기 앞에서 진퇴양난에 빠져 있다. 미들랜드 제약의 인사 책임자로서 종업원들의 행동에 대한 불만이나 고충을 해결하는 것은 그의 업무 중의 하나이다. 수년동안 이 회사는 종업원들의 행동과 관련된 가장 중요한 이슈인 성희롱과 차별 이슈에 대해 종업원들을 교육시키는데 많은 돈을 투자해왔다. 소송이 걸리는 경우 회사에서 엄청난 합의비용을 지불해야 할 위험이 존재했기 때문이다. 그러나 오늘 그 여성의 고충은 빌을 당황스럽게 만들었다.

미들랜드는 180명의 종업원을 거느린 그 지역의 중견회사였다. 외곽에 위치하고 있기 때문에 출퇴근의 교통체증도 없고 학교의 수준도 높으며 도심에 있는 기업들과 비교해 손색이 없는 임금을 지급하고 있다. 이직률은 전혀 문제가 아니었다. 지난번 사보에는 미들랜드에서 일하는 한가족 8명의 직원이 소개되기도 했고 다음 호에는 3세대가 일하는 가족이 소개될 예정이다. 이 회사는 일하기에 정말 좋은 회사임에 분명했고 빌 역시 이곳에서 인사 책임자로 일하는 것을 즐기고 있었다.

제인 윌리엄스는 회계부서의 신입사원이다. 그녀는 3개월 전 그녀의 남편이 이 지역으로 이동해 왔기 때문에 그녀 역시 이 지역에서 일자리를 구한 것이다. 그녀의 상사로부터 빌이 들은 이야기는 그녀가 매우 정확하고 믿을만하며 일도 잘하는 모범적인 직원이라는 것이었다. 그런데 물류창고에서 일하는 스티브 콜린스가 금요일 다른 사람들을 즐겁게 하기 위해 자신의 친구가 보내 온 이메일을 포워딩했다. 그 이메일의 제목은 '금발여자에 대한 20가지 농담'이었다. 콜린스는 회사 이메일 주소록을 사용하여 모든 사람에게 "행복한 금요일입니다"라는 제목으로 이메을 보냈고 빌 역시 메일을 열어보았으며 그 중의 몇 가지 농담에 대해서는 웃지 않을 수 없었다.

원래 금발이었던 제인은 그 이메일이 전혀 재미있다고 느낄 수 없었다. 그녀는 그것을 일종의 비난이나 공격으로 받았들였고 그 이메일이 적대적인 근무환경(hostile working environment)을 조성한다는 주장을 하면서 콜린스를 상대로 공식적인 고충처리를 제기하였다. 적대적인 근무환경이라는 용어는 그녀가 회사내에서 성희롱 교육을 받으면서 법률가 강사가 매우 여러 차례 강조했던 말이었다. 빌은 또한 제인이 같은 부서내의 다른 여성들을 규합하여 금발에 대한 농담은 언제나 여성을 비하하는 것으로 결국 여성 전체에 대한 차별이라는 집단적 항의를 준비하고 있다는 소식을 들었다.

빌은 제인을 채용할 때 면담을 했던 적이 있으며 그 당시의 기억을 되살려 볼 때 제인이 그런 일을 가지고 회사 전체를 상대로 소송을 벌일 유형의 사람은 아니었다. 빌은 그녀가 주장하는 적대적인 근무환경이 실제로 심각한 법적 위협보다는 이메일에 대한 그녀의 감정적 반응일 것이라고 생각했다. 그러나 그녀의 항의는 매우 공식적인 성격을 띠고 있었으며 이제 빌은 그것에 대응하지 않으면 안되었다. 유감스럽게도 이메일 커뮤니케이션에 대한 미들랜드의 정책은 공식적이기 보다는 비공식적인 수준에 머물러 있었다. 전에는 그런 이슈 자체가 문제가 된 적이 없었기 때문이다. 사람들은 항상 농담이나 우스개 소리를 서로 이메일로 보내곤 했으며 미들랜드는 종업원들이 무례하거나 모욕적인 내용을 보내지 않는 것은 당연한 종업원들의 상식이라고 생각해 왔다.

IT 직원들은 네트워크와 데이터의 보안에 대해서는 항상 모든 필요한 조치를 취해왔으나 가족 기업의 문화속에서 종업원들의 이메일을 감시한다는 것은 한 번도 생각해 본 적이 없었다. 이제는 이 이슈를 논의하지 않으면 안될 때라고 빌은 느끼기 시작했다.

질문

1. 스티브 콜린스가 이메일을 보낸 것은 잘못된 것이었는가? 왜 그런가?
2. 제인 윌리엄스가 공식적인 이의제기를 한 것이 과도한 반응인가? 그렇게 생각하는 이유는?
3. 종업원들의 프라이버시에 대한 정책이 바뀌는 경우 그것이 미들랜드에 어떤 영향을 미칠 것이라고 생각하는가?
4. 이 사례에서 빌 데이비스가 선택할 수 있는 대안은 무엇인가?

5.2 프라이버시에 대한 권리–빅브라더가 집안에 있다

당신이 만약 어떤 회사에 전화를 걸 일이 있을 때 음성안내를 통한 메뉴를 선택하는 과정에서 실제 원하는 사람과 연결되기 직전에 다음과 같은 메시지를 듣게 될 것이다.

"통화내용은 품질관리 및 교육훈련의 목적을 위해 녹음될 수 있습니다."

자신의 소설 1984에서 조지 오웰은 빅브라더가 당신이 하는 모든 것을 감시하고 당신이 접속하는 모든 정보를 통제하는, 어둡고 암울한 세계를 묘사한다. 종업원의 프라이버시를 옹호하는 사람들은 이제 고용주가 당신이 컴퓨터에서 치는 자판 하나 하나, 당신이 접속하는 모든 웹사이트, 그리고 당신의 모든 통화내용을 감시할 수 있는 기술을 가지고 있다는 점에서 새로운 빅브라더의 등장을 우려하고 있다. 이러한 행동을 정당화시키기 위해 사용하는 대리책임이라는 것은 결국 주주들을 위한 것일뿐 그 과정에서 종업원의 권리나 이해관계는 철저히 무시된다는 것이다.

대리책임의 위협과 감시를 가능하게 해 주는 기술의 발전이 작업환경을 점점

당신이 공공장소에 있거나 텔레스크린의 범위 내에 있을 때 정신을 놓거나 생각이 산만해지는 것은 매우 위험하다. 사소한 것만으로도 당신이 숨기고자 하는 것들이 그대로 드러날 수 있다. 신경질적인 틱(tic) 증상, 불안해 보이는 얼굴, 스스로에게 우물우물 말하는 행위 등 당신이 비정상이거나 무엇인가를 감추고 있다는 사실을 암시할 수 있는 것이라면 그 어떤 것도 위험하다. 사소하게 보일지라도 당신의 얼굴에 부적절한 표정을 짓는 것조차도 징계를 받아야 하는 공격적 행위로 간주된다. 심지어 그것에 상응하는 표정범죄(facecrime)라는 단어도 존재한다.

조지 오웰(George Orwell), 1984, 1권 5장

그림 6.1 컴퓨터 윤리의 10계명

1. 다른 사람들에게 해를 끼치기 위해 컴퓨터를 사용하지 말지어다
2. 다른 사람의 컴퓨터 작업에 개입하거나 간섭하지 말지어다
3. 다른 사람의 컴퓨터 파일을 엿보거나 기웃거리지 말지어다
4. 컴퓨터를 이용하여 도둑질하지 말지어다
5. 컴퓨터를 이용하여 거짓 증언하지 말지어다
6. 돈을 지급하지 않은 소프트웨어를 복사하거나 사용하지 말지어다
7. 다른 사람의 컴퓨터를 허락이나 댓가없이 사용하지 말지어다
8. 다른 사람의 지적 결과물을 네 것처럼 사용하지 말지어다
9. 네가 만드는 프로그램이나 설계하는 시스템이 사회적으로 미치는 영향을 반드시 기억할지어다
10. 항상 다른 인간들을 배려하고 존중할 수 있는 방향으로 컴퓨터를 활용하도록 할지어다

출처: Computer Ethics Institute, "Ten Commandments of Computer Ethics," *Computer Professionals for Social Responsibility*, http://cpsr.org/issues/ethics/cei

! Key Point

비판적 관점을 가진 사람들은 종업원에 대한 지속적인 감시가 이미 스트레스로 가득차 있는 종업원들을 더욱 힘들게 만들 뿐이라는 점을 강조한다. 당신은 어떻게 생각하는가?

더 오웰이 묘사한 세계로 몰고가고 있을 수도 있다. 그러나 장기적으로 기술발전이 어떤 결과를 초래할 것인가? 자칫 그러한 움직임이 종업원의 이직을 증가시켜 채용과 교육훈련 비용을 증가시키고 생산성에 매우 부정적인 영향을 미칠 수 있다. 완벽하게 통제된 작업장을 만드는 것이 법적 대리책임을 면하게 해 줄 수는 있으나 종업원들로 하여금 실험실의 쥐라는 느낌을 가지게 만들고 회사를 떠나게 할 수 있기 때문이다.

✓ 이해도 확인 질문

13 위의 10계명 중에서 어떤 것이 윤리적으로 가장 강한 메시지를 담고 있는가? 왜 그런가?
14 **대리책임**이 무엇인가를 정의하라
15 인터넷 소통과 관련된 소송에서 가장 빈번하게 등장하는 4개의 범주를 제시하라.
16 **사이버책임**이라는 용어를 정의하라.

결론

컴퓨터 윤리협회(The Computer Ethics Institute)는 기술을 적절하게 활용하는 것과 관련된 몇가지 단순한 가이드라인을 제공한다. 그러나 기술의 진보가 과연 기술친화적인 새로운 윤리학을 필요로 하는 것인지에 대한 논쟁은 여전히 지속되고 있다. 기술과 관련된 이슈들을 시의적절하게 논의하기 위해서는 우리가 앞의 7장에서 논의해왔던 변수들이 기술로 인해 실제로 얼마나 많은 변화가 발생했는가를 이해해야 한다. 우리는 여전히 동일한 이해관계자들을 말하고 있고 격심한 경쟁상황에서 사업을 추진하고 있다. 변한 것은 이러한 거래들이 발생하는 플랫폼이며 더욱 중요한 것은 거래가 이루어지는 속도다.

전화통화를 녹음할 때 적용하는 규칙들이 이메일을 감시할 때도 동일하게 적용되어야 하는가? 이 모든 기술의 도래로 인해 우리의 직장생활이 극적으로 변화하였다는 사실을 직시해야 한다. 우리는 과거보다 오히려 더 많은 시간을 일에 쏟으며 일에 대한 지속적인 접속이 가능해졌다는 것은 일과 개인생활을 구분하는 경계가 더욱 더 희미해졌다는 것을 의미한다. 이러한 변화가 균형을 잡기 위해서는 사용자가 긴급한 상황을 이유로 우리의 개인 삶에 개입할 가능성이 높아진만큼 종업원이 스스로 자신의 근로시간을 유연하게 선택할 수 있는 가능성이 높아져야 한다. 그러나 과연 실제로 당신의 일에 있어서 이 모든 일이 실제로 발생하고 있는가? 만약 당신이 이러한 논쟁이 지나치게 언론에 의해 과장된 것이라고 생각한다면 종업원에 대한 감시능력을 설명하는 다음 내용을 참고하라.[9]

실제로 근무현장에서 종업원을 감시하기 위한 매우 치밀하고 다양한 도구들이 개발되어 활용되고 있다. 다음은 그 예들이다.

- 누설감지를 전문으로 하는 패킷스니핑(packet-sniffing) 소프트웨어는 종업원 이메일, 대화방의 채팅, 파일 공유, 인터넷 브라우징 등을 포함하여 네트워크에서 빌생한 모든 커뮤니케이션을 가로채고 분석하며 저장한다. 회사의 네트워크를 이용하여 자신이 직접 개설한 개인적인 이메일 계정에 접속하는 종업원들의 정보는 보호받지 못한다. 아무리 개인적인 계정이라고 해도 회사의 네트워크를 통해 접속되는 한 그것은 언제든지 감시당할 수 있다.
- 자판 키 자동기록장치(keystroke logger)를 이용하는 경우 종업원이 컴퓨터 자판에 쳤던 모든 키를 찾아낼 수 있다. 이 시스템은 심지어 타이프된 정보들을 기록하여 이를 삭제할 수도 있다.

- 전화감시는 미국의 작업장에서 매우 광범위하게 사용되고 있다. 일부 회사에서는 전화 내용을 자동적으로 모니터하고 필요한 경우 개입해서 통화를 정지시키는 시스템을 사용하고 있기도 하다.
- 비디오 감시도 미국내 많은 작업장에서 사용되고 있다. 많은 경우 비디오 감시장치는 화장실, 휴게실, 탈의실에 설치되어 운영된다. 미국 연방법에 따르면 비디오 감시는 카메라가 대중이 접근할 수 있는 장소나 공간에 초점이 맞추어져 있는 경우에 허용된다. 그러나 화장실 칸막이 내부 등과 같이 종업원이나 고객이 프라이버시를 당연하게 기대하는 장소에 설치된 비디오는 소송대상이 될 수 있다.
- 스마트 ID카드는 종업원이 회사 내에서 이동하는 경로와 위치를 추적할 수 있게 해준다. 위치추적을 통해 사용자는 종업원이 보건위생을 위해 화장실 세면대에서 충분한 시간을 들여서 손을 씻는지 여부까지 확인이 가능하다. 새롭게 개발된 카드들은 카드를 패용한 종업원이 현재 어느 방향을 향해 서 있는지까지 알아낼 수 있다.

사례 읽기: 마무리

컴퓨터월드의 문제들—스티브가 결단을 내리다

스티브는 오랫동안 열심히 자신이 어떻게 해야 할 것인지를 숙고했다. 새로운 신입직원으로서 자신이 문제를 일으키는 사람으로 찍히는 것을 결코 바라지 않았을 뿐 아니라 대부분의 시간 동안은 래리와 일하는 것이 즐거웠기 때문이다. 그리고 결과적으로 누구에게도 해가 되는 일은 아니었지 않은가. 죤슨씨는 보증기간을 이용하여 새로운 하드 드라이브를 얻었고 컴퓨터월드는 교체작업을 해 줌으로써 제조업체와의 계약을 유지할 수 있었다. 그리고 그러한 계약이야말로 래리와 스티브가 현재의 직장을 가질 수 있는 이유이기도 하다. 래리는 약간의 편법을 사용하여 어차피 파괴될 드라이브를 다음 주 중고시장에 팔려고 하는 것 뿐이다. 회사의 매뉴얼에 따르면 교체된 드라이브는 구멍을 뚫어서 폐기해야 한다. 제조업체들이 그것을 가져다 무엇을 할 수 있겠는가? 다 부순 다음 재활용을 할 수 있을까? 상태가 훌륭한 드라이브를 낭비하는 것 아닌가?

"래리는 믿을 만한 친구야"라고 스티브는 생각했다. "시장에 드라이브를 팔기 전에 반드시 내용을 삭제하겠지 뭐". 시간이 좀 흐르면서 스티브는 어느 새 래리와 한 팀이 되어 있었다. 래리는 그에게 모든 편법을 가르쳐주었으며 둘은 보증기간이 남아있는 중고 부품을 팔아서 짭짤한 수입을 올리고 있었다.

그러나 두 달 후 죤슨씨는 중고시장에서 하드 드라이브를 구매한 사람으로부터 전화를 받았다. 그에 따르면 자신에게 그것을 판매한 사람은 드라이브의 내용이 모두 삭제되었다고 말을 했으나 실제로 집에서 그것을 설치하자마자 죤슨씨의 모든 개인 정보가 그대로 남아있었다는 것이다.

질문

1. 이 사례에서 스티브가 할 수 있었던 다른 선택이나 행동은 무엇이었을까?
2. 앞으로 사건이 어떻게 전개될 것이라고 생각하는가?
3. 이 상황이 스티브, 래리, 죤슨, 그리고 컴퓨터월드에 미칠 영향은 무엇인가?

복습하기

1. 최근 기술진보가 가져온 영향이나 결과들을 검토하라.

기술진보가 효율성이나 생산성을 크게 개선시켰다는 점은 명백하지만 아직 그것이 윤리적인 영역에 발생시킬 영향에 대해서는 충분한 논의가 검토가 부족한 것이 사실이다. 모든 종업원이 컴퓨터를 가지고 작업을 하는 것은 매우 신속한 일처리와 소통을 가능하게 하지만 사용자는 그가 보낸 모든 이메일이나 접속한 사이트를 모두 감시하고 파악할 수 있다. 또한 특정 회사의 웹사이트에 회원으로 등록한 고객들은 그 회사가 그 정보들을 어떻게 사용할지 그리고 안전은 어떻게 확보될 수 있는지에 대해 명확히 이해하지 못하는 경우가 많다.

2. 근무 중 프라이버시에 관한 사용자와 종업원간의 대립적 관점을 설명하라.

사용자의 관점은 기본적으로 점심식사와 사전에 예정된 휴게시간을 제외하고는 종업원의 모든 활동은 일과 관련된 것이어야 한다는 전제에서 출발한다. 일과 관계없는 웹 서핑이나 이메일 송수신은 회사 시간과 재산을 남용하는 것이다. 감시 소프트웨어를 활용하여 종업원의 그러한 행동을 모니터링하는 것은 프라이버시에 대한 침해가 아니라 회사 재산을 지키기 위한 정상적이고 당연한 활동이다.

이와는 반대로 종업원들은 자신들에 대한 감시활동을 시민권에 대한 명백한 침해라고 주장한다. 노트북 컴퓨터와 스마트폰만 있으면 언제 어디서나 연결이 되는 현재 세상에서 일과 가정의 경계는 모호해지고 있으며 따라서 종업원들에게도 근로시간을 유연하게 선택할 수 있는 기회가 주어져야 한다. 종업원들은 신뢰의 관점에서도 문제를 제기한다. 만약 사용자가 끊임없이 종업원들을 감시해야만 한다면 애초에 뭐하러 우리들을 채용했단 말인가!

3. 소극적 동의와 적극적 동의를 구분하라.

실업률이 매우 높은 경제적 상황에서 이메일과 웹활동을 감시하겠다고 회사가 공식적으로 종업원들에게 통지를 하고 이에 반대하는 경우 회사를 나가줄 것을 요청하는 상황이라면 이 경우 종업원의 동의는 소극적 동의에 해당한다. 감시에 반대하는 경우 다른 선택가능한 옵션이 거의 없는 상황이기 때문이다.

만약 일자리가 풍부하고 시장에서 본인이 보유한 경험이나 스킬에 대한 수요가 많은 경우 등과 같이 종업원에게 다른 선택이 가능한 상황이라면 회사의 감시정책에 대한 종업원의 동의는 적극적 동의라고 할 수 있다. 만약 감시정책을 받아들이기 힘들다고 판단하는 경우 회사를 나가서 다른 일자리를 찾는 현실적인 대안이 존재하는 상태에서의 동의이기 때문이다.

4. 대리책임 개념을 설명하라.

대리책임은 자신이 직접 사고에 관련되어 있지 않더라도 그로 인해 발생한 부상이나 손해에 대해 책임을 져야 할 수도 있다는 법적 개념이다. 대리 책임이 시사하는 바는 사용자가 종업원의 행동에 대한 책임을 지게 된다는 것이다. 그러나 종업원이 업무를 수행하는 과정에서 취하는 행동에 대한 책임은 과거에도 늘 존재해왔던 것으로 새로운 것은 아니다. 지금 새롭게 요구되는 것은 싸이버 책임으로 웹서핑이나 이메일 등과 같은 종업원의 인터넷 활동이 마치 회사의 로고와 주소가 인쇄된 용지에 작성된 공식적인 문서와 마찬가지로 간주되는 것을 의미한다. 따라서 종업원이 근무중에 하는 부적절하거나 모욕적인 행위, 또는 비윤리적이거나 불법적인 행동은 회사에게 심각한 대리 책임을 야기시킨다. 그러한 관점에서 보면 감시 소프트웨어는 회사가 예전부터 바랬으나 과거에는 할 수 없었던 종업원 감시를 할 수 있는 기술을 제공한다.

5. 종업원에 대한 회사의 감시능력을 평가하라.

작업환경에 종업원을 감시하기위한 장치가 도입된 것을 역사적 순서로 보자면 전화감시가 수십년 전부터 가장 일찍 도입되었다. 통화를 자동적으로 저장하는 기술이 개발되기 전에도 이미 전화교환수가 통화내용을 직접 개입해서 들을 수 있었기 때문이다. 비디오 감시는 사무실이나 공장에서 보안상 중요한 지점에 주로 활용되다가 지금은 공장 전체를 비디오로 감시하는 수준까지 도달했다.

컴퓨터 기술의 급속한 발전과 싸이버 책임에 대한 인식이 증가함에 따라 컴퓨터 키보드에서 눌려졌던 모든 자판을 복원해내는 키 자동기록 소프트웨어의 발달을 가져왔다. 이와 유사하게 정보 덩어리를 분해해서 조그만 패킷으로 만들어 인터넷을 통해 전송하는 기술을 활용한 패킷 스니핑 소프트웨어는 네트워크에서 이루어진 모든 커뮤니케이션을 가로채고 분석하고 저장할 수 있다.

가장 최근의 기술적 진보는 스마트 ID카드로 이것을 활용하면 카드 소지자가 작업장 내에서 어디에 있는지를 추적할 수 있다. 배송 트럭에 사용되는 GPS와 마찬가지로 이제 회사는 스마트 카드를 통해 당신이 어디에 있는지를 실시간으로 알 수 있다.

핵심용어

대리책임(vicarious liability)
사이버책임(cyberliability)
소극적 동의(thin consent)
엑스트라넷(extranet)
인트라넷(intranet)
재택근무(telecommuting)
적극적 동의(thick consent)

복습을 위한 질문

1. 당신은 근무 중에 웹사이트를 종업원이 찾아볼 수 있어야 한다고 생각하는가? 왜 그런가?
2. 당신이 일하는 직장에서는 전화통화가 감시되고 있는가? 만약 그렇다면 당신은 그에 대해 어떻게 느끼는가? 당신 회사에서는 현재 통화내역이 녹음되고 있지 않고 있으나 만약 회사가 감시정책을 새롭게 도입한다면 어떻게 느낄 것인가?
3. 누군가가 당신 회사 이메일 주소로 매우 불쾌하고 모욕적인 메일을 보냈다면 당신은 어떻게 할 것인가? 그 메일을 그저 지워버리는 것으로 만족할 것인가 아니면 그 사람에게 한마디 해 줄 것인가?
4. 만약 당신이 재택근무를 할 기회가 생긴다면 집에서 근무를 할 것인가? 재택근무를 하기 위해서는 회사가 당신의 모든 전화와 컴퓨터 자판을 감시한다는 것을 허락해야만 한다면 그래도 여전히 재택근무를 할 것인가? 왜 그런지 이유를 설명하라.
5. 당신은 회사가 제공한 블랙베리 휴대폰을 막 지급받았다. 회사의 입장에서는 당신이 중요한 이메일이나 전화를 놓치지 않기를 바라기 때문이다. 이 경우 당신은 밤낮으로 걸려오는 전화나 이메일에 응답해야 한다는 의무감을 과거보다 더 크게 느끼는가? 왜 그런가?
6. 당신은 그 블랙베리폰을 개인적인 통화나 이메일에도 사용할 것인가? 왜 그런가?

복습을 위한 연습문제

유혹 없애기 나는 디자인 소프트웨어를 만드는 회사인 매트릭스 테크노로지의 고객서비스 이사다. 우리는 새로운 패치나 버그 치료를 위한 파일 등의 프로그램을 고객들이 자유롭게 다운로드받을 수 있는 고객 서비스 액스트라넷 서비스를 최근 업그레이드했다. 대부분 고객들의 초기 반응은 매우 긍정적인 것으로 나타났다. 새로운 프로세스는 간편하고 빠르고 신뢰할 수 있다는 의견이 지배적이었다. 한마디로 모든 고객들은 그 사이트를 사랑했다. 지방 정부 고객만을 제외한다면 말이다. 우리의 업그레이드된 사이트는 이들에게 전혀 도움이 되지 못했으며 그 이유는 나를 당황스럽게 만들었다. 금년 초 이 고객은 모든 데스크 컴퓨터로부터 인터넷에 접속하는 선을 다 끊기로 결정하였고 인터넷에 접속 자체가 불가능하니 당연히 우리 사이트로부터의 다운로드 역시 불가능했다는 것이다. 그 쪽의 IT 책임자에게 지금 나를 놀리는 것이냐고 묻자 오히려 그는 내게 크게 화를 냈다. 사정은 이러했다. 과거 그 IT부서에서는 조직의 전체 시스템에 감시 소프트웨어를 깔았고 이를 통해 종업원들이 근무시간의 40%를 웹서핑을 하면서 보낸다는 사실을 발견하게 되었다. 이들이 접속하는 사이트들은 주로 뉴스나 예능관련 사이트였으나 어떤 경우는 얼굴을 붉히게 만드는 음란 사이트에 접속하는 경우도 없지 않았다. 이를 알게 된 정부의 대응은 신속하고 강력했다. 종업원들은 어느 날 아침 출근하자마자 더 이상 자신들의 컴퓨터에서 웹사이트로의 접속이 불가능하다는 사실을 알게 되었다. 사정이 이러하니 귀찮기는 하지만 이제 어쩔 수 없이 우리가 직접 업그레이드된 CD들을 24개의 지역 사무소들에 일일이 보내는 수 밖에 없게 되었다.

1. 매트릭스의 고객은 이 상황을 잘 해결했다고 생각하는가?
2. 이 상황은 매트릭스의 고객 회사에 있는 종업원들에게 어떤 메시지를 전달하는가?
3. 이 사례에서 다른 선택 대안은 없는가?
4. 다운로드되어야 하는 소프트웨어 패치들이 고객의 업무를 크게 돕는다는 점을 고려할 때 매트릭스가 이 문제에 깊이 개입해서 도와주어야 하는 윤리적 책임이 있는가?

인터넷활용 연습문제

1. 랜드(RAND) 센터의 기업윤리 및 지배구조(Corporate Ethics and Governance: COEG) 사이트를 방문하라.(www.rand.org/jie/centers/corporate-ethics.html.)
   a. COEG는 무엇을 하는 곳인가?
   b. COEG의 세가지 목적은 무엇인가?
   c. 현재 진행중인 COEG의 연구 프로젝트들을 선택하여 요약정리하라.
2. 전자 프론티어 재단(Electronic Frontier Foundation: EFF) 사이트를 방문하라.(www.eff.org)
   a. EFF는 무엇을 하는 곳인가?
   b. EFF가 추진하고 있는, 블로거의 권리(Bloggers' Rights) 프로젝트는 어떤 것인가?
   c. 열려진 모바일 운동(Open Wireless Movement)이란 무엇인가?

팀 연습문제

1. 언제 당신은 근무중인가?

두 개의 팀을 만들어라. 한 팀은 종업원 감시에 대한 사용자의 관점을 방어해야 한다. 다른 팀은 종업원의 입장과 관점을 지지해야 한다. 여러분이 실제 일을 통해 경험했던 회사들의 정책이나 그 때 가졌던 느낌을 활용하라.

2. 새로운 과금(billing) 시스템

기업고객에 대한 새로운 과금 시스템이 개발 중에 있으며 에러를 체크하고 통제하는 데 얼마나 많은 투자를 해야하는지에 대한 논의가 계속되고 있다. 하나의 대안으로 제시된 방안을 검토한 결과 전체 프로젝트 비용을 약 40% 이상 증가시키기는 하지만 데이터 베이스의 품질과 과금의 정확성을 획기적으로 개선시키는 것으로 나타났다. 그 돈을 투자하지 않는 경우 일부 중간 규모 고객들에게 비용이 과다청구될 위험이 증가한다. 참가자들을 두 개의 그룹으로 나누어서 에러 체크 및 통제 시스템에 대한 투자를 하는 방안과 하지 않는 방안을 서로 설득하면서 토론하도록 하라. 각 팀이 논리를 준비하는 과정에서 각 대안의 선택이 어떻게 이해관계자들에게 영향을 미치며 불만족을 느끼는 고객들에게 어떻게 대응할 것인지를 반드시 포함시키도록 하라.

3. 이메일 프라이버시

두 그룹으로 나누어서 다음과 같은 행동을 찬성하는 측과 반대하는 측의 논리를 준비하도록 하라. 상황은 다음과 같다.

"당신의 회사는 종업원이 회사 컴퓨터에서 하는 어떤 활동도 감시 대상이 된다는 명확한 방침을 가지고 있다. 당신은 25명의 직원이 일하는 지역 사무실의 책임자이다.

당신은 방금 최근 3회 연속으로 자신의 월별 목표를 달성하지 못한 직원을 해고하였다. 그는 해고 소식에 매우 화가 났으며 자신의 자리로 돌아가서는 경비가 그를 에스코트해서 회사밖으로 내보내기 전 10분 동안 자신의 컴퓨터 자판을 미친 듯이 두드리고 있었다.

그의 컴퓨터를 폐쇄하기 위해 도착한 회사의 IT 전문가는 그의 컴퓨터가 개인 G메일 계정에 접속된 상태이며 그가 해고를 통보받은 후 회사 컴퓨터에서 그 계정으로 여러 개의 이메일이 대용량 파일들이 첨부된 상태로 발송되었다는 사실을 발견하였다. IT 전문가는 당신이 이메일의 내용들, 특히 첨부된 파일의 내용을 살펴볼 필요가 있다고 제안한다. 당신은 그의 이메일과 첨부파일을 들여다 보아야 할까?"

4. 소프트웨어 저작권 침해

두 개의 팀을 나누어서 다음과 같은 행동에 대해 찬성하는 측과 반대하는 측의 논리를 준비시켜라. "당신은 혼자서 그래픽 디자인 회사를 운영하고 있으며 조그만 프로젝트를 수행하거나 큰 그래픽 회사의 일을 하청받아서 하고 있다. 당신은 최근 지역 전문대학에서 그래픽 디자인 강의를 맡아서 가르치는 객원교수로 채용되었다. 학교 강의실에 있는 컴퓨터에 제대로 된 프로그램들이 깔려있는지를 매번 확인하는 것이 불편해서 당신은 당신의 노트북을 강의에서 사용하기로 했고 학교의 IT 부서는 당신의 컴퓨터에 당신이 가지고 있는 그래픽 디자인 소프트웨어의 가장 최신 버전을 깔아주었다. 당신의 사업은 그다지 좋은 상태는 아니었기 때문에 자신의 소프트웨어를 업데이트할 수 있는 돈이 부족했던 상황이었으며 학교가 제공한 소프트웨어는 당신의 프로그램보다 4단계 버전이 업그레이드된 것으로 매우 유용한 기능들이 많이 포함되어 있었다.

당신은 비록 강사료가 많지는 않아도 강의실에서 학생들을 가르치는 것을 즐기고 있다. 이 일을 하면서 얻은 또 다른 이익이라고 한다면 학교에서 노트북에 깔아 준 최신 버전의 소프트웨어를 사용한 결과 당신이 수행하고 있던 프로젝트를 훨씬 생산적으로 진행할 수 있었다는 점이다. 게다가 프로젝트 결과를 종종 강의실에서 학생들에게 샘플로 사용하기도 하니까 당신의 행동을 결코 비윤리적이라고 비난할 수는 없을 것이다." 이런 생각이 옳은가?

비판적으로 생각하기 8.1

인스타그램(Instagram): 서비스 조건 변경의 위험

2012년 4월 소셜 미디어의 거인인 페이스북이 인기있는 사진 공유 서비스 업체인 인스타그램을 10억 달러에 인수했다. 월 스트리트의 어낼리스트들은 이 거래를 환상적인 궁합이라고 극찬을 아끼지 않았다. 수천만 회원을 보유하고 있는 인스타그램은 페이스북에 접속하는 수억명의 사용자들에게 접근할 수 있는 길이 열렸으며 페이스북 역시 더 많은 사용자들을 끌어들일 수 있는 새로운 서비스를 추가할 수 있었다. 그러나 거래가 이루어진 지 몇 개월이 채 지나지 않아서 거래의 진정한 아젠다가 무엇이었는지가 명확하게 드러났다. 인수될 당시 인스타드램은 열정적이고 충성도가 높은 사용자 기반을 확보하는 한편 이것을 통해 수입을 창출할 수 있는 비즈니스 모델을 모색하고 있었다. 그 해답은, 지루하고 법조문같은 딱딱한 표현이어서 대부분의 사용자들이 읽어보려고 시도조차 하지 않는, 인스타그램의 서비스 조건(terms of service: TOS)에 있는 짧은 조항에 있었다. 인스타그램은 다음과 같은 내용으로 서비스 조건을 변경하려고 했다.

"유료 혹은 스폰서를 끼고 필요한 내용이나 프로모션을 하도록 하기 위해 당신은 특정 회사가 인스타그램에게 돈을 지급하면 인스타그램은 당신의 사용자 이름, 취향, 사진, 당신이 주로 하는 활동 등에 관한 정보를 당신에게 별도의 보상없이 그 회사에 제공할 수 있다는 것에 동의한다."

이를 쉽게 말하자면 인스타그램은 사용자의 동의나 사용자에 대한 보상없이 사이트에 올려진 사진들과 사용자 계정에 연결된 정보들을 판매할 권리를 가진다는 것이다. 이미 10억개 이상의 사진들이 올려져 있는 상황에서 재정적으로 돈이 될 수 있는 정보나 아이템을 발견할 수 있는 가능성은 매우 높았지만 그러나 이 회사는 사용자들이 자신들의 사진이나 개인적 정보에 대해 얼마나 강한 애착을 가지고 있는지를 과소평가하는 오류를 범했다. 사용자들은 매우 격렬한 반발을 보였으며 이러한 반응은 회사를 깜짝 놀라게 했다. 개인 사용자들은 떼를 지어 집단적으로 계정을 닫는 한편 회사의 행동을 비난하는 트윗과 페이스북 포스트를 만들어서 게시했다. 내셔널 지오그래픽이나 마크 주커버그(Mark Zuckerberg) 등 일부 유명인사들과 상업적 목적의 사용자들은 그 일이 있은 후 곧 자신들의 계정을 정지시키고 올려진 사진들을 삭제하였다.

공동 창업자인 케빈 시스트롬(Kevin Systrom)은 웹사이트에 있는 회사 블로그를 이용하여 매우 신속하게 대응하였다. 그는 이 문제가 오해에서 비롯된 것으로 인스타그램이 고객의 사진과 개인정보를 판매하려고 한다는 것은 회사의 의도가 아니며 잘못된 해석이라는 점을 분명히 했다. "명확히 말하건대 사용자들의 사진을 판매하려는 것은 결단코 우리의 의도가 아니다. 현재 우리는 서비스 이용조건에 이 점을 분명히 하기 위해 작업중이다."

시스트롬이 신속하고 효과적인 대응을 했다는 점에 대해서는 점수를 줄 수 있지만 만약 인스타그램이 사용자들의 사진이나 개인정보를 팔 의도가 없었다면 의문은 여전히 남는다. 그렇다면 도대체 서비스 이용조건을 그렇게 바꾸려고 했던 이유는 무엇이란 말인가?

이것을 이해하기 위해서는 새롭게 인스타그램의 모회사가 된 페이스북을 주목해야 한다. 페이스북이 최근에 실시한 최초의 기업공개는 지나치게 과도하게 예상된 매출액을 근거로 공모가가 책정되었다는 점에서 시장에서 그다지 긍정적인 평가를 받지 못했다. 비판자들은 인스타그램이 서비스 조건을 변경하려고 한 진정한 의도는 바로 페이스북으로 하여금 잠재적인 광고주들에게 개인 사용자들에 대한 세부적인 프로파일 정보를 제공할 수 있도록 하기 위한 것이었다는 것이다.

실제 운영측면에서 설명하자면 인스타그램은 당신이 사이트에 올린 개나 고양이 사진들에 관한 정보를, 이제는 애완동물과 관련된 제품이나 서비스를 제공하는 광고주들에게 제공할 수 있는 권리를 가지고 있다는 것이다. 비판가들이나 혼란스러운 사용자들은 새롭게 개정된 서비스 이용조건에 대한 자기들 나름대로의 해석에 근거해서 얼마든지 자유롭게 인스타그램을 비판할 수는 있지만 한 가지 질문은 여전히 남는다. 그들은 어떻게 서비스가 계속 무료로 이용될 수 있을 것이라고 생각한단 말인가?

인스타그램의 행동에 비판적인 사람들은 이 사례를 반면교사로 삼아서 개정된 서비스 이용조건을 정확히 읽어 보지도 않고 동의하는 것의 위험성을 널리 알리는 노력을 하고 있다. 그러나 서비스 이용조건 자체가 법률적인 용어로 가득 차 있어서 의미를 파악하기 어렵고, 종종 여러 페이지에 걸쳐 길게 제시되어 있고, 당신이 사용하려고 했던 서비스를 찾아서 막 이용하려고 하기 직전이나 혹은 구매를 하려고 하기 직전에 동의를 요구하기 때문에 고객이 신중하게 검토하고 대응하는 경우는 많지 않다. 그럼에도 불구하고 위 사례는 도크레시(Docracy)라는 새로운 서비스 사이트에 대한 관심을 불러 일으켰다. 도크레시는 웹상에서 발생하는 수천개의 서비스 이용조건 변경사항들을 일일이 다 추적하여 고객의 관점에서 이를 감시하는 역할을 수행한다.

2016년 3월 인스타그램은 가입자들이 받게 될 공지사항들이나 그들이 보게 될 이미지들의 순서를 결정하는 피드 알고리즘을 바꾼다고 발표하였다. 모기업인 페이스북의 알고리즘과 연결시키기 위해서라는 것이 그 이유였으며 실제로 그러한 변화가 효과를 발휘하기 위해서는 몇 개월간의 시간이 필요했음에도 불구하고 사용자들의 불만과 반발은 즉각적으로 나타났다.

질문

1. 무엇이 인스타그램으로 하여금 서비스 이용조건을 변경하도록 만들었는가?
2. 비판자들과 많은 인스타그램의 고객들은 그러한 조건변경에 매우 강하게 반대했다. 회사측의 판단에 실수가 있었는가? 실수가 있었다면 그 이유는 무엇이었는가?
3. 서비스 조건 변경을 둘러싼 인스타그램의 여론대응은 적합했는가? 그 이유를 설명하라.
4. 인스타그램은 이 상황을 다르게 접근하고 해결할 수 있었는가? 알고리즘의 변경이 문제를 해결하기에 충분하다고 생각하는가? 그 이유는 무엇인가?

출처: Sam Gustin, "Lesson from Facebook's Instagram Photo Flap," *Time.com*, December 19, 2012; Will Oremus, "Everyone Is Ignoring the Much Bigger Problems with Instagram's New Privacy Policy," Slate.com, December 19, 2010. "After Instagram Controversy, a watchdog site tracks shifting terms of service," *The Verge*, February 6, 2013; and Daniel Victor, "Instagram Is Changing Its Feed But (Calm Down) Not Yet", *The New York Times*, March 30, 2016.

비판적으로 생각하기 8.2

폭스바겐: 배기가스 조작장치

환경보호와 지속성에 대해 그토록 깊이 헌신해왔다고 자부하는 폭스바겐에게 미국 환경보호청(Environmental Protection Agency, EPA)이 2015년 9월 이 회사가 미국에서 판매한 50만대의 차량에 배기가스 테스트를 속이기 위한 정교한 소프트웨어를 장착했다는 혐의를 제기한 것은 재앙과도 같은 사건의 시작이었다.

컨설팅회사 프라이스워터하우스쿠퍼가 리뷰를 한 폭스바겐의 2014년 지속가능 보고서에는 156쪽에 걸쳐 **환경**이라는 단어가 335회 등장한다. 세계에서 가장 큰 자동차 제조기업인 폭스바겐은 장기적 지속 가능성에 크게 기여할 수 있는 클린 버닝 디젤엔진을 개발하여 환경보호에 관심이 있는 수만명의 고객들을 확보하면서 명성을 쌓아왔다.

사건이 알려지면서 초기에 추정되었던 50만대는 빙산의 일각인 것으로 판명되었다. 폭스바겐이 배기가스 조작 장치가 설치된 차량

을 천백만대 정도로 인정했기 때문이다. 스캔들이 확대되면서 최고 경영자인 마틴 빈터콘(Winterkorn)은 사임하게 되었고 상황을 해결하기 위해 폭스바겐은 70억 달러 이상의 예산을 배정한 상태이다. 그러나 그것으로 충분할 것인지는 단언하기 어렵다.

조작 소프트웨어는 제타(Jetta), 비틀(Beetle), 골프(Golf), 아우디(Audi) A3 등에 장착되는 4기통 EA 189 디젤엔진을 위해 특별히 만들어진 것으로 이 자동차들은 폭스바겐 글로벌 매출의 25% 이상을 차지하고 있는 주력 차종이다. 소프트웨어의 목적은 해당 엔진들이 규제기관이 설정한 배기가스 배출기준을 준수하는 것처럼 믿도록 만드는 것이었다. 그러나 실제로는 이 엔진들에서 배출되는 유해물질, 특히 질소 산화물은 규정치의 40배 이상인 것으로 나타났다.

조사가 진행되고 더 많은 증거가 쌓이면서 소프트웨어의 계산 로직의 오류라든가 혹은 컴퓨터 오류 등 폭스바겐이 기댈 수 있는 변명은 설 자리를 잃었다. 해당 소프트웨어는 의도적으로 만들어진 것이라는 명백한 자료들이 발견되었기 때문이다. 폭스바겐은 이 문제에 대해서 여전히 이해관계자들이나 미디어를 대상으로 한 설명에서 '불일치'(discrepancies) 혹은 '편차'(deviations)라는 용어를 사용하고 있다. 그러나 미국 법무부는 '조작장치'(defeat devices)라는 용어를 사용하면서 폭스바겐의 그러한 행위에 대해 형사 사건으로 간주하여 조사를 한다는 입장을 명확히 밝히고 있다. 형사 사건으로 유죄를 선고받는 경우 폭스바겐은 차량 당 37,500달러, 차량 규모를 고려하는 경우 최대 180억 달러의 벌금을 물어야 하며, 폭스바겐이 대응 예산으로 책정한 70억불로는 도저히 감당이 되지 않는 천문학적인 규모이다.

이러한 상황에 대한 주식시장의 반응은 신속하게 나타났다. 법무부의 조사결정 발표가 난 당일 폭스바겐의 주가는 17% 하락하여 하루 동안 15억 달러의 회사 가치가 사라지게 되었다. CEO이었던 빈터콘이 급작스럽게 사임한 후 그 자리에 새롭게 임명된 전임 포르쉐 책임자 마티아스 뮐러(Muller)는 향후 이루어질 조사 과정에서 최대한 투명성을 보여주겠다는 각오와 함께 잃어버린 고객의 신뢰를 되찾는 일이 자신의 가장 큰 과제라고 밝힌 바 있다.

그러나 2016년 1월 스캔들이 터진 후 4개월이 채 지나지 않은 시점에서 뮐러의 약속은 법무부 조사관들에 의해 그 신실성이 의심받고 있다. 폭스바겐은 독일 규제당국과 엄격한 프라이버시 법의 테두리 안에서 적극적인 협력을 하고 있다고 주장하고 있으나 바로 그 법을 근거로 미국 규제 당국의 정보 요청에 따르지 않고 있기 때문이다. 독일 연방정보보호법은 유럽연합(EU) 외부로부터의 정보접근을 제한하고 있다. 폭스바겐은 자사가 최대한의 투명성을 가지고 조사에 임하고 있다는 점을 여전히 강조하지만 그럼에도 불구하고 본국의 법 규제 때문에 정보제공이 어렵다는 입장을 취하고 있는 것이다.

폭스바겐에 대해 매우 강경한 비판적 입장을 취하는 사람들은 뮐러가 고객들의 신뢰를 얻기 위해 노력할지는 모르지만 폭스바겐이 범한 잘못은 지속 가능성 및 CSR에 매우 커다란 부정적 영향을 미칠 것이라는 점을 강조한다. 예를 들어 브리티시 페트롤리움(British Petroleum, BP)의 경우 멕시코만에 위치한 딥 호라이즌(Deep Horizon) 시추 시설에서 폭발이 발생하며 대량의 원유가 바다로 유출되는 사고를 당했다. 이로 인한 엄청난 평판의 추락에 대응하기 위해 BP는 '원유를 넘어서'(Beyond Petroleum)라는 캐치 프레이즈를 내 걸고 새로운 혁신을 하겠다는 각오와 헌신을 선언한 바 있다. 비판자들은 탄소 산화물에 비해 지구 온난화에 300배 이상 부정적 영향을 미치는 공해물질 배출 사실을 은닉하려는 폭스바겐의 행위는 회사가 아무리 스스로 환경보호에 헌신하고 있다고 주장한다고 해도 투자자들과 고객들의 믿음을 얻기에는 부족하다고 지적한다.

환경보호청(EPA)의 발표가 있은 지 6개월이 지나는 동안 폭스바겐에게 상황은 나아지지 않았다. 조작 장치가 폭스바겐이 영업을 위해 공격적으로 강조했던 엔진 효율성을 높이면서 동시에 오염물질 배출 테스트를 통과하기 위해 의도적으로 만들어진 것이었기 때문이다. 차량이 배기가스 규제 기준을 통과하지 못한다는 것은 곧 폭스바겐이 차량 구매자들에게 이에 대한 보상을 해야 한다는 것을 의미하지만 금전적인 보상이 제공되어야 하는지 혹은 차량을 교체해 주어야 하는지 등 구체적인 내용은 아직 정해지지 않은 상태이다. 환경보호청이 부과하는 벌금과 법무부의 판결에 따라 정해질 페널티가 어느 정도가 될 것인가 하는 문제도 아직 미지수이다. 이러한 문제들은 장시간에 걸친 법정 소송을 통해 구체화되고 결정될 가능성이 크다.

2016년 3월 폭스바겐은 이 스캔들을 해결할 수 있는 대책을 마련해서 마감일 전에 법원에 제출하지 못하였다. 소송을 주관하는 주심판사는 제출일정을 4월까지 연장해 주었으나 폭스바겐이 실제로 그것을 지킬 수 있을 가능성은 적으며 따라서 그 이후 민사 소송으로 이어질 것이라는 전망이 우세하다.

질문

1. 폭스바겐은 왜 배기가스를 조작하기 위한 소프트웨어를 만들었는가?
2. 뮐러가 최대한의 투명성을 보여 주겠다는 약속은 상황을 개선시켰는가 아니면 악화시켰는가?
3. 이 사례에 나타난 정보를 고려할 때 당신은 폭스바겐의 차를 구매하겠는가? 그 이유는 무엇인가?
4. 스캔들로부터 벗어나기 위해 폭스바겐은 무엇을 해야 하는가?

출처: Jo Confino, "Volkswagen Just Nuked the Public's Trust in Companies Trying to Save the Planet", *The Huffington Post*, September 21, 2015; Frank Jordans and Pan Pylas, "VW Rocked by Emissions Scandal as Prosecutors Come Calling", *Associated Press*, September 22, 2015; Nathan Bomey, "Volkswagen Emissions Scandal Widens: 11 Million Cars Affected", *USA Today*, September 22, 2015; Danny Hakim and Jack Ewing, "VW Refuses to Give U.S. States Documents in Emission Inquiries", *The New York Times*, January 8, 2016; and Jack Ewing, "Court Sets Deadline for a Volkswagen Diesel Fix, but Solution Could Prove Elusive", *The New York Times*, March 24, 2016.

비판적으로 생각하기 8.3

건강보험 정보활용 및 책임에 관한 법(HIPAA)의 프라이버시 규정

1996년 8월 21일 미국 국회는 환자가 자신의 의료정보에 대해 가지는 권리를 명확히 하는 한편 의료업계 관계자들이 해당 정보를 적절하게 공유할 수 있기 위해 필요한 절차들을 규정하는 목적을 가진 건강보험 정보활용 및 책임에 관한 법(Health Insurance Portability and Accountability Act: HIPAA)을 입법화하였다. 이 법은 국회가 3년 이내에 환자 의료기록과 관련된 프라이버시와 비밀보호에 관한 후속 법률을 통과시킬 것을 요구하고 있다. 만약 그러한 입법이 이루어지지 않는 경우 보건복지부(Department of Health and Human Services)가 적절한 시행령을 만들어서 공포하도록 되어있다. 결국 국회가 필요한 입법을 하지 못했고 이에 따라 보건복지부가 의료기록의 프라이버시 및 비밀보호에 관한 일련의 규칙을 만들어서 공포하였으며 유예기간을 거친 2003년 4월 14일부터는 거의 모든 의료서비스 제공기관들이 이 규칙을 반드시 따라야만 한다.

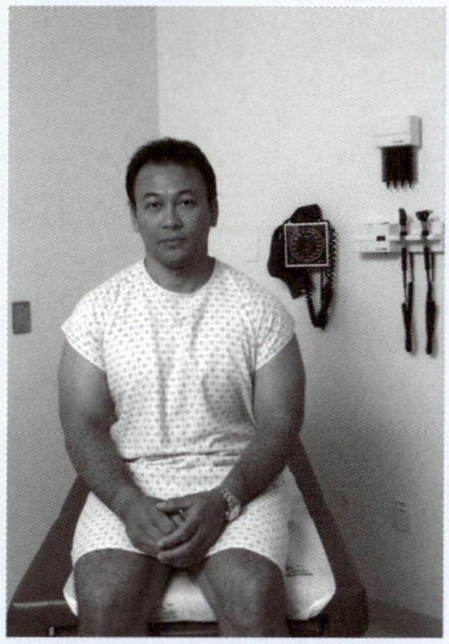

그 이후 HIPAA는 프라이버시 법으로 불려져 왔으나 정확히 말하자면 건강과 관련된 프라이버시 자체를 목적으로 하는 것이라기보다는 그러한 정보를 공개할 수 있는 조건이나 규칙과 관련된 기반을 제공하는 법이다. 법에서 환자의 프라이버시를 강조하는 진정한 의도는 환자 정보가 어떻게 수집되고 향후 활용을 위해 누구에 의해 어떻게 어디에 안정하게 저장될 것인가, 그리고 의료 서비스 제공기관들이 필요한 경우에 한해 어떻게 그 정보를 활용하도록 할 것인가를 통제하기 위한 것이다.

빌 트립(Bill Trippe)이 이컨텐트(Econtent)라는 잡지에 실린 글을 통해 이 법을 설명하고 있는 것처럼 "이 법의 핵심은 허가를 받은 의료 전문가들에게 그들이 필요로 하는 시점에 그들이 원하는 정보를 정확하게 제공하는 것이며, 그들이 필요한 정확한 정보만을 제공함으로써 환자의 프라이버시가 침해받지 않도록 하는 것이다."

정보기술, 특히 데이터 베이스 기술의 발달은 그와 같은 일을 가능하게 할 것으로 보이지만 의료 서비스의 공급과 관련된 다양한 정보 사용자들과 이들의 서로 다른 정보 니즈가 결합되는 경우 엄청난 경우의 수가 발생하기 때문에 이에 대응한다는 것은 여전히 역부족인 경우가 많다. 예를 들어 특정 약품을 처방하기 위해 환자의 치료기록이 필요한 의사와, 환자에게 종합 검진을 하기 위해 기록이 필요한 의사를 비교해보자. 전자는 랩의 분석결과와 약품에 관한 정보를 원할 것이지만 후자의 경우 환자의 전체적인 의료 기록을 모두 필요로 할 것이다. 물론 하나의 종합 데이터 베이스로부터 이러한 정보들을 추출 할 수 있을 것이다. 그러나 모든 사람이 각각 서로 다른 정보요구를 가지고 있다면 어떻게 필요한 적재적소에서 정보를 차단하거나 혹은 환자의 프라이버시를 최대한 보장하면서 필요한 정보를 요약해서 제공할 수 있겠는가?

이 법이 단순히 환자에 대한 치료를 담당하는 사람이나 조직 뿐 아니라 의료서비스 시스템의 행정적 측면도 포함하고 있다는 점에서 상황은 더욱 복잡해지며 정보시스템에 기초한 대응 역시 더 어렵게 된다. 생명윤리에 대한 비영리 민간 연구기관인 헤이스팅스 센터(Hastings Center)에서 나온 보고서에서 리챠드 소벨(Richard Sobel)은 HIPAA가 의료보험기관, 정보센터, 의료보험회사 등 60만개 기관에 치료, 지급, 의료운영 등과 관련되어 보호받는 정보들을 환자의 동의없이 사용하거나 공개할 수 있도록 하고 있다. 정보공개가 허용되는 이와 같은 일상적인 목적의 정보공개는 치료와는 무관한 경우도 많다. 건강관리 기구(health care operations)는 회계감사, 의료보험의 스폰서들을 위한 자료분석, 비의료분야 전문가들을 위한 교육훈련, 일반 관리활동, 비즈니스 계획 및 기획, 비용관리, 지급방법의 개선, 프리미엄 요금체계, 모집, 자산판매 등 환자치료와는 무관한 행정관리적인 내용이거나 영리를 목적으로 하는 대부분의 활동을 포함한다.

HIPAA는 고도로 발전된 데이터 베이스 기술의 발전으로 인해 매우 개인적인 정보가 순식간에 지구의 반대편으로 전송될 수 있는 프라이버시에 대한 위험성의 문제에 대처하기 위해 만들어졌으나 프라이버시에 대한 위반은 역설적으로 환자의 보호나 치료와는 직접적인 관련이 없는 경우가 대부분이다. 다음과 같은 두 가지 경우를 생각해보자.

1. MW라는 환자는 가정폭력의 희생자이며 간호사에게 현재 자신이 병원에 환자로 입원해 있는 사실을 비밀로 해 주기를 원한다. 간호사는 그녀에게 그녀가 현재 안전한 곳에 있으며 병원 직원들은 그녀에 대해 알기를 원하는 누구에게도 정보를 발설하지 않을 것이라고 말한다. 간호사는 간호병동에 있는 직원들에게 환자에 대해 어떠한 정보도 공개하지 말도록 요청하지만 간호사실에 있는 배치도에 그녀의 병실과 이름을 제거하는 것을 잊는다. 시간이 흐른 뒤 환자의 남편이 간호사실에 찾아오고 자신 아내가 입원한 병실을 묻는다. 이미 간호사의 요청을 받은 터라 직원들은 그녀에 대해 아무런 정보가 없다고 응답하지만 간호사실에 적힌 병실 배치표를 살펴본 그는 자기 아내의 이름이 적힌 병실을 확인하고 곧바로 달려가 그녀에게 물리적 폭력을 행사한다. 직원들은 병원 경비를 부르고 즉시 도착한 경비직원들은 그 남자를 병원 밖으로 쫓아낸다. 그는 그 후 배우자에 대한 폭력죄로 감옥에 수감된다.
2. 전자의료기록(elctronical medical record, EMR) 센터의 직원이 외래 시설에서 내과 레지던트들과 의대 학생들을 대상으로 교육을 실시하고 있다. 강사는 교육을 위해 가상의 환자기록을 만들어서 설명을 하고 실습을 하고 있는 중이다. 질의응답 시간에 한 레지던트가 그날 아침 EMR 모듈에서 의약 처방을 하는데 문제가 있었으며 그로 인해 환자의 전자기록 차트에 입력이 정확하게 되지 않았다고 말한다. 그리고 그는 어떻게 하면 잘못된 입력을 수정할 수 있는지를 묻는다. 강사는 EMR을 처음 사용하는 많은 사람들이 비슷한 문제에 부딪힌다는 것을 잘 알고 있기 때문에 이것이 학습을 위해 중요한 계기라고 생각한다. 그녀는 레지던트에게 환자의 이름을 물어보며 그 후 모든 참가자들이 같이 볼 수 있도록 그 환자의 차트를 스크린에 띄워 놓는다. 그리고 강사는 시스템 상에서 오류를 수정하는 방법을 보여준다.

첫 번째 사례는 HIPAA법을 명백히 위반하는 경우라고 할 수 있다. 단순히 간호사실을 방문하는 것만으로 환자의 이름과 병실을 누구나 알 수 있도록 방치되었기 때문이다. 그러나 두 번째 사례의 경우 그것이 법위반인지 여부는 명확하지 않다. 교육을 받고 있는 레지던트 의사들과 학생들은 모두 법이 정보를 사용하도록 허가한 조직의 종업원들이고 이들에 대한 교육훈련 역시 법이 허가한 의료서비스 운영에 해당하기 때문이다. 물론 강의를 끝낸 후 질문을 한 개인을 도와주는 대신 전체 교육생들에게 환자의 기록을 공개한 것이 과연 적절한 행동이었는가에 대해서는 논쟁의 여지가 있다. 필요성에 기초한 최소한의 정보공개를 법이 규정하고 있기 때문에 이 경우는 불필요하게 과도한 정보공개로 간주될 수 있기 때문이다. 그러나 HIPAA의 목적은 매우 명확하게 제시되어 있다고 해도 법에 대한 해석은 항상 명확한 것은 아니라는 사실을 유념할 필요가 있다.

질문

1. **프라이버시법**(*privacy rule*)이라는 용어가 HIPAA법을 정확하게 설명하는 것인가? 그 이유를 설명하라.

2. 법에 의해 허용된 기구들의 경우 환자들의 허락없이 그들의 개인적인 정보를 일상적인 목적으로 사용하도록 하는 것이 윤리적인가? 그 이유를 설명하라.
3. 이 아티클에 제시된 제한적인 정보에 기초해서 판단할 때 HIPAA법이 환자의 프라이버시를 보호한다는 원래의 목적을 달성하고 있다고 생각하는가?
4. 환자의 프라이버시라는 이슈는 어떻게 더 윤리적인 방법으로 다루어질 수 있는가?

출처: Judith A. Erlen, "HIPAA-Clinical and Ethical Considerations for Nurses," *Orthopaedic Nursing* 23, no. 6 (November–December 2004); J. Mack, "Beyond HIPAA-Ethics in the e-Health Arena," *Healthcare Executive*, September–October 2004, pp. 32–33; Bill Trippe, "First Do No Harm: Can Privacy and Advanced Information Technology Coexist?" *Econtent* 26, no. 3 (March 2003); Richard Sobel, "The HIPAA Paradox: The Privacy Rule That's Not," *The Hastings Center Report* 37, no. 4 (July–August 2007); Patricia D. Blair, "Make Room for Patient Privacy," *Nursing Management*, June 2003, pp. 28–29; and Bob Brown, "Did They Break the Rules?" *Journal of Health Care Compliance* 10, no. 2 (March–April 2008).

Part 3

기업윤리의 미래

Chapter 9 윤리와 글로벌화

Chapter 10 윤리경영 자리잡기: 경쟁적인 시장에서 올바른 일을 하기

우리는 지금까지 조직 내에서 윤리적 문화를 개발하는 것이 어렵다는 점을 논의했다. 이제부터는 기업이 글로벌 규모로 성장하게 되면 나타나는 문제들에 대해 생각해 보기로 한다. 사업을 위해 국가간 경계를 넘어서는 것은 문화간 경계를 넘어서는 것도 포함한다. 기업이 자신의 윤리적 원칙을 준수하면서도 문화적 차이를 고려하는 방법은 무엇이 있을까?

제9장에서는 조직이 글로벌 윤리를 추구하는 과정에서 겪게 되는 어려움을 검토한다. 기업은 자신들의 고유한 정책을 표준화된 윤리의 기준으로 채택하는 것을 선호하지만, 사업에서 마주하게 되는 현지국 조직과 소비자들은 그들의 도덕적 기준과 윤리적 원칙을 사용하여 관계를 형성한다. 이러한 기준 간에 갈등이 있을 때 어떤 일이 발생하는가?

제10장은 윤리적 문화를 유지하려 할 때 직면하게 되는 모든 도전에 관한 큰 그림을 검토한다. 지금까지 이 책에서 조직과 그 종업원들이 직면하게 되는 모든 이슈와 이를 해결하기 위한 자원에 관해 논의하였다. 하지만 윤리강령을 유지하고 집행하는 것은 매일매일 이루어져야 한다.

Chapter 9

윤리와 글로벌화

학습결과

이 장을 공부하면 여러분은 아래의 내용을 할 수 있게 된다.

1 글로벌 비즈니스에서 발생하는 윤리적 이슈에 대해 이해할 수 있다.
2 글로벌 환경에서 윤리적 상대주의에 대해 설명할 수 있다.
3 글로벌 행동강령 개발의 어려움에 대해 설명할 수 있다.
4 UN 글로벌 협약의 영향에 대해 분석할 수 있다.
5 다국적기업을 위한 OECD 가이드라인에 대해 설명할 수 있다.

세상은 좁아지고 더욱더 상호의존적으로 변하고 있다.

웬델 윌키(Wendell L. Wilkie),
1940년 미국 공화당 대통령 후보

용어 정의의 문제

탐(Tom)은 지방 소재 광고대행사의 카피라이터로, 그가 일하는 회사는 스미스(Smith's)라는 전국망을 가진 소매점 체인과 알짜 계약을 체결하였다. 규모가 큰 전국 규모의 회사에서 일한다면 더 많은 돈을 벌 수 있지만, 그는 작은 규모의 대행사에서 일하는 것을 좋아한다. 적어도 이곳에서는 모두가 서로를 알고 한 팀으로 함께 일하고 있으며, 조직문화 또한 마음에 든다. 회사는 좋은 고객을 대상으로 훌륭하게 서비스를 제공하고 있으며, 자사의 기업 가치와 상충하는 캠페인의 경우 계약을 거절하는 것으로 알려져 있기도 하다.

탐의 친구들 중에는 전국 규모 대행사에서 일하는 친구들도 있는데, 그들에 따르면 이들 전국 규모 대행사의 기업문화는 모두 각자 일하는 분위기로 돈이 되는 일이라면 어떤 일이라도 좋은 일이라고 생각하는, 살벌하면서도 경쟁이 심한 문화라고 한다.

스미스를 고객으로 만드는 것은 탐이 일하는 지방 광고대행사에겐 매우 중요한 일로 모두 이를 위해 열심히 뛰었다(그리고 계약 체결 후 이를 축하하기 위해 역사상 최고 중 하나로 기록될 파티를 벌이기도 했다). 이제 회사는 계약 체결을 위해 약속했던 모든 것들을 진행해야 한다. 첫 번째 업무는 다가올 독립기념일 세일 이벤트를 위한 새 캠페인이다. 이벤트의 주제는 'Made in America'로 회사는 이 캠페인이 애국주의에 잘 들어맞는다고 생각하고 있었다. 스미스는 소비자를 매장으로 유인하기 위해 초저가 '미끼상품' 몇 가지를 준비하였으며 이들 제품들이 'Made in America'임을 대대적으로 홍보하였다.

탐은 성조기와 적색과 백색, 흰색 조합으로 칠해진 바베큐 도구 세트 광고를 위한 카피 문안을 작성하기로 되어 있었다. 준비 자료의 일부로 카피 문안이 사용될 제품의 사양과 사진을 받아보았다.

자료를 살펴보는 과정에서 탐은 스미스의 거래선이 실수로 함께 보낸 청구 문서를 발견하였는데, 그 서류에는 상품이 실제로는 자카르타 엔터프라이즈(Jakarta Enterprise)라는 인도네시아 회사에서 만들어졌음이 나타나 있었다.

회사명이 대단히 친숙하게 느껴진 탐은 구글에서 회사명을 검색해 보았다. 유감스럽게도 그는 자카르타 엔터프라이즈의 경영 관행, 특히 미성년자를 고용하여 열악한 조건에서 착취노동을 시킨 것에 대한 비판 기사들을 찾을 수 있었다.

질문

1. 개발도상국과 거래하는 기업을 위한 10대 가이드라인이 본문 중에 서술되어 있다. 스미스의 경우는 이 중 어디에 해당하는가?
2. 본문에 나와 있는 UN 글로벌 협약의 내용을 살펴보자. 자카르타 엔터프라이즈와 거래하면서 스미스가 몇 개 조항을 어겼는가?
3. 이 상황에서 탐은 어떤 선택을 할 수 있겠는가?

1. 윤리와 글로벌화

지금까지 우리는 기업윤리에 관해 국내의 이슈에 초점을 맞추어왔다. 즉 미국내에서 북미 기업들이 자신의 문제를 어떻게 해결하며, 관련된 모든 이해관계자들이 이해할 수 있는 명확한 윤리강령을 가지고 있음을 확인하려고 노력했다.

하지만 국내 환경에서 한발 벗어나 국제적 규모의 사업을 진행하게 되면 기업윤리라는 개념이 상당히 바뀌게 된다. 언어와 문화가 다른 외국에서 사업을 하다 보면 북미 기업들은 자신들이 지키고 있던 윤리적 원칙을 다시 생각하면서, 그들을 위해 어떤 원칙이나 규정을 타협해야 하는지 깨달아야 한다.

1.1 개발도상국에서의 윤리

이 문제에 대한 논의를 위해서는 우선 **선진국(developed nation)**과 **개발도상국(less-developed nation)**을 구분해야 할 것이다. 일반적인 고정관념에 따르자면, 선진국의 기업들은 게임의 규칙을 알고 있다. 사업은 일반적으로 영어로 진행되며, 국제적으로 사업을 하는 사람들은 '**키스, 인사, 악수: 60개국에서 비즈니스하는 법**(*Kiss, Bow, or Shake Hands: How to Do Business in Sixty Countries*)'[1]이라는 책을 수차례 읽었을 것이다.

이러한 국가들은 글로벌화 게임에 매우 분주하다. 모두가 최소 비용으로 최대 이익을 추구하며, 특정 문화권에서 어려움이 발생하면 통역이나 문화적 적응을 통해 극복하려 한다. 물론 말보다 실행하는 것이 훨씬 어렵다. "여기서 잘 통하는 것은 저기서도 잘 통한다"는 식의 기본 가정은 많은 기업들을 곤경에 빠뜨리게 했다.[2]

선진국 경제적, 사회적, 그리고 기술적으로 보았을 때 높은 삶의 수준을 유지하는 국가

개발도상국 선진국에 비해 경제적, 사회적, 그리고 기술적 인프라 스트럭처가 미흡한 국가

- Coca Cola는 중국에서 처음 이름을 '**케-쿠-케-라**'로 정했다. 불행히도 수천 개의 광고판에 인쇄한 후에야 이 말의 의미가 '밀랍 올챙이를 깨물다', 또는 '밀랍을 배불리 먹은 암말' 등으로 해석됨을 알게 되었다. 이후 Coca Cola 회사는 4만 개의 한자를 조사하여 유사한 발음을 찾았는데, '**코-쿠-코-레(可口可樂)**'는 입안의 행복이란 의미로 번역될 수 있었다(마케팅에서 고전으로 알려져 있지만, 실제로는 근거없이 널리 퍼진 전설이라고 한다).
- 타이완에서, '펩시 세대와 함께 활력을(come alive with Pepsi Generations)'이라는 Pepsi 슬로

건은 '펩시는 돌아가신 당신의 조상을 다시 살릴 것이다'로 번역되었다.

- Parker Pen이 멕시코에서 볼펜을 광고하면서 "이것은 당신의 주머니 속에서 새거나 당황하게 하지 않습니다"라고 문구를 작성하면서 당황하다(embarrass)는 의미로 스페인어 '*embarazar*'를 잘못 사용하였는데, 그 결과 '이것은 당신 주머니 속에서 새지 않으며 당신을 임신시키지 않을 것입니다"로 전달되었다.
- 마이애미에 있는 미국의 티셔츠 제작회사가 교황의 방문을 광고하기 위한 셔츠를 스페인어로 인쇄하였다. 스페인어로 "나는 교황님을 보았다(I saw the Pope)"로 인쇄해야 할 것을 "나는 감자를 보았다(I saw the potato)로 잘못 인쇄하였다.
- 이탈리아에서 쉬웨프 토닉 워터(Schweppes Tonic Water)에 대한 광고가 잘못 번역되어 Schweppes *Toilet* Water(화장실 물)로 번역되었다.
- Bacardi 과일음료를 프랑스풍인 "Pavian"으로 작명했다. 그런데 Pavian은 독일어로는 "개코원숭이"를 의미한다.
- Clairol은 독일에서 새로 출시하는 고데기(curling iron)를 "안개 막대기(mist stick)"로 작명했는데, 독일어 속어로 *mist*는 분뇨의 의미를 가지고 있다.
- Gerber가 유아용 이유식을 아프리카에서 처음 팔기 시작했을 때 미국에서와 동일한, 라벨에 귀여운 어린이가 있는 포장을 사용하였다. 아프리카에서는 상당수의 고객들이 문맹이기 때문에 많은 회사들이 라벨에 내용물 사진을 인쇄한다는 사실을 나중에 알게 되었다.
- 미국 닭고기 업계의 거물인 프랭크 퍼듀(Frank Perdue)는 "부드러운 닭고기를 만들기 위해서는 강한 남자가 필요하다"라는 문구를 좋아한다. 그런데 스페인어로는 전혀 다르게 해석된다. "닭고기를 사랑스럽게 하기 위해서는 성적으로 흥분된 남자가 필요하다."

모두 재미있는 일화이지만, 이들이 기업에 미치는 경제적 현실은 심각하다. 해외 시장은 곧 성장을, 성장은 주주만족과 주가상승을 의미한다. 게다가 해외 시장은 신규 고객뿐만 아니라 저가의 원재료와 노동력의 원천이다.

기업윤리 측면에서는, 어떤 대가를 지불하더라도 끝없이 성장을 추구하는 것은 몇몇 문제점을 유발한다. 제1장에서 **공리주의**에 대해 설명한 것처럼, 해외 시장에서의 모든 애매한 행동은 최대다수에게 최대행복을 제공한다는 설명으로 정리해 버릴 수 있다. 하

✓ 이해도 확인 질문

1. **글로벌화**를 설명해 보라.
2. MNC(다국적기업)란?
3. "현지국의 법률과 규정을 철저히 준수하면서 운영하는 것"이 어떤 경우에 비윤리적인가?
4. **공리주의** 개념을 설명해 보라.

지만 제1장에서 이미 설명한 바와 같이 최대다수의 최대행복이란 설명에는 개인 행동에 대한 책임감은 사라져버린다.

'타협은 없다'라는 식의 공격적인 미국식 사업스타일을 다른 국가에 도입했을 때 어떤 일이 발생하겠는가? 미국에서와 동일한 규칙이 적용될 수 있을까? 아니면 해당 국가의 법을 위반하지 않는 것에만 신경 쓰고, "합법적인 것은 윤리적이다"라는 옛말에 의존할 것인가? 미국 기업들은 해외에서 사업을 수행하는 경우 미국내 윤리정책을 따를 것인가, 아니면 현지국의 윤리를 수용(또는 완전히 무시)할 것인가? 이는 미국 기업만의 고유한 속성인가 아니면 프랑스, 독일, 러시아, 또는 중국 기업들도 유사하게 해외 사업시 기업 윤리에 대해 유연한 태도를 취하는가?

공리주의 가장 많은 사람들에게 가장 많은 행복을 가져다주는 윤리적 선택

글로벌화 국내 시장보다(남아메리카, 유럽, 아프리카와 같은) 지역별 무역단위에서 이루어지는 국제거래가 더 많은 수준이며, 궁극적으로는 글로벌화된 시장에서 국제거래가 더 많이 이루어지는 상황임

다국적기업 다수의 국가경계를 넘나들면서 제품과 서비스의 생산과 판매가 이루어지는 기업. **초국가기업**(*transnational corporations*)이라고도 함

이러한 질문에 구체적으로 답하기 전에, 먼저 용어를 정리할 필요가 있다. **글로벌화(globalization)**라는 용어는 상업, 경제, 사회, 및 정치적 환경에서 여러 의미로 사용된다. 여기서는 지역간 무역권역(라틴 아메리카, 유럽, 아프리카)이 국내 시장들보다 더 커지고, 궁극적으로는 글로벌 단일 시장으로 변화하게 되는 국제 무역의 확장으로 설명한다. 개별 국가의 시장이 서로 의존하게 됨에 따라 경제적으로 기발전된 국가의 개발도상국에 대한 윤리적 행위에 관한 문제가 제기된다.

지금처럼 점점 국제화되는 비즈니스 세계에서 **다국적기업(Multinational Corporation, MNC)**은, 때로는 초국가기업(*transnational corporations*)이라고도 불리는데, 수익을 추구하기 위한 운영 전략을 수립하면서 국경을 단지 관료적 장애물로 여기고 무시한다. 경제학자들간에 다국적기업에 대한 정의가 일치하는 것은 아니다. 일부는 정말로 다국적이 되기 위해서는 영국과 네덜란드 주주 구조로 되어 있는 쉘(Shell)처럼 소유주가 1개 국가 이상이어야 한다고 주장한다. 다른 학자들은 다국적기업이 되기 위해서는 제품이나 서비스를 다수의 국가에서 창출하고, 마케팅, 채용, 생산 운영이 국경을 넘어서 이루어지는 것이 필요하다고 주장한다.

다국적기업인 쉘은 다양한 니즈를 가진 다양한 시장에 접근해야 한다. 이러한 사실이 주유소에서 근무하는 쉘 직원에게 어떤 영향을 주는가?

여기서부터 글로벌 윤리의 고민이 발생하게 된다. 국경을

글로벌화의 부정적 측면을 강조하는 사람들은 글로벌화란 자본주의의 부정적 측면을 국제적으로 확장시키는 것에 지나지 않는다고 주장한다. 즉 개발도상국은 국가 경제의 장기적 생존 능력에 대한 고려 없이 천연자원만 고갈시키고, 근로자들은 착취당하며, 기업들은 엄격하지 않은 법적 환경을 최대한 마음대로 이용할 수 있다.

그렇다면 어떻게 자신의 윤리적 기준을 준수하고, 부정적 측면을 최소화하면서 글로벌화의 긍정적 측면을 최대로 활용할 것인가?

지난 장에서 살펴본 것처럼, 명확한 윤리강령을 제정하여 이를 준수하는 기업들은 상당한 어려움을 겪게 되는데, 특히 분기별 실적이 목표에 미달할 경우 더욱 그렇다. 윤리에 대한 실천 의지를 글로벌 수준으로 확대하기 위해서는 단순히 정책이나 절차의 규모를 확대하는 것보다는 더 큰 계획이 필요하다. 여기서 개발되었다고 해서 마찬가지로 전 세계 곳곳에서 잘 적용될 수 있다는 것은 아니며, 윤리에 관한 정책은 단지 현지어로 번역하는 것보다 훨씬 정교한 수정이 필요하다.

비판자들은 글로벌 확장에 따른 비윤리적 경영에 대한 유혹은 다국적 기업이 도저히 무시할 수 없는, 강력한 유혹이라고 주장한다. 수익의 지속적 증가, 비용 절감, 이익 극대화, 그리고 시장점유율 확대, 이 모든 것을 이상적으로는 90일 이내에 달성해야 한다는 끊임없는 압력으로 인해, 기업들은 현지의 덜 까다로운 법규와 규제를 최대한 활용하고 싶은 유혹에 빠지게 된다. 비판자들이 최악의 윤리 위반으로 생각하는 경우는, 현지에 명확한 윤리적 기준이 없을 때 자국의 윤리적 기준을 따르기보다는 어떠한 기준도 없는 상태로 운영하고 싶어하는 경우다.

그렇다면 해결책은 무엇인가? **글로벌 행동강령**(**global code of conduct**)을 제정하는 것이 현실적인 대안일까?

최근 인접국가간에 협력하여 통상 권역(예를 들면 유럽경제공동체)을 만들어서 규모와 지리적 이점을 활용하여 글로벌 경제에서 차지하는 역할을 확대하는 현상이 나타나고 있지만, 통상 권역 내에서 개별 국가가 없어지는 것은 아니다. 이와 같은 이유로 개별 사회의 관습과 규범은 유지되는 것이다.

> **글로벌 행동강령** 특정 국가나 지역의 관습이나 사회적 규범보다 우선하여 모든 국가들에 공통적으로 적용될 수 있는 일반적인 경영관행 기준

서구 국가들은 경제적으로 강력하기 때문에 개발도상국이 대등한 위치를 가지려는 노력은 달성되기 어렵다. 그 결과 개발도상국은 국가적 정체성과 문화를 고수하며, 비즈니스 관행의 일반적 표준을 강요하는 협약을 불가능하게 한다.

글로벌 윤리를 지지하는 사람들은 유연한 해결책을 만들어 내야 한다고 강조한다. 즉 사업을 펼치고 있는 국가의 개별 관습을 존중하면서도 국제간 교역이라는 이름의 국경을 넘어서는

비즈니스를 시행하는 경영자들에게 기준을 제공해주어야 한다는 것이다.

리차드 드조지(Richard DeGeorge)는 이런 상황에서 비즈니스를 하는 기업을 위한 다음과 같은 가이드라인을 제시한다:[4]

1. 의도적으로 피해를 주지 마라.
2. 현지국에 피해보다는 이로움을 더 많이 제공하라.
3. 현지국의 발전에 기여하라.
4. 종업원의 인권을 존중하라.
5. 현지 문화를 존중하고, 이를 거스르기보다는 받아들여라.
6. 공정한 몫의 세금을 납부하라.
7. 현지국 정부가 공정한 지원 기관이 되도록 협력하라.
8. 회사의 최대 주주가 되면 회사의 활동과 실패를 관리하는 윤리적 책임감을 가져야 한다.
9. 위험한 공장을 건설하는 다국적기업은 공장시설과 운영의 안전을 확실히 해야 할 책임이 있다.
10. 다국적기업은 위험한 기술이 현지국에서 안전하게 관리될 수 있도록 이를 재설계하고 이전할 책임이 있다.

드조지의 가이드라인은 잘 활용되면 개념적인 원리를 제공할 수 있는 일종의 윤리적 이상을 제시한다. 하지만 최악의 경우는 세간의 주목을 집중시키는 다국적기업의 비윤리적 행위라는 매우 심각한 위반을 간과하게 한다. 이익과 지속적인 확장을 추구하면서 다국적기업은 뇌물, 환경오염, 허위광고, 의심스러운 품질 등의 잘못을 저질러왔다. 그리고 가장 현저한 것으로는 보건과 안전 측면에서 자국의 최저 기준에도 미치지 못하는 생산 시설과, 때로는 아동 노동, 서양 사람들은 이해조차 불가능한 수준의 낮은 임금 등 착취노동을 통한 인권유린을 들 수 있다.

다국적기업의 종업원과 현지기업의 종업원들이 직면하는 윤리적 문제에는 차이가 있는가? 당신은 어떤 환경을 선호하는가?

많은 다국적기업이 내부 거래만으로도 무역에 큰 영향을 미칠 수 있는 정도로 규모가 거대해지면, 문제는 더욱 복잡해진다. 윌리엄 그라이더(William

✓ 이해도 확인 질문

5 글로벌 행동강령은 왜 비현실적인가?

6 드조지의 개발도상국에서 비즈니스를 하기 위한 가이드라인 중에 다섯 개를 선택하고, 왜 그 기준들을 선택했는지 설명하라.

7 왜 글로벌 기업들이 그런 가이드라인을 지키지 않는지 이유를 들 수 있는가? 세 개의 예를 들어보라.

8 드조지의 가이드라인은 충분한 "유연성이 있는" 것인가? 왜 그런가? 아니면 왜 그렇지 않은가?

Greider)는 "하나의 세계, 준비되었는가(*One World, Ready or Not*)?"에서 다음과 같이 서술하고 있다.[5]

> 초국가기업의 투자규모 증가와 생산요소가 다수의 국가에 지속적으로 흩어져 있기 때문에 전통적인 무역의 의미는 거의 사라져버렸다. 경제학자나 정치가들은 대중들이 이해하기 쉽도록 글로벌 무역 시스템이란 물건을 서로 사고파는 국가들의 연합으로 설명한다. 그러나 세계 교역량이 증가할수록 국내시장의 전통적 역할이, 다른 시스템 즉 다국적기업 내부에서 발생하는 다국적기업 해외 자회사끼리의 수출과 수입이라는 내부거래에 의해 대체되게 된다.

이처럼 부정적인 기록이 있는데, 어떻게 이들의 내부 거래에서 윤리적 행위를 강제할 수 있겠는가? 모회사의 윤리규범이 지역의 관행과 전통을 완전히 무시하는 (현지)기업의 경영관행보다 중시되는가? 아니면 모 회사의 윤리규범이 "흘러가는 대로 흘러가라"는 편의주의적 접근이며, 지역사회에서 요구하는 대로 하는 것인가? 불행하게도, 새로운 환경 하에서는 단순히 '모기업'이라고 구분하는 것은 새로운 도전이 될 수 있다.

법적주소 이전: 문제있는 관행?

윤리적 딜레마

2015년 11월 제약사인 화이자(Pfizer)와 알레간(Allergan)은 의약분야 사상최대 규모인 1,600억 달러 규모의 합병을 공식 선언하였다. 두 회사의 시가총액을 합치면 3,000억 달러 규모의 회사가 탄생하는 것이었다. 이 거래는 대등 합병은 아니었다. 미국 뉴욕에 본사를 둔 화이자는 자산 규모만 1,700억 달러 규모로서 Lipitor(콜레스테롤 약), Zithromax(항생제), Celebrex(소염제) 등 세계적으로 유명한 약품을 생산한다. 아일랜드 더블린에 기반을 둔 알레간은 화이자의 1/3 정도 규모의 회사로서 보톡스 제품으로 알려져 있다. 무엇이 이 합병을 매

력적으로 만들었을까?

화이자는 2014년에도 영국계 초대형 제약사인 아스트라제네카(AstraZeneca) 매입을 시도했으나

가치평가 금액이 맞지 않아 실패한 적이 있었다. 합병대상을 알레간으로 변경했다는 것은 화이자가 신약개발이나 전략적 시너지에 관심이 있는 것이 아님을 보여주는 증거일 것이다. 합병거래의 목적은 화이자의 세금을 줄이는 것이었다. 외국 기업과의 합병을 통해 미국시민권을 포기함으로써 화이자는 세금을 약 18% 줄일 수 있었다.

마국에서는 연방세와 주세를 합하면 최대 35% 정도의 세율이 적용되지만 유럽은 평균 25% 정도여서, 미국 국적의 기업들은 세금전략을 잘 수립하면 미국내 세금납부액을 현저히 절감할 수 있다. 외국기업과의 합병이나 인수를 통해 법적 거주지(domicile)를 변경하면 세율을 더욱 낮출 수 있다. 하지만 이러한 법적주소 이전(corporate inversion) 과정은 매우 기만적이다. 법적 거주지를 해외로 이전함으로써 화이자는 해외에서의 수익에 대해 미국에서 세금이 부과되는 것을 회피할 수 있는 것이다. 350억 달러의 절감액을 생각하면 화이자가 왜 그토록 짝을 찾기 위해 적극적이었는지 이해가 될 것이다.

법적주소 이전을 통해 세금절감을 시도한 것은 화이자만이 아니다. 2014년에는 미국의 버거킹(Burger King)이 캐나다의 커피와 도넛 체인점인 팀호톤(Tim Horton's)을 인수한 후 회사의 법적 거주지를 법인세율이 최고 26.5%인 캐나다 온타리오로 옮겼다.

2016년 4월, 미국 재무성은 오바마 대통령이 간사하고 비애국적인 행동이라고 비난한 법인들의 법적주소 이전을 차단하기 위해 규정을 변경하겠다고 공표하였다. 그러자 화이자는 예정된 알레간과의 합병을 취소할 것이며, 알레간에는 거래에 수반된 비용을 보전해주기 위해 1억5천만달러를 지불할 것이라고 발표하였다.

알레간의 최고경영자 브렌트 손더스(Brent Saunders)는 "미국 재무성은 미국둘레에 벽을 쌓아 사람들을 가두어둔다"면서 이러한 결정에 대한 불만을 토로하였다. 코카콜라(Coca-Cola), 존슨 콘트롤스(Johnson Controls)등 여러 기업들이 여전히 수십억 달러 규모의 합병협상을 진행중인데, 새로운 규정을 개정하려는 로비활동은 점점 더 적극적으로 진행될 것으로 보인다.

질문

1. 미국의 높은 법인세율은 법적 거주국 이전 시도를 정당화할 수 있는 명분으로 충분하다고 생각하는가?
2. 이러한 거래를 지지하는 사람들은 자신의 활동이 기업 이윤과 주주가치 극대화를 하는 것이라고 주장한다. 그렇다면 이는 윤리적인가?
3. 왜 미국 재무성은 규정을 개정하였는가?
4. 규정 변경은 효과를 발휘할 것으로 생각하는가? 아니면 로비스트가 그 규정을 다시 번복하도록 할 것이라고 생각하는가?

출처: "Inverted Logic," *The Economist*, August 25, 2015; "Pfizer and Allergan Agree to a $160 Billion Merger," *The Economist*, November 23, 2015; Renae Merle, "Giving up Its U.S. Citizenship Could Save Pfizer $35 Billion in Taxes," *The Washington Post*, February 25, 2015; Nathan Bomey and Kevin McCoy, "$160 Billion Pfizer, Allergan Inversion Scrapped," USA Today, April 6, 2016; Renae Merle and Carolyn Y. Johnson, "Pfizer, Allergan Call off $160 Billion Merger after U.S. Moves to Block Inversions," *The Washington Post*, April 6, 2016; and "Pfizer Abandons $160bn Allergan Deal," *BBC News*, April 6, 2016.

4. 글로벌 윤리의 집행

설령 기업들이 자국 내에서 윤리적 행위를 수행할 책임이 있다고 하더라도(예를 들면 미국의 해외부패방지법), 이들이 국경을 넘어 사업을 수행할 때에도 윤리적 행위를 강제하는 것은 매우 어려운 일이다. 만일 어떤 행동이 본국에서는 불법이지만, 현지국에서는 불법이 아닌 경우 어떤 일이 발생할 것인가? 본국에서 벌금을 부과하면 향후 발생할 위반사항을 예방할 수 있겠는가? 만일 벌금이 단지 사업에 따른 부대비용 정도로 생각될 만큼 이익률이 매우 높은 경우 어떤 일이 발생하겠는가?

글로벌 윤리기준을 집행하기 위해서는 관련된 모든 당사자들이 수용가능한 행동 기준을 만들고, 만일 그 기준을 준수하지 않았을 경우 그에 상응한 결과를 수용하기로 합의하는 것이 필요하다. 다만 많은 국가들이 국내 정치에도 어려움을 겪고 있음을 생각하면, 진정한 글로벌 기준을 달성한다는 것은 너무 시대를 앞서는 일일 수 있다.

한편 UN이나 OECD같은 기관들은 표준화된 글로벌 윤리를 제정하기 위해 노력해왔다. 이는 다국적기업이 세계 어느 곳에서 사업을 하더라도 윤리적 행위를 준수하겠다는 강한 메시지를 이해관계자들에게 공개적으로 약속하는 행동 가이드라인을 통해 이루어지고 있다.

현장에 적용하기

글로벌하게 윤리적

로리(Laurie)는 최근 해외부패방지법에 따라 수백만 달러의 합의금을 지불한 다국적 제약사의 글로벌 홍보 컨설턴트로 채용되었다. 로리는 회사가 전 세계에 걸친 현장에서 윤리적 행위를 하겠다는 새로운 서약을 상징하는 의미로 UN 글로벌 컴팩트를 지지한다는 공개적 약속을 도와주고 있다. 이를 통해 달라지는 것이 있겠는가?

✓ 이해도 확인 질문

9 UN 글로벌 컴팩트란 무엇인가?
10 글로벌 컴팩트는 언제 그리고 왜 만들어졌는가?
11 글로벌 컴팩트의 10개 원칙을 설명하라.
12 다국적기업은 이 글로벌 컴팩트를 인준함으로써 어떤 이익이 있는가?

4.1 UN 글로벌 컴팩트

1999년 1월 31일에 당시 UN 사무총장이던 코피 아난(Kofi Annan)의 세계경제포럼 연설을 통해 시작된 **UN 글로벌 컴팩트 (UN Global Compact)**는 2000년 7월에 발효되었다. 이는 회원국이 4개의 핵심영역에 대해 착한 기업시민정신을 장려하겠다는 실천의지를 상징한다. 4개의 핵심영역은 환경, 부패방지, 전세계 근로자의 복지, 그리고 인권문제이다.

글로벌 컴팩트는 감시하고, 강제하거나, 회사의 행동을 측정하려는 규제수단은 아니다. 대신에 글로벌 컴팩트는 주장하는 원칙을 솔선수범하고 공유하려는 실질적 행동을 위한 공공의 책임감, 투명성, 기업의 현명한 이기심, 노동계, 시민사회에 초점을 두고 있다.

UN 글로벌 컴팩트 자발적인 기업시민협약으로 10개의 핵심원칙을 인준하였으며, 환경, 반부패, 전세계 근로자의 복지, 그리고 글로벌 수준의 인권 등 4가지 영역을 강조하였음

UN 글로벌 컴팩트는 전세계 80개 이상의 국가에서 2,000개 이상의 기업들이 이러한 기업시민활동에 자발적으로 참여하였다. 글로벌 컴팩트는 이런 종류의 협약 중에서는 전 세계에서 활동 영역이 가장 넓다. 영역을 가진다. 기업들은 글로벌 컴팩트의 메시지를 비준하고 적극적으로 개선함으로써 4개 분야에 걸친 10개의 원칙에 담겨 있는 핵심가치에 대해 공개적으로 헌신한다 .[6]

인권(Human Rights)

1. 기업은 국제적으로 선언된 인권 보호를 지지하고 존중해야 한다.
2. 기업은 인권 침해에 연루되지 않도록 적극 노력해야 한다.

노동기준(Labour Standards)

3. 기업은 결사의 자유와 단체교섭권의 실질적인 인정을 지지해야 한다.
4. 기업은 모든 형태의 강제노동을 배제해야 한다.
5. 기업은 실질적인 아동노동 철폐를 지지해야 한다.
6. 기업은 고용 및 업무에서 차별 철폐를 지지해야 한다.

환경(Environment)

7. 기업은 환경문제에 대한 예방적 접근을 지지해야 한다.

실전기술

미묘한 영향

제1장에서 인간은 시간이 지남에 따라 추론과정(그리고 개인적인 윤리 기준)을 개발하여, 인생에 영향을 미치는 요인과 마주할 때 여섯 개의 단계로 옮겨가게 된다는 로렌스 콜버그(Lawrence Kohlberg)의 주장을 검토하였다. 윤리를 글로벌 시각에서 검토하여, 문화가 우리의 개인적 가치체계에 영향을 미친다는 것을 인식하기 시작하면, 개인의 윤리적 기준은 때로 더 넓은 글로벌한 시각에서 벗어나, 소속된 문화 속에 갇혀있을 수 있음을 알게 된다.

당신에게 가장 큰 문화적 영향은 무엇인가? 만일 당신의 부모가 이민자라면, 당신의 가치체계는 당신이 살고 있는 국가의 문화와 부모님이 전에 거주하던 국가 문화의 영향을 동시에 받았을 것이다. 게다가 만일 당신의 부모가 각기 다른 문화 출신이라면 상황은 훨씬 더 재미있어진다. 이러한 문화적 영향력이 당신의 일상 행동에 영향을 미친다고 생각하는가? 교육이나 일상의 정보를 통해 알게 되는 세상에 대한 지식 대부분은 당신이 살고 있는 국가의 입장에 영향 받는다. 당신은 다른 국가의 다른 시각에도 개방적이라고 스스로를 평가하는가?

시간이 흐르면서 추론 과정이 개발되기 때문에 소속된 문화의 영향력이 서서히 작동하게 되어, 남들이 당신을 편협하거나 차별적이라는 말을 하기 전까지는 그 영향을 인식하지 못한다. 따라서 당신이 상이한 문화나 다른 국가 출신의 종업원에 대해 의사결정을 해야 하는 상황이면, 당신의 출발점이 어디인지를 먼저 생각해보기 바란다.

8. 기업은 환경적 책임을 증진하는 조치를 취해야 한다.

9. 기업은 환경친화적 기술의 개발과 확산을 장려해야 한다.

부패방지(Anti-Corruption)

10. 기업은 부당취득 및 뇌물 등을 포함하는 모든 형태의 부패에 반대해야 한다.

5. 다국적기업을 위한 OECD 가이드라인

1976년 국제 투자 및 다국적기업을 위한 선언의 일부로 채택되어 시작된 **다국적기업을 위한 OECD 가이드라인**(**OECD guidelines for multinational enterprises**)은 UN의 비정부 글로벌 협약에서 다루고 있는 이슈에 대한 정부차원의 접근법이다.

지지자들은 정부가 후원하면 이슈에 대한 신뢰성이 증가된다고 주장하나, 이 가이드라인은 실제로는 형사 또는 민사상의 집행을 하지 않으며 법적 구속력 또한 없다. 이 가이드라인이 제공하는 것은 UN 글로벌 협약에서 다룬 내용에 관한 핵심 가치를 10개의 장으로 표시한 행동의 원칙과 기준이다.[7]

다국적기업을 위한 OECD 가이드라인 정부주도의 이니셔티브로서 OECD 30개국과 9개 비OECD 국가(아르헨티나, 브라질, 칠레, 에스토니아, 이스라엘, 라트비아, 리투아니아, 루마니아, 슬로베니아)가 참여하여 인권, 정보 공개, 부패방지, 세금, 노사관계, 환경, 경쟁, 그리고 소비자 보호 영역에 대한 원칙과 기준을 촉진하는 가이드라인

I. **개념 및 원칙**: 자발적인 성격, 범세계적인 적용, 모든 기업에 대한 바람직한 관행을 포함하는 것 등 가이드라인의 기본 원칙을 제시한다.

II. **일반 정책**: 인권, 지속가능한 개발, 공급사슬에 대한 책임, 지역 역량 구축 등에 관한 구체적인 제언을 포함한다. 또 일반적인 의미에서 해당국의 기존 정책을 충분히 고려해야 할 것을 요구한다.

III. **정보공개 의무**: 다국적 기업들은 성과와 지배구조에 관한 모든 정보를 공개하며, 보고 기준이 아직 확립되지 않은 사회적, 환경문제에 관한, 그리고 리스크에 관한 보고에 대해서도 적절히 공시해야 한다.

IV. **고용 및 노사 관계**: 아동 노동, 강제 노동, 차별금지와 진정한 종업원 대표제도 및 건설적인 협상권 등 주요한 기업활동에 관한 이슈를 언급한다.

V. **환경**: 다국적기업은 보건과 안전에 미치는 영향까지 고려하여, 환경보호 성과를 높여야 한다. 또한 환경경영 시스템과 환경에 대한 심각한 손상이 예상되는 위협에 대한 사전예방의 중요성도 포함한다.

VI. **뇌물과의 전쟁**: 공적 또는 사적인 뇌물, 그리고 수동적이거나 적극적인 뇌물을 모두 포함한다.

! Key Point

"만일 다국적기업이 윤리적 조직으로서의 위상을 높이려 한다면 UN 글로벌 컴팩트나, OECD 가이드라인을 지지하는 것이 좋은 방법인가? 왜 그렇게 생각하는가?

✓ 이해도 확인 질문

13 다국적기업을 위한 OECD 가이드라인이란 무엇인가?
14 이 가이드라인은 UN 글로벌 컴팩트와는 어떻게 다른가?
15 이 가이드라인은 UN 글로벌 컴팩트와는 어떻게 유사한가?
16 다국적기업이 두 가이드라인 중 하나에 서명해야 하는 상황을 생각해 보라. 아니면 2가지 모두에 서명해야 하는가? 당신의 생각은 어떠한가?

VII. **소비자 이익**: 소비자를 대함에 있어 다국적 기업은 공정한 영업, 마케팅 및 광고관행에 따라 행동해야 하며, 다국적 기업이 공급하는 제품 또는 서비스의 안전과 질을 보장할 수 있도록 모든 합리적인 수단을 취해야 한다.

VIII. **과학 및 기술**: 다국적기업은 영업활동을 하고 있는 진출국에서 연구개발의 산출물이 확산되도록 노력하며, 그 결과 현지국의 혁신 역량 발전에 기여할 수 있도록 노력한다.

IX. **경쟁**: 공개적이고 경쟁적인 기업 환경의 중요성을 강조한다.

X. **조세**: 영업 중인 국가의 조세 법률의 내용과 취지를 존중하고 조세기관과 협력한다.

결론

만일 기업이 윤리적인 기업 강령을 반드시 지키기로 한다면, 지구상 어디에서 사업을 하더라도 변하지 않아야 한다. 불행히도, 본국에서 비윤리적 행위를 많이 할수록 규제가 덜한 개발도상국에서 유혹에 빠질 가능성이 더 높아진다.

훌륭한 기업시민으로서의 명성을 유지하면 언론에서 긍정적으로 보도할 것이며, 자신이 구매하는 제품이 어디에서 만들어지는지를 주목하는 비판적인 소비자를 상대로 하는 사업에서 승리할 수 있을 것이다. 하지만 월(Wall)가에서 기대하는 만큼의 분기실적을 달성하지 못하고, 원가절감이 주가의 상승과 하락에 영향을 미치는 상황에 직면할 때, 윤리경영에 대해 진정한 시험을 받게 될 것이다.

본 장의 첫머리에서 인용한 웬델 윌키(Wendell Wilkie)의 말처럼, 세계는 점점 더 **운영**이나 **정보**의 측면에서 상호의존적으로 변하고 있다. 착취노동을 통해 제조하는 공급업자와 계약을 맺으면 비용을 절감할 수 있으며, 위험 폐기물 처리를 하청업체에 맡기면 이들이 어디에 버려지는지 걱정할 필요가 없게 된다. 하지만 이러한 행동은 근시안적인 비용절감이며 편리추구이다. 매스컴이나 소비자단체에서 이를 조사하여 공개하게 되면 다시는 "훌륭한 기업시민"으로서의 회사의 명성을 회복할 수 없게 된다.

글로벌 윤리라는 개념은 짜증날 만큼 복잡하다. 글로벌 행동강령을 주장하는 사람들은 착취노동과 말할 수 없이 낮은 임금으로 노동하는 어린이를 위한 집회에 참가할지 모른다. 하지만 이러한 근로환경을 금지하자는 그들의 제안은, 어린이들이 더 이상 노동을 할 수 없게 되면 가정이 재정적으로 파탄으로 향하게 되는 가정 소득의 문제에 대해서는 다루지 못하게 될 것이다.

진정한 글로벌 시민이 되기 위해서는 (비판적인 사람들이 말하는 것처럼) 강자의 입장에 약자를 이용하기 보다는 관련된 모든 시장에서 윤리적일 것이 요구된다. 밀턴 프리드만(Milton Friedman)의 **수단적** 계약을 지지하는 사람들은 기업이 자신이 사업을 수행하는 국가에 대해 법을 준수하는 것 이상의 도덕적 의무감을 가질 필요가 없다고 주장한다. 하지만 나이키(Nike)의 착취노동에 대한 대중의 반감이나 캐시 리 기포드(Kathie Lee Gifford)의 아동노동 추문을 생각해보면, 도덕적 의무감 수용은 충분한 금전적 인센티브가 있는 것으로 보인다.

사례 읽기: 마무리

용어 정의의 문제—탐이 결정을 내리다

탐(Tom)은 여러 대안들을 세심히 검토하였다. 언론이 이들 착취노동에 대해 알게 된다면 부정적인 언론 보도가 그가 속한 대행사에게도 돌아올까? 어쨌든 광고대행사는 방금 광고 문안 작성을 완료하였으며 광고의 설치 위치에 대해 협상하고 있었다. 대행사가 제품을 주문한 것은 아니기 때문에, 만약 탐이 실수로 청구서를 받아보지 않았다면 대행사는 이 물건들이 어디에서 만들어졌는지 알 수 없었을 것이다.

탐은 생각했다. "그럼에도 불구하고 열악한 환경에서 착취노동을 시행하는 조건에서 물건을 생산한 것은 잘못된 것이며, 우리 대행사는 인권 침해에 자금을 지원하는 고객과 거래하지 않는다."

탐은 서둘러 스미스(Smith's) 캠페인에 대한 새로운 정보를 그의 상사인 찰스 쿠퍼(Charles Cooper)—대행사의 창립자 겸 회장—에게 보고하러 갔다.

"회장님, 이번 스미스의 캠페인은 우리에게 큰 문제를 일으킬 수 있을 것 같습니다. 이들의 주력 세일 품목은 'Made in America'가 아닙니다. 이 청구 문서에 의하면 제품들은 인도네시아에서 착취노동을 통해 제조된 것입니다. 제가 이들 제품을 만든 제조 회사에 대해 조사해본 결과 이미 인권 침해로 인해 수차례 벌금이 부과된 바가 있습니다."

그리고 탐은 깊은 숨을 내쉬었다. "회장님, 저는 이번 건이 우리 회사에게 있어 매우 큰 계약임을 알고 있습니다만 이런 종류의 일이 우리가 지금 해야 하는 일일까요? 저는 우리 회사가 이와 같은 종류의 캠페인에 일하지는 않았다고 생각합니다. 어린 아이들이 착취노동 하에서 일하고 있을 때 독립 기념일 바베큐 파티를 벌이는 것 또한 올바른 것 같지 않습니다."

쿠퍼 회장은 몇 분간 생각한 뒤 대답했다. "탐, 이 정보가 정확한 건 확실한가?"

"네, 이 청구 문서는 스미스에서 직접 보내온 원본 자료에 포함되어 온 것입니다."

"그럼 스미스에 있는 우리 친구에게 전화를 걸어야겠네. 유감스럽게도 그들은 이제 새 대행사를 찾아야 할 것 같군."

질문

1. 찰스 쿠퍼가 스미스의 담당자에게 어떤 이야기를 할 지 생각해보라.
2. 당신은 스미스가 어떤 반응을 보이리라고 생각하는가?
3. 탐의 회사가 스미스와의 관계를 유지할 가능성이 있겠는가?

복습하기

1. 글로벌 비즈니스에서 발생하는 윤리적 이슈에 대해 이해하라.

국내기업이 기업 윤리를 관리하는 것은 쉬운 일이 아니다. 일단 기업이 글로벌 무대로 나아가게 되면 언어, 문화 및 사업 관행의 차이는 기업들로 하여금 자신의 윤리적 원칙 중 어떤 것을 지켜야 하며, 또 어떤 것이 사업이 진행되는 현지국을 위해 논의가 가능한지를 결정해야 한다.

2. 글로벌 환경에서 윤리적 상대주의에 대해 설명해 보라.

제1장에서 살펴본 바와 같이 윤리적 상대주의는 현지 상황에 따라 발생하게 된다. 북미 기업들에게 법적으로 강제되는 윤리적 사업 관행이 현지국에서는 적용되지 않을 수도 있다. 이런 상황에서, 기업들은 해당국의 표준운영절차(standard operating procedures, SOPs)를 준수하도록 요청받는다. 사회적 정치적 혼란이 있는 지역에서의 SOPs가 단지 끔찍한 관료적 절차에 지나지 않을지라도 말이다. 이런 경우 기업 윤리는 거래를 성사시키기 위해서 할 수 있는 어떤 짓도 허용하게 된다.

3. 글로벌 행동강령 개발의 어려움에 대해 설명해 보라.

자국의 관습과 규범을 넘어서 모든 국가에 적용될 수 있는 일반화된 사업관행의 표준을 개발하겠다는 생각은 글로벌 자본주의의 어두운 측면을 중단시킬 수 있는 최선의 희망처럼 보인다. 서구 기업들은 재무적 강점을 가지고 있기 때문에 개발도상국에 대규모의 자본투자를 통해 이들 국가의 천연 자원을 전 세계에 분포하는 생산 공장의 원재료로 사용한다. 윤리적 사업 관행에 대한 법적인 제재가 없으면 이들 기업은 종업원의 복지나 안전을 고려하지 않고 사업을 진행할 수 있다. 글로벌 행동 강령을 모든 글로벌 기업들이 준수한다면, 이런 관행을 중단시킬 수 있을 것으로 생각된다.

하지만 서구 국가들의 경제적 힘은 개발도상국이 대등한 위치를 가지려는 노력에 위협이 된다. 그 결과 개발도상국은 국가적 정체성과 문화를 고수하며 비즈니스 관행의 일반적 표준을 강요하는 협약을 불가능하게 한다.

4. UN 글로벌 협약의 영향에 대해 분석해 보라.

UN 글로벌 컴팩트는 2000년 7월에 공표된 이후 참여를 요청받은 2,000여 기업이 기업시민정신을 준수하겠다고 약속한 자발적인 협약이다. 이는 규제수단이 아니며(협약 기준을 준수하지 않더라도 어떤 벌칙도 부과할 수 없다), 환경, 부패방지, 전세계 근로자의 복지, 그리고 글로벌 인권문제에 초점을 맞춘 공개적인 약속이다. 이러한 활동의 신뢰성은 글로벌 컴팩트가 주장하는 원칙과 자신들의 글로벌 사업관행을 일치시키려는 기업의 현명한 이기심, 공공의 책임감, 그리고 투명성에 달려있다.

5. 다국적기업을 위한 OECD 가이드라인에 대해 설명해 보라.

처음에는 국제 투자 및 다국적기업을 위한 선언의 일부로 채택되어 1976년에 시작된 다국적기업을 위한 OECD 가이드라인은 UN의 비정부 글로벌 협약에서 다루고 있는 이슈에 대한 정부 차원의 접근법이다.

지지자들은 정부가 후원하면 이슈에 대한 신뢰성이 증가된다고 주장하나, 이 가이드라인은 실제로는 형사 또는 민사상의 집행을 하지 않으며 법적 구속력 또한 없다. 이 가이드라인이 제공하는 것은 UN 글로벌 협약에서 다룬 내용에 관한 핵심 가치를 10개의 장으로 표시한 행동의 원칙과 기준이다.

핵심용어

개발도상국 (Less-Developed Nation)
공리주의(Utilitarianism)
글로벌 행동강령(Global Code of Conduct)
글로벌화(Globalization)
다국적기업(Multinational Corporation: MNC)
다국적기업을 위한 OECD 가이드라인(OECD Guidelines for Multinational Enterprises)
선진국(Developed Nation)
윤리적 상대주의(Ethical Relativism)
UN 글로벌 컴팩트 (UN Global Compact)

복습을 위한 질문

1. 글로벌 사업체는 글로벌 행동강령에 가입해야 하는가? 본인의 생각을 설명하라.
2. 당신이 사업을 하는 국가의 비즈니스 관행과 관습을 따르는 것이 더 쉬운 일인가? 왜 그렇다고 생각하는가?
3. 국내기업에 비해 글로벌 기업의 경우 이해관계자가 더 많은가?
4. 해외부패방지법(Foreign Corruption Practice Act, FCPA)을 이 장에 적용해 보라.
5. 국제적인 사업에 있어서 UN 글로벌 컴팩트와 다국적기업을 위한 OECD 가이드라인 중 어느 것이 더 큰 가이드라인으로 작용한다고 생각하는가?
6. 국제적으로 가장 윤리적인 비즈니스를 하는 방안은 무엇이겠는가?

복습을 위한 연습문제

유니버설 훈련원 케이시 제임스(Kathy James)는 유니버설 훈련원(Universal Training Solutions, UTS)의 최고 강사이다. 그녀는 고객을 대상으로 설명을 하고, 영업에 관한 일일 워크숍을 주재하며, 전국적인 대규모 교육훈련 실시를 주도해 왔다. 남아프리카의 남아공은행(National Bank of SA)에 신규 교육훈련을 제공할 기회는 회사로서는 놓치기 아까운 좋은 기회이다. 남아공은행을 담당하는 사내 직원을 만난 후, 그녀는 고객의 요구사항을 자신이 확실하게 알고 있다고 느꼈다.

남아공은행은 최근 콜센터 장비 업그레이드에 약 천만 달러(6천만 란드)를 투자하였으며, 콜센터 직원들이 최고의 서비스를 제공할 수 있도록 하는 적절한 고객서비스 훈련을 찾고 있다. 시장조사 결과에 따르면 남아프리카공화국 국민들은 은행으로부터 좋은 서비스를 받고 있지 못하기 때문에, 이번 시도는 시장 점유율을 높이는 좋은 방법이 될 것으로 기대하고 있다.

유니버설의 고객서비스 트레이닝 프로그램인 '특급서비스(First Class Service, FCS)'는 포춘 500대 기업에 포함된 수십 개 기업으로부터 호평을 받고 있으며 국제적으로 실행되고 있다. 이 프로그램은 10 ~ 12명을 대상으로 3일 동안 교육을 진행하는 것으로 설계되어 있다. 은행으로서는 이 프로그램을 운영하는 것이 당연한 선택으로 보였다.

(비록 대부분의 남아공은행 직원들이 영어를 잘 한다는 사실을 들었지만) 케이시는 문화조정팀에 요하네스버그의 통역사와 함께 협력해서, 특급서비스를 아프리카안스(Afrikaans: 남아공과 나미비아에서 원주민어로 사용되는 서부 독일식 언어)로 번역하도록 지시했다. 그녀는 프로그램내 그룹의 실습은, 시연 때 보여준 것과 대부분 동일할 것으로 기대하였다. 제일 먼저 통역사와 전화통화를 시도하면서 그녀는 이 프로젝트가 성공적으로 진행될 것이라고 기대하였다.

하지만, 첫 번째 통화 후 모든 진행이 중단되었다. 통역사는 케이시와 인사를 나눈 후 남아프리카의 문화를 얼마나 알고 있는지를 물었다. 케이시는 이 프로젝트를 맡게 된 후 많은 인터넷 검색을 하였기에, 자신의 지식으로 통역사를 놀라게 해주려고 했다. 그러자 통역사가 케이시를 철렁하게 하는 질문을 던졌다. "왜 아프리카안스로만 번역을 하려 하죠? 남아프리카에는 11개의 언어가 사용되고 있으며 이 언어들을 이해하지 못하면 큰 실수로 여겨집니다."

통역사는 계속해서, 많은 공식 프리젠테이션에서 (예를 들면 회사가 향후 6개월간 진행을 계획하고 있는 은행 지역 관리자 훈련 개회식)같은 방에 있는 사람들의 민족을 파악하지 못하는 것은 무례한 것으로 간주된다고 설명했다.

케이시는 혼란에 빠졌다. 미국에서 3일짜리 프로그램을 남아프리카에서 11개 언어와 민족을 서로 인식하는 시간을 허용하면서 어떻게 3일 안에 마칠 수 있단 말인가?

1. 여기에서 무엇이 올바른 일인가?
2. 왜 남아공은행에서는 미국식 특급서비스를 그대로 진행하면 안 되는가? 이 프로그램이 여기에서 통한다면, 다른 곳에서도 통해야 하지 않는가?
3. 케이시의 결정에 따라 영향을 받게 되는 사람들은 누구인가?
4. 그녀는 어떤 대안들을 선택할 수 있겠는가?

인터넷활용 연습문제

1. 글로벌 윤리 연구소(Institute for Global Ethics, IGE)의 홈페이지(http://www.global ethics.org)에 접속하여 다음을 조사해 보라.
   a. IGE의 공시된 목적은 무엇인가?
   b. IGE의 비즈니스 딜레마 중 하나를 선택하고 해결책을 제시해 보라.
   c. IGE의 서비스로부터 기업이 어떻게 혜택을 얻을 수 있겠는가?

2. 월마트(Walmart)의 글로벌 윤리실(Global Ethics Office) 웹사이트(http://corporate. walmart. com/our-story/working-at-walmart/global-ethics-office) 에 접속하여 다음을 조사해 보라.
   a. 월마트가 글로벌 윤리실을 만든 목적은 무엇인가?
   b. 월마트의 부패방지에 관한 의지를 요약해 보라.
   c. 월마트의 최근 글로벌 지속가능보고서(Global Sustainability Report)를 다운로드 받아서, 회사가 글로벌 윤리에 대해 의지를 가지고 있음을 보여주는 3가지 사례를 제시해 보라.

팀 연습문제

1. 글로벌화 또는 현지화?

두 개의 팀으로 나누어, 한 팀은 표준화된 글로벌 행동 강령 개발을 지지하는 발표를 준비하고, 다른 팀은 개별 국가의 문화적 규범을 반영한 유연한 행동강령 개발을 주장하는 발표를 준비한다.

2. 명성의 회복

셋 또는 네 개의 팀으로 나누어, 각 그룹은 아래의 이유 중 하나로 벌금이 부과된 다국적 기업의 명성을 회복할 수 있는 제안을 준비한다. 위반행위는 뇌물공여, 오염, 착취노동, 또는 아동노동이다. 이해관계자들에게 회사의 명성을 회복시킬 수 있는 당신의 계획을 설명하는 발표를 준비한다.

3. 타미플루

두 팀으로 나누어, 다음 행동에 대해 찬성과 반대의 입장에서 각각 토론을 준비한다. 당신이 일하는 미국 기업은 아시아 지역에 생산 공장들을 운영하고 있으며 전체 종업원은 20,000명이다. 2003년에 아시아 지역에 급성호흡기질환(SARS)이 발병한 이후, 회사는 높은 수준의 의료서비스를 받을 수 없는 지역의 종업원을 위해 약품을 비축해 두는 정책을 도입하였다. 2005년에 급성호흡기질환 대신 전 세계적인 유행성 전염병이 될 위험이 높은 조류독감이 발병하였다. 당신의 회사는 조류독감에 최고의 치료제로 알려진 항생제 타미플루를 비축하기 시작했다.

4. 다른 방법의 모색

두 팀으로 나누어, 다음 행동에 대해 찬성과 반대의 입장에서 각각 토론을 준비한다. 당신은 회사가 사업을 운영하고 있는 한 국가의 세관으로부터 제기된 사기 클레임 문제를 조사하라는 명령을 받았다. 당신이 그곳에 도착했을 때, 담당 공무원은 당신의 회사가 수입된 안전화의 수량을 적게 보고하였기 때문에 벌금을 선고받게 될 것이라고 설명했다. 그런데 당신은 그 공무원이 바로 그 안전화를 신고 있는 것을 발견하였다. 당신은 출국 전에 선적된 수량과 세관에 신고된 수량이 일치함을 확인하였으며, 따라서 과소신고되지 않았음을 확신할 수 있었다. 향후 이 국가에서 높은 성장을 기대하고 있는 회사의 전략을 알고 있기 때문에, 당신은 벌금을 납부한 후 담당 공무원의 이름과 주소를 입수하여 회사 제품 일부를 보내주면 좋지 않을까 생각하고 있다. 문제는 회사 최고경영진이 최근 경영전략회의에서, 향후 회사는 단기적 손실의 위험을 감수하고서라도 전 세계에 걸친 모든 사업에 회사의 윤리 기준을 적용하겠다는 강한 의지를 천명하였다는 것이다. 회사의 CEO는 사보에서 "명성이 높은 기업과 거래하고 싶어하는 고객에 다가가기 위해 우리는 높은 도덕적 기준을 적용할 것이다"라고 말했다.

그래서 당신은 관세 관련 문서들을 정리하면서 세관공무원의 축소보고 혐의제기에 대해 이의 제기를 준비하기 시작했다.

출처: Inspired by Alison Maitland, "A Code to Export Better Practice," *Financial Times*, London (UK), January 26, 1999, p. 14.

비판적으로 생각하기 9.1

탐스(TOMS) 신발: 글로벌화를 윤리적으로?

이 교과서의 대부분의 내용은 이해관계자를 어떻게 대해야 하는지에 대한 명확한 윤리적 원칙을 가지고 경영하는 (또는 이에 실패한) 기업들에 초점을 맞추었다. 자동차나 컴퓨터를 제조하거나, 또는 금융이나 컨설팅 서비스를 제공하는 사업에서도 "옳은 일을 한다"라는 개념이 사업 목적과 자연스럽게 일치되도록 제시되었다. 만약 회사가 옳은 일을 하기 위해 탄생하였다면 어떻게 되는가? 컨설팅 회사가 윤리적인 비즈니스 관행에 따라 다른 회사를 자문하는 것이 아니라, 회사의 핵심 목적이 "양심적인 자본주의," 즉 다른 목적을 달성하기 위한 수단으로 제품을 공급하는 것이라면 어떻게 되겠는가?

2006년 블레이크 마이코스키(Blake Mycoskie)는 아르헨티나를 방문 중 그곳의 전통적인 민속화 알파게이트(Alpargate)의 편안한 착용감에서 영감을 얻어 그 신발을 미국 시장에 도입하였다. 도전정신에 가득 찬 기업가들은 가끔 새로운 발상을 하는데, 마이코스키가 특별한 것은 사업 목적이 남들과 다르다는 것이다. 아르헨티나에서 지역사회 봉사를 하면서 그는 시골지역의 가난과 건강 문제에 눈뜨게 되었다. 특히 많은 어린이들이 신발 없이 지내는 것을 알고는 깜짝 놀랐다. 그의 사업 아이디어는 아르헨티나의 신발제조업자와 협력하여 밝은 색상의 신발을 제조하여 미국시장에 판매하고, 판매된 신발 수만큼 가난한 어린이에게 공짜로 제공한다는 것이었다.

처음에 마이코스키는 아르헨티나의 로스 필레톤스(Los Piletones) 지역의 어린이에게 신발 200 켤레를 제공할 계획이었다. 그런데 "한 켤레 사면 다른 한 켤레 기부(one-for-one)" 전략이 매우 성공적이어서, 첫 번째 신발기부(Shoe Drop)에서 무려 10,000 켤레를 기부할 수 있었다.

탐스 신발(Toms Shoes)은 설립된 지 4년 만에 "한 켤레 사면 다른 한 켤레 기부(one-for-one)" 프로그램으로 600,000 켤레 이상의 신발을 아르헨티나, 아이티, 그리고 에디오피아에 보낼 수 있었다. 에티오피아 기부는 특히 이산화규소가 많은 화산토 위에서 생활하는 수백만의 사람들에게 나타나는 상피병(podoconiosis) 퇴치에 중요한 기여를 했다. 상피병은 발이 코끼리 발 모양으로 변하는 병이다. 이 병에 걸리면 매우 고통스러운 것은 물론, 치료를 하더라도 발에 상처가 남게 되고, 상처가 심한 사람은 나병 환자처럼 동네에서 추방당하게 된다. 상피병은 신발을 착용하면 100% 예방이 되기 때문에 최근 약 37,000 켤레의 신발이 에티오피아에 제공되었다.

탐스 신발에 대해 학습하면서 우리가 기억해야 할 점은 이 조직은 영리를 추구하는 회사라는 것이다. 마이코스키는 배우 폴 뉴만(Paul Newman)과 작가 호츠너(A. E. Hotchner)가 1982년부터 시작한 뉴만스 오운(Newman's Own) 회사가 지난 30여 년간 지역사회와 건강관련 프로그램에 30억불 이상 기부하는 것으로부터 영감을 받았다. 뉴만스 오운 회사 역시 영리추구 회사이다. 비영리조직으로 세금혜택을 받는 것은 전혀 고려하지 않았다. 가치 있는 명분에 이익을 제공할 수 있는 능력이 중요한 바, 그래서 회사가 만들어진 것이다.

2011년 7월에, "하나 사면 다른 하나 기부(one-for-one)" 프로그램은 안경으로까지 확대되었는데, 탐스의 안경을 구입하면 파트너 재단인 세바 파운데이션(Seva Foundation)과 협력하여 치료, 처방 안경, 또는 시력 회복 수술을 제공한다. 현재 이 프로그램은 방글라데시, 캄보디아, 이집트, 에디오피아, 과테말라, 인도, 네팔, 파키스탄, 파라과이, 티벳, 탄자니아, 우간다, 그리고 미국 등 전 세계 13개국에서 운영되고 있다.

2012년 4월에, 회사는 고객들에게 "신발없는 하루(A Day Without Shoes)" 프로그램에 참여하도록 하고 있는데, 이 프로그램은 참가자로 하여금 하루 동안 신발을 착용하지 않으면서, 어린이들이 신발을 신지 못하는 일이 없도록 하자는 것이다. 이 캠페인은 탐스사의 기존 고객으로부터 많은 지지를 얻었지만, 탐스의 사업모델에 대한 비판도 불러일으키고 있다. 비판자들은 탐스의 사업모델이 "고기잡는 법"을 가르쳐주지 않고 "고기를 주는" 잘못을 저지르고 있다고 비난한다. 게다가 현지 시장에 수천 켤레의 신발을 내보내면 하룻밤 사이에 시장을 잃게 되는 지역 신발제조업자와 관련공급자에게 회복할 수 없는 피해를 주게 된다. 이들은 마이코스키의 "촌티나는 스타일"과 "사회적 양심"을 결합하는 기업가적 소질은 인정한다. 또한 "기분 좋은 구매"가 단기적 유행으로는 작용하겠지만 기금을 더 효율적으로 활용하면 얻을 수 있는 장기적 효과를 잃게 된다는 점을 지적한다. 이를 위해서는 제조원가가 6달러에도 미치지 못하는 신발 두 켤레를 135달러에 판매하는 경제적 모델의 변화가 필요할 것이다.

2015년 5월, 회사의 창립 9주년을 축하하면서 마이코스키는 인스타그램에 '#withoutshoes'라고 해쉬태그된 모든 맨발 사진에 대해서 신발 한 켤레를 기부하겠다는 회사의 'B1G1' 정책을 인스타그램을 통해 공개하였다. 안경공급업체인 와비파커(Warby Parker)등은 또 다른 B1G1 방법을 제시하였다. 단순히 안경을 제공하는 것에 그치지 않고, 회사는 비전스프링(VisionSpring) 등 소셜벤처를 통해 두 번째 안경에 대한 부품, 제작, 훈련비용을 확보한 후 13개국 8천명의 판매상을 고용하여 이들로 하여금 지역에서 간단한 시력검사와 함께 제품을 저렴한 가격으로 판매하도록 하고 있다. 지역사회가 지원금에 의존하거나, 이미 신발이나 안경이 있는 어린이들에게 중복으로 지원되는 상황을 줄이기 위해서는 판매 네트워크를 지원하는 것이 더 적절하다고 생각했기 때문이다.

한편 탐스는 기존 방식이 떠넘겨버리는 식의 기부, 예를 들면 중국에서 생산된 신발을 아프리카에 주는 방법이라는 비판을 극복하기 위해, 해당 지역의 제조업자가 지역 기후에 적합한 신발을 생산하도록 지원하는 일련의 조치를 취하고 있다. 즉 공짜 신발 뿐 아니라 고용창출을 지원하는 것이다.

질문

1. 전통적인 제조업자가 자선단체에 기부하는 것보다 탐스의 "하나 사면 하나 기부" 모델이 더 윤리적인 회사를 만든다고 생각하는가? 그 이유는 무엇인가?
2. 왜 소비자는 간단한 린넨 신발이나 선글라스에 그렇게 높은 가격을 지불하는가?
3. 마이코스키는 탐스 모델을 처음부터 시작하였다. 이미 사업을 하고 있는 기업에서도 이러한 모델을 통해 윤리적 기준을 향상시킬 수 있겠는가? 그것이 어떻게 가능하겠는가?
4. 탐스는 앞서 설명한 비판에 대해 어떻게 대응하는 것이 좋겠는가?

출처: *Stacy Perman*, "Making a Do-Gooder's Business Model Work," *Bloomberg BusinessWeek*, January 23, 2009; Laurie Burkitt, "Companies' Good Deeds Resonate with Customers," *Forbes*, May 27, 2010; Blake Mycoskie, "The Way I Work," *Inc.*, June 1, 2010; Kiera Butler, "Do Toms Shoes Really Help People?" *Mother Jones*, May 13, 2012; and James Poulos, "Toms Shoes: A Doomed Vanity Project?" *Forbes*, April 11, 2012; Marco della Cuva, "Toms Uses Instagram to Give away a Million Shoes," *USA Today*, May 5, 2015; and Sarika Bansal, "Shopping for a Better World," *The New York Times*, May 9, 2012.

비판적으로 생각하기 9.2

팍스콘에서의 자살

팍스콘 기술 그룹(Foxconn Technology Group)은 세계 최대의 하도급 제조사로 이름이 나 있는 대만의 혼 하이(Hon Hai)정밀산업의 자회사이다. 자회사라고는 하지만 이 회사의 규모는 엄청나서 종업원이 약 800,000명이며 이들 중 절반 정도는 중국 센젠(Shenzhen)의 산업공단 내에서 근무한다. 팍스콘 시티(Foxconn City)라고 불리는 이곳에는 15개의 독립된 건물이 있는데 각 건물별로 애플(Apple), HP, 닌텐도(Nintendo), 델(Dell) 등 고객사 제품생산을 담당한다. 팍스콘을 소개하는 홍보책자에 따르면 회사는 최저임금(900위안, 약 130만원/월), 식사 및 숙소 무료 제공, 종업원 휴게 공간 등을 제공한다고 한다. 우리가 일반적으로 생각하는 착취노동 환경이 아니다.

하지만 2010년 전반기에만 12명의 종업원이 작업환경이 너무 힘들다고 15층 빌딩에서 투신자살하였다. 소문에 따르면 또 다른 2명은 자살을 시도하여 지금 위독한 상태이며, 자살을 시도하다가 구조된 사람이 20명이라고 한다. 최근 빈발하는 자살시도로 인해, 방문객들이 음산하다고 표현하는 이 회사의 작업환경이 과연 어떠한지에 대한 관심이 높아졌다. 노동운동가들에 따르면 이 회사 직원의 이직률이 40%를 상회하는데, 직원들은 매우 빠른 조립라인의 속도를 따라가기보다는 이직을 택한다는 것이다. 이 회사의 근무환경은 다음과 같다. "군대스타일의 관리, 상사의 언어폭력, 때때로 발생하는 고객의 긴급한 요구에 대응하기 위한 13일 연속 근무-이를 위해서는 공장 바닥에서 자야 한다."

2010년 1월 23일에 사망한 19세 소년 마 시앙퀴안(Ma Xiangqian)의 예를 들어보자. 가족들의 말에 따르면 그는 팍스콘에서의 일, 예를 들면 "11시간 근무하는 야간작업조, 주 7일 근무, 연기와 먼지 속에서 플라스틱과 금속을 전자부품에 끼워 넣기" 등을 싫어했다. 죽기 1개월에 전에, 그는 112시간 초과근무를 포함하여 법정 한도의 3배가 넘는 월 286시간을 근무했다.

부정적인 여론의 불똥은 다른 곳으로 튀었다. 아이폰 사진을 불태우고 애플사 제품을 보이콧하려는 움직임 때문에, 홍콩에서 아이패드 출시를 축하하려는 행사는 빛을 잃었다. 부정적인 여론은 팍스콘의 고객사들에 대해서 같은 수준의 책임을 요구하기 시작했다. 애플, 델, HP 등은 팍스콘 공장의 작업환경을 조사하겠으며, 이들과의 계약을 해지할 수 있음을 내비쳤다.

이에 대해 팍스콘은 먼저 건물 주위에 그물망을 설치하여 자살을 예방하고, 작업환경으로 인해 스트레스 받는 근로자를 위한 심리상담사를 채용하였으며, 직원들을 50명 단위로 조직하여 정서적 스트레스가 심하지 않은지 서로 체크하도록 했다. 회사는 또한 대폭적인 급여인상을 두 차례 실시하여 급여수준이 월 2,000위안 정도로 하겠다고 발표하였다. (하지만 두 번째 급여 인상을 받기 위해서는 3개월에 걸친 리뷰를 통과해야 한다) 또한 '아름다운 미래를 창조하기 위해 인생을 귀하게 여기고, 가족을 사랑하고, 서로를 돌보자'라는 제목의 동기부여 활동이 전 공장에서 진행되었다.

이러한 즉각적인 반응은 부정적인 여론에 대응하기 위한 것이었지만, 팍스콘과 고객사에 대한 장기적인 영향에 대한 우려도 있다. 혼 하이의 명성은 높은 품질수준과 아주 낮은 마진에 근거하고 있는데, 이 낮은 수준의 마진은 인건비를 두 배로 인상하기에는 부족한 정도이다. 고객사들은 하도급계약을 해지할 수도 있다고 위협하기는 했지만, 혼 하이를 대체할 수 있는 대안이 별로 없는 편이다.

애플사는 비정부기관인 공정노동위원회(Fair Labor Association, FLA)에 팍스콘의 공장운영을 철저하게 감사할 것을 요청했다. 공정노동위원회 감사팀은 센젠과 청두 공장을 방문하여 애플의 아이폰과 아이패드를 조립하는 3개 시설의 35,000명을 설문조사하였다. 2012년 3월 29일에 발표된 조사내용에 따르면, 지난 12개월 동안 근로자들은 보통 애플과 팍스콘이 협약한 노동시간보다 주 60시간을 초과하여 근로한 것으로 나타났다. 게다가 중국의 법정 월 초과근로 허용시간인 36시간보다 더 많이 근로한 것으로 나타났다. 결론적으로 공정노동위원회는 근무환경이 "중국내 다른 공장보다 더 나쁘지 않은 상태이다"라고 결론지었다.

팍스콘은 이러한 비판에 별로 신경 쓰지 않는 듯하다. 2015년 7월, 회사는 2020년까지 인도에 12개의 공장을 설립하여 최대 백만명까지 고용할 계획을 밝혔다. 이는 최근 증가하고 있는 중국내 임금상승과 노사분규에 대한 전략적 대응으로 보인다.

2016년 3월, 팍스콘은 몇 주간의 협상 끝에 일본의 스크린제조사인 샤프(Sharp)의 66%를 인수하는 35억 달러 규모의 합병계획을 발표하였다. 이 거래를 통해 팍스콘은 비록 부채는 30억 달러 증가하지만 애플사와의 거래에서 더 강력한 협상력을 발휘할 것으로 기대된다(샤프는 애플 아이폰 스크린의 약 25%를 공급한다). 실적개선을 위해 샤프는 공격적인 활동을 해야 할 것이다.

질문

1. 팍스콘의 대응은 추가적인 자살시도를 막을 만큼 충분한가? 왜 그렇게 생각하는가?

2. 회사가 매우 낮은 수준의 마진으로 운영된다면, 노무비 증가에 어떤 식으로 대응해야 할 것인가?
3. 팍스콘의 대응은 적극적 윤리인가 아니면 수동적 윤리인가? 그 이유는 무엇인가?
4. 만일 애플사가 팍스콘 공장의 작업환경 문제에 개입하겠다고 공개적으로 입장을 밝힌다면, "중국 내 다른 공장에 비해 더 나쁘지 않은 상태"는 받아들일 수 있는 기준인가? 그 이유는 무엇인가?

출처: *The Economist*, "Suicides at Foxconn: Light and Death," May 27, 2010; Annie Huang, "Foxconn Raises Worker Pay by 30% after Suicides," Associated Press, June 2, 2010; David Barboza, "After Suicides, Scrutiny of China's Grim Factories," *The New York Times*, June 6, 2010; Debby Wu, "iPhone Factory Suicides Spur Corporate Pep Rally," Associated Press, August 18, 2010; and *The Economist*, "iAudit," March 30, 2012; James Crabtree, "Foxconn to Bulid up to 12 Factories, Employ 1M in India," *Financial Times*, July 14, 2015; and Paul Mozur, "To Woo Apple, Foxconn Bets $3.5 Billion on Sharp," *The New York Times*, March 30, 2016.

비판적으로 생각하기 9.3

해외 임상실험의 윤리성

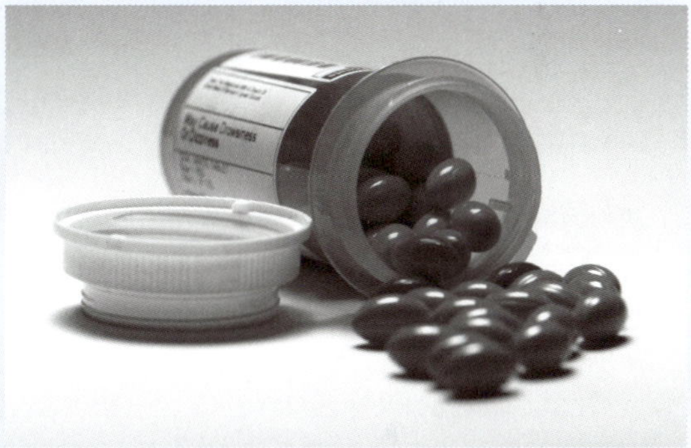

주요 미국 기업들이 아일랜드나 인도에 서비스 콜센터를 이전하는 것과 유사한 속도와 관심으로 임상의약품 시험의 오프쇼어링—조직내 일부 기능을 해외로 아웃소싱하는 것—이 진행되고 있으며, 이는 점점 더 동부 지역으로 확대되고 있다. 미국 보건복지부의 총감사관인 대니얼 레빈슨(Daniel R. Levinson)이 2010년 6월에 발표한 보고서에 따르면, 2008년에 승인된 약품의 80%는 외국에서 시험을 했으며, 임상시험에 참여한 대상자의 78%는 외국 사이트에서 등록했다. 2008년에 허가된 10개 의약품은 미국 내 테스트를 전혀 거치지 않았다.

미국의 제약사들은 매력적인 조건과 실질적인 문제로 인해 앞 다투어 해외 임상시험을 하고 있다:

- 다른 미국 기업들처럼 비용 상의 이점을 추구하면서 제약사들은 동유럽, 아시아, 라틴 아메리카, 그리고 아프리카에서의 임상시험은 동일한 질의 데이터를 더 낮은 가격으로 확보하고, 게다가 때로는 시간도 절약할 수 있음을 알게 되었다.
- 2004년에 판매가 금지된 소염제 바이옥스(Vioxx)경우처럼 의약품 안전에 대한 우려가 높아지면서, 식품의약청(FDA) 등 감독기관은 신약 승인에 더 많은 자료를 필수조건으로 요구한다. 이는 곧 더 많은 대상자, 더 오랜 기간, 더 많은 시험을 의미하는데, 때로는 수천 명의 환자를 대상으로 12개월 이상의 시험을 요구하기도 한다.
- 북미 지역의 환자들은 한 단계 임상시험에 참가하는 것을 점점 꺼리고, 대신 약효는 이미 확인된 상

태에서 적당한 복용량이나 예상되는 부작용을 테스트하는 두 단계나 세 단계 시험에 참가하는 것을 선호한다.

- 이와는 대조적으로 해외 임상시험은 치료에 대해 무지한 많은 환자를 사용할 수 있다. 왜냐하면 이들은 서구에 비해 낮은 수준의 의료서비스 수준으로 인해 최신 또는 최고가의 의약품을 접할 기회가 없기 때문이다.
- 북미에서의 시험은 의사들이 참여할 의지가 있고 조건이 되는 소수의 환자만을 대상으로 할 수 있으나, 인도나 중국같이 인구가 많은 국가에서는 한 사람의 의사가 시험에 참여할 수십 명의 환자를 접할 수 있기 때문에 더 적은 장소에서 더 많은 실험대상자를 모집할 수 있다.

하지만 제약사들이 모든 것을 마음대로 할 수 있는 것은 아니다. 개발도상국이건 아니건, 직접적으로 시험을 금지하거나 또는 최소한 시험을 전문적이고 윤리적으로 관리하도록 하는 제약이 따른다:

- 많은 개발도상국들은 "최초의 인체" 시험을 금지하는 법을 제정하여, 자국민들이 매우 실험적인 약품의 시험대상이 되는 것을 금지하고 있다.
- 최근 러시아와 중국은 불법적인 인체장기 밀매에 대한 우려 등의 이유로, 혈액이나 환자 세포조직 샘플의 수출을 금지하고 있다.
- 미국 식품의약청은 최근 급격히 증가하는 임상시험을 검사하기 위해 중국에 사무소를 개설하였다.
- 세계의사회(World Medical Association)의 2014년 헬싱키 선언은 의약품 시험에 대한 엄격한 윤리적 기준을 요구하였으나, 이 기준은 아직 자발적인 성격이다.

게다가 비용절감과 현실적인 혜택의 이익을 누리려는 쇄도 현상은 의심스러운 데이터부터 환자의 사망에 이르기까지 여러 가지 문제점을 일으키고 있다.

- 2003년 베이징의 디탄 병원(Ditan Hospital)에서 몇 명의 에이즈(AIDS) 환자가 임상시험을 받은 후 사망하였다. 캘리포니아에 본사를 두고 있는 바이오공학 회사인 바이럴 지네텍스(Viral Genetics)는 환자들에게 약효가 입증된 약품을 복용하는 것이 아니라 임상시험에 참여하고 있다는 사실을 적절히 설명하지 않은 것에 대해 비난받았다.
- 바이럴 지네틱스에 대한 추가적인 비난은 일반적인 임상시험에서 점점 관심이 높아지는 이슈로, 약효를 입증하기 위해 비교용으로 사용되는 위약(Placebo)의 사용에 관한 것이다. 서구에서 가장 효과적이라고 알려진 항레트로 바이러스 치료가 왜 디탄 시험에서 비교용으로 사용되지 않았는지에 대한 비난이 있었다.
- 개발도상국의 교육 부족 및 낮은 수준의 의료서비스는 환자의 시험 참여자격에 관한 문제를 불러일으켰다. 이들이 진단 목적으로는 자격이 될지라도, 그들이 사전 동의의 중요성을 이해하고, 또 시험이 끝난 후 지속적인 치료를 위해 필요한 그 약을 사용할 수 있기까지에는 수 개월 또는 수 년이 걸린다는 사실을 알고 있을까?

결국에는 경제성의 원칙이 이길 것같다. 소송을 좋아하는 미국 사회의 속성으로 인해 점점 까다로워지는 북미의 기준은 해외 시험을 점점 더 매력적으로 만들 것이다. 이러한 시험을 감독하고 환자들이 윤리적으로 대우받을 것을 보장하는 적절한 규제 장치가 없다면, 선진국 국민들이 참여를 꺼리는 실험에 실험쥐처럼 이용되는 개발도상국 국민들의 겁에 질린 모습이 현실이 될 것이다.

질문

1. 제약회사들이 해외 임상시험을 하게 되는 요인 3가지를 제시해 보라.
2. 이러한 시험이 전문적이고 윤리적으로 관리되도록 감독하기 위해 어떤 규제가 가능하겠는가?
3. 만일 환자들이 사전 동의의 중요성이나 위약(Placebo)의 사용을 이해할 수 있는 수준의 언어적 능력이나 교육수준이 부족한 경우, 이들을 약품 시험에 참가하도록 허락하는 것이 과연 윤리적인가? 왜 그렇다고 생각하는가?
4. 임상의약품 해외 시험이 모든 이해관계자에게 더 윤리적인 과정이 되기 위해 어떤 제안을 할 수 있겠는가?

출처: *The Economist*, "The Next Big Thing," June 16, 2005; Andrew Jack, "NewLease on Life? The Ethics of of Offshoring Clinical Trials," *Financial Times*, January 29, 2008, p.9; and Gardiner Harris, "Concern over Foreign Trials for Drugs Sold in U.S.," The *New York Times*, June 21, 2010.

Chapter 10

윤리경영 자리잡기: 경쟁적인 시장에서 올바르게 경영하기

학습결과

이 장을 공부하면 여러분은 아래의 내용을 할 수 있게 된다.

1 윤리 정책의 핵심 구성요소를 개발할 수 있다.
2 *투명한* 조직이 되는 것의 효과를 분석할 수 있다.
3 *수동적* 윤리정책과 *적극적* 윤리정책의 차이를 이해할 수 있다.
4 조직의 진실성에 전념하는데 있어서의 장애요인을 논의할 수 있다.

> 만약 윗사람의 윤리수준이 낮다면,
> 그 행동은 전체 조직으로 퍼지게 된다.
>
> **Robert Noyce,**
> **발명가**

오는 정이 있어야

애덤(Adam)은 한 메이저 제약 회사의 영업사원으로, 그의 회사는 수익성이 높은 고혈압 치료제 시장에서 최대의 경쟁사와 치열한 시장 쟁탈전을 벌이고 있는 중이다. 혈압 관련 약품은 미국에서 콜레스테롤 및 당뇨병 관련 약제에 이어 두 번째로 많이 팔리는 약품으로 수십억 달러 규모의 시장을 이루고 있다. 애덤의 회사는 시장 1위 약품을 보유하고 있으며 경쟁사는 시장 2위 약품을 보유하고 있지만, 마치 코카콜라와 펩시콜라의 관계처럼 양사는 공격적인 마케팅 캠페인과 세일즈 프로모션을 벌이며 치열한 점유율 싸움을 벌이고 있는 중이다. 회사는 제품의 이름이 쓰여진 온갖 판촉물들을 만들었으며, 회사 차량에는 (차고는 말할 것도 없이) 제품 처방에 관심을 보일 의사들에게 증정할 판촉물이 담긴 박스가 가득 차 있다.

애덤은 오늘 처음 만나는 의사를 방문할 예정이다. 병원 자체는 그가 오랜 동안 거래했던 곳이지만, 거래했던 파트너들이 최근에 은퇴하면서 병원을 매각한 이후, 오늘 병원의 새 주인인 그린 박사(Dr. Green)를 만나게 된 것이다. 주차장에 들어서니 차 댈 곳을 찾기가 쉽지 않았다. "여느 때보다 더 붐비는데?" 그는 생각했다. "스티븐스 박사와 파트너들이 병원 자리 값을 톡톡히 받았기를. 이 자리는 황금알을 낳는 곳이 될 듯하니."

대기실에서 애덤은 카운터 너머로 낯익은 얼굴들을 발견하였지만 웃고 있는 사람이 아무도 없는 것 또한 알아챘다. 모두 매우 심각한 표정으로 문서작업에 집중한 모습이었다. 오피스 매니저인 제니퍼(Jennifer)는 그를 그린 박사의 방으로 안내하면서 충고 한마디를 건넸다. "신중히 행동하세요. 예전하고는 다르답니다."

15분 뒤, 그린 박사가 들어왔다. 애덤은 일어나서 자기소개를 한 뒤, 바쁜 일정 중에 만날 시간을 내준 데에 대해서 정중히 감사의 말을 전했다. 그린 박사는 웃지도 인사치레도 하지도 않았다. 그는 본론으로 바로 들어갔다. "애덤씨라고 했지요? 제약회사 직원과 함께 일하는 것에 대한 저의 철학을 설명해 드리겠습니다. 제 견해로는 당신들은 특허가 만료될 때까지 당신네 알약으로 가능한 한 많은 돈을 벌 텐데, 저는 그 돈 중 일부가 저희 병원의 이익을 위해 쓰였으면 합니다. 병원 환자를 위한 풍족한 공짜 샘플과 당신의 회사가 이 약품에 대한 우리 병원의 지원에 대해 감사하고 있다는 충분한 증거를 달라는 말입니다. 아시겠습니까?"

애덤은 '충분한 증거'가 어떤 뜻인지는 자신이 없었지만, 그린 박사가 그에게 설명하고자 하는 것이 무엇인지는 확신하였기 때문에 고개를 끄떡이면서 미소를 지었다.

"이 병원은 제게는 장기 투자로 여기에 많은 돈을 투자했습니다. 스티븐스 영감은 훌륭한 환자 기반을 구축하였지만, 제 개인적으로는 그보다 더 나아질 수 있다고 생각합니다. 이곳은 확고한 통제가 필요한 상태였고, 올해 안에 두 배로 늘릴 계획입니다. 유감스럽게도 성장에는 추가적인 비용이 필요합니다. 여기에 많은 돈을 들였다고 이야기했던가요?" 그린 박사는 갑자기 말을 끊더니 미소를 지었는데, 그 미소는 애덤이 평생 본 미소 중 가장 가식적인 미소 중 하나였다. "애덤, 제 생각은 바로 이겁니다. 이런 경우에 다른 영업사원들이 내게 줄 노트패드나 팬에 돈을 낭비하는 대신, 나는 내 진료실을 꾸미는 데 일종의 지원-당신이 원한다면 마케팅 펀드라고 불러도 되겠지만-을 해주길 바랍니다. 발전하는 병원의 의사와 어울리는 고급 가구 말입니다. 어떻게 생각하십니까?"

애덤은 헛기침을 하면서 어떤 대답을 해야할 지 필사적으로 고민했다. "선생님, 매우 이례적인 부탁이십니다. 음… 그리고 저희는 저희 제품에 대한 선생님의 지원에 대단히 감사해하고 있습니다만, 음... 제 생각엔 지역 본부의 매니저로부터 승인을 받을 수 있을 것 같지는 않습니다."

그린 박사의 가식적인 미소가 떠올랐던 속도만큼이나 순식간에 사라졌다. "애덤, 이건 거래입니다. 오늘 아침 나는 자카리라고 부르는 매우 똑똑한 젊은 친구와 대단히 생산적인 만남을 가졌습니다. 내 생각엔 그는 아마 당신 경쟁사에서 일하고 있는 것 같은데요."

애덤은 자카리(Zachary)의 이름을 듣자 인상을 찡그렸다.

"자카리는 이 제안이 그렇게 이례적이라고 생각하지 않는 것 같았습니다. 사실 그는 인테리어 디자이너인 친구도 있는데다 이 서비스가 '마케팅 펀드'에 포함될 것임을 확인해 주기도 했습니다. 그럼 이제 우리 어떻게 할까요?"

질문

1. 윤리강령의 4대 핵심 사항이 본문에 나와 있다. 애덤의 회사에 이와 같은 규정이 있다고 가정한다면 이들 4대 핵심 사항을 통해 애덤이 어떤 지침을 찾을 수 있을까?
2. 자카리는 애덤을 이기기 위해서 그와 같은 '마케팅 펀드'를 기꺼이 제공했을까? 아니면 그린 박사가 거짓말을 하고 있는 것일까?
3. 애덤은 앞으로 어떻게 해야 하는가?

1. 윤리경영 정착 – 윤리정책의 핵심 구성요소

어떤 CEO에게 물어보아도 그들이 발을 담그고 있는 시장이 어떠한 지에 대한 설명은 다음과 비슷할 것이다.

- 쉽게 만족하지 않는 고객: 새롭고 더 좋은 제품과 서비스를 더 낮은 가격에 원함
- 참을성 없는 주주: 매분기마다 항상 주가가 상승하기를 원함
- 공격적인 판매자: 당신에게 모든 것을 팔고자 함
- 요구사항이 많은 중앙 및 지방 정부: 세금은 더 많이 납부하고 고용은 늘리기를 원하면서 더 많은 규정과 규제를 부여함
- 까다로운 채권자: 부채를 제 때에 갚을 것을 원함
- 공격적인 경쟁자: 당신의 고객을 빼가려 함

이처럼 거친 환경에서 사업을 하고 있다면, 사업을 윤리적으로 하고 모든 이해관계자에게 올바른 일을 하겠다는 약속을 준수하는 것은 쉬운 일이 아니다. 회사가 비윤리적 행위를 한 것

지속가능한 윤리 최근의 알려진 추문이나 경영 유행이 지난 후에도 장기간 지속되는 윤리적 행동

이 드러나면, 많은 경영자들이 올바른 행동을 하지 못한 것이 나쁜 경쟁회사 때문이라고 변명하는 모습을 흔히 볼 수 있다.

그렇다면 어떻게 하면 이를 고수할 수 있을 것인가? 어떻게 하면 시장 내 모두가 그렇지 않더라도, 당신의 회사는 윤리적 원칙을 준수할 것임을 장담할 수 있을 것인가? **지속가능한 윤리**(**sustainable ethics**)란 최근의 알려진 추문이나 경영 유행이 지난 후에도 장기간 지속되는 윤리적 행동을 말한다.

이 책의 앞에서 살펴본 것처럼 기업이 윤리적 행동에 전념하겠다고 하면, 이는 조직의 모든 관리자층과 부서에 영향을 미친다. 따라서 윤리적 행동을 **지속가능하게** 하려면 조직 내 모든 구성원이 관여하여 지속적으로 모니터링하고 집행하는 공식적인 활동이 필요하다. 이는 다음의 여섯 단계로 요약될 수 있다:

1. 윤리강령의 제정
2. 모든 조직구성원을 대상으로 한 윤리강령 교육훈련
3. 윤리 담당자 임명
4. 종업원들의 윤리적 행동에 대한 축하와 보상
5. 윤리적 행동에 대한 조직의 실천의지 촉진
6. 조직이 성장해 갈 때 행동에 대한 지속적인 모니터링

1.1 윤리강령의 제정

모두가 동일한 출발점에서 시작하려면, 윤리적 행동에 대한 회사의 실천의지는 윤리 강령으로 문서화되어야 한다. 잘 만들어진 윤리강령은 다음과 같은 내용을 포함한다.

- 조직이 윤리적 행위의 의미를 어떻게 이해하고 있는지를 제시할 수 있으며, 조직원이 지켜야 할 가치명제 역할을 할 수 있다.
- 허용가능한 행동이 어떤 것인지에 대한 구체적인 지침을 제공할 수 있다.
- 특정 상황에서의 행동에 대한 정책을 명시할 수 있다.
- 이러한 정책을 위반했을 때의 처벌에 대해 문서화할 수 있다.

회사의 모든 이해관계자는 윤리강령의 청중이다. 투자자, 고객, 공급업체 등은 회사가 얼마나 윤리적 성과에 대해 심각하게 생각하며, 종업원들이 기대되는 행동을 얼마나 정확하게 이해하고 만일 기준에 미치지 못할 때, 그 결과가 어떠한지를 명확히 이해하고 있는지를 살펴볼 것이다.

아래 조직의 윤리강령 예를 살펴보자:

- 미국전문저널리스트협회(Society of Professional Journalists: SPJ)
- 미국컴퓨팅학회(Association for Computing Machinery: ACM)
- 내부감사인협회(the Institute of Internal Auditors: IIA)
- 미국토목공학가협회(American Society for Civil Engineers: ASCE)

온라인상으로 확인할 수 있는 상기 4가지 사례에서 알 수 있듯이 윤리강령에 있어서 완벽한 모델은 없다. 어떤 것들은 소속된 직업에 대해 매우 구체적이고(예를 들면 ASCE 강령의 "Canons"를 살펴보라), 또 다른 것들은 매우 실제적이어서 종업원들이 행동강령을 벗어나면 발생하게 되는 결과에 대해 명확한 지침을 제공한다.

만약 윤리강령을 처음부터 새로 만드는 작업을 하고 있다면 기업윤리협회(Institute of Business Ethics)가 제공하는 다음 조언을 잘 고려하기 바란다.[1]

1. **챔피언을 찾아라.** 고위임원(CEO이면 가장 좋다)이 기업 윤리 정책의 도입을 추진하지 않는다면, 그것이 효과적인 수단이 될 가능성은 높지 않다.
2. **이사회 의장과 이사회의 승인을 얻어라.** 회사의 가치와 윤리는 지배구조의 문제이다. 이사회가 윤리정책을 가지고 있는 것 뿐 아니라, 그 운영에 대한 정기적인 보고를 받는 것에 열정을 보여야 한다.
3. **사람들을 귀찮게 하는 것이 무엇인지 찾아라.** 단순히 표준화된 강령을 승인하거나 다른 조직의 강령을 모방하는 것으로는 충분하지 않다. 종업원들에게 지침이 필요한 항목이 무엇인지를 찾는 것이 중요하다.
4. **잘 검증된 모형을 선택하라.** 다른 집단이나 회사의 이해관계자에 영향을 미치는 이슈를 포함하는 모형을 사용하라. 일반적인 이해관계자 집단으로는 주주, 종업원, 고객, 공급업자, 지방/중앙 정부 등이다. 때로는 경쟁업체가 포함되기도 한다.
5. **회사의 윤리강령을 제정하라.** 윤리강령은 소책자 형태로 또는 사내 인트라넷으로 배포되어야 한다. 선물 수수나 회사 소프트웨어 사용 등 현재 존재하는 규정도 포함될 수 있다. 윤리강령이 어떻게 작동하는지를 알려주는 것도 포함될 수 있다.

6. **먼저 시험해보라.** 윤리강령을 먼저 시범적으로 실시해 보라. 조직 내 여러 지역의 각 계층 사람들을 표본으로 선택하여 실시할 수 있다. 또는 기업윤리협회 같은 외부기관에 초안의 검토를 요청하라.
7. **윤리강령을 발표하고 홍보하라.** 윤리강령 발간 후 이를 모든 종업원, 공급업체 등에 배부하라. 회사가 윤리강령을 제정하였고, 전사적으로 적용되는 실천 프로그램이 있음을 공개적으로 알려라. 이를 회사 웹사이트에 올리고, 합작사나 파트너사에도 발송하라.
8. **작동하도록 하라.** 실제 작동하는 행동강령의 실질적인 사례를 회사의 내외부 모든 교육프로그램에서 소개해야 한다. 관리자들이 주기적으로 행동강령에 서명하고 검토하는 기제가 갖추어져야 한다. 윤리강령의 '대가(master)'가 임명될 필요가 있다.

1.2 전 조직구성원에 대한 윤리강령 교육

행동강령을 작성하는 것은 쉬운 일에 속한다. 윤리적 성과를 창출하겠다는 실천의지를 종이에 기록하고, 수용할 수 있는 행동기준과 부과할 벌칙을 구체화하는 것은 좋은 출발점이 된다. 하지만 강령은 단지 지침일 뿐이지, 이것이 가능한 모든 사건을 망라할 수는 없다. 회사의 윤리정책에 대한 진짜 시험은 직원들이 잠재적인 비윤리적 상황에 직면했을 때이다.

또한 윤리강령은 종업원들이 준수하도록 만들어진 것이지, 다른 이해관계자들이 따라야 할 의무는 없다. 예를 들어, 공급업체에서 여러분 회사 직원에게 주문에 대한 대가로 리베이트(kickback)를 제공했을 때, 또는 고객이 사업의 대가로 리베이트를 요구한다면 어떻게 하겠는가? 이런 내용이 윤리강령에 포함되어야 하는가? 만일 그렇지 않다면, 종업원에게 어떤 지침을 내릴 것인가?

이러한 이유로 발행된 윤리강령에 대해 심화된 교육훈련이 필요하다. 윤리강령이 가능한 모든 사례를 나열할 수는 없기 때문에, 회사의 각 부서는 각자의 영역에서 발생할 수 있는 사례에 윤리강령을 적용해야 한다. 부서 회의에서 종업원들은 다음과 같은 문제를 다룰 수 있을 것이다:

- 윤리적 문제의 인식
- 바람직한 여러 대응책에 관한 논의
- 회사를 위한 최선의 대안 선택

모든 부서의 종업원들은 회사의 윤리강령에 친숙해져야 한다. 공장근로자에게는 어떻게 적용될 수 있을까?

✓ 이해도 확인 질문

1 거친 시장의 6가지 특징을 나열해 보라.
2 윤리강령의 4가지 핵심사항을 나열해 보라.
3 소비자의 비윤리적 행위의 예를 3가지 들어보라.
4 공급업체의 비윤리적 행위의 예를 3가지 들어보라.

작은 조직에서는 일선감독과 관리자를 대상으로 윤리적 갈등 해결에 관한 추가 훈련을 실시할 수 있을 것이다. 만일 종업원 개인이나 팀원들이 윤리적 문제를 해결할 수 없다면, 일선감독이나 관리자에게 지도와 지원을 요청할 수 있다. 큰 조직에서는 이 역할이 더 중요하기 때문에 윤리 담당자 직위를 만들게 된다.

1.3 윤리 책임자의 임명

윤리 책임자(**ethics officer**)를 임명하는 것은 경영자가 조직의 윤리 프로그램에 대한 실천의지를 공식적으로 나타내는 것이다. 이 역할은 주로 독립된 부서에서, 윤리강령을 실천하고 비윤리적 행위를 목격한 종업원을 지원하는 책임을 부여받는다. 이를 통해 이해관계자들에게 명확한 메시지를 전달하고, 종업원과 관리자에게 추가적인 도움이나 지도가 필요할 때 의지할 수 있는 인물을 제공하는 것이다. 이 역할을 담당할 사람은 신뢰할

윤리 책임자 조직 내외부적인 윤리적 성과를 모니터링하고 책임지는 상위 임원

실전기술

외로운 목소리

회사가 윤리적으로 운영되기 위해서는 고위 임원진이 법적 규제의 최소 기준을 넘어서는 윤리적 기준을 준수하도록 뒷받침하는 윤리적 문화를 구축하는 데 헌신해야 한다. 한편 윤리적 행동은 종업원의 일상 생활로 체화되어야 한다. "올바르게 일하기"는 개인의 윤리와 회사의 윤리강령에 근거한 일련의 원칙에 따라 개인이 해석하는 것이다. 이것이 제대로 작동할 수 있는가? 당신과 같은 생각을 공유하지 않는 사람과 함께 일한다면 어떠한가? 만일 그들이 '이전투구(泥田鬪狗)의 세상에서 무슨 수를 써서라도 이겨야 한다'라는 생각을 가진 사람들이라면, 당신은 올바른 일을 추구하는 외로운 목소리가 될 것이다. 이런 상황을 어떻게 헤쳐 나갈 것인가?

2010년 5월 웨스트버지니아 주 남부에 위치한 Upper Big Branch(UBB) 탄광의 연쇄폭발로 인해 광부 29명이 사망하였다. 이는 지난 40년 이내 미국에서 일어난 최악의 광산 사고였다. 광산은 매시 에너지(Massey Energy) 회사의 소유였다. UBB는 2008년 광산안전 및 보건당국(Mine Safety and Health authority, MSHA)이 발표한 최악의 광산 중 하나였다. 이 회사는 2009년에는 수백 가지 안전기준을 위반한 혐의로 총 249회의 안전보고서를 통보받았다.

이러한 위반사항은 비용최소화와 수익극대화를 위해 광산운영의 모든 세세한 부분을 챙기는 것으로 유명한 최고경영자인 도날드 블랭컨십(Donald Blankenship)의 책상위에 올라갔다. 2009년에 3억3천1백만 달러의 매출을 달성한 UBB는 매일 60만 달러의 값비싼 야금용 석탄을 채굴하기 때문에 매출을 극대화할 수 있는 많은 기회가 있었으며, 또한 안전보고서에 따르면 절차를 생략하고 안전기준을 무시하는 경우가 매우 많았다. 28개월 동안 블랭컨십은 안전기준 위반으로 총 835번이나 적발되었다.

2010년의 치명적인 폭발사고는 조사결과 누적된 메탄가스에 불똥이 점화되어 발생한 것으로 추정되었다. 상황이 더 악화된 것은 광산 내부에 석탄먼지가 많았으며, 먼지와 석회암 가루를 물로 적시지 못한 결과 초기 가스 발화가 연속적인 강한 불덩이로 커졌기 때문이다. MSHA는 UBB에 2009년 한해에만 29번이나 먼지제거가 충분하지 않다고 지적했다. 사고 후 정밀수사 결과 계획적인 안전관리 무시(메탄가스 경보기 스위치를 끔, 석탄먼지가 쌓이도록 허용함, 먼지를 적시기에 수압이 충분하지 않음)와 장비점검(25년이나 된 낙후된 석회석 먼지제거 기구) 기한이 경과되었다는 사실 등이 발견되었다.

2014년 11월, 연방대배심은 43페이지의 기소문을 통해 블랭컨십과 매시 에너지가 안전수칙위반을 인지하고 있었으며, 비용절감과 매출증가를 위해 모든 위반사항을 직접 지시하였다고 밝혔다. 하지만 기소될 시점에 블랭컨십은 매시 에너지를 떠난 상태였다. 그는 2010년 말에 회사를 은퇴하기로 결정하고 다음과 같은 퇴직 패키지를 제공받았다.

윤리적 딜레마

- 1,200만 달러의 퇴직수당: 200만 달러는 2010년에, 그리고 1천만 달러는 2011년 7월에 지급받음
- 2년간의 자문계약: 매월 32시간 이하의 근무와 5천 달러를 지급받음
- 570만 달러의 연금
- 2,720만 달러의 이연보상금

이러한 패키지는 2009년 연봉 1,780만 달러에 추가적으로 지급된 것이다. 한편 매시 에너지는 85억 달러에 알파 천연자원(Alpha Natural Resources)에 매각되었다. 계약의 일부로 알파는 폭발에 있어서 매시의 책임에 대한 벌금 209억 달러와, 탄광의 안전 인프라를 개선하기 위한 투자에 8천만 달러를 지급하기로 동의하였다.

블랭컨십은 수사에 협조하기를 거부하였는데, 자신은 위반사항에 대해 아는 바가 없으며 사고는 통제불가능한 메탄가스의 유입 때문이라고 주장하였다. 최고 31년 징역형을 피하기 위해, 그의 변호인단은 산업 내 만연한 나쁜 안전관행의 희생물로 그가 목표물이 되었다고 주장하였다. 2015년 12월 블랭컨십은 고의로 안전기준 위반을 공모하였다는 경범죄에 해당하는 이유로 유죄가 인정되었다. 증권사기 및 위증에 대해서는 유죄가 아닌 것으로 인정받았다. 배심원단은 24일간의 심문 이후 9일간의 숙고기간을 거친 후에도, 두 번이나 판사에게 교착 상태에 빠져있다고 보고하였다.

2016년 4월 6일, 블랭컨십은 경범죄의 대가로 최고 1년간의 구속, 보호관찰 1년, 그리고 벌금 25만 달러를 선고받았다. 이러한 판결에 대해 그의 변호인단은 즉시 항소할 뜻을 밝혔다. UBB 재난 희생자에 대한 배상금 요구는 기각되었다.

UBB를 포함한 20개의 광산을 점검한 MSHA의 광산검사 14년차 베테랑인 테리 스카브로(Terry Scarbro)는 이 산업에 관한 매우 현실적인 입장을 보여준다. "이러한 일이 진행되고 있다는 것을 어떻게 블랭컨십이 모를 수 있겠습니까? 모른다는 것은 불가능합니다. 무슨 일이 진행되고 있는지 그는 알고 있습니다. 모든 관리자들이 알고 있습니다. 모든 종업원들이 알고 있습니다. 모두가 유죄입니다. 이는 쫓고 쫓기는 생쥐와 고양이 게임입니다. 너가 나를 잡으면 내가 고치겠다. 만약 내가 너보다 앞서 잡히기 전에 고친다면 너는 보지 못한다." 그에 따르면 많은 탄광이 똑같은 게임을 하고 있다.

질문

1. 이익극대화 목적은 안전기준을 무시하는 것을 합리화할 수 있다고 생각하는가?
2. "다른 탄광도 똑 같은 식으로 운영된다"는 사실로 인해 어떤 영향이 있을까?
3. UBB 판결 결과로 인해 광산업의 안전관행이 변화될 것으로 생각하는가?
4. 이 문제는 연방정부 수준에서 다루어져야 하는가 아니면 기업 수준에서 다루어져야 하는가?

출처: Frank Lanfitt, "Ex-Miners Say Massey Skirted Inspection Rules," *NPR*, May 27, 2010; Len Boselovic, "Massey Sends Blankenship off in Style," *Pittsburgh Post-Gazette*, December 12, 2010; Gael O'Brien, "Culture Kills: The Legacy of Massey Energy," *The Week In Ethics*, December 7, 2011; Gail Sullivan, "Ex-Massey CEO Don Blankenship Indicted for Coal Mine Disaster that Killed 29," *The Washington Post*, November 14, 2014; Bouree Lam, "A Guilty Verdict in Don Blankenship's Trial," *The Atlantic*, December 3, 2015; Alan Blinder, "Donald Blankenship Prosecutors Urge Jail in Mine Safety Case," *The New York Times*, March 29, 2016; Laura Wagner, "Former Coal Executive Don Blankenship Sentenced to 1 Year in Prison," *NPR*, April 6, 2016; and Alan Blinder, "Donald Blankenship Sentenced to a Year in Prison in Mine Safety Case," *The New York Times*, April 6, 2016.

수 있는 인물을 조직 내에서 발탁할 수도 있고 또는 회사의 역사나 사내 정치를 알지 못하는 독립적인 인물을 외부에서 채용할 수도 있다. 천명 이상의 컴플라이언스 책임자들의 전문가 집단인 윤리 및 컴플라이언스협회(Ethics and Compliance Association)가 발표한 회원들의 주요한 의무에 대한 조사 결과는 다음과 같다:

89% 상담전화/가이드라인/내부 보고에 대한 관리감독
89% 내부 발표 준비 및 전달
88% 조직차원의 커뮤니케이션
85% 고위 임원 또는 이사회와 커뮤니케이션
84% 교육훈련 설계
83% 취약점 평가/검토
83% 제도의 성공/실패 평가/검토

79% 비리 조사에 대한 관리감독

79% 프로그램 문서화 관리

77% 상담전화/가이드라인/내부 보고의 직접 처리

72% 외부 발표 준비 및 전달

68% 회사 정책과 절차의 수립

64% 국제 프로그램 개발

61% 교육훈련 실시

56% 국제 프로그램 실행

52% 비리 조사의 직접 실행

> **! Key Point**
>
> 최고윤리책임자(Chief Ethics Officer, CEO)는 얼마만큼의 권한을 가져야 하는가? 회사가 올바른 일을 하는 것에 대한 실천의지를 결의했다면, CEO(최고윤리책임자)는 다른 CEO(최고경영자)에 이의를 제기하거나 또는 결정을 번복할 수 있어야 하는가? 2가지 다른 입장에 대한 당신의 의견은 어떠한가?

1.4 직원의 윤리적 행위에 대한 칭찬과 보상

윤리강령에 구체화되어 있는 기준을 따르지 않는 행동에 대해 처벌이 가해지다보면, 회사의 윤리 프로그램은 점점 혹독하게 느껴지고, 종업원의 충성심과 고객의 만족을 높이려는 목표와는 반대 방향으로 작동하게 된다. 따라서 처벌에 대한 위협은 성공적 행동에 대한 보상과 균형을 맞추는 것이 필요하다.

- 좋은 윤리적 행동에 대한 사례는 회사 사보를 통해 칭찬하라.
- 윤리적 행위에 대해 시상하고, 보상은 종업원이 선택할 수 있게 하라.
- 새롭고 창의적인 아이디어에 대해 시상하고, 상은 종업원이 선택할 수 있게 하라.
- 회사의 실천의지를 반영하는 행동 기준을 보이는 종업원을 인정해주라.
- 윤리의 날(Ethics Day)을 제정해 모든 부서가 성공사례를 공유하도록 하라.

1.5 윤리적 행위에 대한 회사의 실천의지

윤리정책을 통해 모든 이해관계자를 위한 올바른 행동에 전념하겠다는 메시지는 조직 내외부의 모든 이해관계자와 공유되어야 한다. 분명하고 확실하게 약속하고 이를 지켜야 한다. 평판을 쌓음으로써 고객들의 신뢰 (및 사업) 확보에 전념하고 있다는 구체적인 사례를 아래의 예처럼 제시하여야 한다.

이해도 확인 질문

5 윤리 담당자를 임명할 때 회사 내부 인사가 더 적절한가, 아니면 외부인사가 적절한가? 당신의 생각은 어떠한가?

6 윤리 담당자의 6가지 핵심 책임을 나열해 보라.

7 윤리적 행동을 축하하는 3가지 예를 들어보라.

8 윤리적 행위를 공개적으로 축하한다면, 비윤리적 행위에 대한 처벌도 공개해야 하는가? 그 이유는 무엇인가?

- 랜드 엔드(Land's End)처럼 무조건 환불(no-questions-asked refund) 정책을 제공하라.
- 홈 디포(Home Depot)처럼 110% 최저 가격 보장(price-match guarantee)을 제공하라.
- 실수로 고객에게 더 많은 비용을 부과했을 때, 환불 뿐 아니라 상대방이 요구하기 전에 미리 이자까지 포함하여 되돌려주라.
- 회사 윤리정책 개발에 고객을 참여시켜라. 어떤 행동이나 약속이 우리 회사를 윤리적 회사라는 믿음을 강화시켜 주는지 그들에게 질문하라.
- 종업원들이 고객사를 방문해서 회사의 윤리 강령에 대해 개인적으로 말할 수 있도록 하라.
- 성공사례를 직원뿐 아니라 모든 이해관계자들과 공유하라.
- 윤리의 날 행사에 이해관계자들을 초대하라.

1.6 지속적인 모니터링

윤리적 성과에 대한 회사의 실천의지를 지속적으로 지켜보아야 한다. 사업상의 이슈가 우선시

현장에 적용하기

희생양

랜달(Randall)은 보험회사의 최고윤리책임자 자리를 제안받았다. 이 회사는 최근 여러 주(州)의 보험산업 규제에 근거한 비윤리적 사업 관행에 대한 소송을 (잘못을 시인하지는 않았지만) 종결지었다. 윤리 담당자의 채용은 합의 내용의 일부이며, 합의된 기한에 맞추어 몇몇 구체적 조치가 실행되었다. 랜달이 회사와의 최종 면접에서 이들 조치 내용에 대해 구체적 질문을 했을 때 돌아온 대답은 매우 애매하였다. 랜달에게 새로운 지위는 승진을 의미하는 자리로 급여 또한 인상된다. 하지만 그의 부인은 회사가 변화에 대한 구체적 계획도 없기 때문에, 만일 비윤리적 행위가 다시 발각된다면 최고윤리책임자가 비난을 받게될 것이고, 결국은 랜달이 희생양으로 쫓겨나게 될 것을 걱정하고 있다. 랜달은 이 제안을 받아들여야 하는가?

2015년 3월, 캘리포니아 신문인 데저트 선(The Desert Sun)은 기업들이 정부의 감독이 없는 상태에서 대수층과 우물로부터 물을 끌어내어 생수를 생산하고 있다는 기사를 작성하였다. 캘리포니아의 기록적 가뭄으로 인해 물 사용이 매우 제한된 시기에 공개된 이 기사는 많은 사람들의 분노를 불러 일으켰다.

특히 네슬레(Nestle Water North America, NWNA)는 27년 전인 1988년에 이미 만료된 허가권으로 샌버나디노 국유림에서 물을 빼내 생수를 생산한 것이 밝혀져 정밀 조사를 받게 되었다. 사회활동가들은 즉각 반응하였다. 네슬레 공장 가동을 중지하자는 온라인 청원이 27,000건에 달하였고, 일부는 새크라멘토에 있는 네슬레 공장 입구에서 피켓팅 시위를 벌였다.

네슬레는 캘리포니아의 108개 생수공장 중 12개만을 운영하지만, 네슬레의 좋지 않은 윤리적 명성으로 인해 심각한 가뭄 문제에 대한 정부의 대책을 요구하는 활동가들의 목록 최상단에 올려졌다. Salon.com의 비판적인 기사는 네슬레의 사업관행은 캘리포니아의 4년 가뭄이 가장 심각한 지역에서 물을 뽑아내는 비열한 짓이라고 비난하였다.

하지만 주지사 제리 브라운(Jerry Brown)의 물 사용 제한 규제가 연간 5천억 갤런의 물 절감을 목표로 한 것을 고려한다면, 연 2억에서 2억 5천 갤런을 생산한 네슬레의 경우는 심각성이 지나치게 부풀려진 것이라고 일부 생수생산 찬성론자들은 주장한다. 하지만 비판적인 입장의 사람들은 더 큰 도덕적 문제가 있다고 주장한다. 2012년 한해 동안 네슬레는 미국 내 29개 공장에서 40억 달러의 매출을 달성하였는데, 어려움을 겪고 있는 캘리포니아의 사업장에서는 생산을 줄일 수 있는 여지가 있었다는 것이다.

2015년 10월, 환경단체 회원들이 만료된 허가권으로 공장을 운영할 수 있도록 허용한 미국 산림청(U.S. Forestry Service)에 대해 소송을 제기하고, 회사가 물을 생수공장으로 이동하는데 사용한 4마일의 수도관을 즉시 폐쇄할 것을 요구했다. 소송을 주도한 여러 단체 중 하나인 The Courage Campaign Institute의 대표인 에디 커츠(Eddie Kurtz)는 '네슬레의 행동은 도덕적 파멸일 뿐 아니라 불법이다'라고 단체의 입장을 명확히 밝혔다.

고소인의 주장에 따르면, 스트로베리 계곡(Strawberry Creek)에서 물을 끌어오는데 네슬레가 지불한 비용은 연간 524 달러로서 이는 캘리포니아 주민의 연평균 수도요금보다 적다. 계곡의 수위가 사상최저였다는 것도 NWNA의 CEO인 팀 브라운(Tim Brown)에게는 고려사항이 아니었던 것으로 보인다. 캘리포니아에서 생수사업을 중단할 의향이 있느냐는 질문에 그는 "절대로 그럴 일 없다. 생산량을 증가시킬 수 있다면 그렇게 하려고 한다."고 대답했다.

2015년 5월, Mother Jones 잡지에 따르면 캘리포니아 주 머세드에서 생수를 생산하는 스타벅스(Starbuck's) 브랜드 에토스(Ethos)는 전혀 다른 접근방식을 보여준다. 이들은 캘리포니아 주민들에 대한 지지의 표시로 공장을 6개월 내에 펜실베니아로 이전할 계획을 발표하였다.

질문

1. 이 문제가 지나치게 과장된 것으로 생각하는가?
2. 네슬레가 산림청에 허가권이 만료된 사실을 공지할 의무가 있다고 생각하는가?
3. 만약 주지사 제리 브라운이 물 사용 제한 계획에 생수공장을 포함하였다면, 네슬레도 이에 동의하였을 것으로 생각하는가?
4. 네슬레의 좋지 않은 윤리적 명성에 관한 두 가지 사례를 찾아보시오. 브랜드의 명성과 신뢰를 회복하기 위해 CEO인 팀 브라운이 할 수 있는 일로는 무엇이 있었을까?

출처: Ian James, "Bottling Water without Scrutiny," *The Desert Sun*, March 8, 2015; Zoe Schlanger, "Nestle's California Water Permit Expired 27 Years Ago," Newsweek, April 13, 2015; David Dayen, "Nestlé's Despicable Water-Crisis Profiteering: How It's Making a Killing while California Is Dying of Thirst," *Salon*, April 7, 2015; Katie Lobosco, "Drought Turns Californians against Water Bottling Companies," *CNN Money*, May 26, 2015; Geoffrey Mohan, "Nestle Drawing Millions of Gallons of California Water on Expired Permit, Suit Claims," *Los Angeles Times*, October 13, 2015; Justin Worland, "Lawsuit Alleges Illegal Water Use by Nestle in Drought-Stricken California," *Time*, October 14, 2015; and Julia Lurie, "The Feds Just Got Sued for Letting Nestle Bottle Water in California's Drought Country," *Mother Jones*, October 14, 2015.

✓ 이해도 확인 질문

9 회사가 이해관계자로부터 신뢰를 획득할 수 있는 실천의지의 예를 6가지 들어보라.
10 당신 개인의 예를 4가지 들어보라.
11 윤리강령이 업데이트되어야 하는 이유는 무엇인가?
12 당신 회사의 윤리강령이 마지막으로 업데이트된 것은 언제인가?

되고, 대신 윤리강령은 대수롭지 않은 것으로 여겨지기 쉽다. 또한 테크놀로지의 발전으로 인해 이메일 감시나 웹서핑같은 새로운 윤리적 딜레마 상황이 계속 만들어진다. 따라서 회사의 윤리강령은 정기적으로 재작성되어야 할지 모른다. 큰 조직에서는 이를 윤리담당자 책임 중의 하나로 부여할 수 있다. 작은 규모의 회사는 윤리강령을 가능한 한 최신이 되도록 하기 위해서 이를 전략계획 실행의 일부로 포함시키는 것이 필요하다.

2. 투명한 조직 되기

CEO들이 의회 위원회에서 불리한 증언을 피하기 위해 묵비권을 행사하는 것을 보면서, 회사의 윤리강령을 도입하거나 수정해야겠다는 생각을 한 기업들이 많다. 또는 기업 비리로 인해 벌금에 수많은 0들이 덧붙여지는 것을 보면서 자극을 받기도 한다. 하지만 이런 동기로는 충분하지 않다. 이들은 **수동적 정책(reactive policies)**의 예이다. 수동적 정책이란 사건이 발생하였거나 발생할 것에 대한 두려움으로 집행하게 되는 정책을 말한다. 진정한 윤리 정책은 **적극적 정책**(**proactive policies**)을 말하는데, 이는 회사가 윤리적 조직이 되기 위한 명확한 방향성을 설정하면서 만들어지는 정책으로, 윤리가 회사에 어떤 의미를 가지는지 뿐만 아니라 이를 달성하기 위해서 어떤 활동을 (필요한 처벌까지 포함하여) 해야 하는지를 포함한다.

이런 조직에서 공통적으로 보이는 특징은 조직의 **투명성**(**transparency**)을 위한 실천의지를 나타낸다는 것이다. 투명성이란 조직이 모든 이해관계자들과 공개적이고 진실하게 소통하는 것을 말한다. 하지만 주가를 지배하는 금융시장은 (그리고 경영진들이 스탁옵션 실현을 통해 현금화하는 기준이 되는 순이익은) "열려있고 진실한 소통"에는 놀랄 만큼 영향을 받지 않는 것으로 알려져 있다.

"근로의 새로운 세상: 투명한 조직"이라는 마이크로소프트의 2006년 백서에는 다음과 같은 설명이 있다:[2]

> 사업에서의 **투명성**이란 이해관계자가 조직의 절차와 정보에 대해 깊이 살펴볼 수 있는 것을 말한다. 이는 여러 이유로 사업의 중요한 핵심이 되고 있다. 투명성의 중요한 측면은 다음과 같은 내용을 포함한다.

- 규제를 통해 시장과 기업에 요구되는 필수사항
- 파트너사나 소비자와의 좋은 관계를 가능하게 하는 것
- 효율성을 높이기 위해 사업의 프로세스를 고치게 하는 기회
- 비밀로 관리되는 지적재산권의 리스크

Key Point

미국의 많은 제조업체는 일본식 경영관행인 **카이젠**(*Kaizen*)[일본어로 지속적인 향상이란 의미임]의 엄청난 성공을 목격했다. 내부 프로세스를 개선하려는 지속적인 노력으로 인해 이들 회사들은 유의미한 비용절감과 판매신장을 할 수 있었다. 이러한 방법을 윤리적 사업관행에도 적용할 수 있는가? 어떻게 하면 이미 윤리적인 기업을 더 윤리적으로 만들 수 있는가?

수동적 윤리 정책 사건이 발생하였거나 발생할 것에 대한 두려움으로 집행하게 되는 정책

적극적 윤리 정책 회사가 윤리적 조직이 되기 위한 명확한 방향성을 개발하면서 만들어지는 정책

투명성 모든 이해관계자들과 공개적이고 진실한 소통을 유지하는 조직의 특성

✓ 이해도 확인 질문

13 수동적인 윤리정책이란 무엇인가?
14 적극적인 윤리정책이란 무엇인가?
15 회사가 투명해지려하는 이유는 무엇인가?
16 당신이 일하고 있는 회사는 투명하다고 말할 수 있는가? 당신의 의견을 설명해 보라.

지나치게 투명한 기업이 되었을 때의 리스크요인은 여전히 이 영역에서의 변화에 가장 큰 장애요인으로 남아 있다. 경영자들은 경영학 수업에서 배운 내용을 넘어서 종업원에게 수익과 비용 구조를 공개하고, 잘 가공되고 검열을 거친 대외홍보 문서가 아니라 조직성과를 솔직하게 평가한 연차보고서를 작성할 수 있을 것이다. 하지만 너무 많은 정보를 드러내면, 회사의 비밀을 공개하여 산업스파이로 인해 시장 우위를 잃게 된다는 어쩔 수 없는 결론에 도달하게 된다면 과연 남는 게 무엇인가? 하지만 "열려있고 진실한 소통"이 있다면 조직은 궁극적으로 이해관계자와 신뢰를 형성할 수 있을 것이다.

3. 조직의 도덕적 진실성

지난 몇 년간 밝혀진 기업 추문들에 대한 언론의 심층 보도로 인해 많은 국민들이 기업 윤리라는 주제를 직면하기 시작했다. 국민 관심의 증대는 한편으로 좋은 측면도 있지만 다른 한편으로는 나쁜 것으로 드러났다.

일반 투자자들이 비즈니스 세계는 돈만 최대한 벌려는 사기꾼으로 가득하다고 생각하는 것도 무리가 아니다. 낮은 품질, 나쁜 대고객 서비스, 허위 재무보고서의 문제, 유죄를 인정하지 않으면서 법원 밖에서 합의하는 모습 등 매우 부정적인 기업의 모습이 묘사되었다.

이런 부정적인 모습에 대한 반응으로 새로운 규제(사베인스-옥슬리법 및 다른 법률)와 더 엄격해진 통제가 등장하였는데, 이는 이제 기업이 기대되는 행동 수준에 미치지 못하면 더 큰 리스크가 뒤따른다는 것을 의미한다. 많은 금전적 벌금과 값비싼 소송 등은 비윤리적 행위에 대한 상당한 비용을 의미한다.

또 다른 한편으로, 윤리는 기업세계에 긍정적인 영향을 미치는 이슈가 되었다. 주주들은 확고한 명성과 강력한 윤리 프로그램을 보유하는 회사에 투자하고 싶어 한다. 근로자들은 신뢰할 수 있고, 자신이 가치 있게 대우받는 회사에서 일하고 싶어 한다. 가치 있게 대우받는 것에 대한 느낌은 회사에 대한 충성심을 높이고, 이직을 낮추어 결국 회사에 이익이 된다. 고객들은 비용이 조금 더 들더라도 사업거래에 있어서 진실성이 입증된 회사의 물건을 사고 싶어 한다. 부정적인 여론, 평판 손상, 수백만 달러의 법정 합의금 등은 회사의 윤리정책 개발을 유도하지 못할 수 있지만, 이익의 증가, 주주의 만족, 행복한 종업원, 그리고 행복한 고객은 이를 유도할 수 있다.

기업윤리 개념을 이해하면 비윤리적 행위를 범주화하는 것은 가능하겠지만, 회사의 명성과 정책을 관리할 때 문서화된 윤리강령보다는 올바른 일을 하겠다는 실천의지를 통해 **조직의 진**

조직의 진실성 최고의 전문적인 기준을 공개적으로 약속하고 이를 준수하는 특성

실성(organizational integrity)이 형성되는 것이다. 그럴듯하게 명문장으로 표현된 문서나 적절히 자리매김한 언론보도는 무엇인가를 숨기고 있다는 느낌을 주게 되며, 정말로 무엇인가를 숨기고 있다면 신뢰받기 어렵다. 회사가 지역사회나 고객, 종업원, 주주, 그리고 공급업체와 독립적으로 운영될 수 없다는 사실을 이해하는 것은, 조직의 장기적 존속에 필수적이다. 모든 이해관계자로부터 신뢰와 신임을 얻는 것은 현대의 기업 세계에서 대단한 성과이다. 하지만 신뢰와 신임을 장기간 유지하는 것은 더 큰 성과임을 명심할 필요가 있다.

사례 읽기: 마무리

오는 정이 있어야—애덤의 결정

그린 박사는 애덤을 빤히 쳐다봤다. 그는 분명히 즉시 대답해주기를 기다리고 있는 것 같았다. 만약 애덤이 지역본부 매니저에게 확인해 보겠다면서 즉답을 피하면, 그린이 아마 그에게 나가라고 할 것 또한 알고 있었다.

애덤의 속마음 중 일부는 이 우스꽝스러운 상황에 크게 웃음을 터뜨리고 싶었다. 이전에도 의사들이 그에게 추가로 공짜 샘플을 요구한 적이 있었으며, 이 업계는 항상 점심식사나 스포츠 경기 또는 공연 관람권 비용을 적절한 마케팅 비용으로 기꺼이 인정하고 있기도 했다. 하지만, 지금까지 그 누구도 그에게 자신의 사무실 인테리어 비용으로 금전을 직접 요구한 적은 없었으며, 심지어 이 사람은 매우 진지했다!

애덤은 잠시동안 혹시 그린 박사가 자카리건에 대해 거짓말을 하고 있는 것이 아닐지 의심했다. 그는 자카리가 만만치 않은 경쟁상대임은 알고 있고, 이 지역에서 항상 치열하게 싸워왔으며, 몇 번은 서로로부터 고객을 뺏어 온 적도 있었다. "생각해 보자" 애덤은 짐작해 보았다. "자카리는 아마 이 계약을 진행하려 할거야. 이 병원을 얻는 것은 그의 영역에서 진짜 큰 성과이니까."

그리고 애덤은 다시 그린 박사를 쳐다보았다. 뭔가 그를 보면 이상하게 신경이 쓰였다. 마치 이번이 단 한 번의 특별 부탁이 아닌 것 같다는 느낌이 왔다. 만약 애덤이 이를 받아들인다면 그가 나중에도 '마케팅 펀드'에 대해 다른 부탁을 할 것이라는 것임을 그는 알았다. 항상 경쟁사로 옮겨갈 것이라고 위협하면서 말이다.

애덤은 스스로도 놀랄 정도로 갑자기, 자신이 무엇을 해야 할지 깨달았다. "그린 박사님 죄송합니다. 저희는 고객들과의 관계를 매우 소중히 생각하며, 그래서 우리가 스티븐스 박사와 이처럼 오랜 동안 긴밀하게 함께 일할 수 있었던 것입니다. 유감스럽게도 저희의 관계에는 '마케팅 펀드'가 들어있지 않습니다. 자카리의 인테리어 디자이너가 당신을 위해 일을 잘 해주기를 바라겠습니다."

그리고는 바로 애덤은 일어서서 자리를 떴다.

6주 뒤, 지역 신문의 1면에 실린 전혀 호의적이지 않은 사진에 그린 박사와 자카리가 함께 등장했다. 그린

박사는 자카리 및 그의 회사와 대단히 친밀한 관계를 맺었는데, 너무 가까운 나머지 그린 박사는 자카리의 회사의 신약 임상 실험을 돕기 위해 자신의 환자 데이터 중 일부를 기꺼이 조작한 것이었다.

질문

1. 그린 박사와의 거래를 놓쳤다는 소식을 처음 들었을 때, 애덤의 지역본부 매니저는 어떻게 반응했겠는가?
2. 자카리의 회사는 그린 박사에게 '마케팅 펀드'를 지원하고자 하는 그의 의사를 지지했겠는가?
3. 이제 자카리와 그린 박사에게 어떤 일이 벌어지겠는가?

복습하기

1. 윤리 정책의 핵심 구성요소를 개발해 보라.

조직이 윤리적 문화를 개발하고 이를 유지하기 위해서는, 윤리정책이 조직의 모든 구성원을 포함시켜야 하며, 공식 조직을 통해 모니터링과 집행의 지속적인 과정을 지원해야 한다. 이는 다음 6가지 활동을 통해 달성될 수 있다.

- 조직의 가치에 대한 공통된 인식을 표현하며, 바람직한 행동에 대한 명확한 기준을 제공하는 윤리강령을 제정한다.
- 조직 내 모든 구성원을 대상으로 한 광범위한 윤리강령 교육훈련을 통해 윤리강령을 지원한다.
- 윤리적 문화형성에 대한 조직의 실천의지를 공식적으로 관리하고 지도하는 윤리 담당자를 임명한다.
- 종업원들의 윤리적 행동을 축하하고 보상하여 윤리적 행동을 처벌에 대한 회피가 아니라 긍정적인 이벤트로 여기도록 한다.
- 윤리적 행동에 대한 조직의 실천의지를 장려하여 모든 이해관계자들에게 회사에 대해 무엇을 기대할 수 있는지를 알게 해준다.
- 조직 성장과 함께 윤리적 행동을 지속적으로 모니터링하여 윤리적 행동이 조직 문화에 깊이 배어들게 한다.

2. 투명한 조직이 되는 것의 효과를 분석해 보라.

조직 투명성이란 조직이 모든 이해관계자들과 공개적이고 진실하게 소통 하는 것을 말하는데, 이는 모든 윤리 정책에서 가장 힘든 경우일 때가 많다. 비용과 수익에 관한 구체적 수치까지 공유할 정도로 종업원을 신뢰하는 것은 대부분 경영학의 가르침에 반하는 것이다. 이와 유사하게, 회사의 솔직한 성과를 연차보고서에 자세하게 표기하는 것은 독점적 정보에 대한 편집증적인 반응과 산업스파이의 위험을 가져온다. 하지만 명문장으로 그럴듯하게 표현된 문서나 적절히 자리매김한 언론보도는 당신이 무엇인가를 숨기고 있다는 느낌을 주게 되며, 정말로 무엇인가를 숨기고 있다면 신뢰받기 어렵게 된다.

3. 수동적 윤리정책과 적극적 윤리정책의 차이를 구분하라.

수동적 윤리정책은 사건이 발생하였거나 발생할 것에 대한 두려움으로 회사가 의사결정하는 경우에 나타난다. 적극적 윤리정책은 회사가 윤리적 조직이 되기 위한 명확한 방향성을 제시하면서 만들어지는, 윤리가 정책적으로 회사에 어떤 의미를 가지는지 뿐만 아니라, 이를 달성하기 위해서 어떤 활동(필요한 처벌까지 포함하여)을 해야 하는지를 포함한다.

4. 조직의 도덕적 진실성(organizational integrity)에 전념하는 데 있어서의 어려움은 무엇인가?

조직의 도덕적 진실성은 자발적으로 결심하는 것은 쉽지만, 강요하기는 매우 어렵다. 도덕적 진실성은 모든 이해관계자로부터 신뢰를 얻고 이를 장기간 유지하기 위해 노력하는 것과 관련이 있다. 현실에서는 회사가 지역사회나 고객, 종업원, 주주, 그리고 공급업체와 독립적으로 운영될 수 없다는 사실을 이해하는 것을 의미한다. 어떤 의사결정도 이들 파트너를 생각하면서 이루어져야 한다. 이를 통해 올바른 일을 한다는 것은 단지 회사를 위한 올바른 일이 아니라 더 넓은 의미로 확장된다.

핵심용어

수동적 윤리정책(Reactive Ethical Policies)
윤리 담당자 (Ethics Officer)
적극적 윤리정책(Proactive Ethical Policies)
조직의 도덕적 진실성(Organizational Integrity)
지속가능한 윤리 (Sustainable Ethics)
투명성(Transparency)

복습을 위한 질문

1. 당신은 소속 부서를 대표하여 태스크포스 팀에 참여하게 되었다. 이 팀의 과업은 회사의 새로운 윤리강령에 대한 교육 프로그램을 개발하는 것이다. 당신은 어떤 것을 제안할 수 있겠는가?
2. 당신 회사의 윤리강령은 1986년에 제정되었다. 당신은 새로운 팀에 소속되었는데, 이 팀의 역할은 인터넷이나 현대적 테크놀로지와 관련된 최근 비즈니스 윤리를 더 많이 포함하도록 윤리강령을 수정하는 것이다. 당신의 제안으로는 어떤 것이 있겠는가?
3. 윤리 담당자의 역할은 회사에 실질적인 가치를 제공하는가, 아니면 단지 회사를 좋게 보이게 하기 위한 겉치레인가?

4. 당신은 윤리 책임자가 될 수 있다고 생각하는가? 그렇게 생각하는 이유는 무엇인가?
5. 조직의 도덕적 진실성은 회사에 대한 당신의 충성심에 영향을 미칠 수 있다고 생각하는가? 그렇게 생각하는 이유는 무엇인가?

복습을 위한 연습문제

허리케인 샌디(Sandy)가 미국 동부 해안을 강타한 2012년 10월에, 이 허리케인은 그 규모와 파워로 인해 이름이 "초특급폭풍 샌디"로 불렸다. 최고조일 때 지름 1,100마일 정도였던 이 폭풍은 서부 카리브 국가에서부터 7개국을 거치면서 285명의 목숨을 앗아갔다.

뉴저지(New Jersey)주의 해안에 위치한 모든 마을이 휩쓸렸으며, 집들은 떠서 해변에 처박히고, 도로는 해변에서 쓸려온 모래로 뒤덮였다. 브래드 오코넬(Brad O'Connell)은 집안에 남아있는 것들을 꺼내는데 2개월, 그리고 사람이 살 수 있게 수리하는데 또 1개월이 걸렸다. 시 당국으로부터 2013-2014년 재산세가 9% 인상된다는 통지를 받았을 때, 그가 얼마나 놀랐을지는 충분히 상상할 수 있을 것이다.

시청 재무부서에 전화하여 자기 집의 가치가 하락했다고 항의했을 때, 그는 미리 결정된 세금 인상을 포함하는 5개년 계획의 일부로 세금이 상승했다는 답변을 들었다.

1. 이 상황에는 어떤 윤리 이론이 적용될 수 있는가?
2. 지역언론을 통해 브래드의 항의내용이 전해졌을 때, 시청의 재무부서는 재산세는 폭풍으로 피해를 입은 사람들을 돕기 위해 야근하면서 일하는 비상 서비스팀의 비용을 지불하는 데 사용된다고 설명했다. 이는 윤리적인 주장이라고 생각하는가?
3. 만일 당신이 브래드라면 어떻게 대응하겠는가?
4. 이 상황을 어떻게 해결할 수 있겠는가?

인터넷활용 연습문제

1. 자선위원회(Charity Commissions[영국 잉글랜드(England)와 웨일즈(Wales) 지역에 위치한 자선단체의 감독기관])가 투명성을 높이기 위해 실시하는 노력을 다음 웹사이트를 통해 검토해 보라. www.charity-commission.gov.uk/About_us/About_the_Commission/Transparency_index.aspx.
   a. "공개하고 책임감을 보이기" 위해 위원회는 어떤 조치를 취하였는가?
   b. 이 위원회의 운영 지침(Operational Guidance, OG) 기준의 영역이 투명성을 위한 의지를 어떻게 지원하고 있는가?

c. 이 위원회가 고객들에게 더 투명해지기 위해서 어떤 일들을 할 수 있는가?

2. 국제투명성기구(Transparency International, TI) 웹사이트(www.transparency.org)를 접속해 보라.
   a. TI가 하는 일은 무엇인가?
   b. 조직투명성의 비전은 부패와 어떻게 연결되는가?
   c. 현 글로벌부패보고서(Global Corruption Report)의 핵심 주제와 주요 영역은 무엇인가?

팀 연습문제

1. 상이한 HP

두 개의 팀으로 나누어, 한 팀은 매시에너지의 도날드 블랭컨십 소송 결과를 지지하고, 다른 한 팀은 그 결과를 비판하고 광산 폭발과 관련된 다른 해결책을 제시하시오.

2. 윤리 헌장

셋 또는 네 개의 팀으로 나누어, 각 그룹은 회사의 윤리적 행동에 대한 의지를 문서화하는 헌장을 만든다. 회사는 어떤 산업에 속해 있는가? 그 산업에서의 윤리적 행동은 어떠한가? 회사의 헌신은 무엇으로 구성되어 있는가? 윤리강령인가? 성과의 확약인가? 기업지배구조에 관한 정책인가?

비판적으로 생각하기 10.1

모트: 시큼한 사과

2009년에 닥터 페퍼 스내플 그룹(Dr Pepper Snapple Group, DPS)은 매출이 3% 하락한 55억 달러를 기록하고, 순이익은 5억 5천5백만 달러를 기록했는데, 이는 2008년의 3억1천2백만 달러의 손실과 대비되는 기록이다. 세븐업(7UP), A&W 루트 비어(Root Beer), 그리고 하와이안 펀치(Hawaiian Punch) 등 50여 개의 브랜드를 보유하고 있는 이 거대 음료기업은, 미국내 뉴욕주 북쪽 로체스터 지역에 있는 모트(Mott's) 사과 쥬스 공장 때문에 2010년에 언론으로부터 가장 많은 주목을 받았다. 2010년 5월 24일 월요일에, 305명의 시급 근로자들은 시간당 임금 1.5 달러 삭감, 연금혜택 동결, 신규직원에 대한 연금혜택 삭제, 401(k)의 회사 부담분 축소, 의료보험에서 종업원 부담분 증가 등을 포함하는 공장 경영진의 새로운 계약조건에 대한 반대로 파업을 개시하였다.

임금 삭감의 논리는, 소매 도매 및 백화점 노동조합(Retail, Wholesale, and Department Store Union, RWDSU)에 소속된 모든 근로자들이 로체스터 지역의 다른 생산직 근로자에 비해 과다하게 많은 급여를 받는다는 것이다. 당시 코닥, 제록스 등 이 지역 대표 회사들의 정리해고로 인해 지역의 실업률이 상승하였다. "지역내 산업 표준"과 비슷한 이 교섭의 내용은 분명했다. 그리고 모회사는 회사의 재무적 상태는 매우 양호하며 공장을 폐쇄하거나 해외로 이전할 계획은 없다는 점을 확실히 했다. 2007년 회사가 영국의 복합기업인 캐드버리 슈웹스(Cadbury Schweppes)로부터 분리했을 때 주가는 주당 25달러 정도였는데, 2009년 당시에는 30달러 후반이 되었다. CEO 래리 영(Larry Young)을 포함한 연봉 최고 3인방은 모두 2009년 연봉이 100% 이상 상승하였다.

2009년 미국 전국 임금조사 노동통계에 따르면 이 지역의 생산직 평균임금은 시간당 14달러를 약간 상회한다. 노동조합 간부의 계산에 따르면 모트에서 일하는 생산직의 70%는 2010년 4월 중에 만료되는 계약에 의거하여 시간당 19달러 이하를 받는다. 많은 근로자들은 10년 이상을 근무해야 그 수준에 도달할 수 있었다.

텍사스주 플래노에 본사를 둔 DPS의 대변인 크리스 반스(Chris Barnes)는 회사는 성실하게 교섭에 임하고 있다고 주장했다. "우리는 3년간의 임금인상 후 올해 임금동결을 요구했는데, 불행히도 노동조합이 이를 거부했다... 우리는 남들과 마찬가지로 비용을 관리해야 하고 장기적으로 지속가능할 수 있어야 한다."

하지만 RWDSU 위원장인 스튜어트 아펠바움(Stuart Appelbaum)의 생각은 달랐다. 재정난에 처해 비용절감이 필요한 기업들의 경우, 노동조합이 양보에 합의한 적이 있지만, 전도양양하고 수익을 내는 기업이 지역의 실업률이 높은 것을 이용하여 임금을 삭감하려는 경우는 처음 본다고 말했다.

파업에 참가한 근로자들은 파업을 단순히 돈 문제 이상으로 생각했다. 그들이 회사의 이익이나 경영진의 높은 연봉, 심지어 2010년 4월 결정된 주주의 배당금 67% 인상을 시기하는 것은 아니었다. 그들이 목격한 것은 회사의 거리낌 없는 탐욕스런 태도이다. 아펠바움은 "이 문제를 파고 들어가면, 상황은 단지 뉴욕주 북부의 모트 공장에서 일하는 몇몇 불만족스런 근로자들의 문제보다 더 커진다. 이는 대기업이 터무니없을 정도로 탐욕스런 행동을 매우 잘 포장한 것이다. 이는 터무니없는 정도를 넘어섰다"라고 말한다.

파업은 16주가 경과한 9월 중순에 종료되었다. 3년 계약으로, 노동조합은 임금을 동결하기로 합의하였다. 하지만 임금수준은 회사가 요구한 시간급 삭감 수준은 아니었다. 회사는 동결하기를 원했지만 현 근로자에 대한 연금은 유지되었다. 노동조합은 신규 직원에 대해서는 연금대신 401(k)를 제공하는 것으로 양보하였다.

RWDSU 지부 위원장인 마이크 레버스(Mike LeBerth)는 다음과 같이 말했다. "파업에서 승리한 사람은 아무도 없다. ... 양쪽 모두 행복해하지 않는다. 그럴만한 가치가 있는 것이었나? 그렇다고 생각한다. 왜냐하면 우리는 단결했으며, 회사는 우리가 반드시 고려되어야 할 세력임을 알았기 때문이다."

2013년 3월, RWDSU는 모트 근로자들이 파업 없이 새로운 3년 계약을 승인했다고 밝혔다. 새로운 계약내용은 시급 1.6달러 인상, 3천 달러 이상의 사이닝 보너스, 그리고 300명 전원에 대한 의료보험 보장이 포함되어 있다. RWDSU의 지부인 Local 220분회 대표자는 2010년 파업시 보여준 단결력으로 인해 "회사의 성공적 운영에 조합원이 기여하는 정도를 인정받은 좋은 교섭결과를 낳았다." 고 언급하였다.

질문

1. 제4장에서 설명한 밀튼 프리드만의 입장을 고려한다면, DPS가 임금수준을 낮추자는 요구를 지지할 수 있는가?
2. DPS는 모든 이해관계자의 이익을 고려하였다고 생각하는가? 왜 그렇게 생각하는가?
3. 경영진이 이 상황을 다르게 접근할 수 있는 방법은 없었는가?
4. 언론 인터뷰에서 양쪽 모두 자신이 승리했다고 주장한다. 여기에 승자가 있을까? 당신의 생각을 이야기해 보라.

출처: Rich Blake, "Sour Apples: Strike at Mott's Plant Underscores Disconnect in Corporate America, Union Says," *ABCNews*, May 26, 2010; Norma Ridley, "The Mott's Strike: Arguing the Workers' Case," www.MPNnow.com , June 9, 2010; John Egan, "Rep. Doggett Weighs in on Mott's Labor Strike in Upstate New York," *Austin Market Examiner*, August 16, 2010; Steven Greenhouse, "In Mott's Strike, More Than Pay at Stake," *The New York Times*, August 17, 2010; and Steven Greenhouse, "Ending Strike, Mott's Plant Union Accepts Deal," *The New York Times*, September 13, 2010; and "Mott's Workers Ratify New Contract," www.rwdsu.info, March 24 2013.

비판적으로 생각하기 10.2

BP의 실패한 변신

2000년에 브리티시 페트롤리움(British Petroleum, BP)의 CEO인 존 브라운(John Browne) 경은 회사 브랜드를 "석유를 넘어서서(Beyond Petroleum)"로 정하여 회사가 환경문제를 의식하고 풍력이나 태양광 같은 대체에너지 개발에 노력하겠다는 모습을 묘사했다. 그는 이전에 작은 석유 생산회사였던 BP를 아마코(Amoco), 아틀랜틱 리치필드(Atlantic Richfield) 회사 등을 인수하여 글로벌 거대기업으로 변화시킨 사람이다. 기후변화에 대한 일반인의 걱정이 증가하는 것에 대해, 회사가 대응하고 있다는 의미를 전달하기 위하여 새로운 "활짝 핀 꽃" 모습의 회사로고를 채택하기도 했다.

하지만 환경인식에 대한 노력이 전세계에 걸친 BP 시설의 안전한 운영에까지 미치지는 못한 것 같다. 2005년에 발생한 텍사스시(Texas City) 석유정제공장 폭발사고는 15명의 사망자와 수백 명의 부상자를 낳았다. 미국 산업안전보건청(Occupational Safety and Health Administration, OSHA)은 안전조치 위반 시정을 하지 않았다는 이유로 기록적인 2천1백만 달러의 벌금을 BP에 부과하였다. 2006년 앨라스카(Alaska)의 BP 파이프라인 누출사고로 인해 미국 내 가장 큰 유전이 폐쇄되어야만 했다. 후에 BP는 부식된 파이프라인을 보수하지 않은 것에 대한 벌금으로 2천만 달러를 부과 받았다.

브라운의 후임자인 토니 헤이우드(Tony Haywood)는 BP의 탐사와 석유 생산을 총괄한 지질학자로서, 회사가 안전문제에 집중할 것이며, 5억 달러를 투자하여 텍사스 시의 정유 시설 문제를 해결하고, 총 3억7천만 달러에 해당하는 BP 운영에 대한 일련의 형사기소건을 해결하겠다고 약속했다. 하지만 2010년 초의 가스 누출은, 2005년 합의의 일부로 약속된 변화가 이루어지지 않았다는 OSHA의 의혹을 확인시켜주었으며, 그 결과 BP는 위반사실을 인정하지 않았음에도 불구하고 다시 5천 60만 달러의 벌금을 선고받았다.

비판자들은 BP가 브라운 시절 공격적인 인수전략을 사용하면서 이익률을 극대화하기 위한 수단으로 원가절감에 초점을 맞추었다고 주장한다. 이러한 생각이 기업문화로 정착이 되어 벌금은 사업을 하다보면 발생하게 되는 비용 정도로 단순히 처리해 버리는 것이다. 이러한 주장을 확인하는 또 다른 사례로, 2010년 4월 10일에 역사상 가장 큰 원유 누출사고가 발생하였다.

멕시코 만에 새로 설치된 딥워터 호라이즌(Deepwater Horizon) 해상 굴착장치(rig)가 폭발하여 11명의 사망자가 발생하고, 마콘도(Macondo) 유정이 파손되어 터지면서 1천9백만 갤런의 원유가 멕시코만에 흘러들게 되어, 전 해안에 걸친 수천 개의 기업이 위기에 처하게 되었고, 또한 전체 자연 생태계가 위협받았다. 1989년에 앨라스카에서 발생한 엑손 발데즈사의 프린스 윌리암 사운드의 누출 규모와 비교해 보면 이번 사고가 얼마나 무시무시한 규모인지 명확해진다.

어떤 측면에서는 멕시코만 심해에 유정을 뚫는 것은 리스크가 매우 큰 작업이다. 환경론자들은 이러한 리스크를 고려한다면, 범국가적으로 석유에 의존하고 있는 상태를 벗어나야하는 것은 명확하다고 주장한다. 하지만 원유유출사고로 명확해진 것은 석유회사들이 이러한 리스크를 잘못 계산한 결과로 인한 문제를 다루는데 전혀 준비가 되어있지 않다는 것이다. 딥워터 호라이즌 폭발에 대한 BP의 대응은 한마디로 허둥지둥하는 것으로 보도되었다. 그들은 "junk shot", "top hat", "kill shot" 등 이상한 이름의 계속적인 시도 끝에 총 87일이 지난 7월 15일에야 마칸도 유정을 닫을 수 있었다. 누출된 원유량에 대해서는 아직도 다투고 있는데, 과학자들은 유정지붕에 대한 비디오 영상을 통해 원유의 유속을 측정할 수 있지만 BP가 이를 못하게 하고 있다고 주장한다.

허리케인 카트리나 이후 가장 큰 사건을 앞 다투어 보도하는 글로벌 언론매체들로 인해서 원유유출에 대한 BP의 대응과 관련한 정확한 설명이 오히려 명확하지 못하게 되었다. BP는 멕시코만을 유출이전의 상태를 회복할 수 있도록 "어떤 비용을 지불하더라도", "모든 것을 제대로 해놓겠다"고 결의를 보였다. 하지만 이런 약속과 동시에 BP는 비난을 가능한 한 분산시키려는 법적 태도를 보여주고 있다. 예를 들면 다음과 같다. 마콘도 유정의 최대 주주는 BP이지만 아난다코(Anandarko)와 미츠이(Mitsui) 등 소수 지분 파트너도 있다; 딥워터 호라이즌은 트랜소션(Transocean)사 소유이다(BP는 이를 임차한 것이다); 궁극적으로 실패한 '폭발방지기'는 캐머론 인터내셔널(Cameron International)이 제조한 것인데, 이로 인해 폭발이 야기되었다; 폭발 하루 전 핼리버튼(Halliburton)의 엔지니어들이 굴착장치에서 작업

했다. 모든 당사자들이 포함된 다수의 소송이 사고이후 2년 동안 진행되었는데, 어떤 소송에서도 BP가 책임을 인정하며 종결된 것은 없다.

하지만 더 안전한 BP가 되겠다는 토니 헤이워드의 의지가 얼마나 잘 전달되었는지에 대해서는 여전히 의문이 남는다. 딥워터 호라이즌 유출사고 당시에, 신중하지 못한 석유사의 대명사로 여겨지던 엑손 발데즈사가 OSHA로부터 벌금을 부과받은 경우는 단 한 번이었다. 이에 비해 BP는 760번이나 벌금을 부과 받았다. 유출사고 대응 과정 중에 헤이워드는 BP의 러시아 합작기업인 TNK-BP의 경영자 권한이 없는 직위로 전출되었다. 그의 퇴임 조건은 매년 연금 1백만 달러를 바로 사용할 수 있고, 총 1천8백만 달러에 달하는 보상 패키지에 대해 완전한 권리를 보장받는 것이었다.

BP로서는, 유출사고가 회사 운영의 가장 중요한 요소가 되었다. 벌금, 희생자 보상, 계속되는 멕시코만 정화 작업을 위해 420억 달러가 준비되어 있다. 이 중 360억 달러는 소송 합의시 이미 지불되었거나 준비금으로 적립되었다. 하지만 민사소송은 계속 계류 중인데, 미국 정부는 정화비용으로 210억 달러를 요구하고 있으며, 유출에 의해 피해를 입은 멕시코만 연안의 주(플로리다, 알라바마, 루이지애나, 미시시피)들은 경제적 손실과, 재산손실 비용으로 340억불을 별도로 요구하고 있다. 미국 수질환경법(the Clear Water Act)에 의하면 연방정부는 유출된 오일 1배럴당 1,100~4,300 달러의 벌금을 추가 징수할 수 있다. 총 유출규모에 대한 정확한 수치가 존재하지 않기 때문에, BP가 지불해야 할 벌금액은 50억~210억 달러 정도일 것으로 추정된다.

BP의 전략계획상 더 시급한 우려는, 회사의 진실성에 대한 의심으로 인해 BP는 현재 미국 내 굴착허가에 대한 입찰참여가 금지되어 있다는 것이다.

2015년 7월, BP는 2010년 유출로 인한 모든 연방정부, 주정부, 지방자치단체의 보상청구금을 187억 달러로 합의하였다. 이는 민간 단일규모로는 미국 내 사상최대의 합의금이다. 187억 달러 중 55억 달러는 수질환경법에 근거한 민사상 벌금으로 향후 15년간 납부될 예정이고, 71억 달러는 자연환경훼손평가(Natural Resource Damage Assessment) 절차에 따라, 그리고 나머지는 미지급 피해보상 청구에 사용될 예정이다.

일부 사람들은 BP가 기꺼이 피해보상에 합의한 것은 안전 조업이나 윤리적 행동에 대한 의지의 표명이 아니라 유가가 하락한 경제적 현실 때문이었다고 비판한다. 2015년 4월 미국공영방송(National Public Radio: NPR)과의 인터뷰에서 BP 부사장인 지오프 모렐(Geoff Morrell)은 합의사항은 건강한 멕시코만을 위해 좋은 것이라고 명확히 선을 그으며 말했다. "멕시코만은 회복될 건강한 수자원체계라는 사실 말고 더 이상 말할 것이 없다. 멕시코만은 유출로 인해 사람들이 걱정하는 그 정도로 손실을 입은 것은 아니다." 해양과학자들은 이러한 장밋빛 평가에 동의하지 않으며, 영향력이 다음 수세대에 걸쳐 지속될 것이라고 우려한다.

질문

1. BP가 벌금을 단순히 "사업에 수반되는 비용" 정도로 생각한다는 증거를 사례의 어떤 부분에서 찾을 수 있는가?
2. BP의 최고경영자인 토니 헤이우드는 "종업원이 100,000명인 회사의 조직문화가 하루아침에 바뀌

지는 않는다"고 주장한다. 그는 딥워터 호라이즌 유출사고 이전 3년간 회사의 CEO였다. 더 많은 변화가 있었어야 한다는 비판자들의 주장은 정당한가?

3. BP의 "석유를 넘어서서(Beyond Petroleum)" 노력은 성공적인가?
4. BP는 향후 어떻게 명성을 회복할 수 있겠는가?

출처: Clifford Krauss, "Oil Spill's Blow to BP's Image May Eclipse Costs," *The New York Times*, April 29, 2010; Jad Mouawad, "For BP, a History of Spills and Safety Lapses," *The New York Times*, May 8, 2010; *The Economist*, "The Oil Well and the Damage Done," June 17, 2010; Susan Thompson, Helen Power, and Robin Pagnamenta, "Hayward Exit Leaves BP with £21 Billion Oil Spill Write-Off," *The Times*, July 27, 2010; Sheila McNulty and Sylvia Pfeifer, "BP Listed 390 Problems on Gulf Rig," *Financial Times*, August 23, 2010; Juliet Eilperin and Scott Higham, "How the Minerals Management Service's Partnership with Industry Led to Failure," *The Washington Post*, August 24, 2010; and *The Economist*, "BP and the Deepwater Horizon Disaster: Cleaning Up the Legal Spill," November 15, 2012, and "The Deepwater Horizon Disaster: Spills and Bills," February 9, 2013; Campbell Robertson, John Schwarts, and Richard Perez-Pena, "BP to pay $18.8 Billion for Deepwater Horizon Oil Spill," *The New York Times*, July 2, 2015; and Debbie Elliott, "5 Years after BP Oil Spill, Effects Linger and Recovery Is Slow," *NPR*, April 21, 2015.

비판적으로 생각하기 10.3

전문가답지 못한 행동

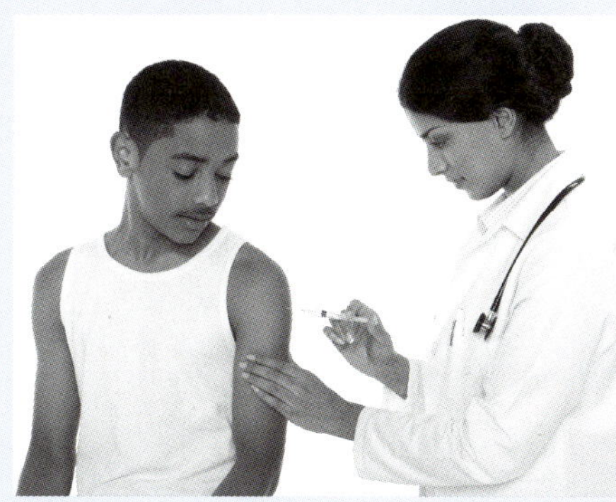

북미와 유럽에서는 아기가 태어난 지 14개월이 되면 홍역, 볼거리, 풍진 3가지 질병에 대한 예방주사를 맞는다. 약어로 MMR로 불리는 예방접종은 지난 10년간 MMR이 자폐증과 잠재적 관련성이 있는지에 대한 우려로 인해 정밀한 조사가 진행되었다. 양측의 주장 모두에 대해 관심있는 부모들이 열렬한 지지자가 되었다. 한쪽 입장에서는, 자폐아동의 부모는 MMR 특히 방부제 티메로살(thimerosal, 수은을 함유한 화학물질)이 장(腸)에 심각한 문제를 일으키며 접종 후 바로 행동변화를 야기한다고 믿고 있다. 논쟁의 다른 한 쪽에서는, 접종을 하지 않다면 어린이들이 지금까지 우리가 오랫동안 통제해왔던 질병에 노출될 것을 걱정하고 있다.

MMR과 자폐증의 관련성에 관한 논쟁은 1998년초에 런던의 왕립자유병원(Royal Free Hospital)의 앤드류 웨이크필드(Andrew Wakefield)박사가 영국 의학잡지인 랜셋(Lancet)에 연구보고서를 출간하면서 시작되었다. 이 논문은 2가지 특성을 보이는 새로운 증상에 대해 제시하였다. 2가지 증상은 만성적인 장(腸) 질환과, 정상적인 아동발달의 일부분으로 이미 획득하였던 행동 기술이 상실되는 것이다. 논문의 12사례 중 여덟 명의 어린이의 부모는 행동상의 문제를 MMR 접종과 관련시켰다. 이 논문은 MMR과 이러한 상태에 관해 입증된 것은 없다고 명확히 밝혔지만, 이 논문이 암시하는 바는 분명했으며 언론의 엄청난 관심을 유발하기에 충분했다.

부모들은 백신 그 자체의 성분과 (특히 티메로살 화합물), 그처럼 어린 아동에 대해 3가지 백신을 한 번의 주사로 접종하는 것의 정당성에 대해 의문을 제기하였다. 그 결과 상당수의 부모들이 자녀를 접종하지 않기 시작하였다. 영국의 경우 1998년에는 대상 아동의 91%가 예방접종을 하였다. 2004년에는 접종비율이 80%로 하락하였는데, 이는 질병을 통제하기 위해 필요하다고 의사들이 주장하는 90%에 훨씬 미치지 못하는 숫자이다.

영국의 의학연구위원회(Medical Research Council)와 미국의 의학연구소(Institute of Medicine)가 MMR과 자폐증의 관련성에 대해서는 근거가 없다고 안심시켰음에도 불구하고, 감정적 반응은 계속되었다. 180만 명에 대한 14년 간의 핀란드 자료와 537,303명의 아동을 대상으로 한 덴마크의 연구결과 역시 MMR과 자폐증이 관계가 있다는 증거가 없음을 보여주었으나, 의심을 잠재우지는 못하였다. 대신 웨이크필드의 명성은, 비록 그의 실험이 12사례만으로 이루어졌음에도 불구하고 점점 높아갔다.

2004년에 영국의 선데이 타임즈(Sunday Times) 기자인 브라이언 디어(Brian Deer)는 4개월에 걸친 조사 끝에 웨이크필드의 연구에 심각한 문제가 있다는 정보를 제시하였다.

- 랜셋 학술지 논문의 주저자로서 MMR 주사를 피할 것을 부모들에게 적극 경고한 웨이크필드는, 자녀가 MMR의 피해자라고 믿고 있는 부모들을 법적으로 후원하는 단체로부터 자금을 지원받아 후속 연구를 실시하였음을 알리지 않았다. 웨이크필드는 55,000파운드(약 90,000달러)를 지원받았으나, 이 사실을 다른 공저자나 랜셋의 편집장에게 알리지 않았다.
- 그는 3개의 MMR은 아동의 면역체계에 부담을 준다고 믿기 때문에 그보다는 3개 예방주사를 따로 맞는 것이 좋다는 것을 주장하는데, 이를 실험적으로 개발하고 있는 회사와 금전적인 관계가 있다.

이러한 정보로 인해 랜셋은 "결정적인 이해관계의 상충"이라는 이유로 1998년 논문의 일부를 철회하였다. 게다가 당시 수상 토니 블레어(Tony Blair)가 그의 아들 레오(Leo)가 MMR을 접종하였는지에 관한 사실을 공개하지 않기로 한 사실을 집중 취재하여, 이 이야기는 영국 언론에서 계속되었다. 2006년 MMR 접종을 하지 않은 13세 소년의 사망은, 영국에서 14년 만에 홍역으로 사망한 첫 희생자로서, 영국의료위원회(General Medical Council, GMC)를 전면조사에 나서게 하였다.

영국의료위원회의 147년 역사상 의료부정에 관한 가장 장기간인 2년 반 동안의 조사는 1백만 파운드(160만 달러)의 비용이 들었는데, 이 위원회는 웨이크필드의 개업의사 허가를 박탈하였다. 이러한 결정의 근거로는 선데이 타임즈의 조사결과에서 드러난 이해관계의 상충을 포함한 여러 우려사항이 포함되었다.

- 웨이크필드는 연구기간동안 왕립자유병원에서 위장병 전문의로 근무하였는데, 당시 그는 허가받지 않은 영역인 뇌 스캔, 척추 천자(요추 천자), 결장경 사용 등에 관한 윤리성 승인이나 의학적 허가를 받지 않았다.
- 후속연구를 실시하면서, 그는 아들의 생일 파티에서 동료 의사 자녀들의 혈액을 채취하면서 5파운드를 지급하는, 전문가답지 못한 행동을 한 것이 발견되었다.

웨이크필드는 개업의 면허를 박탈당하고, 2012년 타임즈(Times) 잡지에서 10대 "과학계 사기"에 선정되었음에도 불구하고, 여전히 부끄러워하지 않았다. 그는 이해관계의 상충이 게재된 랜셋 논문의 신뢰성을 떨어뜨리지 않는다고 계속 주장했다. 또한 영국의료위원회의 결정은 그가 내린 연구의 결론에 근거한 것이 아니라 결론에 도달하는 방법에 근거한 것이라고 주장했다. 영국의료위원회의 결정에 따라 랜셋 학술지는 논문을 학술지에서 철회하였으며, 공식적인 기록에서 완전히 삭제하였다. 2011년 1월에 영국 의학지(British Medical Journal, BMJ)는 브라이언 디어와 학술지 편집위원장 피오나 고드리(Fiona Godlee)가 공동으로 저술한 논문 "MMR 협박의 비밀: MRR 백신을 부정하는 사례는 어떻게 만들어졌나"를 게재하였다. "치밀한 사기"라는 BMJ의 평가에 의해 웨이크필드의 명성은 손상되었다. BMJ의 2011년 11월의 후속 논문은 그의 주장과는 달리 실험에 참가한 일부 어린이들은 염증성 장(腸) 질환에 걸리지 않았음을 주장해 그의 명성은 더욱 손상되었다. 2012년 1월에 웨이크필드는 BMJ를 명예훼손으로 미국 텍사스 순회법원에 고소하였다. 소송과 이에 대한 항소움직임은 텍사스와 텍사스에서 발생하는 어떠한 활동과도 관련이 없다는 이유로 기각되었다.

웨이크필드는 MMR이 자폐증과 관련이 있다고 믿는 부모사이에서는 여전히 인기 있는 대변인이다. 2015년 2월 뉴스위크(Newsweek)지는 2014년 12월 디즈니랜드에서 시작된 홍역조기발생을 언급하였는데, 웨이크필드는 "이 문제는 전적으로 부적절하고 위험한 백신 정책에 관여한 측에 책임이 있다. 정부는 자신들의 잘못을 인정해야 할 것이다."라고 자신의 입장을 단호하게 변호하였다.

2012년과 비교했을 때 2015년 미국 내 백신접종률이 급락하고 홍역이 증가한 것에 대해 웨이크필드는 어떠한 본인의 책임도 인정하지 않았다. "나를 비판하는 사람들은 단지 자신의 부족함에 대해 남 탓을 하고 있는 것이다."

질문

1. 웨이크필드의 연구 활동에서 인지된 이해관계의 충돌은 무엇인가?
2. 만일 웨이크필드가 연구 자금의 출처와 실험적 백신에 대한 그의 이해관계를 공개하였다면, MMR을 반대하는 그의 주장에 대한 신뢰가 증가하였겠는가? 왜 그렇게 생각하는가?
3. 웨이크필드가 개업의 면허증을 박탈당한 이유는 무엇인가?
4. 영국의료위원회는 웨이크필드의 행동으로 인해 전문가로서의 평판이 나빠진 것을 알게 되었다. MMR에 대한 그의 우려를 널리 알리기 위한 다른 어떤 방법이 있었겠는가?

출처: Brian Deer, "Revealed: MMR Research Scandal," *The Times*, February 22, 2004; *The Economist*, "A Dose of Dissent," February 26, 2004, and "Sow the Wind," December 4, 2008; David Rose, "Fall of Andrew Wakefi eld, 'Dishonest' Doctor Who Started MMR Scare," *The Times*, January 29, 2010; Andrew Jack, "Lancet Retracts MMR Link to Autism," *Financial Times*, February 2, 2010; *The Economist*, "A Nasty Rash," May 27, 2010; Brian Deer, "Secrets of the MMR Scare: How the Case against the MMR Vaccine Was Fixed," *British Medical Journal*, January 6, 2011; Alice Park, "Great Science Frauds: Andrew Wakefi eld," *Time: Health and Family*, January 13, 2012; and Ian Sample, "Andrew Wakefi eld Sues BMJ for Claiming MMR Study Was Fraudulent," *The Guardian*, January 5, 2012; and Stav Ziv, "Andrew Wakefield, Father of the Anti-Vaccine Movement, Responds to the Current Measles Outbreak for the First Time," *Newsweek*, February 10, 2015.

2 Mark Taylor, "$73 Million... and Counting?" *Modern Healthcare* 49 (December 5, 2005), p. 18.

3 "Your Source for Whistleblower Information," www.quitamhelp.com/index.php?/weblog/2010/06/.

4 Neil Weinberg, "The Dark Side of Whistleblowing," *Forbes* 175, no. 5 (March 14, 2005), p. 90.

5 "What's a Whistle-Blower?" Maclean's 118, no. 26 (June 27, 2005); "Persons of the Year," *Time*, December 30, 2002–January 6, 2003, p. 32; Richard C. Warren, "Whistleblowing: Subversion or Corporate Citizenship?" (review), *Journal of Occupational and Organizational Psychology* 71, no. 4 (December 1998), p. 372; Ann Hayes Peterson, "Inside the WorldCom Fraud," *Credit Union Magazine* 71, no. 8 (August 2005), p. 15.

6 Laura M. Franze, "Corporate Compliance: The Whistleblower Provisions of the Sarbanes-Oxley Act of 2002," *Insights: The Corporate & Securities Law Advisor* 16 (December 2002), p. 12.

7 Peter Rost, *The Whistleblower: Confessions of a Healthcare Hitman* (Brooklyn, NY: Soft Skull Press, 2006).

Chapter 8

1 Thomas L. Friedman, *The World Is Flat: A Brief History of the Twenty-First Century* (New York: Farrar, Straus, and Giroux, 2005). Copyright © 2005 by Thomas L. Friedman. Reprinted by permission of Farrar, Straus, and Giroux, LLC.

2 A. Moore, "Employee Monitoring and Computer Technology Evaluative Surveillance v. Privacy," *Business Ethics Quarterly* 10, no. 3 (2000), pp. 697–709.

3 "Life inside a Call Centre," www.letsfi xbritain.com/callcentres.htm.

4 Jose Antonio Vargas, "The Face of Facebook," *The New Yorker*, September 20, 2010, www.newyorker. com/ repor t ing/2010/09/20/ 100920fa_fac t _vargas?currentPage=all.

5 Shane Hickey and Fiona Ellis, "PricewaterhouseCoopers Staff Brought to Book over Raunchy Emails," *Belfast Telegraph*, November 10, 2010.

6 Scott Shane and Charlie Savage, "Officials Say FBI Knew of Petraeus Affair in the Summer," *The New York Times*, November 11, 2012.

7 Evan Dishevsky, "Email Fails That Will Make You Cringe," *PC Magazine*, August 21, 2014.

8 Ibid.

9 Online Lawyer Source, www.onlinelawyersource.com.

10 "Cyberliability: An Enterprise White Paper," Elron Software, 2001.

11 Electronic Privacy Information Center, www.epic.org/privacy/workplace/.

Chapter 9

1 Thomas L. Friedman, *The World Is Flat: A Brief History of the Twenty-First Century* (New York: Farrar, Straus, and Giroux, 2005). Copyright © 2005 by Thomas L. Friedman. Reprinted by permission of Farrar, Straus, and Giroux, LLC.

2 "Unfortunate Translations That Harmed Brand Reputations," www.thethinkingblog.com/2007/09/13-unfortunate-translationsthat-harmed.html .

3 R. DeGeorge, "Ethics in Personal Business—A Contradiction in Terms?" *Business Credit* 102, no. 8 (1993), pp. 45–46.

4 William Greider, *One World, Ready or Not: The Manic Logic of Global Capitalism* (New York: Touchstone, 1998), p. 22.

5 "Overview of the UN Global Compact," www.unglobalcompact. org/AboutTheGC/index.html.

6 OECD Guidelines for Multinational Enterprises, June 2001, www.oecd.org.

Chapter 10

1 Simon Webley, "Eight Steps for a Company Wishing to Develop Its Own Corporate Ethics Program," www.ibe .org.uk/developing.html.

2 Dan Rasmus, "The New World of Work: Transparent Organizations," White Paper, Microsoft Business Division, February 2006.

찾아보기

ㅇ

ㅈ

ㅊ

B

C

D

U

기호